苏霍姆林斯基教育经典丛书

给教师的建议

[苏] B. A. 苏霍姆林斯基 著

杜殿坤 编译

教育科学出版社

·北 京·

总序 I

瓦·亚·苏霍姆林斯基（1918—1970）是世界著名的教育家。20世纪80年代，他的著作被引进到我国，一时风靡全国，教育研究者，中小学校长、教师对其表现出极大的热情，简直可以说是爱不释手。教育科学出版社就是最早引进苏霍姆林斯基著作的出版社之一。

20世纪末，教育科学出版社策划出版了"20世纪苏联教育经典译丛"，其中就收录了苏霍姆林斯基的教育经典著作，我曾经为这套丛书作序。在苏霍姆林斯基的教育经典著作中，《给教师的建议》发行了200多万册，创下了我国引进版教育理论图书出版的奇迹；《帕夫雷什中学》《怎样培养真正的人》《公民的诞生》《和青年校长的谈话》《要相信孩子》等也都成为常销书、畅销书。这一系列教育经典著作的出版，催生了人们对苏霍姆林斯基教育思想学习和研究的热潮。21世纪初，教育科学出版社又策划出版了《苏霍姆林斯基选集（五卷本）》，更为系统地介绍了苏霍姆林斯基的教育思想，将我国对苏霍姆林斯基教育思想的学习和研究活动推向了新的高度。该套书先后荣获了"第六届国家图书奖"提名奖和"第三届全国教育图书奖"一等奖。

20世纪80年代，在引进和介绍苏霍姆林斯基教育思想方面，国内多所大学以及教育研究所做出了自己独特的贡献，如北京师范大学外国教育研究所（现北京师范大学国际与比较教育研究院）、中央教育科学研究所（现中国教育科学研究院）比较教育研究室、华东师范大学比较教育研究所等，都曾组织研究人员翻译、介绍苏霍姆林斯基的著作，这为苏霍姆林斯基教育思想在我国的普及推广奠定了重要基础。

现如今，苏霍姆林斯基的育人成就和教育思想在我国教育界可以说是无人不知、无人不晓。几十年来，我国教育界对他的研究和借鉴可谓经久不衰。他对儿童的热爱、对教育事业的忠诚以及睿智的教育思想，一直鼓舞、激励着我国千百万教师不断改进教育教学工作，为培养一代代合格的社会主义人才而奉献自己的力量。我国的许多中小学开展了苏霍姆林斯基教育思想实验研究，取得了卓越成效。一大批苏霍姆林斯基式的优秀中小学教师也不断成长起来。

从 1948 年到 1970 年离世，苏霍姆林斯基一直执教于乌克兰帕夫雷什中学。在这里，他不仅实现了自己的教育理想，而且著书立说，详尽地论述了他的教育思想和实践经验。我最初读到《我把心给了孩子们》这本书时，心灵就受到了震撼。作为一名教师，最宝贵的品质莫过于热爱孩子、相信孩子、尊重孩子，把整个心灵献给孩子。苏霍姆林斯基对孩子火一般的热情，值得每一位教师敬佩！

改革开放四十多年来，各种外国教育思想如潮水般地涌入中国，但是我国中小学教师仍然念念不忘苏霍姆林斯基。他的事迹和思想，只要是教师，看了无不为之感动。这是因为苏霍姆林斯基的教育思想具有科学性、人文性、先进性、深刻性、丰富性。他懂得儿童的心，并用自己的满腔热忱浇灌儿童的心灵。

苏霍姆林斯基教育思想的核心是人道主义。"相信人，相信每一个孩子"是他的教育信条。他说："我认为，对人漠不关心是最不能容忍、最危险的一种缺点。"他又说："每一个儿童身上都蕴藏着某些尚未萌芽的素质。这些素质就像火花，要点燃它，就需要火星，……教育最重要的任务之一，就是不要让任何一颗心灵里的火药未被点燃，而要使一切天赋和才能都最充分地发挥出来。"

苏霍姆林斯基毕生为之奋斗的教育目标是培养真正的大写的人，使其得到和谐全面的发展。他认为，我们要培养的，不只是有知识、有职业、会工作的普通人，更是要培养真正的大写的人，就是有神圣的信仰、有高尚的精神生活、有理想、关心他人、关心集体、智力丰富、体魄健壮、懂得奉献、心地善良、有教养的人。在他看来，时刻不能忘记："有一样东西是任何教学大纲和教科书，任何教学方法和教学方式都没有做出规定的，那就是儿童的幸福和精神生活。"他说："我认为教育的理想就在于使所有的儿童都成为幸福的人，使他们的心灵由于劳动的幸福而充满快乐。"

苏霍姆林斯基非常重视学生的个性发展。他认为，学生不是抽象的而是具体的。学生的禀赋、才能、爱好和特长是各不相同的，要使它们充分发展，就要提供良好的条件。他说："教学和教育的艺术和技艺就在于揭开每个儿童的力量和可能性。"他在帕夫雷什中学不仅当校长，更主要是当教师。他从一年级教到十年级，在整个基础教育阶段始终陪伴在孩子们左右。他研究每一个孩子，根据每一个孩子的特点引领他们成为和谐全面发展的人。

苏霍姆林斯基的一生虽然短暂，但他充满智慧的教育理念和对教育事业的满腔热忱已然书写在人类的教育史上，永放光辉。

今天，在风云变幻的世界中、在多元文化的交汇中，更需要发扬苏霍姆林斯基的人道主义精神和爱的教育。正如联合国教科文组织 2015 年的报告《反思教育》中所说的：教育要尊重生命、尊重人类、尊重和平，为人类的可持续发展承担责任。

在我国教育迈入新时代的关键时期，教育科学出版社站在新的时代高度，以以往出版过的具有良好口碑的多部苏霍姆林斯基教育经典著作为基础，高标准重新策划编纂了这套"苏霍姆林斯基教育经典丛书"，我对此深表赞同。这套书不仅可以帮助广大教师全面系统地了解苏霍姆林斯基的教育思想，更有助于教育研究者们结合我国的国情和教育发展的实际，去推进教育改革，为培养新时代的和谐全面的创新人才提供有力的支撑。

教育科学出版社是一家专业集中度很高的教育出版社，在出版教育经典图书方面有坚实的基础和雄厚的积淀。我相信他们一定能够进一步整合优质资源，在内容的专业性、词语的精准性、语句的凝练性与生动性以及版式的精美化等诸多方面做进一步完善，为我国广大教师奉献一套了解、学习、践行苏霍姆林斯基教育思想的高品质图书。

2022 年 3 月 4 日

顾明远：我国当代著名教育学家，新中国比较教育学科奠基人，中国教育学会名誉会长，北京师范大学资深教授、博士生导师。

总序 II

20世纪80年代，随着改革开放帷幕的拉开，一批优秀的国外经典教育名著的陆续引进，极大拓展了我国教育理论工作者的视野。一方面，先前人们知之甚少的欧美国家的教育理论著作接连问世；另一方面，带着新鲜血液的苏联教育理论著作也重新出现在人们面前。彼时，刚刚成立不久的教育科学出版社，基于对苏联教育曾经且仍将对新中国教育产生深刻影响的敏锐判断，遴选苏联教育理论著作中的瑰宝，及时出版了一些苏联教育经典著作，引领了我国教育界学习苏联教育理论的热潮。20世纪末，教育科学出版社精益求精，将更多的苏联教育经典著作整合在一起，成功推出了"20世纪苏联教育经典译丛"，更是将学习、研究和践行苏联教育理论的活动推向了高潮。"20世纪苏联教育经典译丛"包括赞科夫的《和教师的谈话》，巴班斯基的《教学教育过程最优化》，苏霍姆林斯基的《给教师的建议》《帕夫雷什中学》《要相信孩子》等数十部经典著作。二十多年来，这些经典的教育理论图书对我国的教育理论研究及学校的教育教学实践产生了极大的影响。其中，发行量最大、影响力最为深远的，则非苏霍姆林斯基的教育著作莫属。

苏霍姆林斯基的教育理论与实践体系是一个具有无穷价值的教育思想宝库。这一体系虽根植于苏联，其影响却几乎遍及世界。苏霍姆林斯基全面和谐发展的教育理论与实践对我国基础教育界的影响尤为突出。他毕生强调的"以人为本"的和谐发展观、"育人以德为先"的人学教育思想与实践对当今我国落实立德树人的教育根本任务极具借鉴价值。无论是诠释立德树人教育的实质含义，还是分析以人为本、德育为先、全面发展的教育目标，抑或是实施五育并举、五育融合，落实"双减"政策，我们都可以从这位教育大师的"活的教育学"中获得启迪。他坚持丰富人的精神世界，将道德高尚置于人的品质的首要地位；他主张德智体美劳五育必须相互渗透，告诫教师不仅要讲授知识，还要培养学生树立对知识的正确态度，强调学校里的学习不是毫无热情地把知识从一个头脑里装进另一个头脑里，而是师生间每时每刻都在进行的心灵的接触；他提出人格必须用人格来影响，教师的人格是进行教育的基石，学生是教师教育教学工作的一面镜子；他坚信自我教育是人全面和谐发展的重要动力，必须唤醒学生内在的学习愿望和憧憬幸福人生、争做好人的愿望；他思考家庭教育的意义与潜能，探究学校、家庭、社会的教育合力……。总之，在培养德行为先、全面和谐发展的人方面，苏霍姆林斯基的教育遗产是当之无愧的教育百科全书。

苏霍姆林斯基善于以通俗、精准、趣味、平实、触动人心的语言将自己的教育理念、教育主张和教育实践鲜活地呈现于著作中。研读他的著作，总有一种置身于教育现场，随时与其对话、产生共鸣的亲切感，我们用"常读常新""常读常悟"来概括读后的感受一点也不为过。翻开这些著作，就仿佛走进了大师的教育现场，按下了聆听手把手式的师徒辅导、教育解惑、教学答疑的"直播按键"。大量生动形象的案例及分析使人身临其境，仿佛在与大师共同思考、共同感受对教育的追求，对学生的热爱，对教师的认同，对人性的尊重。我们总能从中获得一些表达感悟的关键词：喜欢——其娓娓道来的生动描述令人喜欢上教育；思考——其议叙结合的丰富内容能促使人不由自主地思考教育问题；发现——其关于教育现象与本质的深入思考能让人发现教育中的问题和美；创造——其用经验与智慧建构的教育现场能引起人强烈的参与、对比、探究和创新的欲望……

苏霍姆林斯基的名字在 20 世纪 50 年代就已经走出苏联，走向了世界。半个多世纪以来，他的著作已经被翻译成 59 种文字，总发行量早已超过 500 万册。但就国外的知名度而言，苏霍姆林斯基的名字在中国无疑是最响亮的，即使是在他逝世五十多年后的今天，他的名字在我国教育界依旧光鲜响亮，苏霍姆林斯基依然被推崇、被爱戴着。

2020 年是苏霍姆林斯基逝世 50 周年，按照国际版权公约，他的所有著作此后均进入公版。国内掀起了新一轮苏霍姆林斯基著作的出版热潮，其中夹杂着一些蹭热度、以追求高商业效益为目的、品质不高的图书，客观上给广大中小学教师选择高品质的苏霍姆林斯基教育著作造成了不少困惑。

基于新时代广大教育工作者研学苏霍姆林斯基教育思想热情持续升温的新形势，教育科学出版社及时做出研判，决定对原有的苏霍姆林斯基教育经典著作进行全方位升级。一方面，依托长期以来在苏霍姆林斯基教育著作出版方面的雄厚积累，进一步整合优质资源；另一方面，推出几部苏霍姆林斯基原著的最新译本，展示苏霍姆林斯基教育思想的更多侧面。所有这些工作将促成"苏霍姆林斯基教育经典丛书"的全新面世。感谢教育科学出版社为广大教育者奉献出一套符合我国教育发展时代节奏的、内容全面系统的，有助于广大教师学习、领悟、践行的苏霍姆林斯基教育思想的高品质的图书。

教育科学出版社不仅是国内最早出版苏霍姆林斯基译著的出版

社之一，而且也是创造苏霍姆林斯基教育著作中文版发行量之最的出版社。四十余年间，仅《给教师的建议》单行本就数次再版，发行总量已超 200 万册。这个数字本身不仅显示了苏霍姆林斯基教育著作对中国教育的影响力，同时也是对出版社高标准的图书编辑质量和高品质的图书出版水平的最好证明。

我认为，教育科学出版社出版的这套丛书不仅高度契合"弘扬教育学术，繁荣教育研究，传播国内外先进教育理念，促进中国教育改革与发展"的出版理念，而且充分体现了教育科学出版社的责任担当与使命担当，为新时代中国教育改革的深入推进提供了聚焦现实、定位精准的教育服务和高品质的精神食粮，必须为这种"对使命负责、对学术负责、对专业负责、对读者负责"的举措点赞。我也和广大读者一样，热切期待全新的"苏霍姆林斯基教育经典丛书"早日出版。

毋需多言，苏霍姆林斯基教育思想宝库这份"活的教育学"富有强大的生命力，它可以留给历史、影响现在、启迪未来，它可以跨越时空、穿透教育、浸润心灵。

2022 年 3 月 8 日

肖甦：北京师范大学教授、博士生导师，中国教育学会比较教育学分会苏霍姆林斯基教育研究会会长，乌克兰"瓦西里·苏霍姆林斯基奖章"获得者。

再版说明

苏联现代著名教育家瓦·亚·苏霍姆林斯基是一位具有三十多年教育实践经验的教育理论家。为了帮助苏联的中小学教师解决实际教学和教育工作中存在的问题，以切实提高他们的教学和教育质量，他专门为中小学教师撰写了《给教师的一百条建议》一书。译者根据我国中小学教师开展教学和教育工作的实际情况和需要，选择翻译了《给教师的一百条建议》的精华部分，另从苏氏的其他著作里选译了有益于教师开阔眼界、提高教学和教育水平的精彩条目，作为补充，使全书仍保持一百个条目，并将书名改为《给教师的建议》出版。书中每个条目谈一个与中小学教学和教育工作有关的问题，既有生动的实际事例叙述，又有精辟的理论分析，文字深入浅出，通顺流畅，极便阅读。中小学教师读此一书，等于读了一本教育学与心理学合编。

此前，本书以上、下两册的形式出版，对读者获得整套书并进行阅读产生一定的困难，而且上、下册后面都有附录，占用不少篇幅，显得累赘。这次修订，将上、下册合并为一册，将原书下册中以"上""下"条形式出现的六个条目合并成三条；又将原附录中的"关于和谐教育的一些想法""劳动教育和人的全面发展"作为第93、94条纳入正文中，将其余附录删去；还将原书中内容重复的个别条目删去，另外增补了如下六个条目：

（1）提倡教师在日常工作中进行一些科学研究。（原载教育科学

出版社出版的《教学改革实验报告》，第 198—203 页）

（2）我怎样研究和教育学习"最差"的学生？（原载教育科学出版社出版的《教学改革实验报告》，第 203—210 页）

（3）怎样教育学生热爱劳动？（原载《外国教育资料》1983 年第 6 期）

（4）课堂教学与课外阅读。

（5）怎样使学校教育和家庭教育协调一致？（新译）

（6）提高课堂教学质量的几个问题。

经过上述的增删修订，全书条目仍然保持一百条。

《给教师的建议》出版以来，受到我国教育工作者，特别是中小学教师的热烈欢迎。他们以苏霍姆林斯基的教育思想和教育实践为借鉴，卓有成效地开展教育教学工作，为我国教育事业的改革与发展以及社会主义建设者和接班人的培养做出了独特的贡献。相信这本修订本一定会为读者所喜爱。

教育科学出版社

目 录

1

请记住：没有也不可能有抽象的学生

为什么早在一年级就会出现一些学业落后、成绩不及格的学生？到二、三年级甚至还会遇到落后得无可救药，以至于教师干脆对他放弃不管的学生呢？这是因为在学校生活的最主要领域——脑力劳动领域里，教师对儿童很少采取个别对待的态度。

我们不妨打个比方：让所有刚刚入学的 7 岁儿童都完成同一种体力劳动，比如提水，一个孩子提了 5 桶就筋疲力尽了，而另一个孩子却能提来 20 桶。如果你强迫一个身体虚弱的孩子一定要提够 20 桶，那么儿童的身体就会受到损害，他到明天就可能什么也干不成，说不定还会躺到医院里。儿童从事脑力劳动所需要的力量，也像这样是各不相同的。一个学生对教材感知、理解、识记得快，还能把它长久而牢固地保留在记忆中；而另一个学生的脑力劳动进行得完全不同：对教材的感知很慢，知识在记忆中保持得不长久且不牢固。虽然到后来正是后一个学生在学习上、在智力发展上比最初学习较好的那个学生取得大得多的成就（这是很常见的事）。可以把教学和教育的所有规律都机械地运用到他身上的那种抽象的学生是不存在的，在学习上也不存在对所有学生一律适用的保证他们取得成就的先决条件。学习上的成就这个概念本身就是一种相对的东西：对一个学生来说，"五分"是成就的标志；而对另一个学生来说，"三分"就是了不起的成就。教师要善于确定，每一个学生在此刻能够达到什么程度，如何才能使他的智力得到进一步的发展。这是教育技巧的一个非常重要的内容。

能否培养和保护每一个学生的自尊心，取决于教师对这个学生的学习成绩持有怎样的看法，不能要求儿童去做他不可能做到的事。任何一门学科的教学大纲都只是对一定水平和一定范围的知识提出要求，不可能涉及儿童生活的各个方面。不同的儿童在知识方面要达到一定的水平和涉猎一定的范围，所走的道路是各不相同的。有的孩子一年级时就能够完全独立地读懂和解出应用题，而另外一些孩子直到二年级末甚至三年级末才能达到这种水平。教师应当善于确定，需通过怎样的途径，经历什么样的阻碍和困难，才能引导儿童在知识掌握上接近教学大纲所规定的水平，以及怎样才能在每一个学生的脑力劳动中具体地实现教学大纲的目标。

教学和教育的技巧和艺术就在于，要使每一个儿童都把自己的力量和可能性发挥出来，使他享受到脑力劳动中成功的乐趣。这就是说，在学习中，无论就脑力劳动的内容（作业的性质），还是就所需的时间来说，教师都应当对儿童采取个别对待的态度。有经验的教师，在一节课上给一个学生布置两三道甚至四道应用题，而给另一个学生只布置一道。这个学生做的是比较复杂的应用题，而另一个学生做的则是比较简单的题目；这个学生在完成语文方面的创造性作业（例如写作文），另一个学生则在学习文艺作品的片段。

在这种做法下，所有的学生都在前进，只是有的人快一点，另一些人慢一些。儿童完成作业而得到评分时，从评分中看见了自己劳动和努力的成果，学习给他带来了精神上的满足和有所发现的快乐。在这种情况下，相互关心与相互信任就在教师和学生之间建立起来。学生就不会单纯地把教师看成严厉的监督者，也不会把评分当成一种棍棒。他可以坦率地对教师说：某某地方我没有做好，某某地方我不会做。他的心灵是纯洁的，他不可能去抄袭别人的作业或者考试时搞夹带。他想树立起自己的尊严。

在学习中取得成就，形象地说，乃是通往儿童心灵中闪耀着"想成为一个好人"的火花的那个角落的一条蹊径。教师要爱护这条蹊径和这点火花。

▲ 努力朝前看，你能想起"好看"之类的词吗

我有一个朋友伊·格·特卡琴柯，他是一位优秀的数学教师。他谈到自己备课的情况："我周密地考虑每一个学生在上课时将做些什么。我给所有的学生都挑选出这样的作业，使他能在作业上取得成就。如果学生不能在掌握知识的道路上前进哪怕是很小的一步，那么这堂课对他来说就白费了。无效劳动大概是学生和老师可能遇到的莫大的严重危险。"

让我们看看帕夫雷什中学①教师阿·格·阿里辛柯和姆·阿·雷萨克的数学课吧。在解答应用题的时候（解题占用90%的上课时间），他们所教的班好像分成了好几个组。第一组是学习最好的儿童，他们无须任何帮助就能很容易地解出任何应用题；其中还有一两个学生能够即席口头进行解答而不需要通过书面作业——教师刚刚读完条件，学生就举手要求回答。对这部分学生来说，除了教学大纲规定的题目外，教师还要挑选一些超过大纲要求的习题，应当给这些学生以力所能及但并不轻松，而是需要紧张地动脑才能完成的作业。有时候，需要给这些学生布置一种他们不能独立地解答出来的习题，而且，教师能给予他们的帮助以稍加指点和提示为限。

第二组是一些勤奋努力的学生，他们能很好地完成作业，离不开为探究和克服困难而付出一定程度的紧张的脑力劳动。教师们常说，这部分学生是靠付出劳动和用功学习取胜的，他们能顺利地学习，是因为他们勤奋用功和坚持不懈。

第三组学生能在没有帮助的情况下完成中等难度的习题，但是对复杂的习题有时不能解答出来。在他们做作业的过程中，教师要用高超的教学技巧去帮助这些学生。

第四组学生对应用题理解得很慢，解答得也很慢。他们在一节课上所能完成的作业，要比第二组、第三组学生所做的少一半甚至三分之二。但是请教师注意，无论如何不要催促他们。

第五组是个别的学生，他们完全没有能力应付中等难度的习题。教师要专门为他们另选一些题目，始终只能指望他们在一节课上有所进步，哪怕只是一点点也好。

---

① 乌克兰的一所农村普通中学，苏霍姆林斯基在该校担任了26年校长。——译注

这些学生小组不是固定不变的。凡是能带给人成功的乐趣的脑力劳动，总会收到发展学生能力的结果。

有些教师能够做到使他的每一个学生在课堂上都取得进步。应当去仔细观察这些学生上课时脑力劳动的情况。在这里，充满着上面所说的师生间相互体谅的那种气氛，具有一种智力活动受到鼓舞的精神。每一个学生都在尽量靠自己的努力去达到目标。你从儿童的眼光里就能看出那种紧张地、专心致志地思考的神色：一会儿发出快乐的闪光（正确的答案找到了！），一会儿又在深沉地思索（从哪里入手来解决这道应用题呢？）。教师在这样的气氛里工作的确是一种极大的享受。我亲爱的同行，请你相信：无论教师在这样的课堂上的劳动是多么紧张，他都会有喘息一下的时间，否则，要连上四五节课是很困难的。

我在五至七年级教过几年数学。确实，上这些被交叉地安排在文学课和历史课之间的数学课，对我来说是真正的休息。只要让每一个学生体验到取得成功的个人发自内心的欢乐，那么这种课就不会把教师弄得心烦意乱、精疲力竭。教师不必紧张地等待可能会发生不愉快的事，不必去监视因无事可做而不时地用调皮行为来"招待"教师、机灵而坐不安稳的那些孩子们，因为在这样的课上，他们的精力都被引入了正轨。如果教师善于把学生引进他们力所能及的、可以指望获得成功的脑力劳动中去，那么连那些调皮捣蛋的学生也能非常勤奋地、专心致志地学习啊！这些学生在紧张的脑力劳动中显示他们积极活动的精神，他们变得跟以前完全两样了，因为他们把全部注意力都集中在如何更好地完成作业上。

有些教师经常抱怨说，儿童在上课时调皮，做小动作……。这些话总使我觉得困惑不解。亲爱的同事们，如果你们能够认真地思考一番，怎样设法让每一个学生在课堂上都在进行脑力劳动，那么上述的情况是绝不会发生的！

2

空闲时间从哪里来？一昼夜只有 24 小时

这句话是我从克拉斯诺亚尔斯克市的一位女教师的来信中摘抄下来的。是的，没有空闲时间啊！这是刺向教师劳动的一把利剑，它不仅伤害学校工作，而且损及教师的家庭生活。跟所有的人一样，教师也要做家务，也要教育自己的孩子，因此就需要空闲时间。我有一些十分确切的资料可以证明，许多中学毕业生害怕报考师范院校，因为他们感到从事这一职业的人没有空闲时间，即使每年有相当长的假期。

下面是一个有趣的统计数字。我曾经向 500 名有子女在上大学的教师做过调查，询问他们："你的孩子进的是什么学校？上哪个系？"只有 14 个人的回答是"师范学院"或者"培养教师的综合性大学"。我接着又提出一个问题："为什么你的孩子不愿意当教师呢？" 486 个人的回答是："因为他看到教师工作太辛苦，连一分钟的空闲时间都没有。"

那么，总的来说，能不能使教师在工作中有一些空闲时间呢？这个令人很伤脑筋的问题往往不得不用这个说法来表达，事实上也确实如此：语文、数学教师每天在学校上课三四个小时，加上备课和改作业五六个小时，另外每天还得至少有两小时被课外工作占用。

怎样解决空闲时间这个问题呢？这个问题像学生的智力发展问题一样，是涉及整个学校生活的综合性问题之一。这个问题能否解决完全取决于学校的全部活动是怎么安排的。

最主要的是看教师工作本身的方式和性质。一位有 30 年教龄的历史教师上了一节公开课，课题是《苏联青年的道德理想》。区培训班的学员、区教育局视导员都来听课。课讲得非常出色，听课的教师们和视导员本来打算在公开课进行中间写点记录，以便课后提些意见，可是他们听得入了迷，竟然连做记录也忘记了。他们坐在那里，屏息静气地听，完全被讲课吸引住了，似乎自己也变成了学生。

课后，邻校的一位教师对这位历史教师说："是的，您把自己的全部心血都倾注给自己的学生了，您的每一句话都具有极大的感染力。

不过，我想请教您：您花了多少时间来备这节课？不止一个小时吧？"

历史教师说："对这节课，我准备了一辈子。而且，总的来说，对每一节课，我都是用终生的时间来准备。不过，对这个课题的直接准备，或者说现场准备，我只用了大约15分钟。"

这段答话开启了一个窗口，使人窥见了教育技巧的一些奥秘。像历史教师这样的人，我知道在自己的区里只有30人左右。他们从来不抱怨没有空闲时间，他们中间的每一个人谈到自己的每一节课，都会说是用终生的时间在备这节课。

怎样进行这种准备呢？就是要多读书，每天不间断地读书，跟书籍结下终生的友谊。潺潺小溪，每日不断地注入思想的大河。读书不是为了应付明天的课，而是出自内心的需要和对知识的渴求。如果你想有更多的空闲时间，不至于把备课变成单调乏味地死抠教科书，那么你就要读些学术著作。你应当明白，在你所教的那门学科里，学校教科书里包含的那点学科基础知识，对你来说只不过是入门的常识。在你的学科知识的海洋里，你教给学生的教科书里的那点基础知识，只是沧海之一粟。

一些优秀教师的教育技巧有所提高，正是由于他们持之以恒地读书，使他们的知识海洋不断地得到补充。如果一个教师在刚参加教育工作的头几年里所储备的知识，与他要传授给儿童的最低限度知识的比例为10∶1，那么到他有15至20年教龄的时候，这个比例就会变为20∶1，或者30∶1，甚至50∶1。这一切都归功于读书。时间每过去一年，学校教科书里的知识这一滴水，在教师的知识海洋里就变得越来越小。这种变化还不仅表现为教师的理论知识在数量上不断增长，而且量变可以导致质变：为学校教科书做衬托的背景知识越深广，以至于教科书成为像强大的光流照射下的一点小光束，那么为教育技巧打基础的职业能力的提高就越明显，教师在课堂上讲解教材（叙述、演讲）时就能更加自如地分配自己的注意力。例如，教师在讲三角函数，但是他的思考主要不是放在函数上，而是放在学生身上：他在观察每一个学生怎样进行脑力劳动，某些学生在感知、思维、识记方面遇到哪些障碍。他不仅在传授知识，而且在传授知识的过程中训练学生的智力。

教师的空闲时间与教育过程的一系列因素密切相关。教师进行劳动和创造的时间好比一条大河，要靠许多小溪来滋养它。怎样使这些小溪永远保持活力，水流潺潺不断？关于这一点，还得另外再提几条建议。

3

教师的时间和各教学阶段的相互依存性

　　这条建议主要是向小学教师提出的。敬爱的小学教师们，你们的工作做得怎么样，直接影响着中年级（初中）和高年级（高中）教师的时间预算。如果仔细观察一下中学第二阶段（四至八年级）和第三阶段（九、十年级）①的教学过程，就可以得出这样的结论：在学校，为了把那些"尾巴学生拉上来"，无休无止却又完全徒劳地对他们开展的教育工作无情地吞噬了教师的许多时间。教师刚刚开始讲解新教材，就发现一部分学生对旧教材并没有掌握。教师的下一步工作与其说是考虑怎样沿着认知的崎岖小路前进，倒不如说是首先得考虑如何改变一部分学生跟不上的状况（有时候，这个"一部分"相当大，弄得教师几乎不得不给全班学生补课）。这就侵占了教师的许多时间，包括在校的时间和回家后的时间。

　　为什么会发生这样的情况，即教学过程被这项似乎是无法避免的工作（消除许多学生的落后状况）拖住后腿呢？

　　这里想给小学教师提出几点建议。

　　亲爱的同事，请你记住：所有中、高年级教师的时间预算都取决于你，你是教学和教育工作中创造精神的缔造者。小学教师面临着许多重要任务，而占据首位的任务就是：教会儿童学习。

　　请你记住：中、高年级学生在学业上落后，主要是因为他们不会学习、不会掌握知识。当然，你应当关心使儿童的一般发展达到较高的水平，但是，你应当首先教会儿童熟练地读和写。没有学会迅速地、有表情地、有理解地阅读并感知所读的东西，没有学会流利而正确无误地书写，到了中、高年级，学生就谈不上能顺利地学习。也就是说，教师就不得不没完没了地给学业落后的学生做"拔高"的工作。在小学里，你要教会所有的儿童这样阅读：边阅读边思考和边思考边阅读。必须使阅读达到一种自动化的程度，即用眼睛和思维去感知所阅读的材料的能力大大地超过出声地读出它们的能力。前一

---

　　①　在十年一贯制的中学里，小学（一至三年级）被看成第一阶段。——译注

种能力超过后一种能力的程度越大，学生在阅读时进行思考的能力就越敏感，而这正是顺利学习和整个智力发展极其重要的条件。我坚信，学生到了中、高年级能不能顺利学习，首先取决于他会不会有理解地阅读：边阅读边思考，边思考边阅读。因此，小学教师应当仔细地研究每一个学生的这种能力是怎样得到发展的。30年的经验使我深信，学生的智力发展取决于良好的阅读能力。会边阅读边思考的学生，比起不掌握这种乍看起来很简单的迅速阅读的能力的学生来，应付任何作业都要快得多，顺利得多。他的脑力劳动中就没有死记硬背发挥作用的余地。他阅读教科书或其他书籍时，比起那种不会边阅读边思考的学生来，情形就完全不同。他读过以后，能够清晰地领会对象的整体和组成部分之间相互依存和相互制约的关系。

会边阅读边思考和边思考边阅读的学生不会在学业上落后；没有学生学业落后的现象，教师的工作就容易了。实践证明，如果阅读成为学生通往知识世界的最重要窗口，那么教师就没有必要花费许多时间给学生补课了。这样，教师就有可能跟某些儿童进行个别谈话，这种谈话不是长时间地讲解，而是加以指点和提些建议，告诉他们怎样独立地掌握知识，预防成绩不及格和学业落后。

如果学生并不知道他究竟在哪方面落后，以及需要何种程度的帮助，那么教师就应当主动地找他进行个别谈话。

学生在中、高年级能否顺利地学习，还有赖于他在低年级时在多大程度上学会了迅速而有理解地书写，以及这种技能得到怎样的发展。与阅读相配合的书写是儿童借以掌握知识的工具。这种工具处于何种状态，决定着能否有效而合理地利用时间。我建议小学教师提出这样一个努力目标：到四年级结束时，一定要使儿童掌握迅速地、半自动化地书写的能力。只有在这样的条件下，儿童才能够顺利地学习，教师也就不必经常操心去解决学生学业落后的问题了。应当努力做到，使学生边书写边思考，不要使字母、音节、词的写法占据他注意的中心。还要提出一个更具体的目标：你给学生讲什么，让他们一边听讲一边思考你所讲的，同时还能把他自己的思考简要地写出来。应当在三年级就教会学生做到这一点。如果你达到了这一目标，我敢向你保证：你的学生永远都不会成为落后的、成绩不及格的学生。他们学会了自己去获取知识，也就节约了中、高年级教师的时间，保护了他们的健康。

4

使学生牢记基础知识

30 年的学校工作使我发现了在我看来很重要的一个秘密——一条特殊的教育学规律：到了中、高年级，就出现了学生学业落后、成绩不良的现象，主要是因为学生在低年级学习时没有把好像是知识"地基"的那些基础知识牢固地保持在记忆里，终生不忘。不妨设想，我们盖一幢漂亮的楼房，可是把地基打在很不牢固的水泥上，就会出现这样的情况：墙面上灰浆不断地剥离，砖头也在脱落；虽然建筑工人每天都忙于消除工程中的毛病，可是楼房倒塌的危险始终存在。四至十年级①的许多语文教师和数学教师正是处在这样的状况之中：他们在盖楼房，可是地基在开裂。

小学教师们！你们最重要的任务就是为学生构筑一个牢固的知识地基。这个地基要足够牢固，使得接你们班级的教师不必再为地基而操心。譬如你正准备教一年级，那就请你看看四年级的教学大纲，首先看语文和数学的教学大纲，还要看看五年级的数学教学大纲。此外，还要看看历史、自然、地理的课外读物和这些学科在四年级的教学大纲。把所有这些材料放在一起加以比较，并思考一下，为使学生能在四年级和五年级顺利地学习，三年级②的学生应当掌握些什么。

首先要注意基本的读写能力。俄语中有 2000 至 2500 个单词，好比是知识、读写能力的"骨架"。经验证明：儿童如果在小学里牢牢地记住这些单词，他就会成为一个有读写能力的人。但是其意义不仅于此，小学里获得的读写能力也是学生到中、高年级时用来掌握知识的工具。

我在教小学儿童的时候，始终注意在自己面前放一张"最重要词汇表"，这张表好像是一份特殊的"基本读写能力教学大纲"。我把 2500 个单词分配如下：让学生每个学习日平均学 3 个单词，把它们抄在本子上并且记住。这

---

① 苏联学制中普通中学以一至三年级为低年级（相当小学），四至八年级为中年级（相当初中），九至十年级为高年级（相当高中）。——译注

② 小学的最后一个年级。——译注

项作业每天只会占用几分钟。在童年时期，记忆是很灵活、很敏感的，如果你善于使用它，不使它负担过重，它就会成为你的第一助手。学生在早年记住的东西，常常永远都不会忘记。"使用记忆的技术"在我这里表现如下：在学习日开始的时候（第一节课上课前），我在黑板上写下今天要学的3个单词，例如，"草原""温度""沙沙响"。孩子们一进教室，就立即把这些单词抄到三年里一直使用的词汇本上。他们要思考这些单词的含义，并在旁边写出几个同根词。这项作业总共花了三四分钟的时间。孩子们逐渐地养成了记单词抄写单词的习惯。

随后的学习就带有游戏的性质，鲜明地表现出自我教育、自我检查的成分。我对孩子们说："在回家的路上，你们回想一下，今天我们抄了哪3个单词？它们是怎么写的？回想一下这些单词的字形。明天早晨一醒来，马上再想起这些单词的写法，把它们默写在练习本上。"（这里说的是一般的练习本，它好比是词汇本的副本）如果让这种游戏从一年级就开始，如果教师相信这样做一定会带来成功，如果教师一生中都没有对学生所做的事情感到厌烦，那么就不会有任何一个儿童不对这项游戏着迷的。

▲ 旅行休息间隙，大家描述自己的见闻吧

在一节又一节的课上，教师让学生进行各种各样的练习，务必让儿童经常复习已经记住的单词并反复使用。我还认为，让学生记住400个修辞短语是很重要的练习之一，这400个修辞短语是基础语言训练的一种独特的"骨架"。在小学四年的教学时间里，我让儿童记住 400 个修辞短语，因为在日常用语的影响下，学生对这些修辞短语的运用经常犯下带有典型性的错误。

我再一次强调：游戏成分在教学过程中具有很重要的意义。我有 600 个"童话用的"单词，就是在儿童童话里经常重复出现的单词。在小学的四年时间里，我和孩子们创作了几十幅童话故事的图画，让他们给这些图画题词，所用的词就包含在这 600 个单词里。这是让学生牢固掌握最低限度词汇的一种很成功的方式。

至于数学方面，在小学四年的教学时间里，要让孩子们牢记一些基本的运算。这些运算由于经常使用，就成了十分熟悉的数学公式，以致每次使用时都不必动脑筋去想。这不仅包括乘法表，也包括经常使用的 1000 以内的加减乘除运算，还包括最典型的测量和量的变化。我的出发点是：到中、高年级时，不要再让单调的运算塞满学生的头脑，而应当使他们把尽可能多的智慧用到创造性劳动上去。

当然，全部工作都是建立在自觉地掌握教材的基础上的，可是也不能不考虑到：会有不是一切都能解释清楚的情况发生。我竭力做到使学生的随意注意、随意识记跟不随意注意、不随意识记结合起来。

---

① 苏联学制中普通中学的小学在 1970 年以后改为三年制，本文中指改革以前的小学，是四年制。——译注

5

把握住"两套教学大纲"，发展学生的思维

教师感到时间不够用，首先是因为他所教的学生学习有困难。我多年来都在思考：怎样才能减轻学生的负担？把培养实际技能作为掌握知识的基础，只是这个问题的开端。识记知识并把知识保持在记忆里，是这个问题的继续。我建议每一位教师：分析一下知识的内容，把那些要求学生牢牢记住并长久保持在记忆里的知识明确地划分出来。教学大纲里有一些"关键"知识，学生思维和智力的发展、运用知识能力的提高，就取决于他们对这些"关键"知识的掌握是否牢固。因此教师正确地确定这些知识的属性的能力就十分重要。这里所说的"关键"，就是指反映本门学科特点的、重要的结论、概括、公式、规则、定理和规律。在有经验的教师那里，学生都被要求配备专门的本子，用来抄录那些必须熟记并牢固地保持在记忆里的材料。

必须识记的材料越复杂，必须保持在记忆里的概括、结论、规则越多，学习过程中的"智力背景"就应当越广阔。换句话说，学生要能牢固地识记公式、规则、结论及其他概括，就必须阅读和思考过许多并不需要识记的材料。阅读应当跟学习紧密地联系起来。如果通过阅读能深入思考各种事实、现象和事物，而它们又是应当保持在记忆里的那些概括的基础，那么这种阅读就有助于识记。这种阅读就可以称为给学习和识记创造必要的智力背景的阅读。学生从对材料本身的兴趣出发，从求知、思考和理解的愿望出发而阅读的东西越多，他再去识记那些必须熟记并保持在记忆里的材料就越容易。

考虑到这是一条非常重要的规律，我在自己的实际工作中始终把握住两套教学大纲：第一套大纲是指学生必须熟记并保持在记忆里的材料；第二套大纲是指课外阅读和其他资料来源。

物理是一门对识记并在记忆中保持来说最感困难的学科之一，特别是六至八年级的物理。这一教学阶段的大纲里包含大量的概念。我教这门学科有6年了，我总是设法让课外阅读跟新学的每一个新概念相配合。在某一时期所学的概念越复杂，我推荐给学生阅读的书籍就会越有趣，越有吸引力。在讲授电流定律时，我收集了一些图书，摆放在一个专题图书架上，供学生们在

课外时间阅读。这个图书架摆放有 55 种图书，都是讲自然现象的，而这些自然现象的原理都跟物质的各种电的性能有关系。

我努力使学生思维活跃起来。他们向我提的问题简直多极了：是什么？怎么样？为什么？在他们所提的全部问题中，约有 80% 的问题是用"为什么"这个词开头的。他们有许多不懂的东西。他们对周围世界中不懂的东西越多，他们的求知欲就表现得越鲜明，他们对知识的接受能力就越强。当我第一次讲到电流是自由电子的流动这一科学概念时，发现学生们恰恰对这一复杂的物理现象有许多疑惑。可是学生们基于阅读和以前所获得的知识，好像自己在头脑里勾画出一幅世界地图，我对这些问题的回答好像只要把小块的积木摆放在图上空白的地方就行了。

我在高年级教过 3 年生物。这门课程里有大量很难理解、因而也是很难识记并在记忆里保持的科学概念。当学生第一次学习如生命、生物、遗传、新陈代谢、有机体等科学概念时，我先专门从科学和科普杂志、书籍和小册子里给他们挑选一些（课外）阅读材料。我的"第二套教学大纲"里，就包括阅读这一类小册子、书籍和文章。阅读这些材料能激起学生对一系列复杂的科学问题以及新的书籍的极大兴趣。青年学生们通过学习生物，引起了对周围自然界的现象（特别是各种各样的代谢现象）的兴趣。我的学生们提出的疑问越多，他们获得的知识就越深刻。他们中没有一个人所得的评分是低于"四分"的。

我想建议所有的教师们：尽力为你们的学生识记并在记忆里保持教学大纲规定的教材而创造一个智力背景吧。学生只有通过思考才能掌握教材。请你们考虑一下，怎样才能把现在学习和即将学习的东西，变成学生乐于思考、分析和观察的对象？

6

谈谈对"后进生"的工作

在我们的创造性教育工作中，对"后进生"的教育工作是"最难啃的硬骨头"之一，这样说恐怕没有哪一位教师不赞同。有那么一些学生，他们理解并记住教材所花的时间，要比大多数的普通学生多两三倍；头一天学过的东西，他们第二天就忘了；为了防止他们遗忘，需要教师在教过教材后三四个星期（而一般是三四个月）内就让他们做一些巩固性练习。

三十多年的教育工作使我深信，前面提到过的"第二套教学大纲"①对这些学生能起到特别重要的作用。对这些学生来说，把学习仅仅局限于记牢必修教材是特别有害的，这种做法会使他们养成死记硬背的习惯，变得更加迟钝。我曾试着采用许多手段来减轻这些学生的脑力劳动，结果得出一条结论：最有效的手段就是扩大他们的阅读范围。是的，必须使这些学生尽可能多地读书。我在三至四年级和五至八年级都教过书，我总是注意给每一个"后进生"挑选一些用最鲜明、最有趣、最引人入胜的形式阐明各种概念、概括和科学特点的书籍和文章，供他们阅读。应当让这些学生对周围世界的事物和现象尽量多地产生疑问，带着这些疑问来找我。这是对他们进行智育的十分重要的条件。

在"后进生"所读的书籍里和在周围世界里遇到的事物中，应当经常出现某些使他们感到惊奇和赞叹的东西。在对"后进生"的教育工作中，我总是努力达到这一要求，并且向所有教师提出这个建议。可以用惊奇、赞叹来治疗大脑两半球神经细胞的萎缩、惰性和虚弱，正像可以用体育锻炼来治疗肌肉的萎缩一样。现在还很难说明，当学生面前出现某种使他们惊奇和赞叹的东西时，他们的头脑里究竟发生着什么变化。但是，千百次的观察使我们得出结论：在学生感到惊奇、赞叹的同时，好像有某种强有力的刺激在发生作用，唤醒了大脑，迫使它加紧工作。

---

① 见《把握住"两套教学大纲"，发展学生的思维》。——译注

有一个叫费佳的学生是我永远难忘的。我教过他5年——从三年级到七年级。费佳遇到的最大障碍是算术应用题和乘法表。我断定，这孩子只不过是不能及时记住应用题的条件，在他的意识里不能及时形成作为条件依据的那些事物和现象的表象：当他的思想刚刚要转向另一个事物的时候，却又忘记了前一个事物。在其他年级里也有和费佳存在某种相似之处的孩子，虽然他们的总数不算多。我给这些孩子编了一本特别的习题集，约有200道应用题，主要是从民间搜集来的。每一道题就是一个引人入胜的小故事，绝大多数题并不需要进行算术运算；解答这种习题首先意味着要动脑筋思考。下面从我编的《给思想不集中的儿童的习题集》里举出两例。

1. 有3个牧羊人，由于天气炎热而疲倦了，在一棵树底下躺着休息，很快就睡着了。调皮的放牧助手用橡树枝烧成的炭灰，涂黑了睡熟的牧羊人的额头。3个人醒来后都哈哈大笑，每一个人都以为另外两个人是在互相嘲笑。突然，其中一个牧羊人停住不笑了，他猜到了自己的额头也被涂黑了。他是怎么想出来的？

2. 古时候，在辽阔的乌克兰草原上，有两个相去不远的村庄：一个叫"真话村"，另一个叫"假话村"。"真话村"的居民都说真话，而"假话村"的居民总是说假话。假若我们当中有谁突然来到这两个村庄中的一个村庄，只允许向第一个碰到的当地居民提一个问题，打听自己来到的是哪个村庄，那么应该提一个什么样的问题？

起初，我们只是简单地读读这些习题，这些习题是关于鸟兽、昆虫、植物的一些有趣的小故事。过了不久，费佳就明白了：这些故事就是习题。这孩子对其中一道最简单的习题思考起来，并且在我的帮助下解答出来了。解题原来是这么普通的事，这一点使费佳感到惊奇。"这么说，这些习题中的每一道都是可以解答出来的？"费佳问道。于是，费佳整天地抱住那本习题集不放了。每解出一道题，他都感到取得了一次巨大的胜利。他把解出的习题抄在一个专门的练习本里，而且还在文字旁边画出了题中提及的小鸟、动物、植物等。

我还专门给费佳配备了一套供他阅读的书籍，大约有100本书和小册子，可供他从三年级读到七年级。后来，我又给费佳配备了另一套图书（约有200

本）。这一套书，除费佳以外，还有 3 个孩子也使用了两年。有些书和小册子跟课堂上学习的内容有直接的联系。另一些书并没有这种直接的联系。不过，我认为阅读这些书是一种智力训练。

到了五年级，费佳的学业成绩就赶上来了：他能和别的学生一样，解答同样的算术应用题。到了六年级，这孩子突然对物理产生了兴趣，成为"少年设计家小组"的活跃成员之一。创造性劳动引起他的兴趣越大，他就阅读得越多。他后来在学习上还遇到过困难，特别是历史和语文。但是，每一次困难他都通过阅读而得以克服。

七年级毕业后，费佳进了中等技术学校，后来成为一名技艺高度熟练的专家——机床调整技师。

我从来没有、一次也没有给这样的学生补过课，那种补课的目的就是让学生学会课堂上没有掌握的教材。我只教他们阅读和思考。阅读能使思维受到感应、激发而觉醒。

请记住：学生在学习上越困难，在学习中遇到的似乎无法克服的障碍越多，他就应当越多地阅读。阅读能教会他思考，而思考会激发智力。书籍和由书籍激发起来的活的思想，是防止死记硬背（这是使人智力迟钝的大敌）最强有力的手段。学生思考得越多，他在周围世界中看到的不懂的东西越多，他接受知识的能力就越强。而你，当教师的人，在这种情况下工作起来就越容易了。

7

知识既是目的也是手段

我深信：儿童在学习中遇到困难的原因之一，就是知识在他们那里常常变成了滞销的"货物"，积累知识好像只是为了"储备"，而不是让知识"进入周转"——知识没有得到运用（首先是用来获取新的知识）。在教学和教育工作实践中，许多教师认为，"知识"这个概念就意味着学生能回答教师提出的问题。这种观点促使教师对学生的脑力劳动和能力做出片面的评价：谁能把知识储藏在记忆里，一旦教师提出要求，就能立刻把它"倒出来"，他就会被认为是有能力、有知识的学生。这在实践中会造成什么结果呢？其结果就是：知识好像脱离了学生的精神生活，脱离了他的智力倾向；掌握知识对学生来说变成一件讨厌的、令人苦恼的事，最好能够尽快地摆脱它。

首先必须改变对"知识"这一概念的实质看法。知识意味着能够运用。知识只有在成为精神生活的元素占据人的思想，激发人的兴趣时，才能称为知识。知识的积极作用、生命力是使知识本身不断发展、深化的必要条件。而只有不断发展、深化的知识，才是活的知识。只有在知识不断发展的条件下，才能形成这样的规律：学生掌握的知识越多，他学习起来就越轻松。遗憾的是，在实践中常常适得其反：每升上一个年级，学生就感到学习更加困难了。

从这些道理中能引出什么样的实际建议呢？

请你努力做到，使知识不要成为学生学习的最终目的，而要成为手段；不要让知识变成不动的、死的"行装"，而要使知识在学生的脑力劳动中、在集体的精神生活中、在学生的相互关系中、在生动的不断的精神财富交流中活起来；没有这种交流，就不可能设想有智力、道德、情绪、审美等方面的完满发展。

怎样才能扎实有效地做到这一点呢？

在低年级，从最初步的教学起，知识最重要的元素就是词，更确切地说，就是词里面所反映的现实的周围世界；词在儿童面前展现出新的、在他入学以前完全陌生的许多方面。儿童攀登知识的阶梯时，使他迈出最初的、在我看来是最宽阔的步伐的，就是通过词来认识世界。让词在儿童的意识里活起来、活蹦乱跳，使词成为儿童用来掌握知识的工具，这是多么重要啊。如果你不想使知识变成不动的、死的"行装"，那么就请你把词变成进行创造的最主要工具之一。

在经验丰富的教师的实际工作中，上述教学和教育导向体现为：在学生的脑力劳动中，摆在第一位的并不是背书，不是记住别人的思想，而是学生本人进行思考，进行生动的创造，借助词去认识周围世界的事物和现象，并且从彼此的联系中去认识词本身极其细微的差别。

我领着孩子们来到果园。这是一个晴朗而明媚的初秋时日，柔和的阳光温暖着大地，照耀在披着各色盛装的苹果树、梨树、樱桃树的纹丝不动的枝叶上。我给孩子们讲述金色的秋天，讲解自然界中一切有生命的东西怎样进行准备以度过即将到来的漫长而寒冷的冬季，讲到树木，落在地上的种子，留下来过冬的鸟类、昆虫等。当我深信孩子们已经对词和词组的丰富含义和感情色彩有了感受和体验后，就建议他们谈谈自己的见闻和感受。我亲眼看到，儿童当场就产生了关于周围自然界惊人的细腻而鲜明的思想。他们说："一群白天鹅渐渐在蔚蓝色的天空里消失了。""啄木鸟的尖嘴敲击着树皮，整棵树都发出了响声。""一朵野菊花孤零零地开在路边。""一只鹳站在巢边，向很远很远的地方眺望。""一只蝴蝶落在菊花上，在晒太阳。"……孩子们没有重复我讲的话，说的都是自己的话。他们的思维在活动、在丰富，正在培养思考能力，他们体验到一种无可比拟的思考的乐趣和认知的享受，他们感到自己变成了思想家。

你们是否观察到（或者从其他教师那里听说过），儿童有时候对教师的话抱着一种爱听不听、无动于衷的态度？譬如，你给儿童讲述一件很有趣的事，可是他目光黯淡，木然地坐着，你的话并没有触动他的心。你完全有理由为此感到不安：这种对词冷淡和不易接受的态度是学习上的一大缺陷，如果这个缺陷扎根很深，一个人就会对学习越来越疏远。

这种缺陷是从何产生的？它的根源何在呢？

如果词不是作为一种创造手段活跃在儿童的心灵里，如果儿童只是记住他人的思想而不创造自己的思想并用词把它们表达出来，那么他就会对词采取冷淡、漠不关心和不易接受的态度。

如何获取知识

关于学生脑力劳动的积极性，人们已经谈论得很多了，但是积极性可能是多种多样的。学生把读过的书或者教师所讲的内容背得烂熟，并能迅速地提取它们来回答教师所提的问题，是一种积极性，然而这种积极性未必能促进智力和才能的发展。教师应当努力促使学生形成思维的积极性，使知识在运用中得到发展。

在我看来，教会学生借助已有的知识去获取新的知识，是教师教学水平高的表现。我在听课和分析课的时候，总是根据学生脑力劳动的这一特征，来给教师的教学水平下结论的。

怎样才能做到，使学习成为一种思考活动，从而有利于获取知识呢？在这里，什么是最重要的呢？

获取知识，意味着发现了真理，能解答疑问。你要尽量使学生看出、感觉到、触摸到他们不懂的东西，使他们面前出现疑问。如果你能做到这一点，事情就成功了一半。

但是要做到这一点并不那么简单。在备课的时候，你要从这样的角度对教材进行深入思考：找出若干初看起来不易觉察的关键地方，而这些地方中存在因果关系，在因果关系中会出现疑问，而疑问能够激发求知欲。

譬如，我面前摆着"光合作用"这一课的教材，应当给学生讲清楚光合作用中植物绿叶里所发生的变化。可以把这一切讲得在科学上有根有据、在理论上透彻明晰、在教学法上循序渐进，但是有一项任务没有完成：没有引起学生一定的智力积极性。我深入地思考教材：产生因果关系的关键究竟在哪里呢？啊，就在这儿，关键就在于无机物怎样变成了有机物。这是一幅令人惊异的、神秘莫测的图画：植物从土壤和空气里吸收无机物，接受阳光的照射，又在自己复杂的机体里把它们变成了有机物，变成了西红柿的甘美肉汁，变成了玫瑰的芬芳花朵。这一切变化是怎样进行的？

我讲述这一教材时，尽量引导学生意识到这个疑问，使他们感到激动："这一切就在我的眼前发生，可我却没有认真思考过它呢？"

怎样才能引导学生产生疑问呢？

要做到这一点，就必须知道：哪些东西该讲，哪些东西应当留着不讲完。不讲完的东西，就好比是给学生的思维埋下一段"引火线"。在这里，没有任何适用于一切场合的现成方案，一切都以具体的教材和学生现有的实际知识为转移。同样的教材，在这个班里在这一点上不讲完；而在另一个班里，却要在另一点上有所保留。

现在，譬如说，学生的思想里产生了疑问。

于是我就进一步努力做到，让学生从自己以前上生物课、阅读书籍和从事劳动所掌握的全部知识中，提取出用来解决面临的疑问所需要的那些知识。这种提取已有的知识来解决疑问的办法，就是获取知识。在这里，不一定要把学生一个接一个地喊起来回答问题，听他们说些什么，然后从他们零散的回答里凑成一个总的答案。这样的做法只能促成学生表面上的积极性，不一定能真实地调动每一个学生思维的积极性；有些学生在回想和回答问题，另一些只是在旁听。而我需要的是使所有的学生都在思考，进行紧张的脑力劳动。因此，我通常的做法是，一旦引起了学生的疑问，我就自己来讲解教材，而不会喊学生起来回答一些个别的、零碎的小问题。

为了使学生通过思考获取知识，教师必须对学生所掌握的知识有充分的了解。可能一个学生记住了所学的东西，而另一个学生却有所遗忘。在这种情况下，我就得充当学生脑力劳动的指导者，使每一个学生在听我讲解时都能按照我的思路，自己从意识的仓库里把所储存的东西提取出来。如果这种仓库的某个地方正好是空白点，如果有人的思路在某处断了线，那么我就会用补充讲解来填补这个空白，排除思路脱节的现象。但这需要具有高超的教学技巧和艺术。我努力寻找重复讲解已经学过的教材的最恰当的形式，以便使学得最好的学生也能从中发现某些新东西。凡是学生所掌握的知识不存在空白和脱节的地方，我都只是简短地进行讲解。这里没有显示出那种表面上的积极性，学生没有开口，没有回答问题，没有相互补充，但这是真正地获取知识。我想，这种获取知识的形式，可以称为学生对自己思想的"回顾"，对自己知识仓库的"清点"。

怎样把学生从思考事实引导到掌握抽象原理上去

你们一定经常遇到这样的现象：学生很好地记住（背会）规则、定理、公式、结论，但是不会在实际作业中运用这些知识，有时候甚至并不理解自己背会的知识的实质是什么。这种有害的现象明显出现在语法、算术、代数、几何、物理、化学等学科的学习中，因为这些学科的内容都是一些体系化的概括。而对这些学科的知识的掌握则首先表现为能够把这些概括运用在实际作业中。

在这种情况下，人们通常会说："这是学生没有理解而死背出来的。"但是为什么学生会死背呢？应当采取什么措施来防止使用死背这种有害的方法呢？

识记应当建立在理解的基础上。你应当引导学生通过思考理解大量的事实、事物和现象后再进行识记。不要让学生去识记那些还不理解、没有完全弄懂的东西。从弄懂事实、事物和现象到深刻理解抽象原理（规则、公式、定理、结论）都要由实际作业来检验，完成了实际作业才算真正掌握了知识。

有经验的教师教学时，能使儿童在思考（思想深入到事实、事物、现象中去）的过程中进行识记。譬如，要求学生学会俄语硬音符号的书写规则，教师就先让学生分析大量的事实：分解包含硬音符号的词，解释这些词的写法；再引导学生识记并自觉运用书写规则。学生们逐渐地意识到，他们接触到一种概括性原理。能运用到许多词上的原理就成了规则。这一规则能够被熟记，正因为它经过了学生的多次思考。

一个有经验的教师，并不让学生花专门的时间去识记规则和结论，而是让他们思考事实，同时逐步识记结论。思考和识记结合得越好，学生对知识的掌握就越自觉，把知识运用于实践的能力就越强。这是教学和教育过程的一条十分重要的规律。

多年的经验使我得到一个结论：如果学生在小学里就能在思考事实、现象的过程中掌握抽象原理，他就获得了脑力劳动的一种重要品质——用思维把握住一系列相互联系的事物、事实、现象和事件。换句话说，就是他学会了思考事实和事物间存在的各种因果、从属和时间等关系。许多事实使我确信：学生（特别是在四、五年级）能否理解算术应用题，取决于他是怎样掌握抽象结论的。单纯地背诵而不是通过思考足量的事实去掌握抽象结论的学生，无法理解应用题，不能用思维把握住各个数量之间的依存关系。相反地，如果学生在脑力劳动中对抽象原理的识记是以深入思考事实为基础的，如果他不是死背式识记，那么他在算术应用题里看到的就不是一大堆数字，而是数量之间的依存关系。学生的做法是：把应用题的条件读一遍，撇开数字不管而先对它进行思考，不进行具体运算而是先设想一个总的解答步骤。

根据看到的无数事实和儿童的遭遇，我产生这样的信念：许多学生在算术上（以后在代数上）学习落后，是由我们这里所谈的脑力劳动中许多难以捉摸的缺陷造成的。人们对学科间的联系谈论得很多，每一个教师都很清楚，应当在自己所教的学科里找出与其他学科教材有关联的地方。但是学科间的联系不仅在此。我深信，最深刻的联系与其说是实际教材内容上的联系，不如说是脑力劳动性质上的联系。如果学生的脑力劳动建立在科学的基础上，那么数学也会有助于儿童掌握历史，而历史也会促进数学才能的发展。

大家知道，许多小学教师和中学语文教师遇到的一大障碍，就是要为学生不能自觉地掌握语法规则而斗争。相当一部分学生文字不通，是学校的一大灾难。我知道这样一件事实：一个学生在初学俄语教材时，没有牢固地掌握前缀 раз- 和 рас-、без 和 бес 的书写规则，在这条规则上犯了许多错误。教师力求消除这种落后状态，经常给学生布置一些运用有关规则的练习。他要求学生：先把规则好好复习一下，然后再完成练习。这种作业似乎应当带来良好效果，但是事实并非如此。这个学生在十年级的作文考试里，还有这样的错字："разчветает"，"расбежагся"。

这是怎么回事呢？出现这种奇怪的现象的原因何在呢？多年的经验使我得出结论：学习语法时，会不会运用知识，取决于他对思考事实与掌握知识之间的依存关系是否有明确的认识。在这里，对抽象原理、概括（如语法规则）的第一次认识有着决定性的意义。但是，要做到不让学生在第一次学习教材时就闹出许多差错，同时做到使他熟记规则并且能正确地表述出来，这并不是一项像初看起来那么简单的任务。

因此，我们得专门谈谈新教材第一次学习的问题。

新教材的第一次学习

学生学业落后、成绩不及格的根源之一，就是他们对新教材的第一次学习没有学好。

我这里说的"新教材的第一次学习"是什么意思呢？这个术语能否成立呢？我想，这个术语是可以成立的。大家知道，知识是不断发展的，对教材的学习会持续很长的一段时间，对知识的每一次运用就是知识的发展和深入。而第一次学习就是由不知到知，由不懂到理解事实、现象、性质、特征而迈出的重要的第一步。

经验证明，学生学业上的许多事情都取决于学生在学习该教材的第一课上对某一公式的理解是否深刻。这是一条重要的规律：在学生的意识中不明确的、模糊的、肤浅的表象越少，他感到的学业落后的压力就越小；他在思想上对往后新教材的第一次学习就准备得越充分，课堂上的脑力劳动的效果就越好。

学习新教材的第一堂课应当成为特别的一课。就是说，这堂课的教学目标必须明确，学生独立脑力劳动的效果在这堂课上具有特别重要的意义。你要设法做到，在第一次学习新教材时就能看出每一个学生脑力劳动的效果如何，尤为重要的是，要看出学习困难学生如何独立做作业，因为这些学生思考和领悟得比较缓慢。为了使他们理解教材的实质，必须为他们提供较多的事实和较长的时间（有时候，提供给他们思考的事实也要跟给一般学生的事实有所不同）。

有经验的教师在第一次讲授新教材的课上，总是力求看到学生是怎样独立地完成作业的。在这种课上，一定要留出学生独立做作业的时间，使学生在独立做作业的过程中思考事实，得出概括性结论（这里指的是自然学科的课和语法课）。

还有很重要的一点是，学生的思考中就已经包含了运用知识的成分。教师应当对学习困难学生开展工作，应当走到每一个这样的学生跟前，去看看他们每一个人遇到什么困难，为他们每一个人布置专门准备的作业题。学习困难学生的脑力劳动会产生怎样的效果，首先取决于他在第一次学习新教材时，他当堂能否正常地、有系统地开展脑力劳动。千万不要让他光是听其他学生流利的回答和把黑板上的东西照抄下来；一定要设法让他独立思考，促使他（要做得耐心、机智）在每一节课上通过脑力劳动取得进步，哪怕只是一点点也好。

我教语法时，总要设法做到，使学生在第一次学习新教材的课堂上和课后不在书面练习中出差错。这话听起来可能有些荒谬，但是有道理：只有要求学生在课堂上不出任何一个差错，他才能够成为读写无误的人。只有做到在课堂上消除所有的错误，才能做到在家庭作业中不会出错（或少出错）。语文教师工作困难的基本原因之一，就是学生在课堂上所做的书面作业里出差错。而教师处理此种情况的不足在于，他没有提出一定要使学生课堂上不出差错的目标。

然而实际上怎样才能使学生不出书面错误，从而打下牢固的知识基础呢？这由许多因素决定，也许首先取决于学生的阅读是否流畅。要做到正确无误地书写，学生先要学会流畅地阅读。还有其他方面的条件，如课的结构、课堂教学的方法和方式等。我在备语法课的时候，尽量预先估计一下，在什么地方、在哪一个词上学生可能出错，以及这个可能出错的学生可能是谁。对任何一个"可疑"的词，我都预先加以详细的解说。

我向你建议：在第一次学习新教材时，不要让任何一个学生对事实、现象、规律做出肤浅的理解，不要使学生在第一次学习语法规则时留下错误，不要使学生在第一次学习数学规律时就留下解错例题和应用题的问题，等等。

11

思考新教材是上课的一个阶段 ①

大概每一位教师都遇到过这种现象：昨天上课时，学生们都很好地理解了所学的规则（定义、定理、公式），能很好地回答问题，还举出例子。可是今天上课时，你瞧，班上大半的学生对学过的东西已感到有些模糊了，个别的学生竟然把学过的教材内容全忘了。还发现，许多学生在完成家庭作业时遇到了很大的困难。而昨天上课时，教师并没有察觉到会出现这些困难呀。

懂得还不等于已知，理解还不等于知识。为了牢固掌握知识，还必须进行思考。

思考意味着什么呢？就是学生要对所感知的东西想一想，检查一下他理解得是否正确，并且尝试把所获得的知识运用于实践。

举一个例子来说。在几何课上，学生第一次获得了关于三角函数的表象。教师讲了两种函数关系——正弦和余弦的概念。教材并没有多大难度，学生们好像马上就理解了。但是理解并不意味着已经牢固掌握。讲解后，教师留出时间让学生思考新讲的材料。学生们打开草稿本，画一些直角三角形，把教师所讲的东西都记录下来，复习正弦和余弦的定义，并且自己想出例子来表明函数关系。在这里，好像把知识的复习跟知识的初步运用结合起来了。原来，经过这样的自我检查，许多学生发现自己不能复现教师的讲解过程，不能把它重复一遍。学生在深信自己忘记了讲解中的某一个环节时，就去翻看教科书。但是，在这样做以前，他自己还是应当竭力把一切都回想一下。

对学习"最差"的学生和学习困难学生来说，专门思考新教材的阶段尤为必要。有经验的教师都特别重视让学习困难学生集中注意教材中的一些"点"，这些"点"实质上就是因果关系，即知识的基础。多年的经验证明，学习困难学生对知识掌握得不够巩固，根源就在于他们没有看出、没有理解各种事实、现象、真理、规律之间相互交接的那些"点"，而正是在这些"点"上产生了各种因果、从属、时间及其他关系。应当引导学习困难学生注

① 本节所说的，有"当堂巩固"的意思。——译注

意这些"点"。

例如，教师给学生们讲解俄语副动词短语。这里的难"点"，就是副动词在有了谓语（动词）的情况下，好像又充当着次要的第二谓语。我给学生留下思考的时间，并提醒学习困难学生注意：在造带有副动词短语的句子时，应当设想有同一个主体在完成两种动作，其中一个动作是主导的、主要的，而另一个动作是从属的、次要的。学生一边思考现实的动作一边造句。

即使课堂上所学的教材是纯理论性材料，还是要尽可能提出一些实际作业，让学生更好地掌握它。在历史课和语文课上，对新教材的思考，多半是让学生寻找刚刚讲过的教材中的因果关系和意义上的联系。例如，教师讲解了1861年俄国农民摆脱农奴制束缚的情况。为了让学生思考（5～7分钟），教师提出下列问题：假如沙皇政府不解放农奴，俄国的农业会走上什么发展道路？在1861年以前，俄国农业跟工业中资本主义的发展存在怎样的联系？农奴解放后这种联系又表现出怎样的特点？1861年以后，是什么阻碍了俄国资本主义的发展？俄国农业中封建主义残余（甚至在1861年改革以后）依然存在的原因是什么？把这些问题写在一大张纸上，讲完新课后立即挂在黑板上。我深信，课堂的一个最紧张、最有趣味的阶段从这时开始了。学生们回想以前学过的各章节的材料，在教科书里"翻阅"资料（顺便指出，在人文学科的课上，教科书首先是为了思考新教材而使用的）。在我看来，这时候进行的是学习过程中最必要、最有益的事——用不通读全文的办法来复习以前学过的教材。这种复习是最有效的，因为就实质而言，这种复习就是思考。

这么说来，请你毫不犹豫地在每一节课上尽量留出时间让学生掌握新教材吧！这样做将得到百倍的补偿。思考知识时学生的脑力劳动越有效，他完成家庭作业所需的时间就越少，下一节课上教师检查功课所花的时间就越少，可用来讲解新教材的时间相应地就越多。如果你弄懂了这种依存关系的实质，你就能解开那个"连环套"：学习新教材的时间不够用，是因为时间花在检查家庭作业上了；而检查家庭作业占用很多时间，又是因为对教材没有充分学透。

12

怎样使检查家庭作业成为有效的脑力劳动 ①

检查家庭作业很不顺利的那种状况，使我苦恼了不止一年：在这部分工作上，经常是时间被白白浪费了。我们每一个教师都很熟悉这种情景：当被叫到的学生刚刚开始回答问题时，其余的学生就各干各的事情；对回答进行思考的顶多是少数几个有可能被叫到的学生。一个疑问使我长期不得安宁：怎样才能在检查作业的时候，使所有的学生都能对提出的问题进行思考，以便使教师对全班的学习都检查到呢？

使用草稿本是一个挽救的办法。譬如上几何课，全班都准备好让教师检查家庭作业。教师向全班提出两道作业题：求出圆面积的公式，自编一道求圆面积的应用题并解答出来；扼要说明全等三角形的特征。全体学生都把题目抄到草稿本里。在这里，草稿本代替了黑板，教师并不叫任何学生到黑板跟前做题。教师注意地观察着每一个学生完成作业的情况。如果教师想了解某一个学生对求出的公式是否有深刻的理解，就让学生解释一下他是怎么做的，为什么这样做，等等。这时候没有必要把学生叫起来回答。每一个学生都在学习，就像他被叫到黑板跟前做题一样。（在完成作业的某一个阶段上）教师可以随时让全班或部分学生停止做作业。

这种工作形式的优点首先在于，检查知识时用不着学生把懂得的知识都高声地重复一遍。教师有可能以简便的形式取得关于学生的知识掌握情况的信息。同时，每一个学生都能做到完全独立地做作业。这里有两个重要因素：第一，把检查知识变成了知识的积极运用；第二，教师有可能密切注视学习困难学生做作业情况，照顾到他们的个人能力和特点。

现在，我们学校在检查家庭作业时，三至十年级的所有学生都使用草稿本。我们感到不这样做就没法检查学生的作业。经验证明，这种检查法能训练学生言简意赅地表达思想，防止死记硬背。那些拼命死记硬背的学生，永远也学不会简明扼要地回答问题，抓不住要点。我们的检查方法则能训练学

---

① 这里指教师在课堂上对学生课外作业情况的检查，不是指批阅家庭书面作业。——译注

生在阅读和识记的同时进行思考。

如果用新的事实对各种概括进行新的思考，借这个办法来检查学生的知识（规则、公式、定理、结论），就可以大大提高检查知识的脑力劳动的效率。在小学各年级，我们一般不在上课开始时专门留出一段时间用来检查知识，而是把检查知识跟加深、拓展和运用知识密切结合起来。例如，教师想要检查学生掌握下列定义的情况：句子的主要成分和次要成分、主语和谓语及主要成分和次要成分的语法关系等。教师让学生把草稿本打开，给他们布置一道实际作业题：造六个句子，句子里要用上"道路"（дорога）这个词的第四格和其他各间接格，并确定句子主要成分和次要成分之间的语法关系。有的学生很快完成了这道作业，教师就给他再出一道作业：造 3 个句子，这些句子里各包含 1 个、2 个、3 个同等谓语。学生通过完成这种作业，既运用了知识，又对这些知识有了更深一步的理解。

千万不要把评分作为检查知识的唯一目的。应当尽量把对知识水平的评定跟其他目的（首先是知识的进一步理解、拓展和加深）结合起来。也不要走极端——对学生的每一次回答、每一份书面作业都评定分数，这样做会引起不良后果。至于其中的道理，有待进行专门的解释。[1]

---

① 见《评分应当是有分量的》。——译注

13

评分应当是有分量的 ①

不应当把知识水平的评定作为某种孤立的东西从教育过程中分离出来。只有当师生关系建立在互相信任和怀有好意的基础上时，评分才能成为促使学生进行积极的脑力劳动的刺激物。可以说，评分是教育上最精细的工具之一。根据学生对教师的评分所抱的态度，我们可以准确无误地断定学生对教师的态度如何、是否相信和尊重教师。我想就学生知识水平的评分问题向教师提几点建议。

第一，评分宁可少一些，但是每一个评分都要有分量、有意义。在我的漫长的教育生涯中，我教过中学教学计划里几乎所有的学科（制图除外），可是我从来没有凭学生在一节课上的回答（甚至所提的问题达两三个或者更多）就给予评分。我总是对学生在某一时期的脑力劳动进行评分，这种评分包含着好几个项目，如学生的回答（也可能是好几次回答）、对同学的回答的补充、书面作业（不太长的作业）、课外阅读以及实际作业等。我用一段时间来研究学生的知识掌握情况，学生也感觉到了这一点。到一定的时候，我就对他说："现在我要给你评分了。"于是又开始研究他下一阶段的知识掌握情况。这样学生就会明白：他的任何情况都逃不出我的注意。也许读者中会有人提出疑问：难道教师能把这一切都记在头脑里吗？也许，有些人会感到，要把有关学生脑力劳动的一切情况都记住有困难，但是我总觉得记住这些是一件最重要的事。难道把值得注意的事都忘记了，还能够做到在教育中进行教学、在教学中进行教育吗？

第二，如果学生由于这样或那样的原因和情况而没有能力掌握好知识，我从来不给他不及格的分数。如果学生感到没有努力的方向，觉得自己什么也不行，这对他的精神是最大的压抑。心情苦闷和精神抑郁会严重影响学生全部的脑力劳动，使他的大脑好像变得麻木起来。只有那种明朗的、乐观的情绪才是滋养思想大河的生机勃勃的溪流。郁郁不乐、情绪苦闷造成的后果，

---

① 苏联普通中学的做法，一般是教师向学生提问，在学生回答后就当场评分。——译注

就是使掌管情绪冲动和思想的感情色彩的大脑皮层下的神经中枢停止工作，不再激发智慧去从事劳动，甚至把智慧禁锢起来。我总是尽一切努力使学生相信自己的力量。如果学生愿意学习而不会学习，就应当帮助他迈出哪怕是微小的一步，而这一步将会成为他的思维受到情绪刺激而产生认知的欢乐的源泉。

你在任何时候都不要急于给学生打不及格的分数。请记住：成功的欢乐是一种巨大的情感力量，可以促进儿童产生好好学习的愿望。请你注意无论如何不要使这种内在的力量消失。缺少这种力量，教育上的任何巧妙措施都是无济于事的。

第三，如果你看出，学生对知识的掌握还比较模糊，在他们关于所学的事物和现象的表象中还有些不明确的地方，那你就根本不要给予任何评分。在我所教的第一个班里，我对某个学生的精神生活进行过精细的研究，我从他的眼光里就能看出，他对我所提的问题是否理解。如果这个学生的眼光表明他对回答问题还没有做好准备，我根本不去评定他的知识掌握情况，应当首先设法让学生学到知识。

第四，应当避免提这样的问题：准确无误地重复教师所讲的东西或者已背熟的书本内容。在教育过程中有一样非常有趣的东西，我把它称为"知识的转化现象"。这里指的是思维逐步深入知识中去的情况，即当学生每一次回头来看已经学过的东西时，都能在各种事实、现象、规律中看到某些新的东西，研究和分析这些事实、现象、规律的某些新的方面和新的属性及特点。应当把知识的转化作为复习的基础。关于这一点，拟另外单独提出一条建议。[1]

---

[1]　见《不要把学习之母变成"后娘"》。——译注

14

不要把学习之母变成"后娘"

民间教育学常说：复习是学习之母。可是，这位慈祥的母亲有时会变成凶狠的后娘。当学生被迫在一天或几天之内做完曾经在几个星期或几个月里所做的事情，譬如说，一下子要复习完 10 节、20 节甚至更多节课所学过的教材时，就会发生这种情况。大量的事实和结论一下子压到学生肩上，所有这一切在他的头脑里都被搅和在了一起。何况要复习的不只是一门学科的教材，还有其他的许多学科啊！正常的脑力劳动无法进行，学生的力量被使用得过了头。

怎样按教育学理论来正确地组织复习呢？首先，我建议要考虑学科和具体教材的特点。譬如说，在九年级，复习几节物理教材跟复习几节历史教材，就远不是一码事。

在布置学生复习诸如物理、化学、代数、几何这类学科的规则、定律、公式和结论时，有经验的教师的做法主要是让学生完成实际作业，做练习、做应用题、画图、制表等。同时，教师应当特别注意：学生要想完成一项实际作业，他就得熟悉两条或更多的原理。完成这种性质的作业的过程，实际上是在进行一种对智力发展来说非常重要的知识迁移，即从相互联系和相互依存的关系中对概括性原理重新进行思考的过程。学生应当从新的、以前对他来说是未知的角度来考察各种事物和现象。例如，数学教师为了达到复习的目的而给学生布置一些应用题，学生要解答这些应用题，就得在头脑中既复习几何体的体积又复习三角函数。多年的经验使我深信，如果一条理论概括能跟另一条理论概括相接触、关联起来，那么就好像在知识的迁移上发生了飞跃：两条原理都被更深刻地理解了，学生在这些理论概括中发现了以前没有发现的东西，似乎明白了其中的一条，也使另一条变得更加明确了。

就代数、几何、物理这类学科来说，我建议采用我校优秀教师们在实际工作中使用的一种所谓的综合复习。这种复习有许多变式。例如，让每个学生制作一个几何体的模型，借助这个模型可以复习一系列重要的公式。或者教师指定学生们做出一些几何体的示意教具，用它们可以直观地说明好几个定理。

历史、语文等人文学科的复习则具有另一种性质。要把七八节课所讲的教材复习一遍，那就等于要读四五十页书。在这里，当然不能用讲解新教材过程中所用的办法来进行复习。要复习分量很大的教材，似乎应当站得远一些去看它，以便更清楚地看到主要的东西，而不去关注显示在眼前的次要的东西。如果学生在复习的时候把所有的东西从头至尾地反复地读，那就不仅会出现负担过重的现象，更重要的是教材的中心思想会被学生忽略过去，从而使它们的教育作用被削弱了。

应当引导儿童从教材中解脱出来，即放过细节，抓住要点。你可以花几节课的时间来复习历史、语文的某些章节，具体地做给学生看，怎样可以不用从头至尾地读教材也能进行复习。学生的知识面越广，能跟课堂上（以及课外）所要复习的教材关联上的知识越多，对教材的领会就越深刻。

你要引导自己的学生（特别是高年级学生）从次要的东西中抽身出来，而把注意力集中到主要的东西上。这种技能是形成世界观的基本功之一。

还有一种复习方式。我在教数学、物理、化学、生物的时候，始终遵循一种在我看来是很重要的原则：让学生在每门学科的听课笔记里画一条竖线，在页边留下一些空白地方，把那些必须永远牢记的东西用红铅笔写下来。学生在翻阅听课笔记的时候，应当着重复习那些规则、公式、定理及其结论（数学和物理每周复习一次，化学每两周复习一次，生物每三周复习一次）。

15

怎样检查练习本

"检查练习本吞没了我所有的空闲时间。"这出自一位女教师的来信。在这封信的末尾，成千上万的教师大概都会签上名字表示同意。只要把那一沓一沓待批改的练习本看上一眼，没有一个教师不为之心烦的。这不单是因为要为此付出好多个小时的劳动，而令人烦恼的是，这种劳动是那么单调乏味，没有创造性。

许多教师和教育工作者都迫切希望最大限度地压缩批改练习本的时间，但是毫无效果。这是为什么呢？因为学生的练习本里有大量的错误。检查练习本费时无趣的问题是学校有待解决的许多问题之一。这个问题的解决取决于几百个条件和前提是否具备。这里不可能提出某种单一的建议："如此这般就行了。"但是，如果整个学校和全体教师在工作中能遵从一定的条件，那么就能使花在批改练习本上的时间比通常情况减少三分之二左右。

首要的条件是，学校师生应当具有高度的语言素养，对词的正确、纯洁和优美高度敏感：说错或者写错一个词，不仅使教师而且使学生感到不协调，就好像一个具有高度音乐听觉的人听到一个错误的音符时感到那么不入耳一样。应当向小学各年级的教师提一个建议：你们要培养儿童对词的感情色彩的敏感性，要使学生像对待音乐那样对待词的读音！形象地说，学生应当成为"词的音乐家"，珍视词的正确、纯洁和优美。你可以把孩子们带到大自然中去，把各种花朵、声音、动作的极其细微的差别指给他们看，把人们的劳动作为一种创造性活动展示在他们面前，并且让这一切都通过词、通过语气适当的语言反映出来。

我们专门安排一些课来讲解这些词，如朝霞、傍晚、草原、田野、河流、潺潺、闪烁、隆隆……我们跟儿童一起用每一个词造句。使词深入儿童的精神生活里去，他们学习用词来表达最微妙的感情，用词来反映从周围世界得来的印象。这是学校里很不容易甚至可以说是最复杂的一门科学。

你要把学生从书本和思考引导到活动，再从活动引导到思维和词。活动应当转化为学生自己的思想，而自己的思想则应当通过词表达出来。这在实践上可以归结为如下的做法：使学生尽可能经常地把自己的活动变成其思考和判断的对象。应当让学生讲故事，发表议论，汇报他亲手做过的事情，讲述他所观察到的事物。学生往往用词混乱，是因为这些词没有跟他自己所做、所见、所观察和所想的东西联系起来。应当布置这样一些作业，要求学生进行讲述、汇报和报告，要求他把现有的知识"投入周转"，也就是说，使词成为创作的手段。

为什么学生的作业里有许多错误，写得文理不通呢？我认为，毛病的根源就在于能力与知识相互脱节。在绝大多数的学科（特别是像语法、文学阅读、数学这类学科）的学习中，学生的能力落后于知识。当能力"软弱无力"，不能为知识"提供服务"的时候，知识就变成了一种沉重的、不能胜任的负担。

减轻批改练习本的工作量，涉及教学的一系列根本问题。但是在某几项前提下，还是可以使工作量得到减轻的：第一，在每节语法课上，都留出一段时间，让学生把那些容易犯语法错误的词抄录下来，并加以识记。第二，让学生对完成家庭作业先做仔细、周密的准备，以预防错误。第三，可以说，凡是有经验的语文、数学、物理教师都有一套自己的检查练习本的方法。经验证明，最合理的一种方法是定期抽查，教师每隔一段时间收几个学生的练习本进行检查。只有测验时才对全体学生的作业进行检查。

16

学科教学中学生积极活动的内容 [1]

有经验的教师在开始教学工作以前，会把整个教学阶段（在小学则是把整个小学阶段）中本门学科需要学生从事积极活动的内容安排好。这样做的目的，不仅是为了培养学生在生活和劳动中必需的实际技能，而且是为了通过学生的积极活动，在一门学科的教学体系中优先地进行智育，发展学生的思维和语言。我们已经说过，学生的读写水平和词在他的精神生活中所起的作用，在很大程度上取决于学生的积极活动的性质。

怎样组织学生的积极活动，才能促进学生的智力发展，促进他的思维和语言发展，提高他的读写水平呢？

积极活动好比一座把语言和思维连接起来的桥梁。我在准备小学的教学工作时，会预先规划好全体学生所要参加的积极活动，这些活动要能鲜明地反映出并且让学生深刻地思考各种事实、事物、现象、劳动过程之间的关系和相互联系。换句话说，我要达到的目标是在劳动中产生思想，而不仅是巩固课堂上所学的知识。在学习一门学科时，学生从事的活动不仅应当是对知识的说明（这一点也是必要的），而且应当是新的原理、发现和规律的源泉。例如，在几年的学习期间每个学生都种养一棵果树。在养护过程中他不断地产生新的"发现"，一些新的思想激动着他，他把这些思想说出来；词成为他把自己在劳动中发觉的各种关系和相互联系的思想表达出来的手段和工具，词成为他积极的词汇储备，使他的情感和思维得到磨炼。

几百个事例让我深信，凡是着迷于一件有趣的劳动，在劳动中能不断地揭示出各种关系和相互联系的学生，他的思想就不可能是混乱的，语言也不可能是陈旧滞后的，因为学生不仅在劳动，而且在思考、在推断各种因果关系、在规划未来的工作。每过一年，我都更加坚信，有着鲜明的思想表现的积极活动能够发展学生的语言，提高学生的一般素养。应当指出，劳动只有从学生入学后的最初几天就开始，并且经过周密的组织，才能在学生的智力

---

[1]　本节强调在教一门学科时，应安排学生从事一些实际操作（积极活动）。——译注

发展中起到应有的作用。

我们学校的中、高年级的每一位教师，在准备一门学科的教学时，都对学生应当参加的积极活动加以规划，并使之给学生以智力的训练，帮助学生掌握更丰富的概念和规律。我深信：没有人和自然的相互作用，犹如没有旋律就没有音乐、没有词就没有语言、没有书就没有科学一样，人的智力发展就是不可思议的。在生物、物理、化学、数学这些学科的教学体系中，劳动与思考的统一、活动与词的统一，是学校作为思想策源地的基石之一。有经验的教师们在准备这些学科的教学时，都要周密地考虑：以什么方式，通过何种劳动，才能揭示出本门学科中学生的思维所依据的那些关系和相互联系。例如，物理教学体系中的基本关系和相互联系，大多包含在这样的一些现象的概念中，如物质、能、运动、能的转化、状态的变化、现象的相互作用等。物理教师寻找各种可能性来组织学生的脑力劳动，以便使所有这些概念都能在具体的关系中体现出来。例如，布置一个学生做一件用于演示原理的仪器模型，通过它可以演示机械能转变为电能、电能又转变为热能的过程。另一个学生则制作一种模型，演示机械作用怎样引起物质状态的变化。这种劳动不单纯是为了说明知识，而且可以说是活用知识。

我向教师们建议：如果你们想使自己的学生成为善于思考的人，想使严整、明确、合乎逻辑顺序的思想通过清楚的说明和解释表达出来，那么你就应当吸引他们参加富有思想内容的劳动，使知识体的种种关系和相互联系在劳动中体现出来。请你记住：劳动不仅能训练一些实际技能和技巧，而且首先是一种发展智力的途径，是一种发展思维和提升语言素养的手段。

17

教会学生观察

应当指出，在一些学校里，教师并没有把观察看作是一种积极的智力活动，看作是发展智力的途径，而是看作解释某些课题和章节的一种手段。

教师教学的水平，在很大程度上取决于观察在学生的智力发展中占有何种地位。从观察中不仅可以吸收知识，而且知识在观察中可以活跃起来，知识借助观察而"进入周转"，像工具在劳动中得到运用一样。如果说复习是学习之母，那么观察就是思考和识记知识之母。一个有观察力的学生，绝不会是学业成绩落后或者文理不通的学生。教师如果善于帮助学生利用以前掌握的知识来进行一次又一次的新的观察，他就能使学生的"旧"知识变得愈加牢固。

在低年级，观察对于儿童之必不可少，正如阳光、空气、水分对于植物之必不可少一样。在这里，观察是智慧的最重要的能源。儿童需要理解和识记的东西越多，他在周围自然界和劳动中看到的各种关系和相互联系就应当越多。

我在教小学生的时候，就引导他们从平常的事物中看出不平常的东西来，引导他们探寻和发现因果关系，经常要他们回答"为什么"的问题。

▲ 从不同角度看，这朵花的形态是不同的

二月，正是深冬严寒的季节。可是恰巧遇到一个晴朗的日子，我们来到寂静的还有积雪的果园。"孩子们，你们仔细地看看周围的事物。你们能看到春天已经快要来临的最初的标志吗？即使你们中间最不留心的人，也应当看出两三种标志。那些会看并且会想的人，往往能看出几十种标志来。谁会欣赏大自然的音乐，他就能听出春天正在觉醒的第一批旋律。大家看吧，听吧，想吧！"——我对学生们说。我看到，孩子们仔细观察着雪层覆盖的树枝，察看树木的外皮，倾听着各种声音。每一个小小的发现都使他们感到欣喜。每一个人都想找到某种新的东西。以后，过了一星期，我们又来到果园里，后来每星期都来一次。而每一次都有某些新的东西展示在儿童好奇的目光前。学生在低年级受过这种观察力的训练后，就学会了区分理解的和不理解的东西，而尤其宝贵的是，他们能够对词抱积极的态度。教师教会学生们观察和发现，就能从他们那里听到许多聪慧的、出乎意料的"哲理性"问题。

请你教会学生观察和看见周围世界的各种现象吧。在自然界发生转折的时期，请你把儿童带到大自然中去，因为这时候自然界正发生着迅猛的、急剧的变化：生命在苏醒，生物的内在的生命力正在更新，正在为生命中强有力的飞跃积蓄力量。

学龄初期的观察训练，是智力发展必不可少的条件。

18

怎样通过阅读拓展知识

在学龄中期和学龄后期，阅读科普读物和科学著作，跟在学龄初期进行观察一样，起着同样重要的作用。善于观察的学生能比较容易地产生对科学书籍的阅读兴趣。不经常阅读科学书籍和科普读物，就谈不上对知识有较强的兴趣。如果学生一步也不越出教科书的框框，那么他对知识有持久的兴趣就无从谈起了。

科学以前所未有的速度发展着，而我们不可能不断地把日新月异的新的概念和规律补充到中学教学大纲里去。因此，在现代的学校里，阅读科学书刊就成为教学过程最重要的组成部分之一。

你要善于激发学生对科学书刊的阅读兴趣。要做到这一点，你在讲解大纲规定的新教材时，应当用大纲以外的知识的火花来阐明某些问题。有经验的生物、物理、化学、数学教师在讲课的时候，好像只是把通往一望无际的科学世界的窗口微微打开一点，而把某些东西有意地留下来不讲。学生看见了超出大纲必修教材界限的可能性，到浩瀚的知识海洋中去游泳的前景激励着他——青少年一心想要读那些书。这就是激发了阅读的兴趣。

在学校图书馆或者个人藏书里，教师应当备有一批书籍，用来拓展学生在大纲教材方面的知识。已经出版和正在出版的这类图书很多。特别重要的一点是，让学生阅读现代科学前沿方面的科学著作和科普读物。阅读这些书籍，能帮助学生对学校所学的基础知识理解得更清楚。

教学大纲里有一些最难的章节，理解了这些章节才能学懂其他章节。让学生针对这些章节阅读一些拓展知识的书籍，具有极其重要的意义。有经验的教师总是设法在学习这些章节之前、之后或者同时，让学生阅读一些科普书刊。学生还没有学过量子理论的基本概念，还有许多不懂的东西，可是已经在读有关这一问题的书，这一点倒是没有任何可怕的。学生头脑中产生的疑问越多，他对课堂上和学习新教材过程中所讲授的知识的兴趣就越高。在课堂上讲解新教材以前，让学生积累问题是很值得研究的一个教学论课题。

19

阅读是对学习困难学生进行智育的重要手段

这里指的是那些很艰难、很缓慢地感知、理解和识记所学教材的学生：一样东西还没弄懂，另一样东西又该学习了；刚刚学会这一样，另一样就已经忘记了。有些教师相信，要减轻这些学生的学习负担，只有把他们的脑力劳动的范围压缩到最低限度（有时候，教师对学习困难学生说：你只要读教科书就行了，不要去读其他的什么东西，以免分心）。这种意见是完全错误的。学生越感到学习困难，脑力劳动中遇到的困难越多，他就越需要多阅读：正像感光度低的胶卷需要较长时间感光一样，学习成绩差的学生的头脑也需要科学知识之光给以更鲜明、更长久的照耀。不是补课，也不是没完没了地"拉一把"，而是阅读、阅读、再阅读，能对学习困难学生的脑力劳动起到决定性的作用。

有一位姓特卡琴柯的优秀数学教师，他教的中学生就没有成绩不及格的。他的创造性劳动的一个最突出的特点，就是善于合理地组织学生的阅读，通过阅读来发展学生的智力才能。特卡琴柯从五年级教到十年级，每一个年级都有一个绝妙的小图书馆，里面的书籍不止100种。这些书都以鲜明的、引人入胜的形式来讲述被特卡琴柯认为是世界上最有趣的一门科学——数学。如果没有这些图书，那么，他的某些学生是永远也不可能成绩及格的。例如，在讲授方程前，他的学生们就读了几十页关于方程的书，其中首先是些引人入胜的故事，讲的是方程怎样作为"动脑筋习题"在民间的智慧中形成的。

问题不仅在于阅读能挽救某些学生，使他免于成绩不及格，而且在于借助阅读发展了学生的智力。学习困难学生读书越多，他的思考就越清晰，他的智力就越活跃。

周密考虑后，有预见地、有组织地引导成绩不佳的学生阅读一些科普读物，这是教师要关心的一件大事。实质上，在学校生活实践中被称为"对学习困难学生个别施教"的工作，其要点正在于此。

20

不要让能力和知识相互脱节

所谓能力和知识相互脱节，表现为学生还不具备使自己成为掌握知识的工具的那些能力，可是教师已经把新知识源源不断地硬塞给他：快点掌握，别偷懒！这样的学生就好像是没有牙齿的人：他无法咀嚼而只好将整块食物吞咽下去，开始时感到胃里不舒服，过后就生起病来，以至于什么都吃不下⋯⋯

我在前面已经详细谈到过，许多学生之所以不能掌握知识，乃是因为他们还没有学会流畅地、有理解地阅读，还没有学会边阅读边思考。这就是能力和知识相互脱节的一种最可悲的表现。流畅地和有理解地阅读（包括有表情地朗读和默读）的技能，这不单单是有文化的起码表现，还是学生在课堂上和在独立读书时进行完善的逻辑思维的最重要的条件之一。

凡是没有学会流畅地、有理解地阅读的人，他是不可能顺利地掌握知识的。所谓流畅地、有理解地阅读，就是能一下子用眼睛和思维把握住句子的一部分或较短的整个句子，然后使眼光离开书本，口头说出已记住的东西，同时进行思考——不仅思考眼前所读的东西，而且思考与所读材料有联系的某些画面、形象、表象、事实和现象。

在小学里，就应当使学生在阅读方面达到这样完善的程度。否则，就谈不上让学生自觉地掌握知识。不仅如此，要想撇开流畅地阅读的技能而要求学生掌握知识，那就只能使学生的智力变得迟钝，造成思维的混乱、不连贯、支离破碎和粗陋肤浅。大概你们也遇到过这样一些五、六年级的学生，他们（就像人们常说的那样）简直不会把两个词联系到一起。我曾经把这类学生的语言逐字地记录下来并进行了分析：这种语言好像是从上下文里脱落出来的个别的词的组合，它们之间没有任何联系。这样的学生根本不会用词句来表达自己思想的某些内容，因此他说话就吞吞吐吐，含混不清。对这些可悲的事实进行多年研究后，我得出一条结论：这种智力上的"口齿不清"（这是我给这种缺陷起的名称），就是因为儿童缺乏流畅地、有理解地阅读以及边阅读边思考的技能。许多词没有被儿童理解透彻，只有一个很简单的原因：儿童没有来得及把词好好地熟读并且感知它们的发声，特别是不能在自己的意识里把词跟有关的表象联系起来。学生既然不会流畅地、有理解地阅读，于是也就来不及思考。而不动脑筋、没有思考的阅读，只能使儿童的头脑变得迟钝。

怎样才能使儿童学会流畅地、有理解地阅读，使他们能够既用眼睛又用思维快速地感知一组意义连贯的词呢？要做到这一点，必须进行一系列练习。教小学时，我用下面的办法来检验学生会不会流畅地、有理解地阅读。让学生朗读一篇童话或故事（新课文）。譬如说一篇关于原始人生活的故事。我在他们面前的黑板上挂一张色彩鲜明的图画，上面画着原始人生活的情景：有火堆，有准备食物的情景，有捕鱼的活动，有孩子们在嬉戏，还有做衣服的情景。如果学生（这里指的是三年级学生）在朗读这篇课文时，眼睛离不开书本，以致在朗读结束时他还来不及仔细地观赏这幅图画，并且记住课文里根本没有写到的那些细节，这就说明他还不会阅读。眼睛一刻都离不开书本的阅读，还不能算是真正的阅读。如果学生在阅读过程中不能感知任何东西，那么他实质上就是不会边阅读边思考。正因为如此，这种阅读不能称为有理解的阅读。

到了某一个教学阶段，学生还应当掌握迅速书写的技能，以便做到能边书写边思考。缺少这种技能，就又会造成另一种能力和知识脱节的现象。要掌握这样的书写速度，就必须进行足够数量的练习。应当使书写过程达到自动化的程度。这就是说，要使学生书写时不必思考怎样把字母连接成词以及他在写什么字母，所写东西的内容应当占据着学生注意的中心。通过足够数量的练习，学生在第四学年可以达到这一要求。但是，书写的自动化也有赖于阅读。书写不好的人，总是那些阅读也不好的人。

培养迅速而有理解地书写的技能，可以（在学生能很好地阅读的条件下）按下列方法进行练习。教师向儿童们讲述某一种自然现象、事件或劳动过程；讲述中教师要能明确区分出有逻辑联系的各个部分，而每一部分中又有重点以及与重点有关的细节和详情。讲述时，教师要求学生按照教师讲述材料的顺序，把要点记录下来。如果学生缺乏这种边听讲边简略地记录故事（演讲、解说）内容的技能，那就根本谈不上掌握知识。在许多情况下，学生学业落后的原因，正是他缺乏这种基本但同时又是十分复杂的技能。

这种技能不仅在实际应用中发挥作用，而且是发展智力才能的必要条件。

没有这种边听边写边思考的技能（也像边阅读边书写的技能一样），要拓展知识是不可能的。

挑选、系统整理和分析事实的技能，是在很大程度上决定能否顺利地掌握知识的十分重要的技能之一。教自然科学类学科和语法的有经验的教师们，都很注意不让学生的能力和知识相互脱节。这里所产生的相互脱节，就是学生的思维仅仅局限于教师在讲课（讲演、解说）中所举事实的圈子里。这种相互脱节的后果，就是知识在学生头脑中变成了一堆僵死的、不再发展的东西。因为这些知识不能迁移，不能被新的事实所丰富，不能用来解释新的事实。这种情况我想把它称为"知识的僵化"。当知识处于这种状态时，就会遇到一些乍看起来令人觉得奇怪的现象。例如，学生背会了关于物质有 4 种状态的结论，但是他在实际生活中不去注意大量的这类事实，不去利用这些事实来从新的、以前未知的角度去解释这一结论。于是，在检查知识时，学生遇到了物质由固态转变为气态的事实，而他面对生活中随处可见的这种现象时却是茫然失措，不能理解和解释其实质。

为了使学生学会自觉地把结论运用于生活实践，必须让他们独立地收集大量的事实，思考这些事实，并对它们进行系统整理、对比和分析。对事实的收集和加工，本身就是知识的一种状态，即能动状态——从课堂上获得的知识体系中自觉地挑选出必要的规律、特性和定义的状态。而使知识进入这种状态是多么重要啊！多年教育工作的经验告诉我，收集和加工事实是一种特殊的技能，有了这种技能，就能使知识经常处于发展之中，而这种发展又是十分独特的：学生不仅在分析他周围发生的事物，而且也在分析自己的思维。通过收集和加工事实，学生走上了自我进行智育的道路。

某一门学科体系中的事实具有什么特点，在我看来，是极为重要的教学法问题之一，同时也是一个一般教育学问题。形象地说，事实是支持思想展翅翱翔的空气，因此请你从这个角度来分析一下教学大纲。请你考虑一下，选用哪部分事实放在课堂上讲，而把哪部分事实留给学生自己去收集和加工。还要请你对收集事实的过程本身给学生提出一些方法上的指示，并且引导学生如何对事实进行思考。

21

兴趣的秘密何在

每一个教师都希望在自己的课堂上学生对学习感兴趣。怎样才能把课上得有趣呢？是不是所有的课都能上得有趣呢？兴趣的源泉何在呢？

所谓课上得有趣，意味着学生带着一种高涨的、激动的情绪进行学习和思考，对面前展示的真理感到诧异甚至震惊；学生在学习中感觉到自己智慧的力量，体验到创造的欢乐，为人类伟大的智慧和意志感到骄傲。

认知本身是一种令人赞叹、惊奇和感到神奇的过程，能激发高昂且持久的兴趣。自然界万物的种种关系和相互联系、运动和变化，人类的思想以及人类所创造的一切，都是兴趣取之不竭的源泉。但是，在一些情况下，这个源泉像潺潺的小溪流淌在我们的眼前，你只要走近去看，一幅令人惊异的大自然的秘密图画就展现在你面前。而在另一些情况下，兴趣的源泉则藏在深处，你得去攀登、挖掘，才能发现它。而很常见的情况是，这个"攀登""挖掘"自然万物的本性及其因果关系的实质的过程本身，正是兴趣的重要源泉。

如果你只指望靠那种表面的、显而易见的刺激来引起学生对学习和上课的兴趣，那就永远培养不出学生对脑力劳动的真正热爱。你应当努力使学生自己去发现兴趣的源泉，让他们在这个发现过程中体验到自己的劳动和成就，这本身就是兴趣的最重要的源泉之一。离开积极的脑力劳动，谈论学生的兴趣和注意力都是不可思议的。

对知识的兴趣的第一个源泉、第一颗火星，就在教师对上课时要讲的教材和要分析的事实所采取的处理方式中。学生在思想上明白道理，来源于学生认识了各种事实和现象之间的结合点，认识了把各种事实和现象串联起来的线索。备课的时候，我总是努力思考和理解那些结合点和线索，因为只有抓住这些思想的交接点，才能在认识周围世界的道理和规律中揭示出某种新颖的、出人意料的东西。例如，在下一节课中，将要讲到植物的根系及其在植物生命过程中的作用。学生已经成百上千次地见过植物的根部，乍看起来，教材中未必找得出任何使学生感兴趣的东西。但是，兴趣并不在于认识一眼就能看出的东西，而在于认识深藏的奥秘。我对孩子们讲述说，那些很细很细的根须怎样在土壤里吸取植物所需要的物质。我把孩子们的注意力引到各种事实的这样一个结合点上去：土壤里时刻不停地进行着生命活动，无论冬夏，这种生命活动在土壤深处永不停息：亿万个微生物好像在为众多的根须服务。如果没有这种复杂的生命活动，树木就不能活下去。我说："孩子们，让我们来仔细观察一下土壤中的这种复杂的生命活动。想一想，它是怎样利用周围环境所提供的物质的。那样，在你们面前就会展示出生物和非生物之间的相互作用。"非生物怎样为生物提供建筑材料，正是各种事实的结合点，我把这一点讲清楚，把学生的注意力集中到这一点上，就在学生面前揭示出一种新的东西，激发起他们对自然界奥秘的惊奇感。少年学生越是被这种情感吸引，就越加迫切地想知道、思考和理解这种新的东西。

▲　热带沙漠上生长的植物，它的形态比较特别

兴趣的源泉还在于把知识加以运用，使学生体验到理智能统帅事实和现象。在人的心灵深处，都有一种根深蒂固的需要，就是希望自己成为一个发现者、研究者、探索者。而在儿童的精神世界中，这种需要则特别强烈。但是如果不给它提供食物（与事实和现象进行生动的接触，体验到认知的欢乐），这种需要就会萎谢，而对知识的兴趣也就随之消失。我认为有一项十分

重要的教育任务，就是不断地扶持和巩固学生想要成为发现者的愿望，并借助一些专门的工作方法来帮助他实现愿望。我在课堂上激发了儿童对土壤中发生然而无法直接观察到的、隐秘的过程的兴趣，于是下课后我们就到田里去，特地去看一看土壤的剖切面。孩子们怀着惊奇的心情察看了小小的禾本植物的根长达两米多。这对他们来说是一种真正的发现。但是从实质上说，他们只是刚刚踏上了发现和探索的道路。我把草地上和荒地上的几种植物的根指给孩子们看。我们把一些草根（去掉它们的茎）种到土里，其中许多草根初看起来像完全枯死了，可是后来它们竟成活了，长出了嫩芽，变成了绿草。还有一棵葡萄的根也成活了，发了芽。

这件事鼓舞了孩子们，他们的思想变得非常好奇和活跃。他们体验到作为人所具有的无可比拟的自豪感：我们是事实和现象的主宰，在我们的手里，知识变成了力量。感到知识是一种使人变得崇高的力量，这比任何东西更能强有力地激发学生的求知欲。可见，不使学生对掌握知识的过程感到厌烦，不把他弄得筋疲力尽，产生对一切都漠不关心的态度，而要使他的整个身心都充满欢乐。这一点是何等重要！当然，如果学生亲自去研究并发现了某种东西，亲自去把握具体的事实和现象，那么知识主宰者的感受就会更加强烈。此外，还有一种纯粹思考（运用智慧进行概括、系统化的活动）带给学生的欢乐。

一个学生如果广泛地进行了阅读，那么他会把在课堂上教师所讲解的任何一个新概念、新现象都纳入他从各种书籍里吸取的知识的体系里去。在这种情况下，课堂上所讲授的科学知识就具有特殊的吸引力：学生感到这些知识是帮助他把"头脑里已有的"东西弄得更加清楚所必不可少的。

争取学生热爱你教的学科

哪所学校有一位优秀的数学教师，数学就会成为学生最喜爱、最感兴趣的学科，许多学生卓越的数学才能就会显露出来。如果学校新来一位有才华的生物教师，那么，你等着瞧吧，两年之后就会出现 10 个禀赋过人的少年生物学家，他们爱上了植物，在学校园地上入迷地进行试验和研究。

哪所学校里各科的教学好像汇合成一种教师之间为赢得学生的思想和心灵而展开的善意的竞赛，那么这所学校的智力生活就会显得生机勃勃。这种竞赛是全体教师进行创造性劳动的一个方面。这种竞赛表现为：每一个教师都在尽量唤起学生对自己所教学科的兴趣，使他们入迷地酷爱这门学科。可以设想，如果一个刚进入四年级的儿童，遇到这样一个教师集体，所有的教师都是很有才华的人，至少是热爱自己所教学科的人，他们都善于点燃起学生对自己的（各自都认为是最有趣的）学科的热爱的火花，那么在这样的环境中每一个儿童的天赋就一定能得到发展，他们的爱好、才能、志向、才干能够确立起来。

在这里，我们就进入了教育过程的一个最有意义的领域，这个领域在许多学校的实际工作中至今还是一块没有探测过的处女地。我坚信，学习的教育作用首先表现为：用一种形象的说法来表达，就是在科学基础知识的和谐乐队里，每个学生都找到自己喜爱的乐器和自己喜爱的旋律。如果一个学生没有爱上一门具体的学科、一个具体的科学知识领域，那就不会有智力充实和精神丰富的个人生活。

让学生们把你所教的学科看作是最感兴趣的学科，让尽可能多的少年像向往幸福一样幻想着在你所教的这门学科领域里有所创造，做到了这一点你应当引以为荣。我希望你去赢得自己学生的思想和心灵，跟你的同事们——其他学科的教师开展竞赛。譬如说，你给 200 个八至十年级的学生讲授物理，他们都是你的学生。但是你还应当有另外一个概念："我的学生"。你应当有 10 个或者更多的"自己的学生"（有时候，可能人数少些，只有五六个，这倒丝毫没有什么可计较的）。这是一些全心全意献身于物理学的少年，他们下定决心把自己的一生同技术、科技思想领域里的劳动结成一体。此外，也许你还有另外的诚实少年，他们对物理学的兴趣还只是刚刚"露头"，其中有些人将来会爱上你的学科，而另一些人则可能在别的什么知识领域里找到自己的"出路"。是啊，在生活理想的发展中，再也没有比志趣的形成更复杂的事了。你现在教着200个学生，要使他们所有的人都牢固掌握基础物理课程方面的知识，这是你的工作的一个方面。但是请你不要忘记，在你的良心上，还有教师创造性工作的另一个方面，就是还有一部分少年决心把物理作为一门科学来攻读，而课堂上所学的东西对他们来说只是科学的入门知识，你就应当关心使他们对物理（技术、机器、机械、科技知识）的志向确立起来。在学校里，你还应当有一所"自己的学校"——少年物理学家学校。

那么这一切又应当怎样去做呢？其中什么是最主要的？应当从何处入手呢？

你必须建立一个物理专业教室。你一定每天会在那里工作一两个小时：也许你在钻研书本，也许你在尝试给将要进行的实验作业"打草稿"，也许你正在为一张图纸或一个仪器模型动脑筋。我想对你说，如果这时候我处在你的地位，我会把那些深深爱上物理的少年——瓦莉亚和柯里亚、根卡和斯拉甫卡、彼得和萨沙都邀请到物理专业教室来。到这里来的还有八年级学生，甚至有七年级学生，他们还没有最终爱上我的学科，但是我看到，当我讲到反粒子和光子火箭的时候，他们的眼睛怎样闪闪发光，他们的手怎样向关于核物理学的有趣的小册子伸去。我的物理专业教室里有一个角落，我把它称为"思考之角"。在这里，墙上挂着法国雕塑家罗丹的木刻画《思想者》，有一个书橱，里面放着一些关于科学技术最新问题的书籍和小册子。这是一束引诱少年们超越教学大纲的范围，向着未知的远方去探索的火光。我这里还设有另一个"难事之角"。这里有几张模型图，它们都是根据很奥妙的、不同寻常的设计思想制成的。要把这种设计思想变成金属和塑料的实物，那就得克服很大的智力困难。在这个"难事之角"里，不能容忍思想懒惰，不许当瞠目结舌的旁观者，而是必须进行创造。这里还有我的一个小型教学创造实验处，也就是我备课的角落。我在这里用各种新的教具变魔术。跟我一起工作的还有我的"实验员"——几个高年级学生，他们帮助我备课。

就这样，我敞开大门，让那些已经爱上物理的，还有那些尚未确定爱上物理但向物理投去热烈而喜悦的目光的学生都能到这些角落里来。

我这里还有一个"幻想之角"，我认为它有特别重要的意义。在这里，少年志向的火花被大堆的科学知识篝火点燃。少年们在这里认识到：思考是一种艰巨、不轻松、异常复杂，有时竟然是一种痛苦的劳动，但是它向你预示着一种无可比拟的欢乐——认知的欢乐，以及意识到自己能够运用智力来主宰知识的自豪感。从"思考之角"开始，训练学生接触科学知识。这里有各种书籍，有些是供那些刚刚到科学知识的海洋来学习游泳的学生阅读的，有些是供那些已经坚决选定将来从事科学、技术、实验室工作或者即将毕业打算到工业企业去操纵复杂的机床的学生钻研的。我非常重视这一点，一定要使那些在我讲课的时候眼睛里射出好奇的火花和那些总要提出几十个"为什么"的头发蓬乱的小伙子进到我的"思考之角"里来。我了解他们每一个人在幻想着什么，就专门在书架上给他摆几本相关的小书。

有许多聪明的、天赋很好的儿童和少年，只有当他们的手和手指尖接触到创造性劳动的时候，他们对知识的兴趣才能觉醒。如果我看到，哪一个儿童和少年喜欢用手去摸弄机械模型、各种仪器设备，我就一定设法把他吸引到"难事之角"里来。

有一些学生，很长时间里对任何事情都没有表现出特别的兴趣。如果学校里没有一种各科教师都来赢得学生的思想和心灵的气氛，那么许多学生的兴趣就永远得不到开发。学校里这种对学习和知识无动于衷、没有为自己找到任何感兴趣的事情的学生越多，那么，教师们就越不可能有"自己的学生"，就很难把酷爱知识的火花从自己心里移植到学生的心里。在学生对待知识的态度上，最令人苦恼和感到担忧的，就是这种无动于衷的精神状态。学生在某一门学科上学业落后、成绩不及格，这倒并不可怕，而最可怕的是他那冷淡的态度。

请你努力去唤醒那些无动于衷、态度冷淡的学生们的意识吧。一个人不可能对任何事物都不感兴趣。触动那种无动于衷的头脑最可靠的途径就是思考。只有靠思考来唤醒思考。对于那些对知识和脑力劳动无动于衷、漠不关心的学生，每一位教师都应当把自己所有的"智力工具"拿出来试验一番。

这里谈的已经不是竞赛，而是把一些人从智力的惰性里挽救出来的问题了。我们学校里有这样一条规矩：关于每一个对知识无动于衷、漠不关心的学生，我们都要在心理学研究会会议上进行讨论。我们在思考，怎样才能找到人与自然界、人与知识相互作用的那个领域，以便在这个领域里用认知来鼓舞起他的精神。这里最主要的是，要使一个人终于有一天发现自己是知识的主宰者，感到自己掌握了真理和规律。用认知来鼓动人的精神，意味着使思想跟人的自尊感融合起来。通向这样一种精神状态的途径，是使知识发挥效力、起积极作用。我们认为，要唤醒那种无动于衷的学生，把他从智力的惰性状态中挽救出来，就是使这个学生在某一件事情上把自己的知识显示出来，在智力活动中表现自己，表现个性。

我在五至七年级教过几年数学。我有两个课外数学小组：一个小组是为那些最有能力和天赋的学生设立的，另一个小组的成员则是那些对知识漠不关心、态度冷淡的学生。如果要说明这些学生的意识是怎样觉醒过来的，那一定是一篇关于赢得学生的思想和心灵的很有趣的故事。我力求使学生在小组里所学的知识触动集体中人与人的关系——树立个人的自尊感。当一个人尚未体验到自己是个"思想家"以前，他还不可能具有那种他作为一个人真正的自豪感。至于怎样才能做到把思想跟人的自豪感融合起来，这一点需要在另一条建议里专门加以讨论。①

有经验的教师都在努力做到这样一点：在他的学生热爱的那门学科方面，教师知道的东西要比教学大纲规定的多十至二十倍。一个人体验到他能主宰任何一门学科的知识，这是一般智力发展的最强有力的刺激之一。如果学生有了一门喜爱的学科，那么你不必为他没有在其他各科上取得"五分"而不安。使人担心的，倒是学生门门成绩优秀但却没有一门喜爱的学科。多年的经验使我确信，这种学生是不懂得脑力劳动的欢乐的平庸之辈。

---

① 见《怎样使思想同自尊感融为一体》。——译注

23

怎样使思想同自尊感融为一体

这也是我们教育工作中十分微妙的问题之一。怎样才能使学生为自己学习很好而感到自豪呢？怎样才能使学生从自己取得进步和学到知识中体验到自尊感呢？

我坚信：通往这一目标的途径，就在于使知识、智力财富成为学生个性的自我表现。从低年级起，就应当朝着这个方向去开展教育工作。我在教低年级学生的时候，力求实施这样一项原则：每一个学生都要对集体的智力生活做出自己的贡献。学生应当对自己的知识、思想、技能感到光荣和体面。如果学生集体只知道某某同学功课学得怎样，只听到他怎样回答问题，单靠这一点是绝对不能达到上述目标的。下面说说我们的做法。从一年级起，我们就让孩子们制作一本收集所有集体成员作品的图画册，取名《朝霞》。我们已经形成一种习惯：在春秋两季，当霞光初露的时候，大家就起床，出发到树林、湖岸去迎接日出。

▲ 翻阅集体创作的图画册，心里乐开怀

我们分给每人 1 张（愿意要两三张也可以）图画纸，对他们说："把你在大自然中最喜爱的东西画下来吧，并且在图画下面写一句话，字数不要多，但是听起来一定要像歌儿那么美。"当然，每一个孩子都想画出和写出最好的东西。好看的图画、美丽的词语，每一个人都把这当成自己的光荣。这本图画册直到现在还保存在我手里。在二年级，我们利用冬季的傍晚自编故事和童话。每一个孩子或者讲述他经历过的事，或者讲述他的幻想，甚至讲述他虚构的东西。儿童们对这种创作活动的兴趣之大真是难以形容：每一个人都感到善于构思和讲述是一种道德尊严。

这样年复一年地进行智力成果和精神财富的交流，就使儿童之间的关系越来越深地得到加强。到了三、四年级，我们开始举办"读书晚会"：孩子们讲述自己读过的书籍的内容，朗读书籍，背诵诗歌和散文中的片段等。这是一种独特的智力和技能竞赛活动。

从五年级开始，我的学生就成为学前儿童和一、二年级的小同学们的积极的智力教育者。12名五年级学生指导着好几个小型的诗歌创作小组。每个小组里有5～7个小同学。五年级学生指导他们编写关于自然界的小作文，给小朋友们读自己写的作文和短诗。这种做法确立了这些五年级学生的自尊感。

在六、七年级，有几个学生当了一、二年级"少年数学家小组"的辅导员，为孩子们编写"动脑筋"应用题并给予解答。在五至八年级的整个教学阶段，学生们还担任了几个外语学习小组的辅导员：一、二年级学生跟着他们说法语和读法语。

在七至十年级，每一个学生都在"科技晚会"上做介绍或做报告，都认为尽最大努力把介绍或报告准备得更好些，是一件光荣的事。

所有这些工作形式的用意都在于：让学生体验到知识、智力生活是他的一种道德尊严。教师要这样来教育学生：造成一种风气，使他们感到不学无术、对书籍冷眼相待是不道德的。

24

谈谈学生的智力生活

这是一个和学校的全部工作都有联系的问题。如果教师只考虑怎样迫使学生用更多的时间坐在那里抠教科书，怎样把他们的注意力从其他一切活动上吸引过来，那么学生的负担过重是不可避免的。有的学生除了上课、教科书、家庭作业和分数以外，对其他的任何事情都不考虑，这种人的命运是不值得羡慕的。请你千万别让你的学生充斥学究气。除了平常的学业、观念和兴趣之外，学生还应当有丰富多彩的智力生活。我所说的智力生活，就是指学生的（课外）阅读，特别是在少年期。

如果你被指定担任五年级的班主任，那么你一定要把培养学生的这种精神需要作为自己的主要任务之一。你要列出一张你的学生在中学时期应当阅读的书目，并且设法使本班的藏书里备有这些书籍。

如果青少年没有自己心爱的书籍和喜爱的作家，那么，我不能想象他们能得到真正的全面发展。要培养一个人，塑造他的个性，我就要始终努力使我的每一个学生在小学阶段就有自己的少量藏书。中、高年级学生的藏书已经相当可观，大概有 100～150 本书。就像音乐家不随时拿起自己心爱的乐器就不能生活一样，喜欢思考的人如果不反复阅读自己心爱的书籍就无法生活。

把每一个学生都领进书籍的世界，培养起对书籍的酷爱，使书籍成为智力生活中的指路明灯，这些都取决于教师，取决于书籍在教师本人的精神生活中占有何种地位。如果你的学生感到你的思想在不断地丰富着，如果学生深信你今天所讲的不是重复昨天讲过的话，那么，阅读就会成为你的学生的精神需要。

如果教师的智力生活停滞、贫乏，在他身上产生了一种可以称为"不尊重思想"的征兆，那么，这一切就会明显地在教学和教育工作中反映出来。我认识一位教师，他"对一切都感到厌烦"，正像他所说的，他不愿意总是重复讲同样的东西。学生从他的话里感觉到他的思想处于停滞、僵化状态。教师不尊重思想，学生也就不尊重教师。然而更加危险的是，学生也像教师一样不愿意思考。

不应当把学生的智力生活理解成个人狭窄的小天地。一个人既在丰富集体的智力生活，同时又在享受集体的精神财富。在我们学校里，我们力求建立许多过着丰富多彩的精神生活的集体。这首先是指成立了各种科学—学科小组：科学—数学小组、科学—技术小组、科学—化学小组、科学—生物

▲ 书籍之角，智慧之海

小组、科学—文学小组、哲学小组。冠上"科学"这个词，可能会使人觉得有些夸张，不过它毕竟反映了一种真实情况：青少年迈上了科学思维的道路。对于这些课外小组，无论如何不应把它们看成是学科的附属物或者作为提高及格率的手段。它们是智力生活的策源地。小组里洋溢着钻研、好学的精神。在科学—学科小组的活动中，学生们照例要讲述他们所阅读的书籍（做报告、做综合报道），但是这里有一个特点，就是给思想增添了真正的创造性：当青少年给同学们讲述那些道理和规律的时候，他们抱着珍视的态度，把它们看作是依靠自己的努力而得来的财富，而同这些财富联系在一起的，就是他们产生了对劳动、创造和未来的思考。

学习困难学生也可以参加科学—学科小组的活动和晚会。对这些学生来说，负担过重是一种严重的威胁。在小组里，那种向往丰富的智力生活的氛围激发他们去阅读，而对他们来说，阅读正是达到顺利学习的最重要的补救手段。

25

要解决学业负担过重问题，
就得使学生有自由活动时间

这个提法初看起来有些荒谬：只有不让学生把全部时间都用在学习上，而是留出许多自由活动时间，他才能够顺利地进行学习。但是，这并不荒谬，而是合乎教育过程的逻辑。学生的学习日被各种学校功课塞得越满，用于思考与学习无直接联系的事情的时间留得越少，那么造成他负担过重、学业落后的可能性就越大。

自由活动时间的问题，不仅是涉及教学，而且是涉及智育、全面发展的最重要的问题之一。正像空气对于健康一样，自由活动时间对于学生是必不可少的。其之所以必不可少，乃是为了使学生能够顺利地进行学习，不让他经常感到有学业落后的威胁（大家知道，常有这样的事：一个学生只要有几天生病了，他就会落后一大截）。自由活动时间是丰富学生智力生活的首要条件。我们要使学生的生活中不单单有学习，还要使学习富有成效，那么就需要给学生留出自由活动时间。

学生的自由活动时间来自课堂：明智的、善于思考的教师能给学生赢得自由活动时间。学生本身也是赢得自由活动时间的重要助手。知识处于何种状态——是能动的、积极的状态还是僵死的状态，在很大程度上取决于学生。此外，还有一个条件决定着有没有自由活动时间，这就是作息制度。

根据多年的经验，我想指出在脑力劳动制度中必须加以防止的做法。绝不允许在上完几节课以后，就让学生马上坐在那里连续几个小时读教科书和做练习。而在高年级，学生经常在下半天用三四个甚至五六个小时从事和课堂上同样紧张的脑力劳动。每天 10～12 个小时坐在那里读书、听讲、思考、记忆、回想、复习，以便能回答教师的问题，这真是一种无法胜任的、使人精疲力竭的劳动，归根结底会摧残学生的体力和智力，使学生对知识产生冷漠的态度，使得一个人只有学习，却没有智力生活。

经验表明，可以这样来安排学生的脑力劳动，让下半天由学生自由支配，而不必坐在那里读书和做练习。下半天应当是学生的自由活动时间。在这些时间里，学生可以读课外书，参加科学小组的活动，在野外劳动，观察自然现象和人们的劳动。

换句话说，下半天进行的脑力劳动，应当是拓展和转化知识。请注意，这并不是让学生无所事事，而是让他拓展知识。我们努力使学生在学习日的下半天所做的那些事，正是他全面发展和顺利学习所需要的。这种意图能否实现，则取决于整个教育

▲ 自由活动时做游戏，轻松又快乐

过程是否文明。特别重要的是，在下半天要让学生阅读——出于爱好和求知欲的阅读，而不是为了背诵和记忆的阅读。

你可能要问：家庭作业放在什么时候来完成呢？

应当让学生早睡早起，把家庭作业放在早晨上学前的时间里完成，这是我们学校的绝大多数学生作息制度的一项基本原则。我们花了多年的时间向家长们解释：让孩子早睡早起，把紧张的脑力劳动安排在他起床后的前8个到10个小时的时间里，这种做法已被科学证明是有好处的。新一代家长成长起来了，我们就在"家长学校"里向他们传授教育学知识，首先讲儿童脑力劳动的文明和卫生。经过努力，我们做到了使90%的儿童、少年和青年能遵守下列作息制度：低年级学生在晚上9点就寝，中、高年级学生在晚上10点就寝。低年级学生在早晨6点起床（睡眠9个小时），少年和青年在早晨五点半起床（睡眠7个半小时）。在这些简短的建议里，不可能对这个作息制度的合理性做一番充分的科学论证。但应当说明的是，在一天的后一段时间里（夜里12点以前）入睡的时间越长，睡眠就越能消除疲劳，醒来也就越容易，投入脑力劳动也就越迅速。学生在起床以后到上学前有两个到两个半小时可用来准备功课，这是我们作息制度的核心。但是这个作息制度只是整个教育体系的一个组成部分。多年的经验使我们全体教师坚信，只要具备下面的条

件，高年级学生完成全部家庭作业不需要两个到两个半小时（中、低年级则更少些）。这个条件就是，学习要在精神生活丰富多彩的广阔背景中进行。在这种情况下，知识在多种多样的智力活动中不断得到拓展。掌握知识的过程（形象地说）是靠一整套"工具"（技能）来加以保证的，而每个学生的力量、天赋、才能都能在自己喜爱的学科里得到发挥，因为这一切是相互联系的。如果缺少这个条件，那么就根本无法借用我在这里所介绍的经验。如果不具备上述条件，而要尝试照搬这种做法，迫使学生早些起床，在上学前就把家庭作业完成，那是不会有任何效果的。学校生活中的许多事实告诉我，即使是最宝贵的经验，也往往无法搬用，因为它被"移栽"到一种不利于生长的环境中去了。例如，孩子们还没有学会像样地阅读，教师却不顾这一点就教他们写作文，结果是毫无收获。

在完成家庭作业以后，学生到校上课。步行在去学校的路上就是休息。然后开始上课，这是进行最紧张的脑力劳动的一段时间。应当设法在要求智力高度紧张的各类课之间，穿插一些能变换活动性质的课（体育、图画、唱歌、劳动等），以便给学生一个小时（尽可能两个小时）的休息。

早晨进行两个到两个半小时的脑力劳动，其效率大大超过放学后一连坐在那里花四五个小时去抠教科书和做练习。但是问题还不仅在于效率，还应当考虑到儿童的健康，考虑到保持一天脑力劳动制度中的"平衡"。要使一天里的一部分时间充满紧张的脑力劳动，就必须使另一部分时间解除紧张的脑力劳动。下半天是供学生自由活动的时间，在这个时间里安排的脑力劳动，一定要考虑到儿童的兴趣特点。至于这些特点是些什么以及如何考虑到它们，将在以后的建议中提出。

要教会儿童善用自由活动时间

　　对儿童来说，时间是怎么度过的，和成年人的感觉完全不同，我们永远不要忘记这一点。谁不考虑童年的这一特点，他就无法理解儿童的心灵，以致经常碰壁。在树林里度过一个充满阳光的夏日，对儿童来说就像过了整整一年；而在少先队夏令营里度过一个月，就好像过了一辈子。不要用硬性的计划规定来束缚儿童，要让他们去仔细地看看各种事物，并且看个够。也许，还可以拿出整整一个小时，让他们各人干自己要干的事。这是儿童的天性使然，不如此儿童就不可能感知和思维。

　　请你记住，在每一步路上，儿童的面前都可能展现出某种新的、未知的事物，这事物使他入了迷，占据了他全部的身心，他不仅顾不及想别的事，就连时间的流逝也感觉不到了。就这样，儿童沉浸在平稳、缓慢，但又不可阻挡的童年的河流里，他会忘记（是的，完全忘记）他今天的家庭作业

▲　葱郁开阔的果园，观察学习的天地

还没有做，而这一点又是不足为奇的事。请你不必惊奇，我亲爱的同事，当你问起作业时，儿童常常会直截了当地回答："我把做作业的事忘记了。"他说到这一点时，好像自己并没有过错，而忘了做作业倒好像是件奇怪、不可理解、使他惊奇的事。你还不必惊奇：在课堂上，儿童盯住了树影投在教室墙壁上的跳跃的光点，看得入了迷，所以对你所讲的东西一点也没听进去。是的，他没有听你讲课，这是真实情况，因为他沉浸在童年的河流里，他对

时间的感知跟成年人完全不一样。你不要大声斥责他，不要当着全班同学的面把他封为不注意听讲、坐不安稳的坏典型。你完全不必这样做。我劝你轻轻地走到他跟前，握住他的双手，把他从他那美妙的童年独木舟引到全班学生乘坐的认识快艇上。而更为重要的是，你也不妨去乘坐儿童的大船，跟他们待在一起，用儿童的眼光去看世界。请你相信，如果你学会了这样做，那么在学校生活中就会避免由于互不谅解而产生的许多冲突：教师不理解儿童做什么和为什么要这样做，而儿童也不理解教师到底要他怎么做。

我，作为一个成年人，也会被某种有趣的事物所迷住，我也很难摆脱那件使我入迷并得到满足的事情。可是，在我的下意识深处，却有一个念头使我不得安宁：我还有工作，谁也不会替我把它做完。这种来自下意识的信号，能帮助我们控制时间。但是儿童缺乏这种控制力，他们会把时间忘记了。应当教导他们利用好自由活动时间。

采取怎样的教法呢？硬性要求他们进行思考，向他们指出对一件事情着迷时不许忘记功课吗？把他们跟吸引人的事物隔离开，不许他们接触吗？

不要这样做。不要违背儿童的天性。教导儿童利用自由活动时间，意味着，尽量让有趣的、使儿童感到惊奇的事物，同时成为儿童的智力、情感和全面发展所必不可少的东西。换句话说，应该使儿童的时间充满使他们入迷的事物，而这些事物又能发展他们的思维，丰富他们的知识和技能，同时又不致破坏童趣。给儿童提供自由活动时间，并不是说让他们想干什么就干什么。放任自流会使儿童养成无所事事、懒散拖沓的不良习气。

教导儿童利用好自由活动时间，不是靠口头解释（年龄小的孩子还不懂这些解释），而是要靠组织活动、靠示范、靠集体劳动。

27

让每一个学生都有最喜欢做的事

请认真考虑一下，你的每一个学生是怎样以及在哪里利用（不是"度过"，而是"利用"）他的自由活动时间的，而且利用得合理。

这里，我又要提到书籍了。阅读应当成为学生的兴趣最重要的发源地。学校应当成为书籍的王国。可能你是在边远偏僻的地方工作，你所在的村庄跟文化中心可能相距数千公里，学校里也许会有许多欠缺。但是如果你那里有一个书籍的王国，你的工作就可能达到与文化中心同样的教育水平，取得同样的成果。你也不必担心，由于学生迷住看书而使他们学不到知识。

在一至三年级，一定要在每个班级单独建立一个"书籍之角"，在其中陈列一些内容较好并且儿童感兴趣的书籍。让每一个学生都来利用他生平第一次遇到的这个小图书馆吧。我倒不主张让一至三年级（起码是一、二年级）的学生到学校的总图书馆去借书：因为只有教师最了解自己的学生应该读什么书。很可能在某个时候，应该让某个学生读他当时最需要的适合自己的一本书。这一点，谁都没有教师了解得那么清楚。

▲ 故事真有趣，大家共欣赏

请你记住，无论哪一种爱好，如果它不能触动学生的思想和打动他的心，那就不会带来益处。我想强调，学生首要的爱好应当是读书。这种爱好应当终生保持下去。不管你教的是哪一门学科（语文或历史、物理或制图、生物或化学），你都应当（只要你想成为学生的真正的教育者）使书籍成为学生的第一爱好。

书籍也是一所学校，应当教导每一个学生怎样在书籍的世界里遨游。正因为如此，我才建议先建立本班的小图书角，然后再逐步教导学生利用学校的图书馆。对这件事绝不可放任自流。你可以带领自己的小学生到学校图书馆去，向他们介绍那里有些什么书，并且推荐他们可以借阅哪些书；也可以把推荐给学生阅读的书单交给图书管理员（当然，这些书应当是图书馆里现有的图书）。

应当引导每个学生去接近的第二个兴趣发源地，就是他特别喜欢一门学科。一个人在求学年代最宝贵的财富就是拥有自由活动时间。只有具备这个条件，他才可能特别喜欢一门学科，才可能发挥智力的积极性。学校的全体教师应当深刻思考：怎样才能使下半天在学校里"点燃起许许多多的火堆"，吸引学生去深入钻研各个科学领域？这不仅是指前面说过的成立各种科学小组，还包括让学生从事一些积极的活动，在这些活动中，教师设法使理论知识成为学生进行创造、解决各种智力任务和劳动任务的主要刺激。在我们学校里，设有两个"难题室"，一个是物理和技术方面的，另一个是生物和农业技术方面的，它们都成了学生智力倾向的发源地。在这里，学生的工作都是独立进行的。两个室的管理者都是高年级学生，但是它们对全体（从一年级到十年级）学生敞开大门。学生在这里解决着各种各样的工艺和生物方面的任务。例如，我们建议学生设计制作一个活动的机械模型，要求在这个机械里用另一个工作部件来代替原有的工作部件，要求这个机械能用来完成好几项劳动操作。在生物方面提出的课题是：在两年时间内把一块不毛之地变成肥沃的土地，在上面栽培庄稼并取得收成，为有益的微生物的存活创造条件。

学生怎样利用自由活动时间是一件至关重要的事。你一定要使自己的学生形成合理的爱好。

28

用劳动的爱好来教育学生

几十年的学校工作使我相信，劳动在智育中起着极其重要的作用，儿童的智慧出在他的手指头上。

这一教育信念是从观察中产生的。我发现，那些双手灵巧的儿童、热爱劳动的儿童，能够形成聪慧的、好钻研的头脑。我指的不是随便什么样的劳动，而首先是指复杂的创造性劳动，这种劳动包含着思考和精巧的技能和技艺。一年年积累的事实更有力地证明，手和脑有一种直接的联系。儿童和青少年的手已掌握的或正在掌握的技艺越高超，他就越聪明，他深入分析事实、现象、因果关系、客观规律的能力就表现得越突出。

我竭力想弄懂手脑依从关系的科学依据，我读了不少学术著作，同时还研究了教学和教育过程的不同方面和种种现象。我想实际地利用劳动来达到对那些学习困难儿童和少年进行智育的目的，于是吸引他们参加一些需要掌握复杂的实际技能和技巧的工作。这种劳动的典型特点，就是它的各个步骤和操作之间都有依从关系，而且它要求高度的注意力、精神专注和动脑筋思考。手的动作和思维之间不断进行传导：思维在检验、矫正、改善着劳动过程，而手似乎把各种细节和详情报告给思维，于是劳动就发展了人的智慧，教会学生合乎逻辑地思考，深入那些不能直接观察到的某些事实和现象之间的依从关系中去。

把那些思维迟缓而混乱的学生吸引到复杂的、动脑筋的劳动中，并长期对他们的劳动活动进行观察，帮助我更清楚地认识了思维的形成途径。我懂得了：如果一个人在学习上遇到困难，那么产生这些困难的最主要原因就在于，他不能看出事物之间的种种关系和相互联系，也就是说，他离开"事实"就不能进行思考。而最容易看见事物之间的种种关系和相互联系的机会，则出现在它们以直观的形态（在劳动活动中）呈现出来的地方。

经验证明，为了促进学生的智力发展，应当选择下列劳动形式：

（1）设计和安装机器和仪器的活动模型。我们学校的每一个学习困难学生，都毫无例外地到学校实习工厂里制作精巧的机器、仪器的模型。在这里，理解事物之间的种种关系和相互联系，是思维的源泉和动力。有一个少年模型设计家小组，在两年时间里设计安装了一台木材加工万能机床。这个小组里有 15 名学生，其中有 3 人是学习困难学生。这种启发和发展智力的劳动最主要的特点，就是不停地发展构思能力。对未来的机床的构思好像总在这些青少年的眼前晃动。为了检验构思的正确性和合理性，组员们不断试验，各种部件和零件在不同的设计方案里是怎样发生相互作用的。在这样的条件下，将会出现什么情况，而在另一种条件下，又会出现什么情况？对这些问题和类似问题的思考，促使学生们瞻前顾后，反复进行分析和对比。

这种对劳动过程中的相互作用的思考，在我看来，是一种无可比拟的发展思维的良好手段，它可以使思维中与因果关系、从属关系和时间关系有关的那些极其重要的领域得到发展。对相互作用的反复思考的极其可贵之处就在于学生的思维一直处在运动和探索之中，人的思维的视野总是出现与一个概括性结论相联系的好几种直观表象。这里发生着由具体到概括的过渡，没有这种过渡就谈不上思维，而学习困难学生所缺乏的正是这一点。

（2）选择能量和运动可以传递、变换的方式。这里指的是设计和安装某类模型、机械、设备、仪器或机器装置，譬如说把电能转变为机械能或热能，把直线运动转变为旋转运动，或者相反等。在这里，思维似乎在一瞬间就由抽象概括的东西转移到具体的东西（表象、形象、图景）上去。怎样把一个概括性结论体现到现实的、具体的行动中去呢？深入地思考这个问题，能够激发思维的力量，促使学生从许多已知的东西中去探索科学的设计方案。选择传递和变换的方式，能发展观察力和好钻研的智力（这一点正是学习困难学生所缺乏的）。学生通过仔细观看一个整体事物的细节、局部和构成元素，在具体的东西中寻找共性的东西，就是在学习把一个总的思想从一种具体情况转用到另一种情况。这些应当在手的技艺和技能中反映出来。我们力求使劳动的对象（它的作用就是要发展智力）是活动的、变化的，使人把构思的创造性和实现构思的技艺结合起来。要尽量多地进行实验和试验，尽量多地让学生的手和手指多做动作——这是在劳动过程中培养智力的原则之一。

（3）选择对材料加工的方式，选择工具、机械和操作方法。我们力求做到使工具似乎和手融为一体，成为手的一部分。如果一个人没有学会用自己的手和自己的思想对劳动对象做最精巧的加工，那么就不可能设想能培养出精巧的、富于创造性的智力。这种加工体现出思维和手的动作的真正结合。

当人用双手借助手工工具或机械工具加工东西的时候，就会出现一种极为复杂的现象：在每一瞬间，信号多次地由手传导到脑，又由脑传导到手；脑教导了手，手也发展和教导了脑。这时候，构思不仅在实现，而且在不断地发展、深入和变化。这时候，思维的线索不会中断。用手工工具和简单的机械工具加工材料，是"医治"那些学习困

▲ 组装模型，练手又练脑

难学生的最好手段，因为这些学生缺乏一种通过思考一下子把握住较长时间的劳动过程的能力。

（4）创造生命过程（植物和动物）正常发展的环境，并管理这种环境。应当让学生在农业试验活动（植物栽培、动物饲养）中接触这种劳动。这是一种使学生由具体表象过渡到概括性结论，又由概括性结论过渡到实践的最好手段。这种劳动在教育方面的特征就在于，使人用思维去把握那些在不断变化的条件下长时间进行的过程，同时应自觉地影响和改变这些条件。我深信，农业劳动是最能启迪智慧的劳动活动之一。我们吸引那些"学习上最困难的"学生参加少年植物栽培家、育种学家、生物化学家、农业技术学家等各种小组。这些学生好像在掌握知识的道路上遇到了不可克服的障碍，而启迪智慧的农业劳动是能教会他们思考的。

在一个少年试验家小组里，一批学习困难儿童和少年参加创造性劳动已有 15 年以上。他们在解决这样两个问题：通过环境条件影响种子发芽能力和植物发育早期的生命力；通过土壤和外界条件影响产量。

当然，要使手起到发展智力的作用，还必须经常阅读：书籍不仅能造就聪明的头脑，而且能培养出灵巧的双手。

怎样使学生集中注意力

我带领 27 个幼儿到草地上去参观，目的是让他们看看各种植物是怎样传播自己的种子的。他们要看的那些植物长在草地的一个较远的角落里。要想让所有的孩子都围拢过来看这些植物，我就得用需要集中注意力才能看清楚的很细的丝线把孩子们都拴到我的身边来，这就好比是一根根无形的"缰绳"。在他们眼前的这些植物中间，还有几十种各式各样、非常有趣的事物，只要有一个儿童的注意力转到其中的一个事物上，那根丝线就断了。于是，我给他讲的和指给他看的事物，他再也不听、不看了——思想开了小差。譬如说，一只彩色蝴蝶翩然起舞，瓦尼亚、柯里亚、尼娜、娜塔罗奇卡这 4 个孩子好奇的小眼睛就盯住了那只蝴蝶，于是就有 4 根丝线断了。或者脚底下突然蹦出一只小青蛙，于是又有几根丝线被扯断了……

这种情形在课堂上也是常见的。怎样才能把这一群坐立不安、好奇心很强、随时都会跑去追赶蝴蝶的小家伙吸引在你的身旁呢？在你开始给少年讲解一些枯燥无味的知识时，他的头脑却正在想着其他的有趣的、吸引人的、激动人心的事物，这时你该怎么办呢？

控制注意力的问题，是教师工作中最微妙却被研究得还很不充分的领域之一。要控制注意力，就必须懂得儿童的心理，了解他的年龄特点。多年的学校工作经验告诉我，控制儿童的注意力只有一条途径，就是要促使儿童形成、确立并且保持这样一种内心状态——情绪高涨、智力振奋的状态，使儿童体验到自己追求真理、进行脑力劳动的自豪感。

我们要动用智育的一整套手段来创造这种状态。要创造前面所说的情绪高涨的状态，单单依靠在上课时采取某些特殊的方式，譬如说选用恰当的直观手段，是不能达到目标的。这种状态的形成取决于许多因素，如儿童的思维素养和情感、见闻的广度等。

控制注意力，意味着教师对儿童的思维施加一种非常精细而微妙的影响。例如，我知道，学生要学一年生物，其中包括许多初看起来毫无趣味的知识——蠕虫的机体构造、生命活动等。在讲授这部分教材时，如果在儿童的意识里事先没有一些能跟教材"挂上钩"的思想，那么你就无论如何都无法控制住他的注意力。在这里，学生的注意力是受他事先知道的一系列常识制约的，有了这些常识，他就会把毫无趣味的教材看成很有趣的教材。例如学习关于蠕虫的内容，学生应当知道这样一些常识：有益的蠕虫（如蚯蚓）对土壤的构成和植物的生长起着有益的作用，各种自然现象之间存在着的普遍平衡状态，一些现象对另一些现象有着隐蔽的依赖关系等。

要让学生集中注意力听关于蠕虫的内容，我就得培养学生，使之处于我所需要的情绪状态，我就推荐他们读一些关于自然界、土壤的有趣的书籍。当我讲解初看起来毫无趣味的那部分内容时，我的话针对学生的思想，我好像在触动他们的思想，于是我所讲解的东西就在学生的意识里引起兴趣。这种兴趣首先是由内部的刺激而引起的；学生过去阅读时在头脑里留下的思想，这时候好像又苏醒了，更新了，并竭力向我的思想靠拢——学生不单是在听讲、感知新教材，而且是在自己的意识深处搜索某些事实和现象，对它们进行思考。

不随意注意应当与随意注意相结合。只有当学生一边听讲一边思考时，才能出现这种结合。而要做到这一点，则必须使学生的意识里有一点"思维的导火线"，也就是说，在所讲的学科中，应当使学生有某些已知的东西，在感知教材过程中，学生的思考越积极，他学起来就越轻松。通过阅读而使儿童的注意力得到培养，是减轻学生脑力劳动的最主要的条件之一。只要能在课堂上把学生的不随意注意与随意注意结合起来，他们就不会感到疲惫不堪。

如果教师不去设法使学生形成情绪高涨、智力振奋的内心状态，就急于传授知识，那么这种知识只能使人产生一种冷漠的态度，而不动感情的脑力劳动只会带来疲劳。哪怕是最勤奋的学生，哪怕他有意识地集中自己的精力去理解和识记教材，他也会很快地"越出轨道"，丧失理解因果关系的能力。而且他越是努力，反而越难控制自己的思想。那些除了教材以外什么书籍都不阅读的学生，他们对课堂上所学的知识总是掌握得非常肤浅，并且会把全部学习负担都转移到家庭作业上去。由于家庭作业负担过重，他们就没有时间阅读科学书刊，这样就形成一种恶性循环。

众所周知，直观教具可以提高学生对学科的兴趣，增强学生的注意力。但是，直观性作为一条教学原则则具有广泛的意义。如果把直观教具仅仅看作是吸引学生注意力的手段，那么这不仅对教学，甚至对智育，都是很有害的。

30

谈谈直观性教学问题

　　培养注意力的唯一手段就是对思维施加影响，而直观性只有能在一定程度上刺激思维过程时，才起到促进注意力发展和深入的作用。物体的直观形象本身就可能长时间地吸引住学生的注意力，但是运用直观性的目的绝不是为了使学生的注意力在整节课中都固定在直观教具上。在课堂上引进直观教具是为了使儿童的思维在教学的某一个阶段上摆脱形象，过渡到概括性结论和规律上去。在实践中常常遇到一些出人意料的情况，即直观教具以其某一个细节束缚住了儿童的注意力，不仅起不到帮助作用，反而妨碍了儿童去思考教师想引导他们去思考的抽象原理。有一次，我带了一个水轮机活动模型给儿童看。推动叶轮的那一股水，由于冲击而飞溅起来，形成一片细微的水雾，经阳光一照，映射出一道彩虹。我没有注意到彩虹，可是孩子们觉察到了。于是，他们的全部注意力都被这种有趣但是在当时完全是偶然的自然现象吸引住了，而没有用到我想引导他们得出的那些概括性结论上去。这堂课没有取得良好的效果。

　　使用直观教具，要求教师具有很高的科学和教育学修养，懂得儿童心理学，懂得掌握知识的过程。

　　第一，应当记住，直观性是年龄较小的学生脑力劳动的一条普遍原则。康·季·乌申斯基曾写道，儿童是用"形象、声音、色彩和感觉"思维的。这一年龄规律，要求使年龄较小的儿童的思维在大自然中得到发展，使他能够同时看到、听到、感到和思考。直观性是一种发展观察力和思维的力量，能给认识带来一种情绪色彩。由于视觉、听觉、感受和思维是同时进行的，儿童的意识里就形成一种在心理学上称为情绪记忆的东西。与在儿童的记忆里留下的每一个表象和概念联系在一起的，不仅有思想，而且有情绪、情感和内心感受。如果不形成发达的、丰富的情绪记忆，就谈不上童年时期有完满的智力发展。我向小学教师们建议：你们要到思维的源泉那里去、到自然界和劳动中去教会儿童思维。要让词在进入儿童意识的时候带着鲜明的情绪色彩。直观性原则不仅应当贯穿在课堂上，而且应当贯穿在教学工作的其他方面，贯穿在学生的全部认知中。

第二，运用直观性时，教师必须考虑怎样由具体过渡到抽象，直观教具在课的哪一阶段不再需要，此时学生已经不会把注意力放在直观教具上。这是智育的一条很重要的原则：直观教具只是在促进思维活跃起来的一定阶段上才是需要的。

第三，应当逐步地由实物的直观手段向绘画的直观手段过渡，然后再向能恰当描述事物和现象的直观手段过渡。早在一、二年级，就应当逐步训练儿童，使他能离开实物的直观手段，但这绝不意味着可以完全摆脱它。有经验的教师在所有学年（从一年级到十年级）的教学中都在运用直观性原则，但是他们以越来越复杂的工作方法和方式逐年地体现这一原则。即使在十年级，有经验的语文教师还是带领自己的学生到树林去、到河岸去、到春花怒放的花园去。在这里，可以说是对词的情感色彩进行更精细的加工，加深和发展学生的情绪记忆。

向绘画的直观手段过渡是一个较长的过程。这并不是说，教师简单地把小猫的图画带到课堂上来代替活的小猫。绘画的直观手段，即便它逼真地表现了实物的形状、颜色和其他特点，但它总归是一种概括。因此教师的任务就是，在运用绘画的直观手段时，应当逐步地向越来越复杂的概括过渡。特别重要的是，要教会儿童理解象征性图形如草图、示意图等，这些手段对发展抽象思维起着很大的作用。结合这一点，我想就如何使用黑板的方法谈几点希望。

教室里设有黑板，不仅是为了在上面写字，而且是为了让教师在讲述、说明、演讲的过程中可以在上面画些草图、示意图和详图等。我在讲授历史、植物、动物、物理、地理、数学的时候，几乎在所有的课堂上（大约80%的历史课，90%的植物、动物和地理课，100%的物理和数学课），我都要使用黑板和彩色粉笔。在我看来，不这样做，就不可能设想会有一个发展抽象思维的过程。我认为，绘画的直观性不仅是把表象和概念加以具体化的手段，而且是从表象的世界里解脱出来而进入抽象思维世界的手段。

绘画的直观性同时也是一种使学生进行自我智力教育的手段。在二、三年级，我的学生总是把算术练习本从中间分成"两半"，左边的一半用来解答习题，右边的一半则用来以直观的、示意的办法将应用题变为图解的形式。在动手解答习题以前，学生先"把应用题画出来"。教会学生把应用题"画"出来，其用意就在于保证学生由具体思维向抽象思维过渡。儿童开始时画一些实物（苹果、篮子、树、鸟），然后转到示意性绘画，即用小方块、小圆圈来代表它们。我特别关心的是那些学习困难学生是怎样"画"应用题的。假若不采用这种教学方式，这些学生未必能学会解答应用题和思考它的条件。如果哪一个孩子学会了"画"应用题，我就可以有把握地说，他一定能学会解应用题。也有个别学生，在几个月里还学不会用图画来表示应用题的条件。这就意味着，他们不仅不会抽象思维，而且也不会"用形象、声音、色彩和感觉"来思维。这就必须先教他们形象思维，然后再逐渐地引导他们进行抽象思维。

如果你的小学班级里有一些对数学学习感到困难的学生，那就请你试一试，先教会他们"画"应用题。应当引导儿童由鲜明的形象过渡到象征性图形，再由图形过渡到理解事物之间的关系和相互联系。

第四，要引导学生由绘画的直观性逐步过渡到词的形象的直观性。用词表示形象，是由"用形象、声音、色彩和感觉"进行思维过渡到用概念进行思维的一个步骤。有经验的小学教师们，不仅用词来创造那些不可能直接看见的东西（如北极地带的冰群、火山爆发等）的形象，而且用词来创造那些在我们周围的自然界和人的劳动中可以看见的事物的形象。这些词的形象对于形成情绪记忆、丰富心理学上所说的内在语言，都有着极其重要的意义。

这里还有必要谈谈对学习困难学生的工作。经验表明，这类学生的智力发展，在很大程度上取决于由形象思维到概念思维的过渡究竟需要多长时间和经历怎样的步骤。个别学习困难学生，一直停留在毫无希望的境地，教师不知道该拿他们怎么办，不知道怎样才能激发他们的思维。这种情况的出现，主要是因为这些学生没有经过一番长期的"形象思维"训练，然而教师却在催促他们快点转到抽象思维，而学生对抽象思维却丝毫没有准备。学习困难学生常常不能把自己举出的实例同费了很大力气才背会的规则联系起来，这种情况就是形象思维与概念思维相脱节的后果之一，是教师操之过急的结果。

第五，直观手段应当使学生把注意力放在最主要、最本质的东西上去。

让我们再说一遍，运用直观性原则需要很高的技巧，需要了解学生的思想和心灵。

给准备教一年级的教师的建议

你在小学工作，正在教三年级，很快你就要教一年级学生了。这些孩子现在一般是五岁半到六岁。当前是家庭或幼儿园在教育他们。还有一部分儿童，入学以前只是父亲和母亲在教育他们。正是在这个时期——入学前一两年，学前儿童受到怎样的教育是关系重大的事情。你应当很好地了解自己未来的每一个学生。

怎样才算了解儿童呢？

首先得了解他的健康状况。在开始教班的一年半以前，我就有了自己未来的学生的名单。我很熟悉他们的父母，我猜测有哪些疾病可能遗传给儿童。当然，这些猜测还须经医生鉴定。这样，我就掌握我未来的学生的身体各重要系统（神经系统、呼吸系统、心脏、消化器官、视力、听力）的状况了。

不了解学生的健康状况，就不可能有正确的教育。30年学校工作的经验使我坚信：要根据儿童的健康状况，对每一个学生不仅要采取个别对待的态度，而且要采取一系列不同的保护、爱惜和增强健康的措施。经验证明，教育应当配合医疗把儿童的疾病治好，使他摆脱幼年时期所遭受的疾患的困扰。

▲ 一年级是个坎，全面研究新入学儿童是阶梯

有心血管系统障碍的儿童，需要特殊的教育方法，对他要采取专门的医疗教育学措施。

我认为，十分重要的是，要了解清楚家庭中的相互关系是否有利于预防疾患，或者在出于某种原因儿童已经患病的情况下是否有利于儿童身体的康复。儿童的神经系统和心脏的健康状况与家庭情况的关系特别密切。那些在叫骂、训斥、无情对待、互不信任、受到侮辱的环境下长大的孩子是特别难教育的。这种儿童的神经系统经常处于焦躁不安的状态，很容易疲劳。对这些有神经官能症的儿童，要给以特别的关心和随时随地的注意。无论在对他们进行教学和教育的时候，都要运用医疗教育学的特殊方法，防止向他们发出有害的刺激，防止让他们突然从一种情绪状态转到另一种情绪状态。

我建议，将要教一年级的教师们，在儿童入学前的一年半（最好是两年）以前，就把他们的家长（最好是父母亲都参加）召集起来，跟他们谈谈，家庭里保持怎样的相互关系才有利于增强儿童的神经系统，才有利于形成儿童良好的道德和心理品质。

家庭的智力气氛对儿童的发展具有重大的意义。儿童的一般发展、记忆在很大的程度上取决于家庭里的智力倾向如何，成年人读些什么，想些什么，以及他们给儿童的思想留下了哪些影响。请你这样告诉学生的家长："你们的孩子的智慧，取决于你们的智力倾向，取决于书籍在家庭精神生活中占着怎样的地位。"

我深信，教一年级的教师至少要对每个儿童的思维进行一年的研究。只有在这个条件下，才能对一年级的教学工作有充分的准备。

32

怎样在学龄前期研究儿童的思维

人类的思维有两种基本类型：一种是逻辑—分析思维，或称数学逻辑；另一种是艺术思维或称形象思维。伟大的生理学家巴甫洛夫所做的这种分类，对于解决儿童的智育问题、培养个人的才能和爱好，具有极其重要的意义。

请你把自己未来的一年级学生集合起来，选择九月的一个晴朗日子，把他们带到秋天的树林去，你马上就会发现这两种思维从孩子身上鲜明地表现出来。树林，特别是早秋的树林，总是能吸引儿童的注意力，儿童在这种场合不会无动于衷。凡是有激动、赞叹、惊奇等情感得以表达的地方，就存在对于周围世界的逻辑认识和感性认识，也就是说，靠理智来认识和靠情感来认识。蔚蓝的、深远的天空，披着各色盛装的树木，早秋林间空地上和密林深处的鲜艳色彩，这一切都吸引了儿童的注意力。但是儿童对周围世界的看法是各不相同的。请你仔细观察一下，你就会发现其中存在两种感知的类型，这是两种思维类型的标志。有些孩子迷恋大自然十分和谐的美，他们惊奇、赞叹，把各种事物作为一个整体来感知。他们既看到日出，又看到秋季树木的各种盛装的惊人美丽的色彩，还看到了神秘莫测的密林。正如多种乐器的复杂音响构成和声一样，对这一切的感知儿童并不是去倾听个别的声音，也不是从周围世界中去区分个别的细节。可是当他们的注意力被某一个事物或某一种现象吸引住的时候，对他们来说，一切的和谐就都集中到这一个事物和这一种现象上来了。例如，儿童注意到一丛结满琥珀色浆果的、带着银白色露珠的野蔷薇，于是，除了这一丛野蔷薇以外，他就什么也看不到了，对他来说，整个美的世界就只存在于这种自然界的创造物之中了。

这是对周围世界的艺术感知或称形象感知的最突出特征。具有这种感知的儿童，能够兴致勃勃地讲述他们所见到的情景。在他们的讲述里有鲜明的形象。他们是用画面、形象（色彩、声音、动作）来思维的。他们对周围自然界的音乐很敏感，而且一般说来对自然界的美也是非常敏感。在他们的感知里情感因素似乎占有优势，即靠情感来认识多于靠理智来认识。请你注意，这一点会对儿童在学习过程中的脑力劳动打下烙印。艺术思维特征突出的儿童，对学习文学很感兴趣，喜欢读书，醉心于诗歌创作。他们在学习数学时往往会遇到很大的困难，有时甚至跟不上教学进度。

而对另一些儿童来说，好像并不存在美的和谐。你不妨想象一下，在温暖的秋日，在松林间空地上看到了日落景致：通红的晚霞、坚固得宛如铜铸的老树干，以及各种色彩在静静的湖面上变幻无穷的闪光等。但是在一群学龄前儿童中，常会发现有这样的儿童，好像这一切的美都不能触动他。他一直在问：为什么太阳在将落的

▲ 美丽的大自然让人流连忘返

时候会变成红色的？太阳在夜里躲藏到什么地方去了？为什么秋天的树叶有的变红，有的橙黄，还有的枯黄？为什么橡树的叶子久不变色，直到初寒时还是绿的？在这种儿童眼前，首先展示的并不是世界形象的一面，而是其逻辑的、因果关系的一面。这就是逻辑—分析思维，或数学思维。具有这种思维的儿童，很容易发现事物的因果关系和依存关系，用思维把握住被某一联系串联在一起的一组事物和现象。他们进行抽象思维比较容易，对学习数学和其他精密科学很感兴趣。他们对抽象的东西进行逻辑分析，就像具有艺术思维的儿童对鲜明的形象那样感兴趣。

这两种思维类型是客观存在的。教师应当了解每一个儿童身上哪一种类型占优势。这一点对从教育学上正确地指导脑力劳动极其重要。要教会学生思考，发展他的思维，就意味着要在每一个儿童身上发展两种思维，即形象思维和逻辑—分析思维，既不要给以片面发展，同时又要善于把每个学生的智力发展引导到最适宜他先天素质的轨道上去。

儿童的思维在运算进度（亦可以称为思考速度）上也是有区别的。

一些儿童的思维非常活跃。当儿童刚刚想到蜜蜂怎样采集花粉的时候，教师向他指出了花朵的复杂结构，于是儿童的思维就很轻易地转移到另一个对象上去。举解答算术应用题时的思维情况为例，这种学生能在思维上一下子把握住应用题条件里所说的一切：既有篮子，又有苹果，还有果树。另一些儿童的思维则完全不同，我想把它称为稳定集中性思维。如果儿童的思维想集中在一件什么事物上，他就很难转移到别的东西上去。当他深入思考一件事情的时候，他就会忘记别的事情。他在思考每公斤苹果的价格，就会忘记每篮苹果有几公斤以及共有几篮苹果。教师有时候会弄错，误认为这种思维特点是智力发展的反常状态。其实，无论是形象思维特征突出的儿童，还是逻辑—分析思维特征突出的儿童，都可能出现智力发展迟缓的问题。教师由于没有弄清这是怎么回事，常常过早地做出关于儿童智力发展的完全错误的结论。教师对一些思维过程显然迟缓的儿童产生误解是特别令人痛心的。他们常常是一些很聪明、很机敏的儿童，但是他们思维迟缓的表现引起了教师的不满。于是使得儿童精神不安，他的思维好像也麻木了，最终弄得什么都接受不了。

对于这一切，应当在开学前就看清楚和了解清楚。当儿童还没有开始学习的时候，研究儿童的思维特点是最容易的。我向将要教一年级的教师建议：在儿童入学前的一年里①，带领儿童到思维的源泉即自然界里去旅行二三十次。你把孩子们带到这样的环境去，那里有鲜明的形象，也有现象之间的因果关系。让儿童去欣赏这些，在美的事物面前体验到惊奇的感觉，并同时进行思考和分析。

---

① 本文中指小学预备班，即儿童在入学以前的一年里，任课教师对他们进行些教学和教育活动。——译注

33

给刚参加学校工作的教师的几点建议

我还记得，在学校工作的头十年，我感到时间过得非常缓慢。到了后来，就感到时间过得很快。而现在觉得，一个学年从开始到结束，似乎就在眨眼之间。我把这种个人感受说出来，是为了向新参加工作的教师提示一条非常重要的道理：无论年轻的时候充满了多么热烈而紧张的劳动，但是在这个时期里，总还是能够找到时间来逐渐地、一步一步地积累我们的精神财富——教育智慧。请你记住，从教20周年会不知不觉地到来，你就要进入自己人生的50岁，那时候，你会感到时间不够用了，你也许会忧伤地说："唉，早知今日，年轻时就该用一番功，以便年老时做工作能够更容易些。要知道，我还有20年的时间工作哩！"

在青年时期，应当先做些什么，才不至于让人在进入老年时产生悔恨呢？

要做的事很多，但首先必须点滴地积累作为一个教育者的智力财富和教育智慧。你面前的道路还很长。在这条道路上，你将看到各种人的最预想不到的命运。青年的爱思考的智慧和眼光将求教于你，探寻诸如"怎样生活""什么是幸福""真理在哪里"这些问题的答案。为了回答这些问题，你就应当懂得一个人追求真理、向往幸福的理想得以实现的辩证过程，你就应当理解并且用全身心去体验人类为最美好的未来——共产主义的理想及为实现它而斗争的特点。

为了成为一个真正的教育者，就必须在整个一生中努力掌握科学共产主义理论，用马克思列宁主义世界观教育自己。请你记住，学会用一个共产主义者的眼光来看待世界和人，是需要长年累月地学习的。在你的个人藏书里，应当有马克思、恩格斯、列宁关于社会、革命和教育的重要著作。形成自己的共产主义世界观，并不意味着背诵马克思列宁主义经典著作中的词句，而是首先学会用共产主义的观点来看待世界和人。

我的年轻的朋友，我想跟你谈谈，我自己过去和现在是怎样从马克思、恩格斯、列宁的著作中去寻求实际工作中遇到的最复杂的问题的答案的。每一个人（他一生的命运就在我的面前发展着）都是一个独一无二的人生世界。

我认为自己最重要的教育任务，就是要使共产主义理想在这个世界里体现出来——通过多种多样的、具有深刻的个性特征的形式体现出来。每当我看到某一个独一无二的人的命运中发生极其细微的转变时，我就感到有必要一次又一次进行深思：马克思、恩格斯、列宁曾经为之奋斗的那种共产主义新人的标准和理想形象是怎样的。形象地说，我如果不一次又一次地努力游向马克思列宁主义经典作家关于人的英明思想的海洋并进行探索，就无法深刻理解某一个人具体的命运。马克思列宁主义经典作家的著作里，包含着一部共产主义人学百科全书。他们的英明思想帮助我理解共产主义理想（例如，关于全面发展的人的观念）的发展逻辑。马克思、恩格斯、列宁的著作帮助我分辨清楚，培养人的爱好和志趣所要依赖的那些错综复杂的条件。不管你到公共图书馆多么容易借到任何需要的书籍，我还是劝你建立起自己的藏书。我就有一套个人藏书，里面的书籍是我的老师，我每天都要去向它们请教：真理在哪里？怎样去认识真理？怎样才能把人类创造、积累和获取的道德财富从年长一辈的心灵和智慧中传授到年青一代的心灵和智慧中去？这些书也是我的生活老师，我每天都带着这样一些问题去向它们求教：怎样生活？怎样才能成为自己学生的楷模？怎样才能使理想的光辉照进他们的心田？

年轻的朋友，我建议你每个月买三本书：（1）关于你所教的那门学科方面的科学问题的书；（2）关于可以作为青年们学习榜样的那些人物的生平和斗争事迹的书；（3）关于人（特别是儿童、少年、男女青年）的心灵的书（心理学方面的书）。

希望你的个人藏书里有以上三类书籍。每过一年，你的科学知识都应当变得更丰富。希望到你参加教育工作满十年的时候，教科书在你眼里就浅易得像识字课本一样。只有在这样的条件下，你才可以说：为了上好一节课，你是一辈子都在备课的。只有每天不断地补充自己的科学知识，你才有可能在讲课的过程中看到学生们的脑力劳动：占据你注意中心的将不是对于教材内容的思考，而是对于你的学生思维情况的思考。这是每一个教师的教育技巧的高峰，你应当努力向它攀登。

请你像寻找宝石一样寻找那些反映杰出人物（如菲·捷尔任斯基、谢·拉佐、伊·巴布什金、雅·斯维尔德洛夫、尤·伏契克、尼·别罗扬尼斯）的生平和斗争事迹的书籍。请你把这一类书摆在你的个人藏书中最崇高的地位上。请你记住，你不仅是自己学科的教员，而且是学生的教育者、生活的导

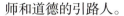

师和道德的引路人。

你要买些心理学的书籍来充实自己的藏书。教育者应当深刻了解正在成长的人的心灵。当我听到或者读到"对人个别对待的态度"这样的语句的时候，它们在我的意识里总是跟另一个概念——思考联系在一起的。教育首先要有活生生的、寻根究底的、探索性的思考。没有思考就没有发现（哪怕是很小的、乍看起来微不足道的发现），而没有发现就谈不上教育工作的创造性。请你记住，在心理现象的众多规律中，每一条规律都是通过千万个人的命运表现出来的。我坚信，刚从师范院校毕业的青年教师，只有在自己的整个教育生涯中不断地研究心理学，加深自己的心理学知识，才能够成为教育工作真正的能手。

你将在自己的整个教育生涯中当一名教育者，而要进行教育，离开美和艺术是不可思议的。如果你会演奏某一种乐器，那么你作为一个教育者就占有许多优势；如果你身上还有一点哪怕是很小的音乐天赋的火花，那么你在教育上就是国王，就是主宰者，因为音乐能使师生的心灵亲近起来，能使学生心灵中最隐秘的角落都敞开在教育者面前。如果你不会任何乐器，那么在你手上和心里就应当有另一种对人的心灵施加影响的强有力的手段——文学作品。根据你所教的儿童的年龄情况，你每年买上几十本文学作品，它们能帮助你找到通往学生心灵的道路。不要忘记，你的学生所读过的文学作品，是用他求知的智慧和敏感的心灵来感知的，这一点往往能起到教师力所不能及的作用，好比只要给道德的天平上加个小砝码，就能使它向着你所导引的方向倾斜过去。在你充实自己的藏书时，应当记住的最主要的一点，就是你推荐给学生阅读的书籍，要能教会他们怎样生活，书里的英雄人物的形象要能够吸引和鼓舞你的学生，在他的心里树立起一种信念：人类是伟大而有力量的，共产主义思想是真理和正义的最高理想。每当我在书店里为自己的教育藏书挑选书籍时，我总是竭力思考，哪本书给我的哪一个学生阅读最为合适。

请你记住，教育首先是关怀备至地、思虑周全地、小心翼翼地去触及青年人的心灵。要掌握这一门艺术，教师就必须多读书、多思考。你读过的每一本书，都应当成为你的教育车间里新增添的一件精致的工具。

教育者还必须具备一种精细的美感。你必须热爱美、创造美和维护美（包括自然界的美和学生心灵的美）。要知道，如果你自己喜爱栽种果树，喜爱走进搭在繁花盛开的果树间的蜂房，倾听蜜蜂那嗡嗡的鸣叫声，那么，你就找到了一条通往人的心灵的捷径——在创造美的劳动中跟人的精神交往。

你在学校工作的每一年里，都应当使你教育劳动的"工艺实验室"不断地充实起来。教师必须积累供全班学生和个别学生使用的大量习题和例题。这一切都需要年复一年地进行积累，并且按教学大纲的章节加以编排。我认识一些有经验的数学教师，他们在 15 年工作时间里积累了相当可观的成套的代数和几何习题，并且能巧妙地在对学生进行个别作业指导时使用这些习题集。

▲ 阅读、分享与进步

34

怎样发展儿童的思维和智力

怎样发展学生的智慧，提高他们的智力？在我看来，这是整个学校教育中最尖锐而又尚未充分得到研究的问题之一。传授知识，这只是智育的一个方面，我们不能离开智育的另一个方面即培养和发展智力来考察它。所谓发展思维和智力，就是指发展形象思维和逻辑——分析思维，提高思维过程的活跃程度，以消除思维迟缓现象。

多年的经验表明，有必要给学生开设一种专门的思维课。早在学龄前就应该经常上这种课。从一年级开学起，思维课就应当成为智育的一部分。所谓思维课，就是生动地、直接地感知周围世界中的形象、画面、现象和事物，并进行逻辑分析，获取新知识，进行思维练习，找出因果关系。

你如果想教头脑迟钝的学生学会思考，那么就把他们领到思维的源头去，那里会展示出现象的链条，一事物的结果成为另一事物的原因。思维过程缓慢的学生，当他努力用思维来把握这根链条，在记忆中保持住几样事实、事物和关系的时候，他就是在受到一种无可取代的思维训练。问题在于，在各种现象的链条中，要一个接一个去发现，好比在儿童面前点燃起思考的火花，它们会刺激思维过程活跃起来。只要点燃这种火花，儿童就想知道得更多，就想更深入地思考新的现象。这种想法和愿望就是提高思维过程的活跃程度的推动力。

怎样培养记忆力

培养记忆力是学校工作实践中的尖锐问题之一。我们每一个人遇到那种记忆"有漏洞"的儿童大概都会束手无策：他今天记住了，明天就忘记了。我在这里试图提出的关于培养记忆力的建议，都是以感性材料（实际经验）为依据的。

依靠自身的努力和顽强的意志而获取的知识越多，学生的情感受到逻辑认知的触动越深入，那么知识就会记得越牢固，新知识在脑中就越有条理。

在开始识记以前，应当像我已经说过的那样，让儿童经过一番思维训练。摆在记忆面前的任务越复杂、越困难，对思维、思考和智力的训练就应当越细致耐心。如果一个儿童只能看见事物、现象的表面的、有目共睹的一面，并没有深入事物和现象的深处和实质里去，没有做出任何"发现"，没有体验过因发现现象之间出乎意料的相互联系而惊奇的那种情感，那么这种儿童要识记知识是很困难的。

我坚信：不论在课堂上还是在家里，在儿童还没有达到能熟背知识并记住不忘的水平的时候，就应当特别关心培养他的记忆力。学前期和小学时期，是为牢固的记忆力打下基础的最佳时期。应当注意的是，不要让儿童通过专门的背诵和识记去掌握有关周围世界的现象和规律的重要原理，而应当让他们在直接观察的过程中去掌握它们。

我们每一个人大概都会在一些奇怪的现象面前感到过茫然无措：儿童在小学里学习优良，可是小学毕业后就开始学习不好。这是怎么回事？为什么会发生这样的现象？原因之一就在于，在小学，缺乏一种以发展思维、培养智力、打好记忆力基础为目的的专门工作。在小学，应当打下记忆力的牢固基础；而让儿童在教师的指导下、在直接认识周围世界的过程中，去探求、获取和掌握知识，就是记忆力的牢固基础。

36

要爱惜和发展青少年的记忆力

死记硬背一贯都是有害的，处在少年期和青年期的学生则尤其不可这样做。在这种年龄段死记硬背会造成一种幼稚病——使成年人停留在幼稚阶段，使他们智力迟钝，阻碍才能和爱好的形成。死记硬背的最不吉利的产物之一，就是书呆子气。就其实质来说，这就是把教小孩子时特用的那些方法和方式搬用到少年和青年身上。这样做的结果就是青少年的智慧尚处于幼稚阶段，却又企图让他们掌握严肃的科学知识，会使知识脱离生活实践，造成智力活动和社会活动的领域受到局限。

产生这一重大祸害的主要原因之一，就是少年和男女青年使用着跟小孩子同样的方法来获取知识：他们把教科书里的教材一块一块地背诵下来，为的是以后又把自己的知识一块一块地"倒出来"给教师看，得到一个分数。这种随意识记的"肥大症"简直是要把人变成傻瓜。

把这种书呆子气从学校驱逐出去，是非常重要的教育任务之一。可是，现在中、高年级的大部分教材，偏偏是要求你只能使用随意识记的："好好坐下来给我背吧，不然你什么也不会知道，这里没有什么特别的窍门。"在这种情况下该怎么办呢？

可以采取的唯一途径是：确定随意识记和不随意识记之间的合理比例。假如我们把八年级学生需要记住的教材数量用 x 来表示，那么学生同时思考和理解的教材就应当多出好几倍，为 $3x$。同时，在要求识记的材料与只需思考而不必专门识记的材料之间，应当保持一定的联系——不一定是直接的联系，但是最好是与问题相关的联系。例如，在解剖学和生理学中研究人的神经系统，这部分教材里有许多完全新的东西，几乎全部都应当记住。为了不致把学习变成死记硬背，请你推荐学生阅读一些关于人体的有趣的书籍。学生在阅读这些书籍时并没有抱定要识记的宗旨，但是其中有许多东西会被记住了。这完全是另一种识记——不随意识记，它在本质上区别于对教材的随意识记和背诵。这种识记建立在浓厚的兴趣、思考和读得入迷的基础上，认知的情感因素起着很大的作用。不随意识记（阅读有趣的书籍）有助于使人的思想活跃起来。人的思想越活跃，他的随意记忆就越发达，他保持和再现大量材料的能力就越强。如果一个人思考过的材料比教材里要熟记的材料多好几倍，那么再照教材去识记（熟记）就不会是死记硬背了。这时的识记就成为有理解的阅读，成为一种思维分析过程。多年的经验使我深信，如果随意识记是建立在不随意识记、阅读和思考的基础上，那么少年们在学习教材的过程中就会产生许多疑问。他知道得越多，他不理解的地方也就越多；而不理解的地方越多，他学习教材的正课就越容易。

要建立不随意识记和随意识记之间合理比例关系，这首先取决于教师。作为科学基础学科的教师，你不应当是单纯的知识传授者，还应当是青年思想的主宰者。通过你对新教材的讲述和说明，用火花去点燃青少年的求知欲、好奇心和渴望知识的火药。听完你的讲课后，学生应当怀着强烈的愿望，想去读一读你顺便提到过的某一本书。他应当念念不忘这本书，无论如何都要找到它。

由此可见，少年和青年的记忆力的发展，取决于中、高年级教学教育过程所培养的智力水平。

37

培养儿童对图画的爱好

　　小学里的图画安排得怎么样？教师在教学和教育过程中给予图画怎样的地位？这个问题对发展学生的智力有直接的关系。根据在小学里对儿童进行教育的经验，我认为图画是发展创造性思维和想象力的手段之一。我坚信，图画是儿童通往逻辑认识的道路上必不可少的阶梯，至于图画有助于发展儿童对世界的审美观，那更是不言而喻了。

　　开始时，我先教儿童写生。我们画树木、花草、动物、昆虫、鸟类。不管图画的结构多么简单，它里面总会反映出感知、思维、审美评价的个人特征。有一次，我们画长着三叶草的田野。有些孩子力求把整个开满鲜花的田野、云彩、蔚蓝的天空、歌唱的云雀都统统画进去。在另外一些孩子的画里，我看到画的是一株开花的三叶草和落在花瓣上的一只蜜蜂。而另一个女孩子画的是一只蜜蜂的翅膀、三叶草中的一片花瓣和太阳……

　　我们又专门组织了几次旅行，到"思维的发源地"（自然界）去，以便使儿童对周围世界的感知充满鲜明的审美情感。我们在湖边上画朝霞和晚霞，在草地牧场上画晚上的篝火，画候鸟飞向温暖的远方，画春汛的情景。我高兴地看到：儿童把那些使他们激动、赞叹和惊奇的东西描绘下来，这就是他们对周围世界的一种独特的审美评价。在画那些美好的事物时，儿童对美的感受好像被要求用语言表达出来，从而激发儿童的形象思维。

　　我逐渐地、一步接一步地向儿童传授一些基本的画图技能；孩子们学会了在图画里表现光亮、阴影和透视。早在一年级，创作就在儿童的绘画里占有重要的地位。孩子们在图画里编故事，画童话。图画成了施展创作想象力的源泉。我深信，在教学过程中发展的想象活动与儿童的语言之间有着直接的联系。可以毫不夸张地说，图画能"打开话匣子"，它能让平时沉默寡言、非常腼腆的儿童都开口说话。

在二、三、四年级，儿童开始把图画用到创造性书面作业（例如根据对自然现象和劳动进行观察所得的材料写成的作文）里去。我发现，当儿童找不出确切的、恰如其分的词语来表达自己的思想时，他就求助于图画。有一个男孩子，他很想表达出自己在刺猬的"食物仓库"里看到那些"宝藏"时的惊奇心情，直接画出了这些"宝藏"，其中有苹果、土豆、青绿的甜菜叶和各种颜色的落叶等。

我力求使绘画在儿童的精神生活中占有应得的地位。当我们乘船沿着第聂伯河到基辅去的时候，孩子们对沿岸的草地、山岭、树林和草原深处的丘陵所构成的美景非常赞赏，竭力把所有的美景用线条和色彩描绘出来。

没有绘画，我不能想象怎么上地理课、历史课、文学课、自然课。譬如说，我在讲解遥远的大陆——澳大利亚的植物和动物。我们总不可能把一切都画在上面的现成的图画带到课堂。因此，我很快地在黑板上画出许多植物和动物。这样做并不会打断儿童的思路，而且还能激发他们的想象力。在历史课上，我一边讲述，一边用粉笔在黑板上勾画古代人的服饰、劳动工具和武器等。经验告诉我，在历史课上（特别是四、五年级），讲述中随时画些情节画能起很大的作用。例如，讲到斯巴达克斯起义时，我就在黑板上画出起义者设立在山顶的军营。这种在讲课过程中随手画下来的图画，比起现成的甚至彩色的图画都有更大的优点。在低年级的数学课上，有时候还有必要把应用题画出来。这一点我在前面已经谈过了。

38

怎样训练儿童流利地书写

阅读和书写是学生最必要的两种学习方法，同时也是通往周围世界的两个窗口。学生如果不会流畅地、快速地、有理解地阅读和不会流利地、快速地、半自动化地书写，他就像个半盲人一样。我认为一项很重要的任务，就是早在三年级，最迟在四年级，要使学生能够笔不离纸地写出较长的词，能够眼睛不看练习簿就写出词甚至短句来。书写过程的半自动化是提高读写水平以及全面地自觉掌握知识的极为重要的条件。学生不应再去思考这个或那个字母怎么写以及各个字母之间怎样连接。只有在这样的条件下，他才有可能去思考怎样运用语法规则和他所写的东西包含什么意思。流利地书写还能逐步训练出运用语法规则的半自动化：儿童已经不必去思考某一个词应当怎样写，因为他已经多次地写过这个词了。

所有这一切——快速地书写字母和词，以及逐步做到半自动化地掌握正字法，书写的同时进行思考——都应当齐头并进。培养快速书写的技能，首先要求对手的小肌肉进行一定数量的操练性练习。多年的经验证明，这种练习应当比写字先行一步。我的意思是说，先要让手（包括右手和左手）做一些精细的劳动动作。入学前一年，就应当让儿童做这样一些作业，如用小刀（雕刻刀）和剪子剪纸板和软纸、木刻、编织、设计和制作小型的木质模型等。精细的劳动动作能训练手指动作的协调性和节奏，形成手指的灵巧性和对小图案（字母实质上也相当于这种小图案）的敏感性。

还应当尽力使小孩子的劳动动作成为一种审美创造活动。在儿童制作的物品中，要多让他们重复圆形的、椭圆形的、波浪形的线条，让他们从小就习惯于进行那些要求高度机敏的精细而平稳的动作。

经验证明，如果儿童完成过足够数量的精细的劳动动作，那么他就在相当大的程度上做好了流利地书写的准备。当然，有系统的书面练习还是不可缺少的。

39

教导儿童用左右手工作

人类的历史发展过程造成这样的结果：那些与思维相联系、在手指头上体现出思维最"聪明"的劳动操作，都是由右手完成的。左手在完成创造性劳动过程时只起辅助作用。我们用右手来拿工具，用右手来握钢笔和铅笔，画家用右手创作出不朽的绘画作品。

人只使用右手就足以攀登上他所能达到的智力素养的高峰。但是，如果所有使用右手能掌握的那些极精细的劳动动作能够同时被左手掌握，那么这些人的劳动技巧的提高和智力的发展就会快得多。这里谈的不仅是劳动教育的另一个前提，而且是说在手和脑之间有着千丝万缕的联系，这些联系起着两方面的作用：手使脑得到发展，使它更加明智；脑使手得到发展，使它变成从事创造活动的聪明的工具，变成思维的工具和镜子。我多年的经验证明，如果最精细、最"聪明"的劳动动作不仅右手能做，而且左手也能做，那么上述这些联系就会增多，聪明的经验就会由手传导到脑，而这些经验是反映各种事物、过程和状态之间的相互作用和相互联系。这一结论是靠经验得来的，但是它反映了一条实际存在的规律：借助双手的创造性劳动而领会和理解的相互作用，会给思维活动带来一种新的质——人能够用思维的"眼光"一下子把握住许多相互联系的现象，把它们看成一个统一的整体。

我在 7 年的时间里教导孩子们（由 7 岁到 14 岁）用双手工作。他们学会了两手各拿一把刀具，学会了用右手和左手装配复杂的部件，学会了用左手和右手在加工木料的车床上工作。我看到，在这些孩子的活动中，创造性因素逐年有所发展。这些孩子的创造性的典型特点，就是不断产生新的构思和具有发明创造精神。会用双手从事劳动的能工巧匠们比只会用右手工作的人，似乎能够在同样的一个现象中看出更多的东西。在用工具加工材料时，这些学生表现出的特点，就是劳动动作极其精细、柔和，可塑性大。他们都爱上了这种"聪明的"创造性劳动。

40

动手和智慧

　　人的手可以做出几十亿种动作，它是意识的伟大培育者，是智慧的创造者。遗憾的是，手对智力培育的作用（特别是在童年和少年早期的解剖生理过程迅猛发展的时期）这个问题，人们还研究得很少。令人费解的是，直到最近，当谈到应当吸引学生参加劳动的问题时，人们总是说这是为了纠正学校过分追求发展智力的偏向。这是多么荒谬的逻辑：好像双手不做事，就有发生智力肥大症的危险！

　　实际上，这种情况是从来都不可能发生的。两手空空，不做任何事，和不假思索地随便给学生找点体力活让他有事可干一样，对于少年的智力发展同样是有害的。我在10年的时间里观察过140名学生（8～16岁的学生）的智力发展情况。我看到的情况是，学生们每年都有几个月在从事单调的、令人疲劳的体力劳动，而不需要任何技巧。他们的双手只不过是一种使体能发散出来的器官，而远非一种创造的工具。在解剖生理过程迅猛发展的这个时期，少年们被迫去完成那些特别使人疲劳的、单调的、长时间的体力活。有一所学校，学生在学习的时候，脑力劳动也非常局促和单调，没有培养他们对智力生活的兴趣和需要；更加令人担忧的是，这些处于童年和少年期的学生没有用自己的双手去从事过任何复杂的、精密的、需细心和动脑筋的工作。这种做法严重影响了这所学校许多学生的智力发展：16～18岁的男女青年，当需要他们使用最基本的机械进行操作时，竟显得束手无策，心慌害怕。这所学校没有一个毕业生通过高校的入学考试。这就是总体上智力贫乏生成的低劣的劳动素养而造成的可悲后果。在人的大脑里，有一些特殊的、活跃的、最富创造性的区域，把抽象思维跟双手精细的、灵巧的动作结合起来，能使这些区域活跃起来。如果没有这种结合，那么大脑的这些区域就处于沉睡状态。在童年和少年时期，如果没有把这些区域的活力激发出来，那么它们就永远也不会觉醒了。

　　我们从一年级起，就要求学生的双手能做出准确的、有成效的动作。在手工劳动课上、在课外小组里，孩子们学习用纸剪出或者用木料雕出精细的图案。谁学会了使用雕刻刀，能写出漂亮的字，他就会对稍有点偏差的地方很敏感，不能容忍对作业的马虎了事。这种敏感会迁移到思维上去。

对于少年的工作，我们要求尽量使用精确的工具，使他们用双手做复杂的动作。用手工工具精细地加工塑料、木料和软质金属，对培养少年的智力起着重要的作用。学生从事个别工作，用惯了自己的工具，达到运用自如的程度。我们的劳动教员阿·阿·沃罗希洛，在教会学生使用手工工具的过程中，同时完成了智育的重要使命。我们焦急地等待着：我们那几个头脑迟钝的学生，他们的双手到什么时候才能"觉醒"呢？别特里克完成的作业很粗糙、不准确，可是到了六年级，他的作业变得既准确又工整了。我们感到高兴：这是他在思维活跃的道路上前进了一大步。虽然别特里克还没有达到三分以上的水平（偶尔能达到四分），但是如果没有这些细致耐心的教育工作的不断积累，他就连这样的成绩也无法达到。

少年们逐渐转到从事些设计、构造活动。教学工厂里有配套的木质和塑料零件，供学生们拼成各种模型和示意图，还备有各种活动的可拆卸的模型和机械零件。学生们分析各种零件的相互联系，在头脑里构思零件的组装方式或示意图，进行拼接和装配。在这种工作里，特别明显地表现出智慧努力和双手动作的结合。这样，信息就通过两条相向而行的途径传递着，由手传到大脑和由大脑传到手。手也在"思考"，而正是在这种时刻，大脑的创造性区域受到激发。在这种工作中，对相互联系、相互作用的理解居于首要地位。思维从整体转移到局部，从一般转移到具体，而手积极参与这种转移。我们深信，在这种工作中所必不可少的观察力和推测力是和发展数学才能直接联系的。瓦莉亚比所有的男孩子都更迅速地学会了分辨活动模型零件之间复杂的关系和相互联系，反映出她的思维觉醒得比较快。

许多年来，我观察了在职青年业余班的学习情况。许多学员尽管没有时间完成家庭作业，上课还经常缺席，但是他们对数学、物理、化学等知识的掌握比全日制学生要牢固得多。这是为什么呢？激发他们的智力才能的一个强大刺激物，原来就是他们都有一双很巧的手，并善于用手工作。业余班里的优秀的数学教师，都是一些有文化、有才华的机械师，是在民间被称为自学成专家的人。精细的、耐心的、用脑的创造性劳动，使他们变成了无师自通的人。我们借鉴日常生活中这些有益的经验，努力做到不仅在劳动课上而且在其他各种活动中，使学生的双手激发他们的思维。

智育的真谛

　　智育包括获得知识和形成科学世界观，发展认知能力和创造能力，培养脑力劳动文明，产生贯穿一生的对丰富自己的智慧和把知识运用于实践的需要。

　　智育是在掌握知识的过程中进行的，但是不能简单地把智育归结为积累知识。在教养程度和智力训练程度之间，在学校里所获得的知识分量和智力发展程度之间，是不能画等号的，虽然后者也有赖于知识分量。智育是一个很复杂的过程，它包括世界观的形成、思想倾向和创造倾向的形成，与人的劳动、社会活动有着紧密的联系，而人的社会活动又把学校内的教学和教育工作跟社会生活和谐地结合在一起……

　　要在教学过程中实现智育的主要目标——发展智力。在共产主义建设时期，学校的理想是：不要让任何一个在智力方面没有受过训练的人进入社会。对社会来说，愚蠢的人（невежда）是危险的，不管他们受到过哪一级的教育。愚蠢的人本身不可能成为幸福的人，而且会给别人带来危害。一个人离开校门的时候可能没学到某些知识，但他必须是一个聪明的人。应当再三重申：智力训练程度并不等于所获得的知识分量；问题的全部实质就在于，在人的复杂多样的活动中，知识是怎样得到运用而产生活力的。

　　阿·勃·平克维奇写道："我们应当努力培养灵活的、生动的思维，即能反映自然界本身运动的思维。"在教学过程中对人进行智育，只有当教师把自觉而牢固地掌握知识看作发展认知力、创造力的思维（灵活、生动、好钻研、探求、永远不以已知为满足的思维）手段时，它才得以实现。在这种教师那里，知识就是工具，学生借助这一工具而在认识周围世界和创造性劳动中迈出自己的新步伐。因此，智育的最重要途径就是从事生产劳动、进行研究、做实验、独立研究生活现象和文献资料、创作文学作品等。

　　智育对于人之不可或缺，不仅是出于劳动的需要，而且是出于精神生活充实的需要。无论是未来的数学家，还是未来的拖拉机手，都应当学会创造性地思考，都应当成为聪明的人。智慧应当给人以享受文化财富和审美财富的幸福。真正的智育指引人去认识生活的全部复杂性和丰富性。如果智力只是被训练去从事狭窄的职业劳动，那么生活就会变得贫乏、沉闷，远离共产主义理想。

　　智育的核心，是以知识为基础建立信念和世界观。我们认为很重要的一点，就是在实践中要遵循这样一条重要的道理，即科学的世界观不仅是有关正确认识世界的观点体系，而且表现为情感、意志和活动中人的主观状态。智育意味着，人对世界的观点不仅表现为能够解释世界，而且表现为他具有一种用自己的创造性劳动来证明、确立和捍卫某种东西的志向。

▲ 开拖拉机耕地也要多思考

42

怎样学习借鉴其他教师的经验

教师在一个由几十名教师组成的集体里，要比在小型学校里更容易提高自己的教育技巧。在大的教师集体里，总会有一些经验丰富的教师。但是学习别人的教育经验是一件很复杂的事，是一种创造。

你从高等学校毕业，拥有一张譬如说低年级教师工作证。在你分配去的那所学校里，除了你还有 16 名低年级教师。在他们当中，有的人常常在校务会议上受到表扬，另一些人默默无闻，而还有一些人却时不时地被人指出有这样那样的缺点。你，作为教育舞台上的一名新手，几乎能够从每一位教师身上学到东西，哪怕他只比你早工作几年。但是学习别人的经验要注意节约时间。如果你一个挨一个地去听所有教师的课，那是很难掌握教育技巧的要领的。

我建议你先看看所有低年级学生的练习本。如果你发现绝大多数儿童练习本里字迹端正秀丽，错别字很少，那么这就是一个明显的征兆：在这个班里可以学到许多东西。学生的练习本是全部教育工作的一面镜子。然后，你就去听这个班的课任教师的课吧。你不要只听写字课，因为练习本里包含着全部教育过程的成果。字写得好坏，既取决于儿童阅读的效率，也取决于他们阅读的数量。

如果尚未深刻理解教师所做的全部工作，不了解他对儿童所施的影响，那么你就会对他的教育经验的任何方面都不可能有透彻的理解。起初，你到有经验的教师的班上去听课，只是为了了解他是怎样教会儿童写好字的，但是，到时候你却发现许多东西好像跟你的观察对象并没有直接的联系，你不必为各种现象之间复杂的依存关系所迷惑。要把别人的经验学到手，首先意味着要理解一件事取决于哪些条件。否则，既不可能理解也不可能学到别人的经验。要知道，学习优秀经验并不是把个别的方法和方式机械地搬用到自己的工作中去，而是要移植其中的思想。向优秀的教师学习，应当从中获得某种信念。

这样，你会发现，在借由学生的练习本而引起你注意的那位同行的班里，学生们的阅读能力很强：他们能看一眼就抓住好几个词和句子，能边阅读边思考，在朗读时抑扬顿挫，表现出丰富的感情色彩。你再仔细地观察那位同行的阅读教学法，但是你并没有发现什么意外的新东西。你再去听一次课，以后接连地听下去，并把一切都跟自己的上课进行对比。你完全照着他的办法教，结果却远不一样，那就请你探索，顽强地探索：到底良好的教学效果取决于什么？

你去仔细地询问学生，尽量了解他们的家庭生活。于是，你会逐渐明白良好的阅读由多种因素决定：学生家庭的智力生活如何、儿童在小时候听过哪些故事、学生有没有课外阅读的习惯、教师是否注意知识和实际能力的相互关系，等等。你会得出结论：在教育工作中，没有一种结果是单靠某一项措施就能取得的（只要如此这般去做，就一定会得到这样或那样的结果）。每一种结果的取得，往往都是由几十种、上百种乍看起来跟所研究、观察、探索的对象相去很远、没有直接联系的因素决定的。

深入思考优秀教师的经验，将有助于你清楚：在自己的实际工作中，要取得某种结果，都取决于哪些因素。

提高教育技巧首先是让自己去进修，付出个人的努力来提高脑力劳动素养，特别是提高思想素养。没有个人的思考，没有对自己的劳动寻根究底的研究精神，那么提高教学技巧的任何尝试都是不可能成功的。

你对年长的同事们的经验观察和研究得越多，你就越加需要进行自我观察、自我分析、自我进修和自我教育。在自我观察、自我分析的基础上，你会逐步形成自己的教育理念。举例来说，你研究现在所做的工作跟将要取得的结果之间的联系，就会得出这样的结论：今天把种子播种到翻整得极好的土壤里去，幼芽的长出不会在明天而是在稍长的后来。今天所做的工作，在许多情况下，要经过若干年才能对它做出评价。这是教育工作的非常重要的规律之一。它要求我们始终以长远的眼光来看问题。

43

怎样才能使儿童愿意好好学习

我坚信，诱使儿童自觉地、刻苦地从事脑力劳动的最强有力的刺激物，就是赋予他的脑力劳动以人情味，使他感到给自己的亲人（妈妈、爸爸）带来喜悦的意愿是一种高尚的情操。一个心地善良、关心别人的儿童能够在初看起来并没有什么恶劣行为的地方感觉出不好的事儿来。有一次，四年级学生柯里亚对我说："我应当好好学习，我妈妈有心脏病。"这孩子感到，如果他的记分册里出现了坏分数，母亲就会伤心难过。他希望母亲能够心情平静。他知道，他能用自己的劳动安慰母亲的心，不使她操心和不安。

如果你想做到使儿童愿意好好学习，竭力以此给母亲和父亲带来欢乐，那么你就要爱护、培植和发展他对从事劳动的自豪感，就是说，要让儿童看见和体验到他学习上的成就。不要让儿童由于学业落后而产生一种没有出路的忧伤，感到自己好像低人一等。儿童的乐观精神、他对自己力量的信心是一条把学校和家庭联系起来的牢固绳索，是一块吸引父母亲的心向着学校的磁石。一旦儿童对世界的乐观感受遭到破坏，就会有一道铜墙铁壁在学校和家庭之间竖立起来。

为了保持这种乐观主义的火花，很重要的一点就是要使父母亲也能（形象地来说）守护儿童的知识摇篮，直接参与对儿童的教学，跟儿童一起为他的进步而高兴，关心他的成功和忧愁。"母亲教育学"不仅是指家长对儿童进行教育，而且包括进行教学。早在儿童入学前两年内，我们学校和家长就共同进行有目的、计划周密的工作，以便向儿童传授一些初步的读写和算术知识。未来的学生每周到学校一次（在将入学的半年内每周来两次），将在一年级任教的教师跟这些学龄前儿童一起活动。孩子们学习字母，学习阅读、解答应用题。当然，如果这种教学不能在家庭里继续进行，单靠每周到学校来一个小时是学不到什么的。我们还开办了一所"家长学校"，给家长们讲课，告诉母亲、父亲、祖母和祖父们应当怎样教儿童识字和学算术。我们创造了一些"家庭教学论"的有趣的教学方式。它们的要点就是，唤起儿童对知识和书籍的浓厚兴趣；把游戏和有目的的脑力劳动结合起来；不断地保持儿童跟家长的精神交往。高年级学生帮助制作了许多直观教具，专门供学龄前儿童学认字和学算术时使用。这样，这些孩子在进入一年级时就已经能阅读和计数了。这就大大减轻了日后学习的负担，使儿童感到脑力劳动是件有趣的事。这样做的好处还不止于此，让儿童做些入学前的准备，能使儿童跟家长在精神上接近起来。父母亲打心眼儿里关心儿童的成功和失败，逐渐懂得了尊重儿童好好学习的愿望是门很微妙的学问。同时，在学前期进行一些教学还可以防止家长们产生一种错误的想法，即认为"只要逼得紧一些"，就能使儿童在学习上得"五分"或"四分"。我们力求使父母们懂得：对儿童学业成绩的评定并不能反映对儿童道德面貌的评定。违背了这一点，会给儿童带来很深的痛苦，有时候甚至摧残他的心灵。把学科成绩的评分跟道德面貌的评价等同起来，是缺乏理智地追求表面成绩（分数）的结果。我们认为，不能容忍把一切都归结为一条简单化的结论：好分数就是好学生，没有得到"应得"的分数就意味着这个学生"不够格"。这种奇怪的、缺乏教育学常识的观点没有把人看成是多种特征、品质、才能和爱好和谐的统一体。

遗憾的是，这种观点已经渗透到许多家庭和社会生活中去了。当我看到许多文章里写到或者听到许多人说"三分"代表毫无用处、很差的成绩这种议论时，我就不胜愤慨。尊敬的教师同志们，你们应当坚定地对自己说："三分"是一种对成绩完全令人满意的评定。顺便提一下，如果所有教师都能用正确的观点来看待这些问题，那么谎报成绩的现象就会消失，因为现在有许多学校给不及格的成绩打"三分"，这是一种令人遗憾的现象。还有，家长们也将不再要求自己的孩子去做不可能做到的事，因为并非所有的孩子都具有同样的能力：一个孩子很轻松地就能得到"五分"或"四分"，而另外一个孩子得到"三分"就是很大的成就。今天，当我们即将实现普及中等教育目标的时候，记住这一点是特别重要的。

44

给开展复式教学的教师的建议

只有一个或两个教师，学生数量很少，开展小型的单班或双班复式教学的学校现在还有，而且还将继续存在一段时间。

如果你在这种学校工作，那么你得付出很大的努力在自己周围营造并常年地维持一种精神生活丰富多彩的气氛。这是极其重要的。如果没有高度的素养（一般文化素养和教育学素养），你就可能走下坡路，你自己所在的那个边远的居民点也会因此仍然处于落后的境地。如果出现这样的情况，那就是因为教师本人没有尽到责任。在那最偏僻的、远离城镇的边远角落里是可以点燃起文化、思想和创造精神的火花的。不过这一切都仅仅取决于你。所以，你的一切努力应当朝这个方向前进，使这种火花越燃越旺。这也会对你的学生的教育程度、文明行为和知识水平起到决定性作用。

你得专门进行许多工作，使这种文明和思想的光明火花永不熄灭，熊熊地燃烧着。在边远的居民点里没有像样的图书馆，而正是在这些地方人们需要书籍（最新的书籍）就像需要空气一样必不可少。

因此，你要设法使自己的小小学校图书馆成为大文化中心的大型图书馆（例如，苏联国立列宁图书馆、国立乌申斯基教育图书馆）的长期借阅者，应当经常翻阅《书籍概览》周刊，只要看到任何一本需要的、你感兴趣的书籍，就可以写信借用两三个星期，把它读完。我知道一些边远的小村落，那里的教师虽然多年没有外出过，却建立起"民间图书馆"，供集体庄员们借阅。请你也在这方面动些脑筋，在自己的学校里建

▲ 多阅读能帮助你解决一人兼几门课的困难

立一个人民文化中心。

在开展单班复式教学的学校里，儿童的课内阅读有着极其重要的作用。应当在社会各界的共同关心下，使学校图书馆配齐所有应当供儿童阅读的书籍。凡是列入世界儿童文学宝库的名著，每一所学校都应当设法购齐，哪怕它是最小的、最边远的学校。只要你热爱儿童，通过多方努力做到这一点并不是很难的。我深信，正是在远离文化中心的偏僻地方的学校里，教师可以创造条件，使读书成为学生的精神文明的发源地。

应当设法买到电影放映机和幻灯机，及时预订新的教学影片和幻灯片。

对地处边远的小型学校的教师来说，很重要的一点就是要跟大村镇或城市里的一所好学校保持经常的联系。我建议你每年到这所学校去两三次，每次停留三四天，看望看望自己的同行。你应当去听一些课，跟教师们谈谈；应当亲眼看一看进行了深入思考和创造性工作的每一位教师所向往并努力追求的成果。你在评定自己的学生的学业成绩（知识、技能、书面作业）时，应当向这些教师取得的成果看齐。如果可能的话，你还可以邀请这些优秀教师的某一位到你的学校来，哪怕停留两天也好。

在春季和初夏，你应当带领自己的学生外出旅行：让他们看一看城市生活，参观工厂和印刷所。你还要利用每一次旅行的机会，充实自己学校的图书、教学影片和幻灯片等资料。

暑假里，你也不要总是待在学校里，要到大城市去旅行。应当做好计划，在这个边远学校工作期间，你应当到过莫斯科、列宁格勒（今俄罗斯圣彼得堡）和其他大的文化中心。在居留城市的短暂时间里，你要过得很充实，要到剧院、音乐厅里去看演出，见识一下我国优秀演员们的精湛表演艺术。还有，我再重复一遍，不要忘记买书。

我还建议你做几次远足旅行，去看看乌拉尔、西伯利亚、阿尔泰、中亚细亚、高加索、俄罗斯北方——阿尔汉格尔斯克州和诺夫哥罗德州。你能讲述的事情越多，你对学生施加影响的方法和手段就越丰富。

45

教师应当制订哪些计划

这是一个经常遇到的尖锐问题：有时候教师被一些没有必要的文牍压得透不过气来。但是也有另一种情形，就是在批评"官僚主义的文牍作风"的热潮中，某些教师得出结论：任何计划都没有必要去制订。

以上两种看法都不正确。有助于工作的计划还是应当制订的。

对小学各年级的教师来说，制订一份管用好几年的远景计划是很重要的。这份计划应该包括哪些内容呢？根据我自己的工作经验，应当包括如下各点：

（1）儿童在小学阶段应当阅读的文学作品的书目。当然，只有当学校图书馆里备有这些必要的儿童读物时，计划里的这一点才能实现。

（2）儿童在学校里应当欣赏的音乐作品（学校里最好有一个音乐教室）。

（3）跟学生谈话时要使用的绘画作品。

（4）要求学生背诵的课文和文学作品的片段。

（5）最低词汇量，也就是要求学生在小学里牢固而长久地记住其正字法的那些词汇。

（6）为拓展学生的知识面而需要阅读的科普书籍和小册子的书目。对指定给学习困难儿童（思维过程缓慢的儿童）阅读的那些书籍和小册子，要单独开列出来。

（7）思维课的主题，即带领学生到思维和母语的源泉① 去参观的课题。

（8）儿童在整个小学阶段各年级要写的作文的题目。

（9）教师和儿童要制作的直观教具的大致目录。

（10）小学期间要组织的参观。

我建议中、高年级各科教师也要制订这样的远景计划。当然，制订计

---

① 这里指自然界。——译注

划时要考虑到本门学科的特点。例如，生物教师在远景计划中应列入去自然界参观的计划，使学生形成一些必要的表象。地理教师可以把必须记忆的术语列入参观计划。物理教师可以在自己的计划里规定让学生观察工农业劳动。

远景计划是一个重要的努力目标，教师可以每年翻阅和反思这个纲领，以检查自己的工作：什么已经做到，什么还有待去做。根据远景计划完成的情况，可以判断学生所掌握的知识的质量。

每一个教师还应当制订课题计划和课时计划。课题计划是根据教学大纲分配给本课题的课时数，包括好几节课的一种计划。课题计划只适用于不大的课题（2到5节课能讲完的）。课题计划里要写明每节课讲授什么和怎样讲授，应当避免把演讲、讲述的内容做长篇大论的书面抄录。教师向学生传授的知识应当装在教师的头脑里，不需要做详尽的笔录。课题计划是一种教学论上的预见和根据，而不是详尽的讲稿。计划里只应当写明对教材进行创造性加工的东西，例如，在检查家庭课业时要让儿童回答的问题，学习新教材时学生要完成的独立作业的种类等。将要布置给学生的作业题和练习题都不要刻入这种计划（教师们通常把这些题目抄在专门的卡片上或笔记本里）。

在课题计划的笔记本里，有必要在页边上留些空白，以便在遇到没能预见到的偏离计划的情况时，对原计划做必要的修改。

有些教师认为课时计划比课题计划更重要。他们对整个课题反复思考，做一些初步的记号，但是只写每节课的课时计划。每一个教师都可以按照自己认为最适宜的方式去做。最主要的是要以远景计划为目标，不要忘记最终目的，经常考虑到教学大纲及其说明书，把它们跟远景计划进行对比。

担任班主任的教师，还要制订一份教育工作计划。至于教育工作计划怎样制订，将在别的一些建议里谈到。

46

关于写教师日记的建议

我建议每一位教师都要写教师日记。教师日记并不是什么对它提出某些格式要求的官方文件，而是一种个人的随笔记录，在日常工作中就可以记。这些记录是思考和创造的源泉。教师连续记 10 年、20 年甚至 30 年的教师日记，是一笔巨大的财富。每一位勤于思考的教师都有他自己的体系、自己的教育学修养。如果技巧高超的、有创造性的教师，在他的一生结束时，把自己在长年劳动和探索中所体会到的一切都带进了坟墓，那会损失多少珍贵的财富啊！我希望把许多本教师日记收集起来，当作无价之宝，保存在教育博物馆和科研机构里。

我已经记了 32 年日记。我作为一个小学教师刚刚踏进校门，开始自己的教育生涯的第一天，有一件事引起我深思。我们村子里有一位医生，大家都说他是个性情古怪的人。我看到，当这位性情古怪的医生给刚入一年级的孩子们量身高和体重的时候，他把所有的数据都详细地抄录下来。我跟他交谈起来，翻阅了他的记录。使我大为惊奇的是，他写这种记录已经 27 年。

"这些记录对您有什么用处呢？"我问。

"啊，这是一件很有趣的事。"医生回答说，"请看，27 年来，孩子们的身高平均增长了 4.5 厘米。是啊，我能再多活 30 年该多好啊……"

在当时，还没有任何人想到过儿童身体加速成长的问题。卫国战争开始时，这位医生得了重病，把自己的记录交给了我。这样，从开始在学校工作的第一天起，我就开始记录关于儿童身高、体重和他们的智力发展情况的资料。现在，我的手头就拥有一个村子的儿童 59 年内发育情况的资料，在我看来，这些资料是非常宝贵的。

一连 32 年，我在儿童入学的最初两星期内记录有关他们的知识面和表象的资料。每年都让儿童回答相同的一些问题。

例如：从 1 数到 100，说出你能认识的植物、动物、鸟类的名称，叫出你所认识的机器的名称，并且说说它们有哪些用处……

在我看来，儿童对这些问题的答案也有重要的价值。例如，有一些资料是值得注意的：在 1935 年，35 名一年级新生中，只有 1 人能数到 100，5 人能数到 20（当时是 8 岁入学）。到 1966 年，36 名一年级新生中，有 24 人能数到 100，其余的 12 人能数到 20、30 和 40（这时是 7 岁入学）。儿童对机器和工艺流程的知识逐年增加。但遗憾的是，儿童对于植物、动物、鸟类的知识正逐年减少。

1935 年，所有 35 名新生都看到过夏季的朝霞，能够描写日出的景象。而到 1966 年，39 名新生中，只有 7 人看到过 6 月的朝霞和日出。

在日记里，我还记录学生家里有哪些书籍，家长的教育程度如何，父母亲在教育孩子上花费多少时间。把这些材料加以比较也是一件很有趣的事。

在日记里，关于后进儿童的记载占有重要的地位。我认为，善于觉察这些儿童在课堂内外行为上

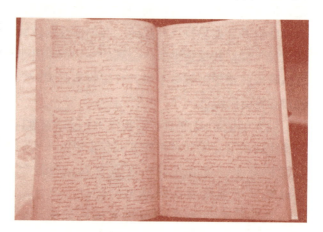

▲ 密实而整洁的字行，拳拳教师之心

的极其细微的变化，是十分重要的。把观察到和记录下来的情况深入加以思考，对教师的工作有很大帮助。例如，考虑到有些孩子思维活动迟缓，他们的知识面相对的要受到局限，我就做出一些结论，譬如应当让这些孩子读哪些科普读物等。

记日记有助于集中思想，对某一个问题进行深入思考。例如，我在自己的日记里空出几页，专门记载自己关于知识的巩固性的想法。把这些记载加以研究、对比和分析，就能看出知识的巩固性取决于许多先决的前提和条件。记日记能教会我们思考问题。

怎样在脑力劳动中培养自律

　　我们把这些建议提给七年级以上的高年级学生。这些建议涉及学生精神生活的一个重要领域，如阅读、思考和解决智力方面的困难。这些建议是否有效，则取决于许多条件和前提，其中最为重要的几点是：学校里，首先是教师集体里，要有一种智力倾向多样化的氛围；课堂教学要在复杂多样的智力生活的背景下进行；教师知道的东西应当比他在课堂上要教的东西多一百倍；每一个学生都应当在智力方面有自己的特殊爱好。如果具备了这些条件，那么学生就很容易接受关于在脑力劳动中自律的教导。我们认为，应当向学生提出如下建议：

　　（1）如果你想有充裕的时间，就要每天读书。读与你最喜爱的学科（你的选修课）有关的学术著作，要每天读，哪怕一天读两页也行。你所读的这一切都是你学习的智力背景。这个背景越丰富，你学习起来就越轻松。你每天读得越多，你储备的时间就越多。因为在你课外阅读的这些东西里有千万个跟课堂上所学的教材相通的接触点。这些接触点可以称为"记忆的抛锚处"。它们吸引着必修的知识向着人类的知识海洋伸展开去。要强迫自己每天读书，不要把这件事拖到明天。今天丧失的东西，明天是再也无法弥补的。

　　（2）要学会听教师讲课。在九、十年级，要以提纲的形式把教师就重要课题所做的演讲记下来，不管教科书里有没有这方面的教材。写提纲能训练你的思维并检查自己的知识。应当学会在课堂上写思考提纲，每天整理这些笔记哪怕只用半小时。我建议把笔记本分成两栏（两行）：一栏里写演讲内容的简要提纲；另一栏里写上必须思考的问题，把主要的、关键性的问题列入这一栏。这好比是楼房的"骨架"，本门学科的知识大厦就是靠这个"骨架"来支撑的。对关键性的问题，教师应当每天进行思考，并且把这种思考跟每天阅读学术著作结合起来。如果你在所有学科上都按这条建议去做，你就不用在某些日子搞"紧急突击"。你准备考试时，就不必反复阅读和背诵整个笔记。学科的"骨架"是一种特殊的大纲，你依靠它就能回想起全部教材。

　　（3）要在清晨6点钟开始一天的学习。五点半起床，做做早操，吃点牛奶和面包，就开始工作。到校上课前从事一个半到两个小时的脑力劳动，这是一段黄金时间。你要在这段时间里进行最复杂的、创造性的脑力劳动：思考关键性的理论问题，攻读最难的文章，写论文提要。如果你要从事带研究性的脑力劳动，只有在早晨去做是最好的。这样，你不用熬到深夜。你要把白天的作息制度安排好，以便在晚上 12 点以前已经睡眠 2 小时以上，这是最有益于健康的睡眠。

（4）要善于安排自己的脑力劳动。这就是说，要分清主次。分配时间时要把主要的事情安排好，以免被次要的事情挤到后面去。主要的事情每天都要做。你要把关系到形成自己的才能和天赋最为重要的科学问题明确地提出来，把它们彻底弄懂。要把这些问题作为优先事项摆在你早晨从事的脑力劳动中。要学会就最重要的科学问题去寻找书籍和学术著作，并且长时间地钻研它们。

（5）要学会给自己创造内在的刺激。在脑力劳动中，许多事情并不是那么有趣，使人非常愿意去做，"必须"两个字常常是唯一的刺激。你应当从这种不感兴趣的地方开始自己的脑力劳动。要学会集中精力去破解这些理论问题的奥秘，使必须这样做逐渐变成我想这样做。至于最感兴趣的事，可以放到最后去做。

（6）你的周围要有一个书籍的海洋。应该严格挑选阅读的书籍和杂志。求知欲旺盛的人总想把一切都读过，但这是不可能的。你要善于确定自己的阅读范围，把那些可能打乱你的学习计划的东西割舍掉。但同时也要看到，随时都可能出现事先没有料到而又必须阅读的新书。为此，就必须有后备的时间。只有善于把脑力劳动投入课堂和记笔记上，防止"紧急突击"以应付考试，才能赢得这种后备的时间。

（7）要学会自制。你的周围有各种各样的活动，有文娱小组、运动小组，还有跳舞晚会。你要善于当机立断。因为许多这样的活动都包含着诱惑，可能给你带来很大的危害。当然，娱乐和休息都是需要的，但是不要忘记主要的事：你是一个劳动者，国家花大量的钱培养你，摆在首位的不应当是跳舞和休息，而是劳动。就高年级学生的休息来说，我建议你们下国际象棋或者阅读文学作品。在绝对安静的环境中、在思想高度集中的情况下，下国际象棋是增进神经系统的活动、使思维更加周密的最好手段。

（8）不要在无谓的小事（闲谈、游手好闲地消磨时光）上浪费时间。常

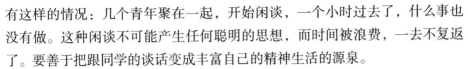

有这样的情况：几个青年聚在一起，开始闲谈，一个小时过去了，什么事也没有做。这种闲谈不可能产生任何聪明的思想，而时间被浪费，一去不复返了。要善于把跟同学的谈话变成丰富自己的精神生活的源泉。

（9）要学会减轻自己将来的脑力劳动，这就是说，你要为将来创造后备的时间。为了做到这一点，要养成随时记笔记的习惯。现在我大约有40个笔记本。每一个笔记本，都用来记录那些鲜明的似乎一闪即逝的思想（它们有这样的"脾气"：在头脑里出现一次后就不复返了）。我还把读过的书里最有意义的东西记入笔记本。这一切在将来都会有用，有利于减轻你的脑力劳动。把记笔记的制度建立起来吧，要悉心保存好从书籍里吸取的东西。

（10）对每一项工作，都要找出脑力劳动最合理的方法。要力戒沿用陈规旧套和刻板公式。要不惜时间去深入思考你所接触到的事实、现象和规律的实质。你想得越深透，材料就记得越牢固。在没有完全弄懂之前，不要急于去记住它，否则，只是白白浪费时间。不要一遍又一遍地识记熟知的东西，只需浏览一下就行。对尚未透彻理解的东西，切忌粗枝大叶地浏览一遍。任何粗枝大叶的做法都会走向反面，迫使你不得不再回头甚至反复好多遍去研究个别的事实、现象和规律。

（11）如果有人妨碍你，脑力劳动就不可能顺利进行。在集中精力从事脑力劳动的时候，每一个人都应当完全独立地工作，最好到阅览室里去学习，因为在那里大家都能严格地遵守制度。

（12）脑力劳动要求抽象思维跟形象思维交替进行。你应当把学术著作跟文学作品轮换着进行阅读。

（13）要克服自己的不良习惯。例如，在开始学习前先空坐15分钟；毫无必要地翻阅并不打算读的书籍；睡醒后躺在床上不起来；等等。

（14）"明天再做"是勤劳精神最危险的敌人。任何时候都不要把今天应当完成的工作留一部分到明天做，要养成今天完成明天应做工作的一部分的习惯。这是一种很有效的内部刺激，它能使你明天做事时一整天都心情轻松。

（15）任何时候都不要使脑力劳动间断。暑假里也不要丢掉书本。每天都要用智力财富来丰富自己，这是你将来从事脑力劳动所需时间的一个来源。要记住：你现在知道得越多，你就越容易掌握新知识。

48

要善于思考，不要死记硬背

这是 16 年以前的事了。我在三年级听了几节语法课。在其中的一节课上，女教师维尔霍汶尼娜讲了一条规则。学生们似乎理解了这条规则，也举出了一些例子，把规则背会了。在第二天的课堂上，女教师用这条规则向学生提问，可是只有少数几个"最好"的学生还记得，其余的学生都忘记了。为什么忘记得这么快呢？不是昨天还回答得那么流利，而且全都背会了吗？这是怎么一回事呢？于是，女教师又让他们重新背诵，重新举一些例子。在第三天的课堂上，仍旧是那幅情景：还是那几个"最好"的学生知道这条规则。这时候，女教师已经没有时间再回头去复习"教过的东西"了，她开始讲解新教材，而对那条"教过的"规则，只是说："你们回家后背会它，我要检查的……"

接着我又听了 10 节课，苦苦地思索着：为什么孩子们记住学过的教材这么困难呢？每听完一节课，我的思想就更加明确：死背没有充分思考过的规则，只能获得表面的知识，而表面的知识是很难在记忆中保持的。不懂的东西一节课接着一节课积累起来，会像雪球一样越滚越大。每一次下课后，我会跟教师们一起思考：脑力劳动应当怎样进行，才能把知识保持在记忆里，才能使识记变得牢固，才能使儿童回想起规则时只需要保持一定的注意而不觉得费劲呢？我们不断地研究识记和记忆保持的心理学规律，提出各种各样的设想，企图弄清脑力劳动效率低下的原因。

为什么这条语法规则这么难记呢？学生看起来不是已经理解了吗？是不是因为对学龄初期的儿童来说，抽象原理（规则就是抽象的）本来就很难识记，更加难以在记忆中保持呢？我一边继续听维尔霍汶尼娜的课，同时也去听其他教师的课，在一天里听 5 节甚至更多的课。为了深入地对事实和现象探个究竟，为了更全面地对它们进行比较和总结，这样做是很有必要的。这对我和那位女教师以及其他教师来说，都是一个脑力劳动得以紧张开展的时期。大家的思想可以说都集中于一点：一定要弄明白，把抽象原理识记并牢固地保持在记忆中，归根到底取决于什么？我们从这个角度来考察课堂上的每一种现象。

积累的大量事实在我们面前揭示了一条很有意义的规律：学生应当识记并保持在记忆中的抽象原理越难，越是需要经常把它当作钥匙来解释各种事实和现象。用以概括抽象原理的事实越多，要将这条原理识记并保持在记忆中，在很大的程度上取决于学生独立地分析和思考过多少这样的事实。只有在这样的条件下，即学生在思考事实的过程中领悟了抽象原理的实质，从而能有意识地使用这条抽象原理去理解这些事实，而不是纯粹为了记住这条原理本身时，这条抽象原理才能很好地被识记并保持在记忆里。

我和女教师维尔霍汶尼娜一起去听其他有经验的教师的课，看到一些事实，使得我们发现了这条脑力劳动的规律。譬如说教算术的女教师雷萨克，在五年级讲解了一条规则，要求学生记住这条规则。她首先努力做到使学生深刻理解这一规则的实质，然后，在学生对此有透彻理解的基础上，举出一系列例子让学生去反复思考。学生们有意识地运用这条已经理解但尚未记住的规则来解释事例。于是，我们发现：儿童的思维越是集中在用事实来解释刚才讲解过的规则上，他们越是不以识记为追求目标，他们思考过的事实越多，那么就越能记住并在记忆中保持这条规则。

在我们发现了这条重要的规律后，女教师维尔霍汶尼娜很快就改用其他方式来指导学生的脑力劳动了。在上语法课前，教师拟定一些语言现象的范围，以使儿童通过对它们的深入思考来理解语法规则的实质。学生多次用这些已经透彻理解的语法规则来说明语言现象了。对他来说，这些语法规则好像成了一把他学着使用的钥匙。虽然这时候教师并没有提出记住语法规则的目标，但是语法规则作为钥匙被多次使用后，也就被学生记住了。记住了而且几乎没有任何学生再忘记，记住了而且没有经过专门的背诵。特别重要的是，通过这条途径而记住的规则，当遇到其中有什么被忘记的时候，学生经过一番努力就能回想起来。学生在遇到这种情况时，也许会回想曾经思考过的许多活的语言现象，并借助对这些现象的记忆回想出语法规则的内容。

49

要让学生掌握学习的工具

我们天天都在说：必须为深刻地、牢固地掌握知识而斗争。但是知识这个概念是很宽泛的，如果我们仔细地观察儿童们在做些什么、想些什么、说些什么、议论些什么，那么就会得出结论：知识这个概念被我们赋予了很广泛的内涵，包含关于周围世界的规律、儿童进行学习需借用的知识和技能等多样的内容。如果仔细地研究学生在小学里做些什么，那么就可以毫不夸张地说：小学的主要任务就是教会儿童使用工具，人整个一生都是借助这种工具去掌握知识的。谁也不会否认，在小学里，儿童的一般发展会达到较高的水平，会认识大量的有关周围世界的规律。但是，在我看来，小学的主要任务毕竟还是教会儿童学习。

然而在实际生活中情况又如何呢？在小学里，我们不敢大胆地把工具交到学生手里。如果学生不能全面地掌握这种工具，那么他们拥有智力生活并得到全面发展是无法想象的。可是到了五年级，教师却要求学生能迅速地、自如地使用这种工具。教师甚至不考虑这种工具处于何种状态，忘记了这种工具还需继续加以磨砺和调整，没有看到个别学生手上的工具已经折断，以致这些学生无法继续学习下去。教师只顾把一批批新材料接连不断地堆到学生的"机床"上，要求他快点加工，别偷懒，使劲干！

这是一种什么样的工具呢？这种工具安装了5把"刀"，即5种技能：读、写、算、观察（周围世界的现象）、表达（自己所见、所做和所想）。五至七年级许多学生知识水平低和付出的努力无效果，主要原因正是缺乏运用这5把"刀"的能力。这五种最重要的技能合起来就构成一个总的技能，即会学习。

五至七年级的各科（地理、历史、自然、物理、化学、数学）教师，在去（小学）检查学生的学习技能时，发现有些学生（甚至很多学生）在掌握阅读技巧方面达不到自觉地领会教材的程度。使这些教师更为惊讶的是，某些学生之所以不会解答算术应用题，是因为他们不能流畅地、有理解地阅读这些应用题。

令人发愁的是，许多学生并没有掌握把阅读变成一种半自动化过程的能力。我们看到，许多学生在读某一段课文时，总是全身心投入阅读过程中：他们全身紧张，脸上冒汗，生怕把哪个词读错了，读多音节词总是结结巴巴，实质是不能把这些词作为统一的整体来感知。他已经没有剩余的精力去理解所读东西的含义，他的全部智慧都消耗在阅读过程中。如果只从这个过程（阅读技巧）本身来看，表面上还是令人满意的。正是这种表面上的"一切顺利"把小学教师们弄迷惑了。

我们把全体教师召集起来讨论学生的阅读能力问题。大家讨论得很热烈，引起了激烈的争论。物理教师说："既然学生还不会阅读，不懂他所读东西的意思，怎么能够使他把物理学好呢？应当提高学生的阅读技巧，使他们在阅读上达到在阅读中却不在意过程变化的境界。只有这样，我们前面所说的工具才能在他手里运用起来。"大家发现：在小学阅读课上，实际上学生读得很少，而教师关于阅读的作用、关于所读东西的意义的讲解倒是很多。阅读常常是被各种各样的"教育性讲解"取代。低年级教师克服了这种缺陷，开始研究和计算：儿童在课堂上和家里究竟读了多少东西以及应当读多少东西，才能全面地掌握阅读技能？

我们全体教师已经花了15年的时间去研究如何使学生在小学里全面地掌握阅读技能以及在中学里再使这项技能有所提高。多年的观察使我们得出下列结论：要使儿童学会有表情地、流畅地、有理解地阅读，使他做到在阅读中并不在意过程的变化，那么，他就必须在小学期间①朗读超过200小时，小声地默读超过2000小时（包括在课堂上和在家里）。教师应当把这项工作时间分配好，而校长则应当检查教师是如何指导每一个学生的个性化阅读的。

对学生顺利地学习所必不可少的其他几种技能，我们全体教师也形成了同样重要的教育信念。我们在分析中、高年级学生的学习情况时，发现学生对书写技巧的掌握还没有达到这样的程度，就是使书写成为一种半自动化的过程：记录材料时，学生不再去考虑每一个字母、每一个音节、每一个词怎样写，不再考虑写这个词要遵循什么语法规则。我们发现，五至八年级学生（甚至包括高年级学生）中，还有许多人把全部精力花费在书写过程上。至于所写东西究竟是什么意思，他们顾不上去思考。

---

① 共4年。——译注

怎样才能使书写成为一种半自动化的过程？怎样才能使学生在书写时把主要精力用在理解所写东西的意思上，而不是用在考虑怎样准确无误地书写上呢？几位小学教师研究了书写过程，得出了这样的结论：早在二年级的时候，就应当锻炼儿童手部的小肌肉，使之达到写字时不发抖的程度。这样他不需要进行特别的意志努力就能正确地写出字母来。而要做到这一点，就必须进行一定数量的练习。为了使学生学会迅速、准确无误地书写，为了使书写成为劳动的手段和工具而不是劳动的最终目的，学生在小学期间应当完成不少于 1400 页练习簿的书写练习。我们认为，要做到这一点，单是书写语法和算术作业是不够的。于是教师们开始布置一些专门训练书写技巧和书写速度的作业。而到了四年级，教师应当教会儿童靠听觉来感知教师所讲授的东西，并要求他们一边听讲一边写笔记了。

▲ 师生共读，其乐融融

50

学业负担过重的症结在哪里

我们感到，学龄中期特别是学龄后期[①]学生的精神生活有一大缺陷，就是他们被剥夺了一项巨大的财富——自由活动时间。而自由活动时间对于他们的全面发展以及智力倾向、审美趣味和需要的形成是必不可少的。就连教学大纲规定的知识实际上也没有被用来实现全面发展——首先是智力发展的目标。孩子们获得的知识越来越多，他们的学习却变得不是越来越轻松，而是越来越艰难了。

许多教师认为，主要的过失是教学大纲和教科书不完善，以及个别学科塞进了过多的次要教材。这一切确实都是事实，但是这一切灾难的根源并不在此。过失的根源要在教学过程本身去找。知识是一个内涵广泛多元的概念。它包含着：第一，把实际活动中和掌握新知识时常常用到的那些概括性原理（规则、定义、依存关系等）经常保持在记忆里；第二，理解作为这些概括性原理本源的一般规律。掌握知识的这两种途径[②]是相互联系的，但是它们所进行的脑力劳动却是不同的。

一种不好的做法是，对那些作为概括性原理本源的材料应当加以深入的思考，而学生却在背诵它，结果使得记忆负担过重，以致在学生的头脑里连那些为了进一步顺利学习而必须记住的材料也无法保持。

例如，在七年级历史课上学习《荷兰的资产阶级革命》这一课题，在物理课上学习《测量热度的单位——卡和千卡》这一课题，都需要深刻理解其中的因果关系，当然需要识记。但是，如果说这一物理课的最终目的是要把测量热量的单位牢固地保持在记忆里，是要识记并在记忆里保持各个数量的依赖关系，那么，学习荷兰资产阶级革命的最终目的则是完全不同的。

学习《荷兰的资产阶级革命》时，理解它跟许多历史现象相联系

---

① 学龄中期和学龄后期分别相当于我国初中和高中阶段。——译注
② 指记忆和理解。——译注

却好像是从这一具体事件中抽象出来的一系列规律是关键。这些规律就是：在封建社会内部产生了资本主义生产方式的成分，手工工场的劳动生产率有了提高，工场主加强了剥削，资产阶级利用人民群众的不满情绪，为了自己的阶级利益而向封建制度进行斗争，等等。教师通过荷兰资产阶级革命的生动事实而把这些规律揭示得越深刻，学生去记忆全部事实、细节的必要性就越少。不需背诵而是按照逻辑本身就能把关于上述规律的知识保持在记忆里，记住它们就是很自然的事。

学生能够记住在剥削社会里生产手段的改进会导致剥削的加剧，正像他能够记住空气中的二氧化碳经过阳光的作用会在植物的叶子里产生有机物一样。所有这些都是不需要背诵就能保持在记忆里的，只要分析并深刻地理解各种现象之间的因果关系就够了。但是，要把测量热量的单位保持在记忆里，单靠理解是不够的，还需进行专门的工作——背诵。

在学习荷兰资产阶级革命后，学生还会多次学习其他国家的资产阶级革命。在每一次的学习中，学生对上述规律的理解都会进一步加深，如果教师不把记住每一次具体革命的材料作为目标的话。对一般规律理解得越深刻，学生对具体事实的分辨就会越清楚，他对这方面知识（不经背诵得来的知识）的掌握就会越多。这样，学生知道得越多，学习起来就越轻松。

有经验的教师都竭力避免让学生在回答问题时再现教师讲过的东西和他们在教科书里读过的东西。检查学生的知识，并不是为了机械地重复学过的东西，而是对事实进行更深入的分析，揭示各种现象之间的新的因果关系。

用这样的方法来掌握知识，学生学习的难度大小就不由教科书页数的多少来决定了：他可以读 3 页，也可以读 10 页，教材数量的增加并不会导致记忆的负担过重。学生在阅读的时候并不以识记为目的，而是竭力做到尽量深刻地理解教材。而他对教材的理解越深刻，识记的情况就越好。深入钻研教材的实质内容，避免机械识记和死记硬背，有利于培养学生对学习的热爱。同时，对事物的实质本身和教材内容产生兴趣，这是一种十分重要的动力。

通常，教师们抱怨时间不够。我同意这种说法，然而一定得补充说明一点：有时候，时间被白白浪费掉了。无论在什么地方都没有像在学校里、课堂上这么滥用和浪费时间的（这是一个很大的教育学课题，值得我们严肃地加以思考：浪费时间而无所事事，只能产生一批懒汉）。

上面我已经详细谈论了毫无意义地浪费时间的一个方面——背诵那些不

必背诵的东西。另一个方面就是没有正确地利用这种时间，它是用来掌握那些必须牢固地保持在记忆里的知识的。例如，在教语法的时候，许多教师在阐述完语法规则并举过几个例子后，马上就要求学生背熟这些语法规则。学生们用心地背诵着，还能举出同样是背会的例子，但是他们以后书写时照样会出错。在这里，忽略了语法知识的特点，特别不能允许的是，忽略了由深入思考事实向熟记规则过渡的特点。懂得语法，并不意味着一直记住语法规则。大家知道，有文化的人常常忘记了规则，但是他们终究还是懂得这些规则的。所谓懂得语法规则，意味着通过无数的活的语言现象而透彻理解它。这种理解不是在短短的一堂课上能达到的，而是逐步达到的。

懂得和牢记一条规则（要经过或长或短的一段时间）[①]还取决于这条规则是以何种途径被记住的：是在教师阐述完并举了几个例子后马上背熟的呢，还是经过相当长的一段时间记熟的？如果对一条规则不是通过深入思考足量的事实记住而是硬背下来的，那么，学生可能记住了它，但是不懂得它，这样的记忆是不可能牢固的。多年的经验使我们相信：识记语法规则应当是逐步进行的，这条规则概括的活的语言现象越多，那么识记的时间就应当越长。语法课的教学法有一个重要特点，就是学习教材实质上是跟知识的发展、深化、逐步巩固有机地融合在一起的。（教师切不可认为背熟了规则就是懂得了规则）……

建立在深入思考基础上的识记实质上就是运用知识。学生在掌握知识的时候运用它们，又在运用知识的时候掌握它们。学生的脑力劳动成为创造性劳动，识记知识就变得大为轻松了；高年级学生完成全部家庭作业不会超过一个半到两个小时。知识不再是死的"行装"，它们始终处在运动和发展之中。对学生来说，知识好比是一种工具，可借助它去不断地掌握新的知识。

---

① 括号里的话，是译者在节译时为了语句意思前后衔接而根据原意插入的，下同。——译注

要使知识"活起来"

先进教师的经验告诉我们：儿童在学习中遇到困难的原因之一，就是知识变成了不能移动的重物被积累起来：似乎是"为了储备"而"不能周转"，在日常生活中得不到运用，特别是不能用来去获取新的知识。

许多教师在教学和教育工作实践中，形成了这么一种习惯性认知：要求学生掌握知识，就是为了使学生能够正确地回答教师提出的问题或者完成作业。这种观点迫使教师片面地评价学生的脑力劳动和他们的能力：谁能够把知识保存在记忆里，谁就被认为有知识、有能力，因为这样的学生能在教师提出要求时马上就把知识"倒出来"。

这在实践中会导致什么结果呢？结果是知识脱离学生的精神生活，脱离他的智力倾向，掌握知识变成了毫无乐趣可言的事，变成了为知识而知识。

我们认为，知识只有变成精神生活的要素，能吸引人的思想，激发人的兴趣和热情时，才能称为真正的知识。这样一条规律才开始起作用：一个人的知识越多，他去获取新的知识就越容易。遗憾的是，在实际生活中正好相反：学生每升上一个年级，他的学习就变得更为艰难。

从这些事实中能够引出什么样的实际建议呢？

应当努力做到，使知识既是最终目的又是获取新知识的手段或工具。要使知识在学生的脑力劳动中、在集体的精神生活中、在学生的相互关系中活起来，在不断发展的精神财富交流中活起来（没有这种交流，就很难设想会有智力、道德、情感、审美等的完满发展）。

为了达到这个目的，应当实际地做些什么，以及如何去做呢？

在小学里，从教学一开始，词就成为儿童知识的最重要的元素。更确切地说，儿童就是通过思维和词来表达和反映现实的周围世界。这个世界不断地以越来越多的、学龄前不了解的新面貌展现在儿童的面前。儿童借助观察、借助生动的直观、借助词而在认识的道路上迈出最初也许最大的步伐。如果你不愿意使知识变成僵死的、不能活动的重物，防止它阻碍儿童在认知的阶梯上继续前进，那么你就要使词成为儿童创作的工具之一。

有经验的教师在实际工作中总是遵循这样一个导向，就是在学生的脑力劳动中占居首位的不应当是背诵，而是借助词来进行思考、创作，认识客体、事物、现象和周围世界及其极细微的差别，深入思考这些细微的差别。

譬如，在初秋一个阳光和煦的日子，你带领孩子们来到果园。柔和的阳光温暖着大地，树木穿着色彩缤纷的盛装。你向孩子们讲述金色的秋天，讲述自然界中一切生物都在为度过漫长而寒冷的冬季做准备。但是，如果你不注意尽量使词在儿童的头脑和心灵里成为一种积极的力量，那么儿童对世界的认知就只是你往他们头脑里堆积的观念，儿童的头脑变成了知识仓库。当你深信孩子们已经理解词、词组的丰富含义和感情色彩后，你就提议由他们讲述自己看到和感受到的东西。这时，在你的眼前，就会产生许多关于周围自然界、关于自然美的令人惊异的微妙的思想。孩子们说："蔚蓝的天空里飘着一朵白云，就像一只白天鹅。""啄木鸟敲击树干，使它发出清亮的响声。""一朵野菊花孤零零地开在路旁。""一只鹳一条腿站在巢边，向远远的什么地方瞭望着，它在想什么呢？""一只蝴蝶落在菊花上，它在晒太阳。"……

毋庸置疑，你的观点成了儿童创作和情感流露的推动力，你为儿童打开了通往周围世界的窗口。但是儿童此时并不重述他们听到的话；你的词、你的观点在他们的意识里发生了转换。儿童在学习思考，得到一种无可比拟的思维的欢乐，从认知中得到了享受。

你可能曾经观察到或者至少从同事那里听到过：儿童对教师的话抱着冷漠的态度，教师的话怎么也不能打动他，无法点燃起他眼睛里渴求知识的火花。如果在你的课堂上遇到这种情况，那确实是值得忧虑的：这种对词冷漠、无动于衷的态度确实是教学中的一大缺陷。

这种缺陷是从何产生的呢？如果词不是作为创作的手段活跃在儿童的心灵里，如果儿童只是背诵、接受别人的观点而不生成自己的观点，不用词把这些观点表达出来，那么，他就会变得对词缺乏领悟能力。你要像防止最大的危险一样防止儿童产生这种冷漠态度，防止儿童投出那种黯淡无光的目光。你要把生动的、使人心情激动的词装进儿童的意识。装进去以后还得操心，不要使它变成一朵干枯的花朵，而要像一只离巢飞出的歌鸟尽情地欣赏周围世界的美。

关于学生脑力劳动的积极性问题，人们谈论得很多了。可能有各不相同的积极性。学生背熟了他读过的东西，虽然并未完全理解，可是能够流利地回答教师的提问，这就是一种积极性，但是这种积极性能不能发展学生的智力并拓展其知识呢？当然不能。我们应当竭力追求思维的积极性，使得知识在深刻理解和运用的情况下不断得到拓展。

许多有经验的教师认为，通过教学使学生能够借助已经积累的东西而不断地获取知识，才是教学水平高的体现。一些有经验的校长在听课和评课的时候，正是根据学生脑力劳动的这一十分微妙的特征而对教师的教学水平做结论。

怎样才能做到使教学成为复杂的思考工作，成为获取知识的活动呢？这里什么是最重要的呢？获取知识就意味着发现真理、发现因果关系及其他各种联系，就意味着解决疑问。你要努力做到，使你的孩子们十分明确地了解、感觉到和看出那"不懂的地方"，也就是说，使他们面前出现疑问。如果你幸运地做到了这一点，那么事情就成功了一半。

备课的时候，你要用这个观点对教材进行一番思考：找出那些乍看起来不易觉察的"交接点"，即各种因果关系、时间关系、从属关系交叉集结的地方，疑问正是从这些关系中产生的，而疑问本身就是一种激发求知欲的刺激物。

譬如说上《光合作用》这一课。你应当使学生们弄懂在太阳光照射下植物绿叶里发生着什么变化。这一切都可以从科学的有根有据、理论的透彻明晰和教学法的循序渐进等方面得到解释。即便如此，你的解释能否成为使学生积极地获取知识的动力，也还在两可之间。我们的任务是：让学生一边感知教材一边探寻问题的答案。只有这样，学生才能主动地思考和理解知识。

你在思考《光合作用》这一教材：各种意义相互交织的"交接点"究竟在哪儿呢？啊，就在这儿，最主要的"交接点"就是无机物怎样变成了有机物。你在学生面前展开一幅动人心弦的神秘图画：植物从空气和土壤中吸取无机物，而在自己复杂的机体里把它们变成有机物。这究竟经历了一个怎样的过程呢？

你要这样讲解教材，以便引导学生去贴近地思考这些问题，使每一个学生都为大自然中这些神奇的现象而激动不已。

怎样引导学生去贴近这些思想呢？为此就应当知道：你在这节课上，哪些东西是要讲解透彻的，而哪些东西是要有所保留而不必说尽的。这没有说尽的东西，就好比是给学生思维设置的诱饵。这里没有任何适用于一切场合的现成处方，一切都取决于教材的具体内容和学生已经掌握的实际知识。

再接着往下说。譬如，学生已经产生了疑问，接着你就要努力做到，让学生从自己已经拥有的全部知识储备里挑选出回答这个问题所必需的知识。这种利用已有知识来解答不懂、不明白的东西的过程，就是知识获得的过程。此外，还要注意使所有的学生都能获得知识。对那些态度消极和注意力不集中的学生，应当用各种方法吸引他们开动脑筋。方法之一就是布置题目让他们独立完成。当他们把不懂的、不明白的地方找出来以后，可以建议他们：把一切好好地想一想，要精力集中，把自己的思路用笔写下来。

常有这样的情况，就是引导学生接触到问题以后，由你自己来讲解教材。为了使学生在这样的情况下也能积极地学习，你就应当清楚地了解每一个学生的知识水平。有的学生知识水平高些，有的则低些；有的学生能牢记学过的东西，有的会忘掉一些。正是在这里，你要当好学生脑力劳动的指导者，使每一个学生在仔细听你讲解并跟着你的思路走，同时从自己的知识储备里找出保存在那里的东西。如果在预定应当保存知识的地方是个空白点，如果有的学生已经迷失了你讲课的思路，那么你必须以补充讲解来填补这个空白。你要看得出，在这一瞬间，有的人已经"断了线"；你要能立刻回想起，学生忘掉的可能是什么，听不懂教材的原因在哪里。在这个时刻，要想获得"反馈信息"，你可以提个问题，让学生用一句话或者几句话简短地回答问题。借此你可以明白，个别学生发生了什么困难，以及怎样帮助他们去克服这些困难。

在讲课过程中，有经验的教师正是在各种思想相互交叉、纠缠、碰头的"交接点"上，即意义相联系的地方，对学生的脑力劳动给予特别的关注。这些"交接点"是理解教材过程中的"监督点"。在这些"监督点"上进行检查，是使学生积极地获取知识的重要前提。教师要对此进行检查。根据所学教材的具体内容，这种检查可以用各种方法来进行，如提出问题要求学生概括回答，布置短小（一两分钟）的实际作业等。

如果已经查明有的学生对有些地方没有弄懂，有经验的教师不会重新从头讲起，而是在前面的"监督点"上去寻找"可疑点"，找到以后，再提出一些问题，使学生自己去抓住断掉的思路，想起那些妨碍理解新教材的东西。

当教师叙述、讲解教材而学生乍看起来似乎并没有积极活动的时候，也能使学生积极地获取知识，这是我们的教学实践中最复杂的问题之一。

52

为什么学生感到越学越难了呢

为什么学生感到越学越难了呢？近来不是为改善教学过程做了许多工作吗？例如：制订了新的教学大纲、教学计划，并且在编写新的教科书等。尽管如此，在勤奋学习的情况下，中、高年级学生每天还是不得不在家中待上3～6个小时来完成家庭作业。学校里学6小时，再加上家里学6小时，这样的学习已经把学生弄得精疲力竭了。许多学生在八年级毕业①后不想升入九年级，因为他们感到学习太吃力了。

现在，我国即将普及中等教育，减轻学生的脑力劳动强度已经成为优先解决的问题。教育过程以及学校的全部教学和教育工作，都仰仗于对这一问题的实际解决（在教师、校长、教导主任、教育局局长的工作中都得到解决）。

当然，学习是一种并不轻松的劳动，求取知识必然要花费心血。但是，不能让少年学生从早到晚死抠教科书，拼命运用他的记忆机器。能不能把学生学习的劳动强度减轻到这样的程度：高年级学生在两小时至多3小时内完成家庭作业，八年级学生用不超过一到一个半小时的时间完成功课呢？三十多年的学校工作经验告诉我：这是可以做到的。

为此需要得到什么呢？需要给学生自由活动时间。除开在学校上课和在家里复习功课的时间，应当给学生留出四五个小时，让他把这些时间用在丰富多彩的智力生活上。

让我们仔细观察那种能力中等、想通过勤奋把各门学科都学好的学生的智力生活。他的全副精力都用在背诵、识记并在记忆里保持知识上，为的是在任何一节课上都能回答教师的提问。他没有时间去读一点"满足精神需要"的书籍，没有时间去思考。然而，学校教学论里有一条非常重要的规律：在学生出于兴趣、出于认知的需要而阅读的材料总量中，要求学生以识记为目的而学习的材料所占比重越大，他学习起来就越困难。换句话说，如果我们想减轻学生（譬如八年级学生）的学习负担，那么就应当让要求他阅读的东

---

① 相当于初中毕业。——译注

西比要求他记住的东西多两倍。在九年级和十年级，要求学生阅读的东西则应当比要求他保持在记忆里的东西多4~5倍。

如果少年学生除了教科书其他的书什么都不阅读，那么他就连教科书也读不好。如果对其他的书读得较多，那么他不仅能够学好正课，而且会有剩余时间去满足其他方面（进行创造性智力活动、锻炼身体、参加劳动、审美）的兴趣。

我认为，试图通过从教学大纲里删除某些章节而又加上另一些章节来"减轻"高年级学生的学业负担的做法，是幼稚可笑的。如果我们真的想减轻学生的脑力劳动强度，那么我们应当为学生敞开道路，让他们走到学校图书馆的书架跟前去，让书籍从沉睡的巨人变成少年的挚友吧！

▲　讨论教学大纲，提高教育质量

学生的智力生活的境界和性质，在很大程度上取决于教师精神修养的高低和兴趣的多寡，取决于他是否知识渊博、眼界开阔，还取决于教师到学生这里来的时候带了多少东西，向学生传授了多少东西以及还剩下多少东西。对一个教师来说，最大的危险就是智力贫乏，没有精神财富的储备。

总之，减轻学生脑力劳动强度的主要途径，就是让智力生活丰富多彩。现在学校开设一些选修课，目的在于发现学生的个性，了解和发展他的兴趣、特长。

为了使儿童能够更容易地学习，就必须克服能力和知识相互脱节的现象。

不妨找一些六年级学生来，让他们取出任何一本教科书读上几段，那么你就会发现 10 人当中有 5 人还不会迅速地、有理解地阅读。阅读的时候，眼睛要能够把握、意识要能够记住整个句子。让学生在眼睛离开书本的时候，能够凭视觉记忆回想出整句话来。一个学生只有学会这样去阅读，才能学会边阅读边思考。

无论如何，这是学校普遍存在的最重要的问题之一。一个学生学会了边阅读边思考，才不会用死记硬背的方法去识记，而是一边想象一边对材料进行逻辑分析。这样，学生可以在 10～15 分钟内，领会四五页历史、生物、地理、语文等教科书的内容。

怎样教会学生边阅读边思考呢？这需要进行长期的训练。应当记住：小学里错过的东西，是永远无法弥补的。也就是说，在一至四年级，每天至少用半个小时有表情地、有理解地朗读新课文。必须做到使每个学生学会边阅读边思考，边思考边阅读。

至于写字方面，字要写得端正、迅速、流利。请大家注意观察五、六年级学生是怎样写字的。他的面部和双手都很紧张，额上冒汗，全副精力都用到怎样写出字母并把字母连接成词上面去了，哪里还有工夫思考所写的东西的意思呢？学生应当学会边书写边思考，一边书写一边听教师的讲解，并且思考听到的东西的意思。在半自动化地书写的情况下，学生才可能思考各种规则，自觉地运用这些规则进行自我检查。而没有掌握这种能力，正是学生"正字法不过关"的原因所在。

检查学生知识的做法本身无助于减轻学生的脑力劳动强度。19 世纪对待知识的那种观点，由于惰性的关系，原封不动地遗留到现代（科学成就和发现的新时代）的学校里来了。这种观点就是：把知识看成学生应当保存在头脑里的"存货"，一旦教师提出要求，学生就应当拿出它们给他看。学生记住了，就算他有知识；没有记住，就是没有知识。在这种观点指导下，学习就变成了"一份一份地"掌握知识：学生今天记住了一份知识，明天就拿出来给教师看，看过以后，就可以丢开不管了。这样做就会在学生的意识里逐步形成一种为防备提问而学习的心理定势。事实也是如此：学生在家里准备功课，一般都是为了明天的评分。然而，只有能够运用知识，才能证明一个人有知识。

上面所提到的这些建议，在教学大纲里都有规定，但是在实践中未必都能做到。即使教学大纲是完美无缺的，如果没有高明的教师用敏锐的智慧和创造性的双手去实行它，那么它不过是一纸空文而已。

有经验的教师一般不要求学生背诵教科书的课文，因为他知道，这种背诵式的学习有造成学生智力有局限的危险。有经验的教师在进行教学时，让学生利用原来掌握的知识，对各种事实和现象进行思考和比较，然后做出独立的结论。这些教师喊学生到黑板跟前来回答问题时，让学生带着他的笔记、草稿、练习本、教科书以及补充读物，并不让他逐字逐句地复述教科书里的教材，而是让他发表议论，进行探讨。在我们学校里，例如，在文学课上，高年级学生在回答问题时，就常常征引文学作品原著中的语句。

现在采用的教学法常常包藏着一种很大的危险。这种危险形象地说就是，学生只见树木，不见森林。例如，在学到俄国第一次革命时，学生不分巨细，把每个细节和日期都记住了，而不是从整体上去考察全部历史事件，不会从细节中进行抽象，去把握整个事件的总轮廓，思考它的意义、实质及其对人民命运的作用。

只有当一个人把树林看成一个统一整体时，他才能对每一棵树形成较完整的表象。没有看见过河，就不会懂得一滴水。应当这样来安排教学过程，要使高年级学生能够从整体上去分析完整的课题，去思考一些较重大的带有探索性的问题。

我们教师应当培养学生具备这样的品质：旺盛的求知欲、急切的认知需要。这些能使自己今天的精神生活比昨天更丰富。

学习愿望是学生进行学习的重要动因

掌握知识和获得实际技能是儿童在教师指导下进行的一种复杂的认知活动。强烈的学习愿望是这一活动的重要动因。列宁写道："没有'人的感情'，就从来没有也不可能有人对于真理的追求。"[①]

在教学过程中使儿童产生良好的情绪，对培养学习愿望能起很大的作用。教师的任务就是要不断地使儿童产生从学习中得到满足的良好情感，这种情感积累到一定程度能促使一种情绪状态——强烈的学习愿望的产生。

在 1949—1950 学年里，我们在分析八年级一个班的上课情况时，发现个别学生对学习、对自己的学习成绩和别的同学的学习成绩，都抱着消极的、冷漠的态度。这种态度表现为：对书面作业的评分、对回答教师问题的质量都无动于衷，对不及格的分数并不感到不安，对自己同学的成功和失败也显出与我无关的淡漠。我们向自己提出了一项任务：分析这些学生在课堂上和家里的学习情况，找出他们缺乏学习愿望、学习态度消极的原因。

我们听了一个叫阿拉的女学生在文学、代数、物理和历史课上的回答并进行了分析，得出了这样的结论：这个女学生在回答问题时，并没有体验到那种心情激动、精神振奋的情感（这种情感能表明学生在完成学习任务时是花了力气的）。因而，在这个女学生的意识中，缺乏克服困难的强烈愿望，甚至连困难所在也无从觉察。显然，她在准备功课的时候，本来就缺乏那种认真地思考一切、把一切都弄清楚的愿望，也就是说，她选择了一条把最容易、最好理解的东西机械地背诵下来的道路，为的是在上课时能够不太费力地复述出来。阿拉的回答是单调乏味的，既不能使她自己激动，也不能感动别的同学。该班其他学生的情况也大都如此。

我们发现，这个班对同学回答的质量也缺乏集体的关心，这种情况是学

---

① 列宁 . 列宁全集：第二十五卷 [M]. 北京：人民出版社，1988：117.

生对整个集体的学习缺乏热情的后果。一个学生回答得很糟，前言不搭后语，全班学生对此毫不在意；同学回答得很好，表现出很高的知识水平，同样不能使全班学生激动。如果说"二分"还能引起一个学生的不安，那么得个"三分"就能心满意足。我们发现，许多学生只要得个"三分"就心情轻松地坐着不再努力。对于完成家庭作业的认识，学生们首先把它看作"学会"若干页教科书而已。

这些观察使我们得出结论：必须在课的本身、在教育过程的组织中去寻找学生产生这种冷漠态度的原因。对一些课和教师工作情况的分析表明，上面指出的事实的根源，就在于教师本人在工作中缺乏热情。例如文学教师，他备课时没有把注意力集中在最难的内容上。更有甚者，教师竭力把这些"难点"化为极其容易的东西，造成一种印象：似乎教材里并没有任何复杂的地方，一切都很容易，不需付出特别的努力就能掌握。他没有强调指出困难在哪里和大纲里难懂的部分，没有把学生的注意力集中在这上面。这是一条错误的道路。教师人为地把一些"棱角"磨平，以减小学生掌握教材的难度，用这代替引导学生去克服困难。其结果就是，在某些情况下把教材的难度降了格，或者马马虎虎地学过去……

教学工作中的另外一个重大缺陷，就是教师对学生的知识水平抱着冷淡的态度，缺乏热情。学生不好的回答没有触动教师，不能迫使他去认真地思考学生知识贫乏的原因。教师带着同样冷漠的心情给学生打"五分""三分"或"二分"，因此，学生也不会把优异的分数看作辛勤劳动的结果，而认为是碰巧；对不及格的分数并不看作失败，而认为是"恰好碰上了难题"。

我们做出这个结论是以具体事实为根据的。女学生拉伊萨的文学成绩不及格。课间休息时，我问她："你觉得怎样做，才能成绩及格呢？"她回答说："假如我碰上一个比较容易的问题，我是能够回答好的。"这个回答说明，有些学生不是把希望寄托在自己对知识的掌握上，而是靠碰运气。为什么学生会对学习产生这样的观点呢？

我们研究了学生的知识水平和教师的提问方式，看出教师总是有意无意地给学习差的学生提些比较容易的问题，而对较强的学生总是提较难的问题。采用这套"办法"造成的结果是，学生一听完教师面向全班提出的问题，就能大致估猜出他会让谁来回答。有些学生已经形成自己"在学习上没能力"的定见。既然教师平时很少向这些学生提较难的问题，那么他们怎么可能不形成这种想法呢？这些学生和全班学生都形成了定见。例如，拉伊萨在各门学科上包括俄罗斯文学在内，都只能学到"三分"的程度，就连拉伊萨本身也习惯于这么想，教师对这一点也是深信不疑的。如果偶尔给拉伊萨打一个"四分"，那么，她多半会感到"不自在"，而不是感到满足和欢乐。

我们分析了八年级学生的学习情况后，就把培养学生的学习愿望的问题（培养一种稳定的情绪状态——学习热情的问题）提到校务委员会上讨论。我们揭示了上述缺陷，促使教师们开展批评和自我批评。全体教师得出了一致的结论，认为在苏维埃学校里，强烈的学习愿望是一种道德和政治情感，培养这种情感是教师首要的职责。学习愿望并不源于学生的天赋，而是在日常劳动中、在克服困难中逐步培养出来的一种品质。学生（特别是高年级学生）能够从教师的话里分辨出真正的热情或者虚假做作的亢奋。他们不喜欢教师那种毫无热情的表现（不是指外表上的表现而是指内心的流露），因为这里面隐藏着教师对学生的能力缺乏信心的因素。每个教师都应具备真正布尔什维克式的满腔热情这种必不可少的品质。没有这一点，教师缺乏对学生的知识水平的真心诚意的关注，就谈不上能培养学生强烈的学习愿望。

教师集体向每一位教师提出这样的任务：在备课时，要深刻而周密地考虑让学生通过什么途径去克服学习中的困难。教师无论如何不能回避这些困难，要引导学生走上克服困难这条艰巨然而受益良多的道路。每一个学生都应当竭力追求最好的学习成绩，被这种愿望鼓舞。但是，这种鼓舞并不是靠什么特别的措施（谈话啦，开会啦，等等）来造成的，而它首先是正确地组织学生的脑力劳动的结果。我们把培养学生强烈的学习愿望这个问题提出来，为的是促使每个教师认真思考自己的整个工作体系，而首先要思考讲解新教材时的教学法。

下面我们还是以八年级那个班为例来说明学校的教师集体在培养学生的学习愿望方面取得了哪些成果。在八年级上学期末的时候，这个班里共有 4 名俄语成绩不及格的学生。要在这门学科上改正不及格的分数，就必须刻苦耐心地学习，而想达到这一步，就必须使成绩不及格的学生看到自己开始学习时哪怕是很不显著的进步。学生尼古拉已经习惯于成绩不及格，作文和默写总是得"二分"，这已经不再使他

感到羞耻。尼古拉对于自己在俄语方面无法得到好成绩的看法已经如此牢固，以致每逢做这门学科的家庭作业就烦恼。任课教师雷萨克给自己定下一个目标——一定要打穿这堵冷漠态度的墙壁，使尼古拉和其他学生树立起能够学好俄语的信心。

教师给这4名成绩不及格学生布置了一项作业：每天抄写高尔基的长篇小说《母亲》中的一页，并根据有关的规则分析和解释每一个词的正字法。只有耐心细致地完成这项作业，才有可能取得好的结果。学生们对这项作业很感兴趣，因为它不同于平时完成的那些练习。他们感到，老师对这项新式作业寄予很大的希望，相信学生的读写水平一定能够提高。这就给学生增添了力量，只过了一个半月的时间，就看出了初步的成绩。尼古拉和其余3名俄语成绩不及格的学生，在小说原文里发现了他们前几年一直写错（犯有严重语法错误）的词。学生们现在也开始仔细地阅读其他文学作品，在里面寻找能够说明学过的语法规则的词。他们按照教师的建议，开始使用正字法词汇本。在这些词汇本里，在每一条语法规则下面都留出相应的一栏。他们把所有在正字法上比较难的词都抄到词汇本里。这样，所有成绩不及格学生终于都在俄语默写方面取得了满意的分数。这一点更加鼓舞了他们，增强了他们的信心。

这些成绩不仅对"差生"本人，而且对班上其余的学生都产生了巨大影响。大家都看到4位同学由于付出努力而取得了一定的成绩，深信每一个人都能够要求自己学得更好。终于在班集体里建立起一种努力学习的气氛，否则就谈不到全班的进步。这种努力学习的气氛是整个学生集体的一种重要的情绪状态，使他们对今后顺利地完成学习任务有了信心。

创造这种"成功的预感"，是教师在培养学生持久的学习愿望上的一项最重要的任务。

我们认为，强烈的学习愿望就是学生在掌握知识或完成实际作业的每一具体阶段上、在克服困难的过程中体验到道义上的满足的一种状态。只有在被一种远大而崇高的目标鼓舞的学生集体里，才能体验到这种道义上的满足。那4个学生在学习没有取得任何成绩以前，在集体里总是感到很不自在；集体即使对他们给以同情，但也没法替他们去学习。而当这 4 个学生取得了初步的成绩以后，集体就会认为让落后的同学进一步提高学业成绩是自己的目标了。这样就树立了集体关注同学的学业成绩提高的责任心和学生在集体面前的荣誉感。

取得更好的学业成绩这一崇高目标，还要以对学习本身的尊重来支撑。我们对几个以前学业落后的学生的学习情况进行的仔细观察已经表明：他们现在开始体验到由自己的学习活动带来的欢乐。在教师向全班布置一道新的作文题后，这几个学生已经不像从前那样感到毫无希望而内心压抑了。相反地，他们感到紧张而兴奋，这种兴奋也传导给了全班学生。那些在俄语作业完成上总是得"三分"的学生，也被一种希望得到更好成绩的心情鼓舞起来。

现在，教师的任务就是善于把整个学生集体保持在这种紧张的状态里，并赋予这种紧张以积极的性质。这时就需要更明确地向学生指出他们应当努力去达到的目标。我们对学生完成课堂作业的情况进行的观察表明，学生着手完成作业时那种兴奋而紧张的心情，之所以是积极因素，是因为学生不再像以前那样因冷漠对待学习而感到一筹莫展了。我们对尼古拉这个长期被认为是学业落后且无可救药的学生进行观察，发现在他身上一种活跃的情绪取代了以前那种一筹莫展、满不在乎的态度，这种活跃的情绪说明他完成一项重要作业所需要的智力已经到位。以前，课开始 15—20 分钟后，尼古拉就不能集中精力去学习了，而现在只要上课铃一响，他就能立即进入学习状态。其余的八年级学生也是同样聚精会神地学习着。于是，学习愿望变成一种对促使学生动员全部精力起着积极作用的情感。作业结束后，已经看不到学生交上练习簿时那种沮丧的表情。相反地，他们在课间休息时热烈地讨论自己的作业，没有一个学生表现出失望和对成绩缺乏信心的情绪。尼古拉写的作文得了"三分"，因为有 4 处正字法错误和两处修辞错误。他马上把这些写错的词抄到自己的正字法词汇本里。后来，尼古拉也写过几篇不及格的作文。但是现在，这种暂时的失败已经不会使他感到沮丧和失去信心；相反地，激励着他去克服困难。教师指点他，哪些规则应当特别加以注意。尼古拉也能细心地完成训练性练习了。

为了培养学生学习并取得更好成绩的持久而稳固的愿望，教师在课堂上创造一种精神振奋、生气勃勃的"情调"具有重大的意义。常有这样的情况，就是从教学法理论来看，教师的课没有任何可以指责的地方，但是教师讲解教材时那种漫无目的、有气无力的口气使得学生无精打采。教师对教材的冷淡态度马上传导给了学生，于是教材似乎成了立在师生之间的一道壁障。对"课的情调"这个难以捉摸、难下定义的概念，我们日常生活中用"课上得没劲"这一类话来表达，但是我们并没有力图去找出可以解释它的原因。在这种课上，学生没有感到紧张学习后健康的疲劳。但是儿童在枯燥乏味的课上所感到的疲劳往往大于他们在内容丰富的学习紧张的课上所感到的疲劳。我们每年都要分析本校教师的四百多节课。这项工作使我们得出这样的结论：当教师不是以学生的眼光来看自己所讲的话，不考虑自己的话应当在学生身上引起什么样的情绪的时候，这种课往往就会上得枯燥乏味、毫无生气。这种课从来不会引起儿童良好的情绪感受，儿童总觉得课上得太久，只有课间休息的铃声才能为他们带来几分活跃的气氛。在这种课上是无法培养学生的学习愿望的，因此，除了所有教学法要求之外，应当对课堂教学补充一条很重要的要求：课堂教学应当引起学生良好的情绪感受，即从学习中得到的满足感、从掌握新知识的紧张学习中得到健康的疲劳感。我们在分析和评价教师的每一节课时，总是详细地研究：在这节课上，掌握知识的过程是否积极，教师是否引起了全班学生的兴趣。用这种理论来分析课，能够对个别教师和整个教师集体试图在课堂上培养学生的持久而牢固的学习愿望有所帮助。

我们还把培养学生的学习愿望的问题跟学生的意志密切地联系起来。学生努力地好好学习，不是为了满足个人的虚荣心和只顾自己的面子。激励学生去学习的基本动机应当是这几点：自觉的学习态度，作为共产主义社会建设者为开展未来活动提前做准备，集体的荣誉感，班级、学校的荣誉感。

培养严肃的学习愿望，也是思想教育、共产主义道德教育最重要的组成部分之一。明确认识学习的目的和达到此目的的手段，能够使学习愿望变得更有效、更主动。早在中学期间，每一个男女青年就应当形成自己要达到某种生活目标的愿望。而我们教师的任务就是帮助每一个学生选定自己的目标并付诸实施，也就是说，这个目标要提得切合实际。

强烈的学习愿望、明确的学习目的，是学生学习最重要的动因。培养这种愿望的工作，是跟学校全部教学和教育工作的安排紧密联系的，并且首先是在课堂教学中实现的。培养学生的学习愿望，有助于巩固学生集体，加强集体主义情感，促进互相帮助的志趣。每一个教师集体的任务，就是千方百计地培养这种情感，并把它引导到正确的道路上去。进一步提高学生的知识质量，提高学校教学和教育工作的思想水平，其保障正在于此。

54

怎样使小学生愿意学习

为了使学生在智力和精神上得到成长，就必须使他有渴求和掌握知识的愿望。多年的教育工作经验使我深信，儿童的学习愿望是一些细小的源泉，它们能汇合成"教学和教育统一"的大河。怎样才能发掘这些源泉呢？怎样才能使它们不致淤塞呢？怎样才能防止儿童对学习漠不关心呢？遗憾的是，教师经常会遇到这种令人忧虑的现象：儿童带着渴求知识的火花入学，但是这点火花很快就熄灭了，学习上最凶恶、最可怕的敌人——儿童对学习的冷淡态度产生了。

或者可以这样说：怎样安排班级和学校的全部教学和教育工作，才能使儿童希望今天的自己在精神上变得比昨天更丰富，在智力上变得比昨天更聪明，使他感觉和体验到自己在智力上和思想上的成长，为此而自豪，使这些情感成为激发儿童去克服困难的动力呢？要知道，儿童想要好好学习的愿望，是跟他乐观地感知世界（认识周围世界，特别是自我认知）不可分割的。很明显，如果儿童对学习没有一种基于欢乐的喜爱，不愿付出紧张的精神努力去发现真理，未曾在真理面前感到激动和惊奇，那么他是谈不上热爱科学、热爱知识的。

为了使儿童具有强烈的学习兴趣，就必须使他拥有丰富多彩、引人入胜的智力生活。我们应当经常关心的是：在儿童跨进校门以后，不要把他的思维套进黑板和识字课本的框框里，不要让教室的四堵墙把他跟气象万千的世界隔绝开，因为在世界的奥秘中包含着取之不竭的思维和创造的源泉。换句话说，就是让儿童高高兴兴地学习，无论如何不能用学校常用的方法来限制儿童的智力生活，即一味地要求他识记、背诵和为了应付教师的检查而把知识再现出来。

顺便说明一下，我不希望给读者留下这样的印象，好像本人对识记和背诵抱着轻视的态度。不，排除识记和背诵的目标，教学进步和智力发展就是不可想象的。但是，如果教师把教学变成单纯的记忆活动，那么教学就会失去明确的目标。只有在把记忆活动和思维活动结合起来，对周围世界的现象和规律进行深入思考的时候，学生的智力才可能真正得到发展。

　　要使小学生的智力生活丰富多彩，就必须使学生在智力活动中思考和记忆保持协调。尊敬的同行们，让我们一起来关心这件事：在小学里，首先要使儿童善于思考，积极主动地去获取知识，寻根究底地去探索真理，在认知的世界里去漫游。只有这样，他才能成为一个好学生。

　　我想介绍我校低年级教师取得的一些经验。在我们学校，对儿童的教学是从他们入学前一年开始的。儿童们生活在一个对他们来说十分有趣的思考的世界里。我们对这些学前儿童开展一种被称为"思维课"的特别活动。①用形象的话来说，就是到思维的源泉那儿去旅行。我们带领孩子们到花园、树林、湖岸去，在他们面前展示各种事物、现象、关系和依存性的极其多样的细微差别和各个方面。由于看见世界，一个人就不会成为消极的观察者，而是成为真理的发现者，由此便产生了活的思想。我们认为，只有在我们教会自己的学生积极地看见世界的情况下，才能防止儿童眼睛里那种好奇的火花熄灭下去。亚里士多德曾经指出：思维是从惊奇开始的。大家知道，儿童对从周围世界里以及日后从他本身里所揭示出来的东西的强烈兴趣，是他渴望知识、追求认识真理的志向的源泉。譬如，儿童用自己的智慧懂得了这样一条引人入胜的真理：太阳是生命的源泉；不管生命是以怎样的形式表现出来的，只有阳光才能使它苏醒。这一真理在孩子们的内心引起很大的激动。在孩子们面前，产生了各种猜测，出现了各种各样的联系和关系，虽然他们还不理解这些联系和关系的实质，但是他们很想去理解它。当儿童用自己的智慧把握住一个真理以后，他就借助它去解释许多新的现象。但是，儿童理解了的东西越多，也就会产生更多不理解的东西，于是他就会更加积极地思考，对知识的追求就更加迫切。这种精神状态，能使儿童的智力对一切必须识记的东西具有特殊的敏感性。一个人勤于思考，能靠自己的努力去发现真理，也就会以巨大的积极性和强烈的兴趣去感知和识记。

　　为了创造学生在智力活动中思考和记忆相互协调的环境，需要到自然界里去上一系列"思维课"（从预备班到四年级末，共 5 年）。这一套"思维课"是我们训练思维的学校，没有它，我们就很难设想，在小学的所有课堂上及以后的教学和智力发展各阶段会有完满而有效的脑力劳动。这种训练思维的

①　见《"思维课"——到自然界去"旅行"》。——译注

学校，是发展创造性智力的基础。我校低年级的全体教师认为，"思维课"的教育意义，首先在于它能使知识得到不断的运用。要培养儿童的学习愿望，就不要让儿童在小学里掌握的知识成为死的堆积物，不要把它们堆放在儿童的头脑里，仅仅为了教师在一定的时间从这个"堆栈"里取出来检查一下。所谓发展智力，就是使知识处于运动之中，处于运用之中。充满乐观情绪的自我认知是儿童渴求知识的前提条件。要培养这种乐观的自我认知，就要使儿童通过亲身体验认识到：知识能变成他思维和劳动的工具，他可以通过运用知识来表现自己的智慧，表现自己的为人。在思维课上进行着一种复杂的过程，就是个性在创造性思维中，在对待周围世界的现象的态度中，在解释和深刻理解这些现象中进行自我表现的过程中。正是在这里，只有儿童好钻研的智慧与直接接触到的周围世界的现象之间、人的劳动与世界之间产生了极其微妙的相互关系，才能激发和表现出儿童积极的智力；正是在这里，他才第一次感到自己是知识的主人，才能学会珍视信念，因为靠自己的努力得来的东西是特别宝贵的。

我们深信，由于上了"思维课"，学生变得善于思考了。当然，这种"思维课"并不是什么万能的东西，也不是培养智力和学习愿望的唯一手段。但是，考虑到儿童的感知和思维的年龄特点，这可能是形成学生对脑力劳动和对自己本身的观点和态度的最恰当手段。而最主要的是：早在学龄初期，就要使一个人自觉地珍视他的善于思考的个性。离开这一点，那么就根本谈不上有自觉地掌握知识的志向。

一个年龄幼小的人，由于经常不断地亲身感觉和体验到运用知识的欢乐，感觉和体验到自己是知识的主人的自豪，他就会把这种对待周围世界的态度迁移到自己身上和书籍上。我们教会儿童观察自然界，是为了教会他读书。而要把学生培养成为一个爱钻研、会思考的读者，并不是那么简单的。这跟仅仅教会学生流畅地朗读并不是一码事儿。只有当儿童把阅读书籍当作智力生活中的享受时，他的学习愿望才能确立起来。然而，许多学校的一个最大的弊病，正在于精神生活中缺乏书籍。有许许多多这样的学校，那里图书馆的书架上，正好没有供学龄初期儿童阅读的书籍。我们提倡阅读，并不单单是为了让儿童找点可做的事情，而是为了让他生活在书籍的世界里。

现在，书籍正面临着跟其他的信息来源（电影、电视、录音带等）进行竞争的局面。因此，即使在那些有好书供学生阅读的地方，书籍经常只是被摆在书架上，成为"沉睡的巨人"。

我们认为，教育者的一项重要任务，就是在这场竞争中，要使书籍始终成为胜利者。只有当书籍成为学龄初期儿童的精神需要中最具吸引力的事物时，儿童才会产生学习愿望，这种愿望才能确立起来。学生在读些什么？是怎么读的？读后在他们的精神生活中留下什么痕迹？这是十分重要的问题。

我们不准备就课外阅读的内容提出广泛的建议。一个深思熟悉的教师，从他开始儿童工作的最初几天起，就在周密地考虑：在小学期间，应当让每一个学生阅读（和反复地阅读）哪些书？当然，图书馆里一定要备有这些书。不如此，学校就会从智力文明的策源地变成死记硬背占统治地位的场所。课外阅读，用形象的话来说，既是思考的大船借以航行的帆，也是鼓帆前进的风。没有阅读，就既没有帆，也没有风。阅读就是独立地在知识的海洋里航行。我们的任务，就是让每一个学生体验到这种航行的幸福，感到自己是一个敢于独自闯进人类智慧的无际海洋的勇士。

在小学里，独立阅读在学生的智力、道德和审美等的发展中起着特殊的作用。独立阅读在学生的精神生活中占有何种地位也影响着他的学习态度。我们力求使每一个学生在童年时期就阅读一些关于自然界、关于民族的辉煌历史、关于伟大卫国战争时期人民为祖国的自由和独立而斗争的事迹以及关于文化、科学、教育的优秀作品。我们在几十年时间内编订了一个"童年阅读书目"，里面有每一个学生在小学期间应当阅读的 250 种书的名称。我们仔细地为这个书目挑选图书，所选的书籍一定要有很高的艺术价值和认识价值。这些书籍将作为宝贵的财富进入学生的精神生活。在这些图书中，关于英雄人物的书籍占有特别重要的地位，这些英雄人物成为孩子们模仿的榜样。真正的教育始于自我教育，而自我教育则始于儿童对人的道德高尚和伟大的向往。

如果一个人在童年时期没有体验过面对书籍思考而激动的欢乐，那就很难设想他会有完满的教育。阅读之所以能成为一种强大的教育力量，是因为人在赞赏英雄人物的道德美并努力进行模仿的时候会联想到自己，用一定的道德尺度来评价自己的行为和自己的为人。阅读和面对书籍思考，应成为学生的一种智力需要。这一点对于培养思维素养也是极其重要的。没有思维素养，也就不可能有对学习的渴求和不断掌握新知识的愿望。

通过阅读而激发起来的思维，好比是整理得很好的土地，只要把知识的种子撒上去，就会发芽成长，取得收成。由于能对书籍进行思考，学生就更容易掌握大纲规定的教材。学生对书籍的思考越多，他的内心中由书籍而激发的喜爱感越强烈，他学习起来就越容易。

思想好比火星：一颗火星会点燃另一颗火星。一位深思熟虑的教师和班主任，总是力求在集体中创造一种热爱科学和渴求知识的气氛，使智力倾向成为一些线索，以其真挚的、复杂的关系——思维的相互关系把一个个的学生连接起来。早在小学的时候，就要设法使儿童不仅自己热爱学习，而且把自己对知识的热爱转移给同学们，使这种智力情感激励别的学生。建立在思维基础上的儿童之间的相互关系，不应当仅仅局限在课堂上。有经验的教师们都时常跟儿童进行一些关于书籍和创作的谈话。让儿童给同学们讲述一些使他感到激动的事情，会使他要在智力上变得更丰富的志向确立起来；他给别人讲述的思想越多，他自己就会变得越丰富。

创作活动对于建立一个完善的儿童集体具有重要的意义。这里首先是指语言的创作。我们学校低年级的每一位教师都经常举行儿童创作晨会。儿童在会上朗读自己写的故事和诗歌。这基本上就是让儿童用艺术的形式，把自己看到的，以及感到有趣、惊奇和激动的事物表达出来。思维的火花在于它的情感色彩。使一个人感到激动的事，也会使其他人感到激动。例如，一个学生向同学们朗读他写的一篇关于冬天早晨的作文。他是观察了自然界的现象，为赞叹它的美而写出这篇作文的。孩子们听着他的朗读，就能体验到对思考的迷恋。于是，每一个人都想在创作上尝试一下自己的力量。

可能有人会问，如果儿童还达不到这样的创作水平，即一个学生的思想还不能感染别的学生，它的美还不足以激起别人的创作愿望，那该怎么办呢？根据我的亲身经验，在这种情况下，教师就要出来提倡，点亮第一颗火花。我自己写一篇关于使我激动、入迷的事物的作文，把自己的思想传达给孩子们，在他们的智慧和心灵中激发所需要的意向。

创作是独立思维的一个阶段，在这个阶段上，儿童认识到自己思考的欢乐，体验到一个创作者精神上的满足。让每一个学生都做到这一点是多么重要啊！没有智育就不可设想会有完满的教学，而智育正在于使儿童用语言进行创作时，感到自己是一个作者，为把生活、自然界、人与人的关系的美变成思想美而感到由衷的喜悦。

学习愿望是一种精细而淘气的东西。形象地说，它是一枝娇嫩的花朵，有千万条细小的根须在潮湿的土壤里不知疲倦地工作着，为它提供滋养。我们看不见这些根须，但是我们悉心地保护它们，因为我们知道，没有它们，生命和美就会凋谢。

求知欲是由儿童自愿、虽不轻松然而快乐地、劳动所创造的千万条根须夜以继日、不知疲劳地工作来滋养的。然而只有在使力量的付出跟儿童的自尊感密不可分的时候，他的劳动才能成为快乐的、诱人的、自愿的劳动。必须使儿童感到自己是一个劳动者，使他为自己的努力所达到的劳动成果而感到自豪。培养自豪感也就意味着在儿童心灵中树立一种要成为思考者的愿望。这是整部教育学中最微妙的领域之一。没有由脑力劳动激发起来的自豪感，也就没有教学过程中的教育，也就谈不上教学与教育的统一。

为了使我们的孩子始终感到对知识的渴求，为了使学习愿望成为他们并不轻松的脑力劳动的主要动力，我们必须关心整个学校教学的这一最重要的前提条件：儿童的脑力劳动对象既是可以理解的，同时也应当有适当的难度。只有在脑力劳动对儿童的力量进行一定的考验的情况下，才能培养儿童具有一个"思考的劳动者"的自尊感。儿童胜利地经受了这种考验，怀着自豪而欢乐的心情回顾走过的道路，能够对自己说："这是我找到的，这是我发现的。"

让我们举例说明我们是怎样树立这种思考的劳动者的自尊感的。我们给二年级学生读了一道应用题："建成了每幢有 9 套住宅的房屋 4 幢和每幢有 4 套住宅的房屋 9 幢。已有 1/9 的住宅里住了人，问还剩下几套住宅没有住人？"我们已经训练了孩子们，对于这样难度的应用题，在二年级一般地都采用口头解答。课堂上笼罩着一种集中精力进行思考的气氛。孩子们要先记住已知数（条件），理解它们之间的依存关系，然后开始计算。

在应用题没有解答出来以前，孩子们是不动笔的。只有作业都完成以后，他们才把答案写在一张小纸上。教师在课桌当中走着，看见有谁已经做完了作业，就给那些思维最敏捷的学生再发一张卡片，上面布置了更难一些的新题目。在我们把应用题读过后，只经过五六分钟，有几个孩子的眼睛里就闪耀着快乐的火花：得到了正确的答案。由于受到成功的鼓舞，这些孩子很乐意再做更难的题目。我们看到，又有一批批孩子的眼睛里露出快乐的光芒。可是班里有一个差生尤拉，学习很差。我们专门为他把题目重读一遍。我们看到，这孩子是多么艰难但终于弄懂了各个已知数之间的依存关系。尤拉虽然只是理解了应用题，但他也为此感到高兴。我们也应当善于对儿童思考的这一点胜利给予评价。尤拉在我们的帮助下，一次又一次地重复读着那些已知数。我们知道尤拉的记忆力很差。这孩子单是思考应用题的条件就花了十来分钟。对他来说，这一点非常重要。接着他转入计算。我们又一次跟他把应用题的已知数重复一遍。计算正在正确地进行，孩子感到高兴，我们也跟他一起感到高兴。但是突然又出现了困难：他又忘记什么已知数了。孩子付出那么大的劳动而构筑的房屋又倒塌了。我们又跟尤拉一起重复应用题的条件，这孩子又抓住了原来断了的思路。当作业几乎进行到底的时候，他又把什么东西忘记了。我们还是耐心地给他解释几遍，让他再进行思考。

终于，尤拉把答案写在纸上了。孩子为他的成功而欢欣鼓舞。在他的精神上，有一种难以表达的欢乐：这胜利是他经过艰苦努力而得来的！正是这种发现的欢乐，这种靠自己的努力而完成作业的欢乐，才是人的自尊感的源泉。这是一种强大的教育力量，它能在儿童的心灵中激发出新的思考的能源。我们要珍惜这种力量，我们要千万谨慎地防止出现儿童的脑力劳动得不到任何结果的现象。一个孩子，只要在两三个月里看不到自己脑力劳动的成果，他的学习愿望就会消失，因为实际上劳动本身也不存在了。儿童学习愿望的源泉，就在于进行紧张的智力活动并体验到取得胜利的欢乐。

在有经验的教师的教育实验中，最困难、最复杂的问题是如何使最差的学生也能看到自己的劳动成果，并体验到思考的劳动者的自豪感。有时候，要把一个孩子引到一个胜利的高处，像我们引导尤拉那样，需要花费一星期、两星期甚至更多的时间。是的，我们的工作就是要求有巨大的耐心和对儿童的创造力充满信心。

逐步使儿童养成从事紧张的
创造性脑力劳动的习惯

很重要的一点是：入学以前，儿童处在大自然、游戏、美、音乐、幻想、创造的一个迷人世界的包围之中。当他们入学以后，我们切不可总是把他们关在教室里，跟那个世界相隔绝。在学校生活的最初几个月和头几年里，学习不应当变成学生活动的单一项目。只有当教师把儿童以前有过的那些欢乐慷慨地向他们敞开的时候，儿童才能热爱学校。当然，这并不是说：要使学习迁就玩乐，故意把学习变得很轻松；而是只要儿童不感到学习枯燥就行了。应当逐步地训练儿童去从事人生最主要的事业——严肃的、刻苦而持久的劳动，这种劳动不进行紧张的思考是不可能的。

我认为，重要的教育任务在于渐渐地使儿童养成从事紧张的、创造性的脑力劳动的习惯。儿童应当学会在某一特定的时间摆脱周围的一切，以便集中精力去达到教师或他自己所提出的目标。要努力做到使儿童养成这种专心致志的习惯。只有在这样的条件下，脑力劳动才可能成为儿童喜爱的事情。

小学的任务就是逐渐地使儿童养成不仅通过体力劳动而且通过脑力劳动克服困难的习惯。应当使儿童懂得脑力劳动真正的本质，那就是：要努力地开动脑筋，深入地钻到事物、事实、现象的各种各样的复杂而微妙的关系、细节和矛盾中去。无论如何不要让学生感到一切都轻而易举，不知道什么叫困难。在掌握知识的过程中，儿童要同时培养脑力劳动的素养和自律。智育是精神生活的领域之一，在这个领域里，教育者的作用是跟受教育者的自我教育有机地融合在一起的。意志的培养，就是从向自己提出目标、集中智慧去思考和理解以及进行自我监督开始的。我认为，重要的教育任务就在于：要在脑力劳动中使学生感到什么叫困难。

儿童如果在学习中感到一切都很容易，那么渐渐地就会养成懒于思考的习惯。这会使人坠入歧途，使他形成对待生活的轻浮态度。说来也很奇怪，如果学习过程不能在儿童面前设置一些能够克服的困难，那么，这种懒于思考的习惯倒是多半先在那些能力突出的学生身上滋长起来。而且，懒于思考的习惯又多半在低年级就养成了：能力突出的儿童很轻易地掌握了对其他儿童来说要付出一定的紧张的脑力劳动才能得到的东西之后，他实际上就无事可干了。不要让学生无所事事，这也是一项特殊的教育任务。

逐渐地训练刚入学的儿童习惯在教室里上课，这是进行完满的劳动教育、德育、体育和智育的必要条件。在教室里上课是从事脑力劳动最有利的环境，但是应当逐渐地训练儿童习惯于这种环境。对低年级学生教学的特点也体现于此。如果一开学就马上强制他们每天在教室里学习 4 个小时，那么这种在将来对他们从事脑力劳动很有利的环境，反而会损害儿童的健康。在开学后的最初几周里，我逐渐地引导孩子们进入新的生活。在九月里，我们每天待在教室里的时间不超过 40 分钟，十月里不超过 2 个小时。这些时间是用来学习识字和算术的。其余的 2 个小时，我们都在户外度过。孩子们急不可耐地期待着"真正的上课"——他们是这样称呼在教室里学习的。我很高兴看到孩子们有这种愿望，同时在心里自言自语："孩子们啊，你们哪里知道，此刻跟你们同龄的孩子，正在气闷的教室里累得精疲力竭，一心盼望着下课铃声响呢……"

在教室里，我们读识字课本，画圈圈和杠杠，学写字母，自编和解答应用题——这一切都是逐渐地渗入孩子们多方面的精神生活的，不会因其形式单调而使他们感到疲倦。我们不是按照识字课本把同一样东西连续读许多遍；既然孩子们把字母都学会了，我就用多种多样的积极活动方式训练他们的阅读技巧。孩子们口编关于自然界的"小作文"，并把它们写下来（这种"小作文"，就是写一两句话，如在参观果园后，学生写道："苹果重重的，垂向地面。""绿叶中间挂着红红的苹果。""春天开的是白花，秋天长成了金黄色的苹果。"）。这样做，大大促进了孩子们阅读能力的发展，要比照着识字课本把同一篇课文读许多遍好多了。

在课堂上使学习的形式多样化，可以说是教育学上的"窍门"之一。经验证明，在一年级刚开学的时候，不应当有"纯粹的"阅读课、写字课或算术课。形式单调会使儿童很快就感到疲劳。当儿童刚刚开始感到疲劳的时候，我就马上变换作业形式。图画是使作业多样化的有力手段。譬如，我看到阅读开始使儿童疲倦了，我就说："孩子们，打开图画册，让我们把刚才读过的童话故事画出来。"于是，刚刚流露出来的疲劳征兆消失了，孩子们眼睛里发出欢乐的光芒，单调的活动被创造性活动取代了……在算术课上也有类似的情况：当我觉察出孩子们理解应用题的条件有困难时，我就求助于这种创造性的劳动——画图。孩子们把应用题再读一遍，然后把它"画"出来。在这以前那些似乎莫名其妙的依存关系，变得容易理解了。听讲听得太久也会使儿童疲劳。我一发现孩子们的目光有些黯淡，就赶紧把讲述的东西来个"收场"，不再继续下去，而开始让他们画图。

我们每星期出去参观或旅行一次，在参观时编写带图画的小作文。孩子们把个人的见闻和感受画下来，在画的下面写上一两句话，这就是"带图画的小作文"。孩子们在教室里读这些小作文，这样做给了他们很大的满足感。编写小作文是一种训练儿童在将来从事持久的、紧张的脑力劳动的极好手段。早在一年级，特别是在二年级，我就力求给每个学生布置个别作业，希望他把作业做到底。这一点对于培养脑力劳动的纪律非常重要。

放学以后，孩子们回家休息。无论采取什么样的措施来防止儿童在上课时过分疲劳，但他们在上完课以后毕竟还是很累的，所以一定要让他们休息。多年的经验使我深信：一般来说，在下半天，不应当让学生再从事跟学校里同样紧张的脑力劳动，特别是不能允许学龄初期的儿童负担过重。如果在学校里从事了三四个小时的脑力劳动以后，在家里还强迫儿童再像学校里那样紧张地用脑，那么儿童很快就会被搞得精疲力竭了。

当然不布置家庭作业也不行。应当教会儿童积极用脑和集中注意力。但是这一点应当首先在课堂上来做，逐步地训练学生养成独立从事脑力劳动的习惯。要儿童学会集中注意力、专心致志地听讲是很不容易的。有经验的教师能够"拴住"儿童的注意力，吸引他们听自己的讲述、讲解和叙述，但他们不是靠采取什么特别的措施，而是靠讲课的内容。在学龄初期组织学生的脑力劳动的技巧，就在于当儿童的注意力集中于听讲、记忆和思考的时候，使他们觉得自己没有用力、强制自己的注意力集中于听讲、记忆和思考。如果教师能做到这一点，那么儿童会把所有引起兴趣的特别是引起惊奇的东西，都保持在记忆里。为什么我班上的孩子们能这么容易地记住字母，学会读和写呢？因为我没有在他们面前提出一定要做到这一点的目标。因为每一个字母对儿童来说，都是一种引起惊奇感的鲜明形象的体现。假如我每天都给予学前儿童"一份知识"——指给他一个字母并要求他记住，那是不会有任何收效的。当然，这并不是说要在儿童面前把目标隐藏起来。在教导他们的时候，要使他们觉察不出你的目的，这样能够减轻脑力劳动强度。而做到这一点，却远不是像乍看起来那么容易的。在学龄初期这个阶段，特别是在一年级，儿童确实是难以做到专心致志的。教师应当去把握儿童的注意力，去利用心理学上所说的不随意注意的方法。

有些教师认为，能在课堂上造成一种使儿童"经常处于智力紧张状态的气氛"，就是自己的成功。初看起来，他们采用的那些方法能够造成一种学生进行积极的脑力劳动的假象：作业的形式像万花筒似的不停地变换花样，儿童注意力集中地听着教师的每一句话，教室里笼罩着一片紧张的寂静。但是，这一切付出了多么大的代价，而所得到的结果又是如何呢？不断地使足力气来集中注意力，不让任何一点东西忽略过去，而这个年龄期的儿童还不

▲ 认真注视前方，发现其中的变化

善于约束自己的注意力，其结果只能是使儿童精疲力竭，使神经易于激动，导致整个神经系统过于疲劳。所谓"在课堂上不浪费一分钟""没有一时一刻不在进行积极的脑力劳动"——可能在教育人这件精雕细刻的工作中，再没有比这种做法更为有害的了。教师如果在工作中抱定那样的宗旨，那意味着简直要把儿童的精力全部榨出来。在上完这种"高效率的"课以后，儿童回到家里因为疲惫不堪，很容易激动和发怒。本该让他好好地休息，可是还有许多家庭作业等待着他。儿童只要朝那装着课本和练习本的书包望上一眼，

就感到厌恶。

难怪学校里常常发生违反纪律的现象，它表现为学生对教师和同学态度粗暴，无礼地对待别人所提的意见，结果引起许多冲突。因为儿童的神经在课堂上已经紧张到了极点，再说教师也并不是电子计算机。所以并不奇怪，儿童在放学回家后常常心情郁闷，不愿说话，对一切都冷漠，或者相反，处于一种病态的极易发怒的状态。

不，绝不能用这样的代价来达到使儿童集中注意力、专心听讲和积极用脑。应当不断地使儿童的精力得到补给。这种补给的源泉就是：去观察周围世界的事物和现象，到大自然中去活动，读一些有趣的书（这里所说的读书，是出于儿童求知欲，而不是因为害怕老师提问），开展参观旅行等。学习应当跟多方面的智力活动和体力活动密切结合起来，使这些活动激发起儿童鲜明、动人的情感，使周围世界像一部有趣的书，诱使儿童情愿去读这部书。除了到自然界去旅行和游戏以外，体力劳动能为儿童的智力和体力的发展提供广阔的天地。经验证明，对小孩来说，体力劳动不仅能获得一定的技能和技巧，能进行道德教育，而且还是一个广阔无垠的、惊人丰富的思想世界。这个世界能激发儿童道德、智力、审美等的情感。如果没有这些情感，那么认识世界（包括学习）就是不可能的。正是在体力劳动中，学生的极重要的智慧品质：好奇心、钻研精神、思考的灵活性、鲜明的想象力等不断被激发、得到训练而形成。学校的极为重要的任务之一，就是教会学生运用知识。正是在低年级，由于对学生脑力劳动的定性偏重于掌握越来越多的技能和技巧，才产生了把知识变成僵死的负担的危险性。如果只是掌握了这些技能和技巧，而不把它们运用于实践，那么学习就会渐渐地离开儿童的精神生活，跟他们的兴趣和爱好脱离开。为了防止这种现象的发生，教师就要设法使每一个儿童创造性地运用自己的技能和技巧。如果用思考、情感、创造、游戏的光芒来照亮儿童的学习，那么对儿童来说，学习可以成为一件有趣的、引人入胜的事情。

56

让孩子们心里的诗的琴弦响起来

不久前，到我们这里来参观的一位基洛夫格勒州的女教师抱怨说："我真不懂，孩子们上学以后，在他们身上发生着什么变化。孩子来的时候，既聪明伶俐，又勤思好问。可是你瞧，到了五年级，他已经是个平平常常的学生，而到了六年级，他就不想学习并且掉进不及格学生的行列里去了……怎么来解释这种现象呢？"

的确如此。为什么许多学生学得不好呢？为什么八年级学生，对一个需要稍加思考的基础性问题，往往不能独立地进行分析呢？按所谓教学论的道理来说应当是这样的：学生掌握的知识越多，他获取新知识就应当越容易。可是事实却完全相反：学生掌握的知识越多，他往后的学习反而越艰难。为什么会发生这种情况呢？为什么许多少年在八年级毕业以后不想再学下去（他们说，学习太困难了）呢？

我坚定地认为，现代学校的整个教学体系有着非常严重的缺陷：没有安排足够的智力训练，也就是说，没有专门开展足够的工作来发展学生的能力。学生日复一日、年复一年地重复着别人的思想，却没有表达自己的思想。向他们提出的唯一的任务就是识记、保持、再现。像我们现在所做的那样，把学校的语文教学仅仅归结为死抠语法。这是很荒谬的。要知道，儿童早在知道世界上还存在语法这个东西以前，就已经能理解本民族语言的极其细腻的情感色彩了。因此，学校的首要任务就是教会学生善于思考和善于说话。有经验的教师们都确信：许多学生之所以连语法都没学好，正是因为词并没有成为智力发展的手段。

我在学校里工作了 33 年，形成一个信念：必须把儿童的生动词语和儿童的创造作为教学体系的基础。不要重复别人的思想，而要创造自己的思想。我曾有幸（是的，这是真正的幸福）把一个班从预备班一直带到十年级，领着他们走过一条完整的认知途径。我相信：要使儿童的求知欲、好奇心、活跃的智慧和鲜明的想象不仅不熄灭而且得到发展，那么上那种我所说的"思维课"是很有必要的。

　　我让我未来的学生——6岁的学前儿童每星期到学校来两次。我带领他们到果园、树林、河岸边和田野里去。我们的"课本"就是我们周围的世界，就是太阳、树木、花朵、云彩、蝴蝶、各种颜色和声音——自然界的各种各样的复杂的音乐。我们每出去参观一次，就把这大自然的书读上一页。譬如，这些书页的名称有：自然界里的生物和非生物，水里和陆地上的生命，穗子和种子，自然界在春天的苏醒，秋天的最早的象征，蚂蚁的生活，天空的云雀……

　　儿童学习发现并且通过亲身体验去认识事物跟词之间的深刻的联系。在这种"思维课"上所取得的效果，是任何书本和任何课程都无法给予的：孩子们不仅是用智慧，而且是用整个心灵去感知周围世界的。他们深刻地感觉到词的情感色彩。词好比是一点火花，可以点燃思维的火药。在思维课上，孩子们不仅是听，而且是用感官去感知这些词语，如闪烁的群星、柔和的风。这些词语的声音，在孩子们的意识里永远地跟鲜明的、难忘的、激动人心的画面结合起来了，成了他们意识中带有深刻个性的东西。

　　每一个孩子就其天性来说都是诗人，但是，要让他心里的诗的琴弦响起来，要开掘他的创作源泉，就必须教会他观察和发觉各种事物和现象之间的众多关系。譬如眼前是一棵繁花盛开的树，儿童看到的是闪耀着阳光的光点、雪白的花瓣、忙碌的蜜蜂、颤动的树枝和悠闲的小蝴蝶。我给孩子们指出这些事物之间的几十种相互联系，于是激发起他们自己的、活生生的思想来，孩子们就编起各种故事来了。儿童只能在亲眼看见的那些事物之间找到成千上万种的联系——也就是说，关于开花的苹果树和春天的太阳、关于蜜蜂和树枝、关于小蝴蝶，儿童可以编出成千上万个故事，而且每一个故事都有它独特的情节。

　　下面就是我的学生在"思维课"上编出的几个故事。在我们学校里，从预备班开始一直到七年级，都在上这种课。

花瓣儿和花朵（三年级丹尼娅作）

　　一朵白色的大丽花开放了。蜜蜂在它的上面飞舞，采蜜。
　　这朵花有42片花瓣儿，有一片花瓣儿骄傲起来了：
　　"我是最美丽的。没有我，花朵就不会开放。我是最主要的，要是我离开这儿走掉，会发生什么景象呢？"

花瓣儿一使劲，挣脱了花朵，跳到地上。它落在玫瑰花丛中，等着瞧花朵会怎么样。

可是花朵像什么事也没有发生一样，仍旧朝着太阳微笑，仍旧吸引着蜜蜂来采蜜。

花瓣儿起身走了，遇着了蚂蚁。

"你是谁呀？"蚂蚁问。

"我是花瓣儿，最主要、最美丽的花瓣儿。没有我，花朵就不会开放。"

"花瓣儿？我只认识长在花朵上的花瓣，像你这样长着两只细脚的东西，我可不认识。"

花瓣儿走呀，走呀，到了傍晚就干枯了，而花朵照样开放着。

缺少一片花瓣儿的花朵仍旧是花朵，而离开花朵的花瓣儿就什么也不是了。

带翅膀的花儿（一年级娜塔莎作）

这是夏天的事儿了。起了一阵大风，风把一粒长着两个毛茸茸的小翅膀的种子带到了草原上。种子落在草丛里。青草惊奇地问：

"你是谁呀？"

"我是带翅膀的花朵。"种子回答说，"我准备在这儿，在草丛里生长。"

草青高兴地欢迎新来的邻居。

冬季过去了，小草开始发绿。在种子落下去的那个地方，露出一根壮实的茎。它的上面开了一朵黄花，鲜艳得像一颗小太阳。

"啊，这原来是蒲公英呀！"青草说。

谁更聪明（三年级柯里亚作）

公牛、山羊和绵羊争论谁最聪明。每一个都说："我比大家都聪明。"谁也不想比别人愚笨。

于是它们去找驴子，让驴子评一评谁最聪明。驴子给它们出了一道题。

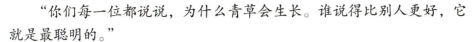

"你们每一位都说说，为什么青草会生长。谁说得比别人更好，它就是最聪明的。"

公牛说："青草能生长，因为常常下雨。"

山羊说："青草能生长，因为有太阳晒。"

可是绵羊闷声不响。一天、两天、三天、一个星期，它还是闷声不响。

于是，驴子决定说，绵羊最聪明。既然它闷声不响，说明它有心眼儿。而公牛和山羊，它们虽然说了，兴许说错了呢。

我面前放着几千篇儿童编的故事，各有各的长处。现在你们读了其中的3篇。我再重复地说一遍：只有当词进入学生的精神生活，成为他们带有深刻个性的创作工具的时候，才能取得这样的成果。这个工具，应当在童年期和少年早期加以运用。在这几年里（特别是从6岁到10岁这个年龄期）没有做到的事，以后永远也弥补不上了。如果儿童在小学里没有学习用词来进行思考和创作，那么到五年级①再来开始这项极其精细的劳动，就毫无意义了。

现在学校的整个教学和智育的体系，需要从根本上加以科学的改善。让鲜明的思想、生动的词语和儿童的创造精神来统治学校的王国吧。学生的精神生活和智力发展的全部内容和全部性质，都应当建立在这三根支柱上。

---

① 相当于初中一年级。——译注

带孩子们做环球"旅行"

　　小学教师应当努力扩大学生的知识面，使他们由认识家乡的田野和树林而逐渐扩大到了解祖国以至全世界的自然界和生活。

　　我的孩子们早在一年级就能很清楚地知道，地球是一个围绕着太阳旋转的巨大的球体，它有时以这一面，有时以另一面对着太阳，所以在同一个时间，地球上的各个地区里既有炎热的夏天，又有严寒的冬天，有的地方是白昼，有的地方是黑夜。从二年级起，我们开始做环球"旅行"。孩子们坐在校园里用植物的藤蔓搭成的"绿色教室"里，他们的面前放置着一个很大的地球仪，它被人工制作的"太阳"照射着。"地球"绕着"太阳"转，"月亮"又绕着"地球"转。我对他们说："孩子们，你们看，这儿是我们祖国的广大国土。我们居住在离祖国①西部边界不远的地方，现在让我们向东，做一次长途的旅行。我们将在一些城市和村镇停留，看看人们是怎样生活的。"然后我讲到在我们的"旅途"上遇到的田野、河流、居民点的情况，一边讲，一边演示图片和幻灯片。

　　已经傍晚了，我们不知不觉地"旅行"了两个小时，可是只"走"了不到 100 公里。孩子们心里迫切地期待着下一次继续"旅行"的日子。

　　还是城市和乡村、森林和河流、建筑物和古代文物，但是儿童对"旅行"并不感到单调乏味，因为儿童在我们祖国的每一块地方都能看到新的、独特的东西。"旅行"了几天以后，我们已经接近伏尔加河，看见许多水电站，还在沿伏尔加河的辽阔的草原上跟放牧人会见。孩子们屏声息气地听着关于决定人类命运的斯大林格勒（今俄罗斯伏尔加格勒）大战的故事。如果不是成千上万的英雄在这里拼死战斗，那么我们今天就不可能在这个教室里学习。应当从小就引导孩子们关心全人类的命运。

---

① 指乌克兰。——译注

孩子们一天天地深入我们祖国的大地，在他们的面前不断地展开新的景象：这里是有着无限地下宝藏的乌拉尔，这里是神秘莫测的原始森林，这里是汹涌奔腾的西伯利亚的河流……然后我们坐上轮船，渡过贝加尔湖，欣赏着群山和森林，在篝火旁边过夜……我们再往前行，孩子们面前展现出远东的无尽宝藏，再往前就是大海了。我们坐上远洋轮，东渡库页岛，然后到达千岛群岛——这儿是白昼从我们祖国开始的地方。我们的"旅行"大约用了3个月的时间，平均每天行程100公里。我们见到四十多个民族的人，结识了许多优秀的人物——农民、建筑工、矿工、渔夫和地质工作者。他们都在劳动，为的是让我们生活得更好。孩子们产生了对祖国的自豪感。

后来我们又到祖国的北方、西方、南方去做过几次"旅行"。我们在旅途中度过了整整一年（二年级）。"祖国"这个词在儿童的意识里不再是空洞的了，而是充满了鲜明的景象，激发了他们对祖国人民英勇劳动的自豪感。

我们也出发到国外去"旅行"。目的是向儿童指出地球上各个地方地理环境的多样性和美，讲述世界各国人民生活和劳动中一切美好的东西，激发儿童对各国人民的文化、艺术、现在和过去的情况的兴趣，说明世界上正在进行着善与恶的斗争。在这些"旅行"中，直观性起着更大的作用，因为必须创造条件，使儿童形成关于遥远的国度和在我们这里看不到的地理环境的表象。

起初，我们到全年都是夏天的国度里去。孩子们一天天地了解埃及、印度、斯里兰卡、印度尼西亚的地理环境、人民的生活习俗、劳动和文化，他们听讲关于这些国家的故事，看纪录片等。孩子们好像真的置身于笔挺的棕榈树下，感受到赤道上炙人的炎热和大雨后的凉爽，观察着劳动人民的生活。到金字塔之国——埃及去"旅行"，特别使儿童感到津津有味。

然后，我们到邻近各国去"旅行"，我们到了斯堪的纳维亚、中欧各国、土耳其、伊朗、阿富汗、日本。我们又以同样的方式到了南美洲、加拿大和美国，到了澳大利亚和北极。

在做环球"旅行"的时候，孩子们看到了：并不是所有的人都生活得幸福。世界上还有一些国家，那里存在着人压迫人、饥饿和贫困的现象。在孩子们的意识里，形成着关于产生这类不良现象的原因——不合理的社会制度的观念。孩子们逐渐地认识到：世界上正进行着剥削者与被剥削者之间的尖锐的、不可调和的斗争。我力求使我的学生们关心那些至今还在被剥削者奴役的劳动人民的疾苦，关心至今还没有获得自由的整个人民的疾苦。

在孩子们的面前逐渐开阔起来的世界，不应当仅仅是些海洋、大陆和岛屿，是些没有见过的植物和动物，以及北极的极光和赤道的永夏，而首先应当是人，是人们为了幸福的未来而进行的劳动和斗争，是人类对于幸福和公平的世代相传的理想，而这个理想在已经消灭了人压迫人的国家里正在变为现实。孩子们进入这个世界，不应当仅仅是些无动于衷的旁观者，只知道什么地方有什么东西，只会讲述一番，而应当是非常关切人类命运的人。

在进行国内和国外"旅行"的活动时，要防止一种偏向——就是"喂给"儿童过量的知识和印象。列夫·托尔斯泰曾经向教小孩子的教师建议说："你们要防止过分热衷于（特别是外国为儿童出版的书籍里）给儿童讲述科学所探知的非同寻常的结果，譬如地球、太阳有多少重量啊，太阳是由什么物质构成的啊，树木和人体是怎样由细胞组成的啊，人们发明了哪些新奇的机器啊，等等。"这位伟大的作家和教育家解释自己的建议说：单纯讲研究成果会对学生起有害的作用，会使他们养成轻信言辞的习惯。自从作家写出这些话以后，已经过去了几十年，世界发生了翻天覆地的变化，科学取得了巨大的成就，而且小孩子的眼界也不同以往了。但是，列夫·托尔斯泰的建议，在今天也还没有失去它的价值。对年龄幼小的孩子讲述事物时，不要用过多的信息使他们震惊。

58

"思维课"——到自然界去"旅行"

　　用记忆来代替思考，用背诵来代替鲜明的感知和对现象本质的观察——这是使儿童变得愚笨，以致最终丧失学习愿望的一大弊病。

　　我们每一个人都曾为学龄前儿童的敏锐而牢固的记忆力感到惊奇。譬如，一个 5 岁的孩子跟父母亲到树林里或田野里散步回来，他完全沉浸在那些鲜明的形象、画面和现象留下的印象之中。过了一个月、一年，父母亲又准备出去散步，儿子急不可耐地期待着那个静静的、晴朗的早晨快点来临。他回想起很久很久以前，他曾经跟爸爸妈妈一起到树林里去过。父母亲惊奇地发现，那些鲜明的、生动的细节还在孩子的回忆里闪闪发光。孩子想起了那一朵长着两种不同颜色花瓣儿的令人惊奇的花朵。父亲惊异地听着儿子在复述那个关于兄妹两人变成了花朵的美丽的童话。这个童话是一年以前，在林边的空地上，父亲讲给母亲听的。当时孩子好像并没有在听父亲讲些什么，而是在追赶一只蝴蝶——那么，他的记忆是怎样把周围世界里这似乎是极小的一点点东西保持下来的呢？

　　道理就在于，儿童能够非常敏锐地感知那些鲜明的、富于色彩、色调和声音的形象，并把它们很深地保持在记忆里。小孩子常常会使大人吃惊地提出他在感知周围世界的形象的过程中在意识里产生的使人最为意想不到的问题。譬如现在这个孩子，他回想起那朵奇怪的花，就问父亲："那兄妹两个人能不能互相看见呢？您说过，植物是活的——这么说，那是能听见、能看见的了？他们还会互相谈话吧！那么我们也能听见他们的谈话吗？"这一连串的思想使得父亲深为惊讶：为什么儿子在一年以前没有问到这些呢？不仅是那花朵的鲜明的形象，还有那些难忘的时刻的情感色彩，怎么能够这样长久地保持在他的记忆里呢？父亲还了解到，儿子仍能清晰地想象出那繁花盛开好像是铺着地毯的林边空地，蔚蓝色的天空，以及从远处传来的飞机的轰鸣声。

　　我思考着这些事，不断地自问：为什么像这样有着鲜明生动的想象力、敏锐的记忆力，对周围世界的现象有着敏感的情感反应的儿童，在进了学校两三年以后，就怎么也记不住语法规则，那么吃力地识记"草原"这种词的写法，并不懂 9 乘以 6 等于多少了呢？这到底是怎么造成的呢？我得出了一个令人十分担忧的结论：在上学的年代里，掌握知识的过程脱离了学生的精神生活。正因为有一条形象、画面、知觉和表象都鲜明的清澈的小溪不断地流进儿童的心田，儿童的记忆才那么敏锐和牢固；正因为儿童的思维不断地受到这条小溪的活的源泉的浇灌，他才能提出那些微妙的、意想不到的、哲理性的问题，使我们深为惊讶。不要让学校的大门把儿童的意识跟周围世界隔绝开来。这一点是多么重要啊。我竭尽努力，使周围世界、自然界不断地以鲜明的形象、画面、知觉和表象呈现在童年时期和所有年份里，滋养学生的意识，使儿童意识到思维规则好比一座匀称的建筑物，而这座建筑物的构造法又是由一座更为匀称的建筑物——自然界所启示的。为了不把儿童的头脑变成知识的"储存所"，变成各种真理、规则和公式的"堆栈"，那就必须教会他思考。就儿童的意识和记忆的性质本身来说，我们不能把鲜明的周围世界及其规律在儿童面前掩蔽起来哪怕只是一分钟。我深信，如果把周围世界作为儿童身在其中学习思考、识记和推理的环境，那么随着儿童的入学，他的记忆的敏锐性、思维的鲜明性，不仅不会削弱，反而会更加增强。

但也不能夸大自然界在智育中的作用。有些教师抱着一种很错误的看法，他们认为，只要有自然界存在于儿童的周围，那么这一事实本身里就包含着智力发展的强大动力。只有人去认识自然界，用思维去探究因果关系的时候，自然界才能成为教育的强大源泉。过分强调直观性，是把儿童思维的个别方面绝对化，把知识活动局限于感觉的范围。不应当把儿童思维的特点——包括儿童是用形象、声音、色彩和感觉来思维的这一特点偶像化。固然，这一特点是客观真理，康·季·乌申斯基早已证实了它的重要性。但是，如果说儿童是用形象、色彩、声音和感觉来思维的，那么由此并不能得出结论说不应当教导儿童进行抽象思维。有经验的教师在强调直观性的重要性和自然界在智育中的重大作用的同时，也把这些因素看作是发展抽象思维和进行目的明确的教学的手段。

我周密思考了那应当成为我的学生的思维源泉的东西，规定出孩子们在

4年内 ① 应当按顺序去观察的东西，以及周围世界的哪些现象将成为他们的思维的源泉。这样就形成了300页的《自然界的书》。这就是说，进行300次观察，让300幅鲜明的画面深深印入儿童的意识里。我们每星期到自然界里去两次——去学习思考。这实质上是一种"思维课"。这不是热热闹闹的散步，而正是上课。但是，一般的课也可以上得引人入胜、非常有趣，这样就能够更加丰富儿童的精神世界。

我提出这样建议的目的是：要把周围现实的画面印入儿童的意识里去，努力使儿童的思维过程在生动的、形象的表象的基础上来进行，让他们在观察周围世界的时候确定各种现象的原因和后果，比较各种事物的性质和特征。我们的观察证实了儿童智力发展的一条很重要的规律性：儿童

▲ 共读自然这部大书，相约成长

在课堂上要掌握的抽象真理和概括越多，这种脑力劳动越紧张，那么儿童就应当越经常地到知识的最初源泉——自然界里去，让周围世界的形象和画面更鲜明地印入他的意识里去。但是鲜明的形象并不像在照相底片上那样反映在儿童的意识里，表象——不管它们是多么鲜明，并不是目的本身和教学的最终目的。智育是从有理论思维的地方开始的，生动的直观并不是最终目的，而是手段：周围世界的鲜明形象对教师来说只是一种源泉，这个源泉的各种形象、色彩和声音里隐藏着成千上万个问题。教师揭示这些问题的内容，就好像在翻阅《自然界的书》一书。

儿童的思维就像一条条小溪流淌着，然后汇成一条总的水流。孩子们越来越清楚地感到，在生物界发生着一些他们所不理解的现象，而这些现象又

---

① 指小学阶段。——译注

依存于太阳、水和在自然界里围绕着我们的一切。孩子们在读《自然界的书》的第一页的最初几行，他们懂得了，整个世界是由生物界和非生物界这两大领域构成的。关于生物界和非生物界的初步表象引起了孩子们许许多多的疑问。他们回家以后，就去仔细观察那些原来觉得已经习惯了的东西，看见了以前没有看见的东西。而他们发觉的东西越多，产生的问题就越多：为什么从橡实里钻出来的一根细小的幼芽能长成粗壮的大橡树？树叶、枝条、粗壮的树干是从哪里来的呢？树木在冬季里生长还是不生长？要一下子回答出这些问题是不可能的，而且也没有必要提出这样的任务。好就好在儿童们头脑里产生了这些问题；好就好在儿童一边思考一边学习，追溯到知识和思想的最初发源地——周围世界；好就好在儿童寻找准确的、正确的词语来表达自己的思想。在和周围世界进行的直接交往的过程中，儿童获得了思维的鲜明性——这是思维的一个最重要的特征。

儿童是用形象、色彩、声音和感觉来思维的，但这并不意味着他应当停留在具体思维上。形象思维是向概念思维过渡的必不可少的阶段。我努力使儿童能够逐渐地运用这些概念。现象、原因、结果、事件、制约关系、依从关系、区别、相似、共性、相同、不相同、可能性、不可能性，等等。多年的经验使我深信，这些概念对于形成抽象思维起着很大作用。但是，如果不去研究活生生的事实和现象，不去思考和理解儿童亲眼看见的东西，不去逐步地由具体的事物、事实、现象向抽象概括过渡，那么要掌握上述这些概念是不可能的。儿童在研究自然界的过程中产生的那些问题，正好有助于促进这种过渡。我教会自己的学生观察自然界的具体现象，并且探寻因果联系。由于把思维跟具体形象紧密地结合起来，孩子们逐渐地掌握了运用抽象概念的技巧。当然，这是一个需要进行好几年的长期的过程。

识字教学应当跟图画紧密结合起来

我来谈谈孩子们①怎样学习读和写的情况。我已经不止一年地思考过：当儿童开始学校生活以后，从最初的几天起，读和写对他来说就成为一件非常艰难的、费劲的、毫无兴趣的事，他在通往知识的崎岖道路上竟要遭遇到那么多的挫折。这一切的根源，就在于把学习变成了单纯地啃书本。我看到，在课堂上，儿童是怎样竭尽全力地去辨别字母，而那些字母在他眼前跳动着，交织成了无法辨认的花纹。可是同时我也看到，当这项作业带有某种兴趣、跟游戏相结合的时候，特别是当没有人向儿童提出硬性的要求（"你一定要记住，如果记不住，那就对你不客气！"）的时候，儿童是能够很容易地记住字母和把字母拼成词的。

在"快乐的学校"②诞生前几年，发生过这么一件事：我带领一群孩子（6岁的学前儿童）到一个小树林里去，给他们讲蝴蝶和甲虫的故事。突然，一只很大的长着角的甲虫吸引了我们的注意，它正在沿着一棵草茎爬着。它好几次试着想飞起来，可是最终这是没有离开那棵草。孩子们仔细观察了这只昆虫。我摊开一本绘画簿，用铅笔把甲虫画了下来。有一个孩子要求我在画的下面写上字，我就用大写的印刷体字母写上了"ЖУК"（甲虫）。孩子们好奇心强，他们开始重复地读这个词，并且仔细地看那些字母。对他们来说，字母就跟图画一个样。有的孩子在沙土地上学画这些跟图画一样的字母，有的孩子用草茎编结成字母的样子。每一个字母都好像使孩子们想起了什么东西。例如，字母 Ж 在他们看来，就像那只甲虫张开翅膀，想飞而没有飞起来的样子。过了几个月，我到这些孩子的班上去听课——这时候他们已经入学了。任课的女教师经常抱怨：识字很难教。可也真是凑巧，这堂课

---

① 指6岁的学前儿童和7岁的一年级儿童。——译注

② 苏霍姆林斯基把学校附近将要入学的学前儿童组织起来，开展各种活动，使儿童做些入学准备。他把这种组织称为"快乐的学校"，其性质类似小学的预备班。——译注

上要学的正是字母 Ж。孩子们的脸上浮现着微笑，教室里发出窃窃私语声：孩子们重复地念着 ЖУК 这个词，清晰地区分出字母 Ж。孩子们纷纷举手，使得女教师大为惊奇，怎么所有的孩子都会写 ЖУК 这个词？这节课上得多么欢乐、愉快啊。这对我来说，也是生活教会我的一节教育学的课。

现在，我们办起了"快乐的学校"，我又想起了这件往事。儿童应该生活在美、游戏、童话、音乐、图画、幻想、创造的世界里。当我们想教会他们读和写的时候，仍然应当使他们置身于这个世界。是啊，当儿童迈步踏上认识的第一级阶梯时，他的自我感觉如何，他的心情如何，都影响着他今后怎样走过通往知识的整个道路。只要想到，这第一级阶梯是孩子们难以克服的障碍，就使人感到可怕。请你们留心观察学校的生活，就会发现许多孩子正是在学习识字的阶段对自己失去了信心。亲爱的同事们，让我们来共同设法使得孩子们在踏上这第一级阶梯时不感到那么吃力，使他们向着掌握知识迈出的每一步都能像鸟儿矫健地起飞，而不要像背负着沉重负担、精疲力竭的行路人那样迈着疲乏无力的步子。

我开始带领孩子们到"'词的源泉'那儿去'旅行'"：我让孩子们观察世界的美，同时努力把"词的音乐"引进儿童的心田。我努力做到，使一个词对儿童来说，不仅仅是一种东西、对象或现象的标志，而且使它带有情感色彩——带有它的芬芳的香气和丰富多彩的色调。重要的是，要使儿童像倾听美妙的旋律一样倾听词，使词的美和这个词所反映的那一部分世界的美能够激起儿童对于组成人类语言的音节的那些小图画——字母的兴趣。当儿童还没有感受到词的芳香，没有看见词的绚丽多彩的色调的时候，教师是不应当开始识字教学的；如果教师一定要这样做，那他就注定会使儿童走上一条艰难的道路（儿童最终会克服这些困难，但要付出多么大的代价啊！）。

只有当识字对儿童来说变成一种鲜明的、激动人心的生活情景，里面充满了活生生的形象、声音、旋律的时候，读写教学的过程才能比较轻松。要让儿童牢记的东西，首先必须是有趣的东西。识字教学应当跟图画紧密结合起来。

我常常带着孩子们拿上绘画簿和铅笔到"'词的源泉'那儿去'旅行'"。下面叙述的是我们最初一次"旅行"的情形。我的目的是向孩子们展示 ЛУГ

（草地）这个词的美和微妙的色彩。我们停留在湖岸的一棵柳树下。远处是阳光照耀下的一片绿色的草地。我对孩子们说："大家来看，我们眼前的景色多美啊！"草地像一条浅绿色的河，而树木是深绿色的河岸。牛群呢，像是在河里洗澡。看，早秋又撒下了多少美丽的花朵！让我们再倾听一会儿草地的声音："你们听到蝇虫的嗡嗡声，听到蝈蝈的歌声了吗？"

　　我在自己的绘画簿里把草地画下来，画上牛群和像白绒球儿一样散在这儿那儿的白鹅，再画上隐约可见的炊烟和地平线上的白色云彩。孩子们迷恋这个寂静的早晨的美景，也画起来了。我在图画下方题了字：ЛУГ。在大多数孩子看来，字母就是图画，有点儿像什么东西。像什么呢？像一根草茎。把草茎弯折一下，就是一幅画 Л。再折一根草茎摆上去，就构成一幅新的图画 У。孩子们就在自己图画下写上 ЛУГ 这个词。然后，我们来读这个词。对自然界的声音的敏感，帮助孩子们感觉出词的音响。于是，孩子们为每一幅图画填充活的音响，很轻易地就记住了字母。词的图画被作为一种完整的东西来感知，词能够被读出来。而这种读并不是对读者进行长期的分析和综合练习的结果，而是自觉地再现与孩子们刚刚画过的图画的视觉形象相符合的声音形象的结果。在这种视觉感知和声音感知相结合的情况下，丰富的情感因素注入词所赋予的视觉形象和音乐般的声响里去，单个的字母和整个词就同时被记住了。亲爱的读者，这并不是说我发现了一种什么新的识字教学法，这只是体现了科学已经证明过的东西：不强迫去记住的东西，反而比较容易记住；情感色彩在识记中起着极为重要的作用。

60

必须教会少年阅读

使智育完满地发展的极其重要的条件，就是要主动而牢固地掌握该门学科的基本原理。教学是从这些基本原理开始的，不掌握这些基本原理，就不可能掌握更高深的知识。

在小学里，孩子们掌握最低限度数量的正字法 ① 词汇（永远牢记这些词的正确写法），掌握算术的定义、规则和公式。在少年期 ②，这项工作沿着同样的方向继续进行。如果不把一门学科的基本原理牢固地保持在记忆里，那就根本谈不上进行自学。

在为五至七年级的教学备课的时候，我们每一个教师都要确定：哪些东西是应当让学生永远保持在记忆里的。我们防止学生去识记那些"只要理解就够了"的东西。我们在乌克兰语、俄语和法语方面制定了 3 个学年里最低限度应当掌握的词汇表。我们认为，少年学生的思维应当做好从事创造性智力活动的准备。这里说的创造性智力活动，是指对各种事实和现象进行思考和研究的活动。多年的经验使我深信，学生的那种畸形的脑力劳动（不断地记诵，死记硬背）会造成思维的惰性。那种只知记忆、背诵的学生，可能会记住许多东西，可是当需要他从记忆里查寻出一条基本原理的时候，他脑子里的所有东西都混杂在一起，以致对基本的实际作业都束手无策。学生如果不会挑选最必要的东西去记忆，就不能说他会思考。

例如，如果一个少年只是在写作文的时候，才回想那些词的写法；只是在解答应用题的时候，才回想那些简便的乘法公式，那么他就根本不可能进行深入的思考。学生不应当事到临头才去回想一些东西，而应当在智力活动中半自动化地随手运用它。像一个有经验的钳工能拿起他的工具随手就用而不需要对工具再端详一样（因为他对自己的

---

① 指词的规范写法。对拼音文字来说，则指正确的拼写法、大写字母用法及移行规则等。——译注

② 相当于初中阶段。——译注

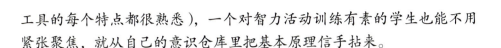

工具的每个特点都很熟悉），一个对智力活动训练有素的学生也能不用紧张聚焦，就从自己的意识仓库里把基本原理信手拈来。

这一点对少年期的学生有着特殊重要的意义。抽象思维的迅猛发展，使得少年对于那些应当牢牢记住的基本原理抱着一种独特的轻视态度（既然世界在时间上和空间上是无限的，记住某某公式有什么用呢？）。但是，没有掌握关于事实和事物的具体知识，就不可能有抽象思维。如果他的记忆里没有保持着可以"信手拈来"的基本原理，那么，到了少年期他就会出现思维不清晰的现象，即他的思维是紊乱的，这一点将严重影响他全部的智力生活。

我们重视，使学生通过不随意的方式和随意的方式来识记基本原理。在学校的"思考之室"①里，陈列着一些直观教具和专门的仪器，供学生进行自我检查，进行记忆训练。每个学生都有一本"自我检查"记事本。记事本里抄着那些必须永远保持在记忆里的东西，如代数、物理、化学的公式等。我在一些关于心理修养的谈话里，教导少年学生要定出时间，隔一段时间就把保持在记忆里的东西检查一遍。

在小学各年级，我们十分注意培养学生学习阅读、书写、推论、观察和表达思想的能力。如果这些能力在少年期没有得到发展和提高，那么学生就会对学习感到困难。

我们每一个教师都关注，使学生迅速阅读的能力得到提高。在少年期，默读能力具有头等重要的意义。在六、七年级，学生应当看一眼就能把握住一个长句完整的意思。不掌握这些能力，少年的思维就会变得迟钝，思考力好像在许许多多的死胡同面前停顿下来。如果不能看一眼就把握住一个句子中逻辑上独立的部分的意思，不能在没有读完一个长句时就猜出句子剩余部分的含义，那么他的学业成绩跟不上去是显而易见的，他的脑的解剖生理过程也会受到影响。缺乏阅读能力，将会阻碍和抑制脑的神经突触的可塑性，使它们不能顺利地保证神经元之间的连接。谁不善于阅读，他就不善于思维。

所有这些都不是无关紧要的，这里面隐藏着智力局限性、智力生活贫乏的严重危险。这些能力不仅要在小学里传授给学生。到了少年期，这种教学仍然要求全体教师都具备高度的教育学素养。我们每一位教师都在努力使五、

---

① 相当于阅览室。——译注

六年级学生继续搞好表情朗读。表情朗读之所以必要，乃是为了训练能力，培养出能用眼睛和思维把握住一个长句中逻辑上完整的部分的含义，以及通过思考推断出后面部分的含义的能力。换句话说，就是必须教会少年学生边阅读边思考。

必须教会少年阅读！为什么有些学生在童年时期聪明伶俐、理解力强、勤学好问，而到了少年期，却变得智力下降，对知识冷淡，头脑不灵活了呢？就是因为他们不会阅读！人的大脑是一个复杂的整体，如果它的一部分不够发达，就会阻碍整个脑的工作。在大脑两半球的皮层里，有一些区域是管阅读的，它们跟脑的一些最活跃、最富于创造性的部分是密切联系的。如果在管阅读的那些区域里有了死角，那么皮层所有部分的解剖生理的发展就会受到阻碍。还有一种危险：在大脑两半球皮层里发生的过程是一去不复返的。如果一个人在少年期没有学会用眼睛和思维把握住句子中逻辑上完整的部分或整个句子的含义，他以后就再也学不会这一点了。

让我们深思一下这样的现象：有些少年学生在家庭作业上下的功夫并不大，但他们的学业成绩并不差。产生这种现象的原因，并不完全是因为这些学生有过人的才能，常常是因为他们有较好的阅读能力，而好的阅读能力又反过来促进智力的发展。

我们还注意使学生通过练习形成半自动化地书写的能力。每一位教师都设计一套本学科的书写练习体系，让少年学生经常练习这门学科常用的词和词组的写法。我们还教会少年学生善于分配自己的注意力，学会一边听一边写。谁在课堂上做不到这一点，就让他去完成一些训练性的补充练习。

在语文课上，我们发展学生的观察能力和正确地表达思想的能力。这时候，到思想和"词的源泉"那儿去"旅行"，已经成为学生进行自我教育的习惯了。

61

一年级数学教学中的思维训练

学校的重要任务是培养具有好钻研的、创造性的思维的人。我认为童年期正是培养思维的时期，教师是悉心地造就学生的机体和精神世界的人。关心儿童大脑的发育和强壮，使大脑这一面反映世界的镜子经常保持清晰和易感是教师的重要职责之一。正像肌肉要通过艰难的体力锻炼才能得到发育和强健一样，大脑也需要紧张的劳动才得以发展。

儿童的大脑是在理解周围世界的事物和现象的多方面联系（因果关系、时间关系、依从关系）的过程中得到发育和增强的。我觉得自己的任务就是帮助儿童理解周围世界各种现象中的这些联系，以便形成、增强和发展他们的好钻研的、敏锐的、善于观察的智力。

让儿童解答用来训练儿童聪颖机敏心理品质的应用题，是激发大脑的内在能量和刺激智力活跃起来的练习。这些应用题是从周围世界的事物、对象和现象本身中产生出来的。我使儿童注意到这种或那种现象，努力使儿童看出目前对他来说还是隐藏着的、尚未理解的联系，促使他产生一种要找出这些联系的实质和弄懂真理的意向。人的积极的脑力劳动始终是解答应用题的钥匙。儿童在鼓足智力，努力确定事物和现象之间的联系时，他就是在完成一定的工作。在周围世界里有着成千上万的应用题。人们想出了这些应用题，它们在民间创作中以一种有趣的"谜语小故事"的形式出现。

下面就是我们起初让孩子们在休息时间解答的这种应用题之一。

"有人要把一只狼、一头山羊和一棵白菜从河的这边运到对岸去。不能同时把三样东西都运过去，也不可以把狼和山羊或者山羊和白菜一起留在河岸上，只能把狼跟白菜一起运，或者每次只带一个'乘客'，来往运送的次数不限。怎样才能把狼、山羊和白菜都安全地运过去呢？"

民间教育学里有成百上千的类似的"谜语应用题"。孩子们对解答这类习题有强烈的兴趣。于是，我的孩子们开始思考了：怎样运送这些"乘客"，才能使狼不吃掉羊、羊不吃掉白菜呢？我们坐在湖边，孩子们在沙地上画一条河，又找了一些小石子。可能，并不是所有的孩子都能解出这道题，但是他们都在紧张地思考，这就是发展智力的极好手段。

解答这类"谜语应用题"很像下象棋时从事的脑力劳动：要记住自己一方和对手一方要走的好几步棋。我是在一年级开学不久让7岁的孩子来解这道题的。大约过了10分钟，有3个孩子（舒拉、谢辽沙、尤拉）把题解出来了。这几个孩子的思维速度很快，直奔目标，还得以他们的敏捷而坚固的记忆力为依靠。过了15分钟，其余的孩子们几乎都解答出来了。可是有4个孩子——华里亚、尼娜、别特里克和斯拉瓦却毫无所得。我看出，在这几个孩子的意识里，思维的线索常常中断。他们是能够理解题意的，也能够鲜明地想象出习题里所说的那些事物和现象，但是当他们刚开始产生解题的初步设想时，刚才在他们的意识里还是那么鲜明的表象就变得模糊了，换句话说，就是他们忘记了刚才还记得的东西。

▲ 走一步，看三步

这些"谜语应用题"是训练智力的极好手段。要解答其中的每一道题，都必须像下象棋那样记住刚才走过的和打算要走的2步到4步棋。如果不把前面的东西保持在记忆里，那就无法走"下一着棋"。怎样来解释这种现象呢？似乎可以这样解释，就是有的孩子还不具备一种在转瞬之间把思维从一个对象转移到另一个对象之上的能力，这一点在主观意识上来说，就是一种把应用题的所有组成部分都保持在记忆里的能力，或者像下象棋一样同时用思维把握住"好几步棋"的技能。至于为什么没有培养出大脑两半球细胞的这种能力，那就另当别论了。这种能力远不是由思维物质（脑）的天生特点完全决定的，但是也不能无视这个原因。观察证实：如果思路在一瞬间就中断了，如果在同一瞬间儿童不能用思维既把握住现在呈现的东西，又把握住一刹那前呈现过的东西，那么就说明他不会思考，他要确定几个事物或几种现象之间的联系是困难的。

我研究过儿童的思维，特别是像华里亚、别特里克这些智力迟钝儿童的思维。观察表明，首先应当教会儿童用思维的"视线"同时把握住好几样事物、现象或事件，并且理解它们之间的联系。应当使儿童在深刻认识了一件事物的实质和内在规律后，逐渐将注意力转移到似乎从远处、离开一段距离来看一系列的事物。通过对智力迟钝儿童的思维的研究，我更加确信：儿童不会思考和理解应用题，乃是他们不会抽象、无法从具体的东西里解脱出来的结果。必须教会儿童用抽象概念来思维。要设法让华里亚的想象里不再呈现狼的具体形象，要设法让她的思想不停留在山羊怎样伸出头去吃白菜的形象上。所有这些形象，对儿童来说都应当被当作某种抽象概念。但是，通往抽象的道路，必须借助对具体事物的深刻理解方能到达。必须教会儿童用抽象概念来思维，必须培养儿童的思维能力，否则，他们就会单纯地使用记忆，就会死记硬背，那样会使头脑变得更加迟钝。

在我们自编的习题集里，有许多是关于儿童很熟悉的劳动应用题。在解答这些应用题时，孩子们一次又一次地去观察：长辈是怎样整地和收拾种子、怎样种树和施肥、怎样收割和保藏农产品、怎样造房和修路的。在实际生活中去寻找表象之间的联系，有助于巩固这些联系。思维和记忆在不可分割的统一中得到了发展。为了解答绝大多数应用题，孩子们都借助画图，或者动手去做那些习题里提到的物品的简单模型。在童年期，让儿童解答取材于周围世界的应用题，能够激发他们的思维，使他们学会思考。如果儿童没有学会思考，如果思维过程没有使儿童的大脑机能加强，那就既谈不上在数学也谈不上在其他学科掌握良好的知识。

列夫·托尔斯泰说过："请你们避免使用一切算术定义和规则，而要迫使儿童进行尽可能多的操作，你们要纠正的不是那些不按规则所做的东西，而是那些虽然做出来了却毫无意义的东西。"这个建议绝不像某些对列夫·托尔斯泰的"自由教育"思想怀有戒心的读者们初看起来那样，似乎在否定理论概括（定义和规则）。相反，它的用意在于使儿童去深入思考定义和规则的实质，不要把规则看成某种外来的、不可理解的真理，而是看成从事物本质中自然引出的规律。只有当教师对真理抱着这样的观点时，儿童才能好像是自己去"发现"定义。这种发现的乐趣是一个强有力的情绪刺激，对发展思维起着重大的作用。还有必要指出的一点是，列夫·托尔斯泰的建议仅是针对幼小儿童而言的。

我们从《周围世界的习题集》里选一些应用题让儿童去解答，但是并不认为这是提高算术成绩的唯一手段。它在促进儿童思维发展方面毕竟起着辅助的作用，必须服从于课堂上的教学和教育过程的要求。这一手段只有在总体上能跟智育、德育、美育、劳动教育等许多方式和方法结合时使用，才能显示其效果。我认为，用形象的话来说，它不过是达到小学的主要目标——给儿童以必要范围的牢固知识和实际技能——途中需通过的一座小桥而已。在数学教学中，明确的要求和目标起着特别重要的作用。对每一个学年，我都明确规定，使学生识记并牢固保持在记忆里的究竟是哪些东西。我努力做到，使一年级学生能够随时脱口而出地回答 100 以内加减法的任何问题。为了达到这一目标，我们编了一整套练习，这些练习都是对数的构成的分析。我还认为，学生如果没有牢固地掌握乘法表，那么无论在小学还是在日后的学习中进行创造性学习都是不可想象的。把必要范围的知识牢固地保持在记忆里，是培养创造性思维的重要手段之一。

记忆力不好的儿童，要进行思维和善于领悟是困难的。我早就在苦苦思考着一个问题，就是如何增强和发展儿童的记忆力，用概念、原理和概括充实儿童的记忆，以便能随时把概念、原理和概括作为思维的工具。

62

让学生生活在思考的世界里

有一种可怕的危险，就是学生坐在课桌后面而无所事事，每天有 6 小时无所事事，月复一月，年复一年地无所事事。这样会使一个人走入歧途，在道德上败坏下去。无论是在学生生产队、教学工厂，还是在学校试验园地，什么都无法将一个主要领域里荒废了的东西弥补上来。这个主要领域就是思考，人应当首先在思考领域里成为劳动者。

怎样才能使紧张的、愉快的脑力劳动在学校里占统治地位呢？关于这一点可以写出一本厚厚的书，这本书在教师来说像空气一样需要。许多学校和教师的真正可怕的失误，就是他们把学生的主要力量用到消极地掌握知识上去了，就是让学生记忆教师讲过的现成的东西，死背教科书。固然，学校里完全废除识记和背诵是不行的，但是这种脑力劳动只能放在第二位。一个人到学校上学，不仅仅是为了取得一份知识的行囊，主要的还是为了变得更聪明（可是多么遗憾，许多教师常常忘记了这一点）。因此，学生主要的智力不应当用到记忆上，而应当用到思考上。真正的学校应当是一个积极思考的王国。譬如说，我们布置一个八年级学生今天回去读 10 页教科书，而他在这一天里又读了 20 页、30 页、40 页有趣的科学书籍和杂志，他读这些书不是为了去熟记它和背诵它，而是出于一种思考、认知、发现和好奇的需要。只有这样，这个学生才会成为一个会思考的劳动者。

让学生生活在思考的世界里，才是学生在生活中应该接触到的最美好的事物！也应当向教师指明这个方向。

那么，怎样才能使思维活动在学校里占据统治地位？怎样才能使思考、认知、发现、理解和求知的需要成为一个人最主要的精神需要呢？

这里就需要运用教师的智慧。在每一个年轻的心灵里，都存放着求知好学、渴望知识的火药，教师的思想可以顺利地点燃它。学生生活在思考的世界里，这种勤学好问、渴求知识的火焰就是教师用思想点燃起来的。教师向儿童揭示出：思考，这是多么美好、诱人而富有趣味的事。教师只有给学生带来思考，用思考来指挥学生，用思考来使学生折服，才能成为年轻的心灵的征服者、教育者和指导者。那种热爱自己的事业而又善于思考的教师，才有力量使教室里保持肃静，使儿童特别是少年和青年用心地倾听他的每一句话，才有力量激发学生的良心和羞耻心。这种力量才是一种无可争议的威信。而那些没有什么东西好讲，学生也感觉出他没有什么丰富的思想宝藏的教师，其实是很可怜的。教师依靠思想，也只有依靠思想，才能驾驭年轻的心灵。教师的思想能点燃学生的学习愿望，激发学生对书籍的不可遏止的向往。

必须使学习有明确的目的性。我在学校里工作了35年，而直到20年前我才明白，在课堂上应当做两件事：

第一，传授给学生一定范围的知识；

第二，使学生变得越来越聪明。

如果不能使这两件事达到和谐，就会使学生的学习变成一种苦役，教师必须开展一些专门的工作来使儿童变得更聪明。教师不能认为：既然学生在掌握知识，他自然就变得更聪明了。这一切远不是这么简单。

只有在这样的条件下，就是你首先要把自己培养成思考者，你才能体会和认识到学习是一种幸福，是一种智力活动。① 多年的教育工作经验使我深信，一个年幼的人到学校上学，为的是走出校门时能成为一个有教养的、受过教育的人。而他只有在这样的情况下才能成为一个好奇的、爱钻研的和勤奋的学生，就是他要善于思考，他的生活和思想要在某种程度上脱离开他在课堂上所学的那些东西，这种独立性是相对而言的。事实上，只有开展与课堂上所学的东西没有直接联系的丰富的思维活动，才能为在课堂上顺利学习打好基础。

正因为这样，我们学校里才非常注意，不要把学习局限在教室的四堵墙壁里，不要机械地把事实和规则从教师的头脑里搬运到学生的头脑里。用形象的话来比喻：在教室的旁边，还应当有一块田地，让学生在那里从事智力的、被某种思考鼓舞的劳动。这块田地可以是很小的，哪怕是装着泥土的一个小箱子也行。最主要的是：要让学生能够同时看见、观察和动手。哪里能做到这三点，哪里就有生动的思考，能使智慧得到磨炼。

在以现成的形式装入头脑的东西跟借助独立思考获得和确立的东西之间

---

① 本节选译自作者的《致学生的话》一文，其中的"你""你们"是指学生而说的。——译注

建立明显的联系，对发展人的智力起着极其重要的作用。课堂上要记住的东西（这一点无论如何是无法取消的）越多，那么思考的"实验室"就应当越加活跃地开动，而这个"实验室"里的主要创造者和劳动者就是你自己。我们学校在教学实验园地里给一年级学生每人都分配了几小块地，就是为了把这三件事（看见、观察、动手）和谐地融为一体而设计的。智慧的、受到思考和好奇心鼓舞的劳动，是能浮载思考大船的深水。智慧的双手能创造智慧的头脑。当一个年幼的人不是作为冷漠的旁观者而是作为劳动者，发现了许许多多个"为什么"，并且通过思考、观察和动手找到这些问题的答案时，在他身上就会像由火花燃成火焰一样，产生了独立的思考。为什么向日葵的花盘总是朝着太阳转呢？为什么蜘蛛在下雨前爬进巢里而在天晴以前出来结网呢？为什么猫的眼睛在夜里能看见东西呢？为什么播种前先把种子放在太阳下晒呢？在紧张地思考其中的每一个问题时，你的思想很快地从这个对象转移到另一个对象上，反复地进行许多次。用成年人的话来说，这就是从各个方面来研究一个事物。在这个过程中，你就是在学习"在观察中思考和在思考中观察"，思维训练的意义就在于此。你借助这种思维训练能比较容易地理解课堂上所讲授的科学基础知识。思维训练不必采取千篇一律的做法。一个人可以观察草原和牧场上的植物，第二个人可以研究湖里的生物，第三个人着迷于在温室养花，第四个人喜欢用木制和金属的小零件搭造房屋、工厂和电站的模型，第五个人愿意在金鱼缸里养鱼，第六个人把橡实种下去，培育出橡树苗，第七个人喜欢钻研一些存在不平常现象的世界。他们每一个人都有自己的兴趣，而没有兴趣就没有发现的乐趣，就没有才能和爱好，就没有活的灵魂，就没有人的个性。

63

教师要把学生的脑力劳动放在注意的中心

　　公式化和一律化，像铁锈一样腐蚀着教育过程中丰富多彩的细节，这是危害教学和教育工作的现象之一。常常有这样的事：看到某一位有经验的教师按照课题计划（按一个整的课题，把好几节课包括在内而制定的教案）进行教学取得了好的效果，于是，校长、区教育局的视导员就要求所有的教师除了写课时计划以外，还必须写课题计划。这种要求会导致什么结果呢？只能造成公式化和一律化。教师不得不制订这种计划却不拥有足够的具有预见性的依据。课首先面对的是具体的儿童。譬如说，教师准备明天给五年级学生讲百分数的初级概念。如果备课时他只想到讲解百分数的方法，而没有想象课时计划的步骤和细节，在他的眼前没有出现那个机灵的、思路敏捷的米沙和那个头脑迟钝的、理解能力很差的柯里亚的形象，那么这种备课只不过是进行抽象的理论推敲而已。如果教师不了解学生的情况，不了解听他讲课的是些什么样的人，那么他是无法备好这节课的。按照一律化的要求把一个课题包括的几节课都加以设想而做出的计划之所以常常变成死的图表，首先是因为生动活泼的教学工作要求随时对 10 分钟以前还觉得是正确、必要的东西做出创造性的改变和修正。当然，对死的图表做这样的批评，绝不意味着在教学工作中无法预见 5 节课或 10 节课以后将会发生的情况。假如是这样的话，那么一切教学大纲都将失去意义，学校工作也会变成一种自发的行为。但是，我们所能预见到的，只是达到教学和教育目标一般途径，而不是细节。在每一节课上，都有几十种这样的细节，它们的依存关系是复杂而又多变的。

　　我们把脑力劳动作为分析总结的中心内容。这里的脑力劳动不仅指学生的脑力劳动，而且包括教师的脑力劳动。我们全体教师一直在研究的一个重要问题，就是思维素养的问题。我通过对一些成功的课和失败的课的比较研究，得出了这样的结论：在学习新教材的过程当中，教师应当看出和想象出学生的脑力劳动是怎样进行的，学生是怎样感知教师叙述和讲解的东西的，以及他们在认知的道路上遇到了哪些困难。在一些课上，教师完全沉浸在自己的思想里，而看不到学生是怎样感知他的讲述的。表面上看来一切都很顺利，学生在听讲、在思考，然而到了这节课结束时教师才发现，只有几个最有才能的学生对所学的东西有一点似懂非懂的见解，班上的大多数学生却毫无所得。也有另外一种课，教师始终注视着学生掌握知识的过程。他用不着等到下课后再去了解学生是否领会了教材，在课堂上就能看出学生的脑力劳动的情况。他一边思考自己讲授的让学生理解的东西的含义，同时还在思考自己的教育技巧中一个最重要的问题：在自己所做的事情跟所收到的效果之间有着怎样的依存关系？

由此可见，教师真正的思维素养，就在于在学习教材的过程中教师能找出一些使他能够看见学生的思路是怎样发展的工作方法。我这里所说的就是所谓反馈—联系原则，它是程序教学的一条重要原则。优秀的教师们在每一节课上都在实施这一原则，并不使用任何复杂的机器和设备。他们找出一些让学生独立完成的作业，通过这些作业使学生理解和掌握知识的过程从具体事物中显示出来，而这些具体事物是可以观察到，可以下结论和下判断的。例如，五年级学生在理解三角形面积测量的概念时，让他们在草稿本里画一些图，做一些测量，从实际上运用刚刚讲过的公式。这一切都是在教师的眼前做的，他能看到每一个学生的脑力劳动的特点，及时地给予帮助。这种帮助要在学生还缺乏牢固的知识的时候，而不要在完全"不知"的时候进行，这两种情况完全不是一回事。

对实施反馈—联系的情况进行分析，可以得出对以后的实践有重要意义的结论：应当使学生感知、理解知识的过程，最大限度地包含在学生从事的积极的独立劳动内。学生不应当单纯地听讲或思考，还应当动手做一些事。

思考应当从"做事"中反映出来。只有这样，所有的学生在课堂上才肯思考，不注意听讲、思想开小差的情况才会消失。在这里，应当特别注意利用草稿本。这种草稿本不是为工整地记录任何现成的东西而准备的，它只是一种用来反映自己思路的便写簿。应当密切注意学生的脑力劳动在草稿本里是怎样反映出来的。

如果把教育过程首先当作一种对学生的脑力劳动进行指导的活动来分析，那么教师创造性的巨大意义就必须予以强调。上课并不像把预先量好、裁制好的衣服纸样摆到布料上去。问题的全部实质就在于，我们工作的对象不是布料，而是有血有肉的、有着敏感而脆弱的心灵的儿童。因此，一个真正的巧匠会把这个纸样放在心里。真正的教育技巧就在于，一旦有这种必要，教师就能随时改变课时计划，而事实上改变计划的事是常有的。一个好的教师，好就好在他能感觉出课的发展逻辑，使课的结构服从于思维的规律。如果教师死抱住一个准备应付一切情况的唯一途径不变，那么他是什么也做不好的。更确切地说，他得到的是学生的无知。教师要善于偏离计划以至完全改变计划，这并不是不尊重计划，而恰恰是出于对计划的尊重。所谓创造性，绝不意味着教育过程是一种不可捉摸的、服从于灵感的、不可预见的东西。恰恰相反，只有精细地预见到并且研究过教育过程的许多事实和规律的依存关系，真正的教学能手才能当机立断地改变计划。譬如说，头脑迟钝的柯里亚今天没有来上学，那么课的上法跟把他列入工作计划内时的情况就不一样。

　　我总结了在几十节课上所看到的事实，进一步研究：教师要具备哪些条件，才能看出学生的思路，才能感觉和理解到学生是怎样感知和理解所讲的东西的。在个别的课上，教师叙述（或讲解）时所说的话，好像是非常痛苦地挤出来的，学生并没有追随教师的思路，而是看着他挣扎着用词来表达自己的思想，艰难地找寻着要用的词。这种课的效果是很差的，这样的讲课在学生的记忆里只能留下很少的东西。当然，在这种情况下，就谈不上教师去顾及学生的脑力劳动了。这种讲课对少年期的各年级来说更是不能容许的（这个问题需要专门的心理学分析）。而在另一种课上，教师则如此深刻而广泛地熟悉他的学科，以致讲课中他把注意力不是集中在自己的思想上，而是放在观察学生怎样思考上。占据他注意中心的不是自己的思想，而是学生。我在上面强调了"广泛"这个词，并不是偶然的。教师拥有的知识超出教科书的范围越远，他所说的话的含义就可能越深刻，学生从他讲述的字里行间学到的东西就越多。

　　由此可以得出结论：学生的脑力劳动是教师的脑力劳动的一面镜子。在教师备课的时候，教科书无论如何不能作为知识的唯一来源。真正能够驾驭教育过程的高手，是用学生的眼光来读教科书的。所以伊·尼·乌里扬诺夫[①]说，教师应当知道的东西，要比他传授给学生的东西多10倍、20倍；教科书对他来说，只不过是他善于弹离的跳板而已。如果你们看到某一位教师在课堂上忠实地复述教科书，那就可以断定，这位教师的境界距离教育工作的高

---

① 伊·尼·乌里扬诺夫：列宁的父亲，教育家。——译注

度素养还很远。

还有一个有关脑力劳动的问题，我们全体教师已经对它进行了多年的研究，就是关于掌握知识的问题。几年前，我们全体教师达成这样一种共识：有的教师动了很多脑筋，力求把自己所讲解的一切东西都变得明白易懂、毫无困难，使得学生不用再思考。我在总结学年工作的校务会上，不止一次地举了一些例子，说明对这种课似乎可以用"两分法"来评价，就教师的讲课情况来说，可以说是好课；就学生的脑力劳动情况来说，只能说这种课很平庸。既然教师已经把脑力劳动的强度减轻到了极限，那就不能说学生已经掌握知识了。只有当知识对学生来说成了一种触动他的思想和情感，激发他去探索，使他产生需要而变成自己的东西时，才能说学生是在掌握知识。掌握——这个词意味着对事实进行积极的思考，对事物、事实、现象抱研究的态度。当学生能运用概念、判断和推理的时候，才开始进行积极的思考。

如果把掌握知识的过程比喻为建造一幢大房屋，那么教师提供给学生的应当是建筑材料如砖头、灰浆等，把这一切砌垒起来的工作应当由学生去做。经常看到，正是由于教师不让学生去干这种笨重的建筑工作，才使学生变得不够机灵、理解力下降。只有让学生实际去干，他才能开始掌握知识。

例如，学生很不容易掌握副动词短语。对教材的内涵他们似乎理解了，但是不会使用这种短语。为什么呢？因为学生没有去尝试运用这些知识，没有在刚刚弄懂并第一次领会教材的时候去进行一下自我检查。弄懂教材还不能算是有了知识，有经验的教师总是力求把学生的积极活动包含到理解教材的过程中去。我得出一条结论：在绝大多数情况下，数学教师和语文教师在一节课上所要讲的时间，不应超过7分钟。让学生通过自己的努力去理解的东西，才能成为他自己的东西，才是他真正掌握的东西。

接着谈一谈关于知识的巩固的问题。在刚刚讲过之后，教师就认为学生对教材已经懂了，于是喊学生回答问题。这不是知识的巩固，顶多只能算是得到学生头脑中留下了什么印象的信息，而这种信息还带有迷惑性：回答问题的多半是能力最强的学生。

真正的巩固知识，是让学生对事实、事物、现象的实质进行独立思考。当学生对教材似乎理解了以后（这里说似乎理解了，因为对于个别学生一时还不能做出肯定的结论），有经验的教师就拿出 5 分钟、10 分钟甚至 15 分钟，让学生去思考，精神集中地、周密地思考。很重要的一点是，要让这个思考过程（这也就是知识的巩固过程）通过能够观察到并以分析实际作业的形式反映出来。例如，教师在黑板上画两条平行线并以另一条直线与之相交来讲解角的构成的教材以后，就让学生打开草稿本，回想一下刚刚听到的好像已经理解的东西，在本子上画出图来，并标明各种角的名称。这就是深入到教材的实质里去，同时也是一种自我检查（学生画图的时候，黑板上的东西已经擦去）。每一个学生都再一次地对已经理解和尚未理解的东西进行了思考。对教师来说，在课的这个阶段上，就可以看出每一个学生的听讲情况跟他对知识的思考和理解之间有什么依存关系。

最后谈一谈关于发展抽象思维的问题。多年的观察使我们得出结论：抽象思维之所以必要，并不单单是为了使学生能够顺利地完成越来越复杂的学习任务。教师常常会遇到这样一种可悲的现象：儿童在童年时期学习得很轻松，能顺利地掌握知识，然而到了少年时期，他学习起来就十分痛苦而艰难，以致不堪承受了。在这里，我特别注意到逻辑抽象的作用。一些优秀的教师都力求尽早地让学生解答综合性的算术应用题，让他们自编公式。

我们全体教师感到迫切需要解决的问题，还有课堂上的兴趣和注意的问题，有课堂教学和课外自学的关系的问题，在课堂上怎样激发学生阅读科学著作的兴趣的问题，怎样培养学生的兴趣、爱好、志向的问题等。

怎样在课堂上指导学生的脑力劳动

我们的教师们曾经就课堂上的脑力劳动素养问题进行过热烈的争论。我们讨论了少年期学生的脑力劳动和教师的脑力劳动相互联系的问题，讨论了关于注意力、兴趣、知识的运用，少年期脑力劳动的特点，知识的巩固等问题。现实生活向我们提出了这样一些问题，如：脑力劳动与发展学生个人爱好和才能相一致的问题，课堂教学与少年宽广的智力生活背景相互联系的问题，智力发展与双手技巧协调的问题等。我们认为，不能把学生的脑力劳动看成跟教师的一般素养、博学程度以及他的脑力劳动素养互不相关的东西。学生的劳动素养乃是教师的劳动素养的一面镜子。

在课堂上，教师不仅要想到所教的学科，而且要注意到学生感知、思维、注意力和脑力劳动的积极性。教师在思考教材上使用的精力越少，则学生脑力劳动的效率越高。如果教师把全副注意力都用在思考教材上，那么学生感知教师所讲授的东西就很费力，甚至听不懂教师的讲述。这是因为少年的

▲ 上课中用眼光与学生交流

脑力劳动有这样的特点：抽象思维逐渐成为学生思维的主要形式，学生用心地感知新的信息，同时积极地思考、加工这些已经获得的信息。教师传授的新信息应当具有较高的质量：准确、清晰，不会造成学生为透彻理解它而进行的积极的脑力劳动紊乱无序。

为了使少年学生能集中注意力听讲，我们力求使讲课的思路达到最清晰的程度。这一点对那些思维活动比较迟缓的学生尤为重要。我现在才明白，为什么学生在小学里能相当容易地克服学习中的困难，而到了五、六年级，

学生的学业成绩会陡然下降，原来是他们不能适应这个新的思维阶段。有的教师讲课的思路能够达到较高的清晰程度，而另一些教师在这方面却毫无改观，这就使情况变得严峻了。

因此，教师所知道的东西应当比他在课堂上要讲的东西多10倍、20倍。这样，教师才能应付裕如地掌握教材，能够从大量的事实中挑选出最重要的在课堂上讲授。如果我知道的东西比我教给学生的东西多20倍，那么在课堂上我会自觉地根据学生的情况选择语言表达自己的观点，可以让学生免受教师的"创作的痛苦"的折磨，使他们感知教材时不紧张。而我注意的中心就不是自己的讲述，而是学生的思维情况：从学生的眼神里就能看出他们是懂了或者没有懂。如果有必要，我会补充讲述一些新的事实。教育的技巧并不在于教师能够预见到课的所有细节，而在于教师能够根据当时的具体情况，于学生不知不觉中巧妙地做出相应的变动。一个好的教师，并不见得能巨细靡遗地预见到他的课将如何发展，但是他能够根据课堂本身所显示的学生的思维逻辑和规律来选择那必要的唯一的思路进行下去。

对抽象思维和不断地由具体事物向概括过渡的需要，是少年期学生自然的精神需要。为了满足少年期学生对于抽象活动的精神需要，我们在提供事实上经常是慷慨的，而在进行概括上是吝啬的。对少年来说，最有趣的讲述是那种不把一切都说到底的讲述。我们叙述事实，而让学生去分析它们并进行概括。在由事实到概括的过渡中，如果少年感觉到思维脉搏的跳动，那么这个过程就是思维最迅猛成长和情感最充实的时期。在备课的时候，我们认真思考：怎样才能把少年引导到这个独特的高度？怎样帮助他成为思考者和真理的发现者？

比方说，在数学课上，教师让学生把计算三角形面积的一些数据抄下来。现在学生对其中的一些数据理解不了，但是这些数据已经勾勒出学生进行理论概括的轮廓。教师并不着急，让学生去独立发现，去独立分析新的事实。在这个过程中，学生逐渐明白用什么方法才可以计算出三角形的面积。当学生在具体事实跟概括之间建立起思维上的联系时，他们就能体验到了发现的乐趣。这就加强了少年的自信心。他的思维也能立即由概括转移到具体事实：他很想把知识运用到实践中去（解答习题）。

为了满足少年对抽象思维发展的需要，我们很重视让他们做一些推理练习。这样，少年就对课堂学习很有兴趣，每一个人都被掌握知识的过程吸引住，他们作为真理探索者的美好情感被激发。

我们形成这样的信念：要使学生识记并保持在记忆里的东西越多，就越有必要训练学生的概括能力，使学生通过思考和推理而脱离开具体的东西。概括能力的训练似乎能消除疲劳。我们不止一次发现：如果把感知教材变成单调地、机械地往学生头脑里"装载货物"，那么，在从事着紧张的脑力劳动的一天中，就会出现使学生实在难以感知教材的时刻。

成千上万的教师都遇到这样的困难：许多学生在童年期学习得很顺利，而到了少年期——据教师们的鉴定——却变得愚笨、无能和满不在乎了，学习对他们来说成了一种恼人的沉重的劳役。想到这些，我们就想找出产生这种可悲现象的原因。产生这种坏现象的原因是：在这个时期①，当学生的头脑需要思考和研究问题时，教师却让学生的头脑不用思考就能得到答案，教师使出所有的教育技巧，尽可能使自己的教学易于理解，以便学生能非常容易地掌握这些知识。这样做的结果是很荒谬的：按教师的设想来说，这样做是为了使学生的脑力劳动变得轻松，然而实际上却使它变得更艰难了，这就好比是给聪明伶俐的头脑施加催眠术，使它变得迟钝起来。

我们得出这样的结论：记忆力的削弱正是在少年期发生的。产生这种现象的原因是：正当一个人应该尽量多地进行推论的时候，人们却帮助他，不让他独立思考。必须引导理解能力差和思考问题不够机敏的学生去发现真理，直到他的思维豁然开朗。这一点之所以必需，不仅是为了让他理解某一具体材料，而是它标志着智力发展到了一个独特的阶段。发现的欢乐，凭借自己的努力而获得真理时的惊喜，能给人以自豪感、自信和自尊。

抽象概念在少年期迅速形成，不仅是智力发展的重要前提，而且是解剖生理发展的重要前提（由此而使脑的思维能力得以增强）。如果不借助抽象概念的形成来发展少年的头脑，他在智力发展上就好像停滞了：他不能理解理论概括的现实依据，他的语言表达不清，想象贫乏，他的双手不会做出复杂的、精细的动作。我终于明白了：一个人在童年时期能够胜任脑力劳动并且从中感到乐趣，而到了少年时期，学习对他来说却变成了痛苦的负担，是因

---

① 指少年期。——译注

为没有借助抽象思维来发展他的头脑。儿童的智力到了少年期好像在慢慢地黯淡下去和趋向迟钝，这是令人十分担忧的。

任何一个概念、判断、推理、法则，在学生没有理解的时候，都不应当让他们去识记。不理解的识记在童年时期是有害的，而在少年时期则极其危险，因为在这个时期迅猛发育的解剖生理过程趋于完成，大脑这个娇嫩的思维物质外壳在此时比其他任何时候更有可塑性，对抽象思维的影响更敏感。

鉴于以上这些结论，我们努力做到处处用心，使透彻地理解概念在少年的脑力劳动中占有很大的比重。我们根据少年的眼神去注意研究他头脑里正在发生着什么变化。我们力求使概念（它们是思维的一砖一瓦）被学生领会，成为他们积极的认知活动和获取新知识的工具和手段。

兴趣和注意力的问题在我们的教育工作中占有重要的地位。

多年的观察使我们得出如下结论：如果少年大脑的"情绪区域"长时间地处于兴奋状态，兴趣就会消失，疲劳和漠不关心的态度就会来临。教师的话好像已经不能进入学生的意识，学生听着这些话，却不能理解这些话之间的相互联系。当讲授的内容充塞了过多的新材料，或者教师力求用新奇的事实、现象和事件使学生感到震惊的时候，就会出现上述情况。一切鲜明的、非同寻常的事物，作为激发学生兴趣的手段来看都是很诱人的，但是，如果不能被教师妥善地运用，就会转化为它们的对立面。

必须十分谨慎地对待激发大脑的"情绪区域"的问题。

经验证明：讲课当中过分地追求激动人心的、鲜明的、形象的东西，会使得少年过度兴奋（喧哗、手舞足蹈）。这时教师就不得不提高声音，压倒学生的喧闹声。而这么一来，则使学生更加兴奋。因紧张而提高声调说出来的话，会使大脑两半球皮层进入某种麻木状态：学生什么也没有听见，这时候教师就非但要大声喊叫，而且有时候还得敲桌子了。在一节课上得到的这种"弹药补给"，会影响好几节课的正常的工作气氛。如果这样的课一节跟一节地上下去，那么少年就处于高度兴奋的状态之中，以致他很可能对教师做出无礼的表示。他回到家里会感到郁闷、激怒、头疼。这样就根本谈不上从事正常的脑力劳动了。采取很原始的办法来激起学生的兴趣，在这件细致的事情上缺乏教育素养，正是使人们感到少年是"最难对付的人群"的原因之一。

怎样恰当地激发学生的兴趣的问题，越来越引起我们的重视。我们进行关于教学心理学的谈话，讨论个别学生的心理学和教育学鉴定，交流观察到的情况，力求弄明白这个最重要的问题：当少年在思考的时候，他的头脑里究竟发生着什么变化？我们对于已知的东西跟未知的东西的相互关系的问题也很感兴趣。实践证明，当课堂上所讲的教材里既包含一定"份额"的已知的东西又包含一定"份额"的新的东西时，稳定的学习兴趣才能从学生的意识深处被唤起。如果教师的讲述里完全是新材料，那么学生就无法把新材料跟自己的思考挂起钩来：教师本来想竭力保护的学生的思考就会中断，学生会被一种在困难面前束手无策的感觉控制。揭示出已知的东西①跟新的东西之间内在而深刻的联系，是激发兴趣的奥秘之一。让学生体验到一种亲身参与知识掌握过程的情感，乃是唤起少年特有的对知识的兴趣的重要条件。当一个人不仅在认识世界，而且在认识自我的时候，就能形成兴趣。没有这种自信，就不可能有对知识的真正的兴趣。

我们不允许"反复咀嚼"已经熟知的东西，以免少年对知识产生冷淡和轻蔑的态度。须知少年们希望自己是个思考者，而不是再现知识的机械仪器。如果我们确知全体学生已经很好地掌握了某一教材，那就既用不着再布置课后作业去学习它，又用不着以其他方式去复习它。顺便指出，对家庭作业的检查常常进行得很无趣，正是因为它是在机械地重复已复习过不止一次的东西。

现在我们来谈谈知识的运用的问题。就少年的智育来说，这个问题是极其重要的。

学生已经掌握的那些东西应当成为建立新的联系的内部刺激物和推动力。这就要求经常地把知识加以运用。有些人认为，所谓知识的运用，就是让学生每隔一段时间完成一些实际作业（如测量、计算一些什么等）。但知识的运用应当成为一种脑力劳动的形式，成为讲授新教材的本源。我们力求使讲课变成一种对事实和现象的探索活动：让学生一边思考，一边在自己的意识深处找到那已知的部分，把它作为理解新知识的工具。

在给学生叙述历史事件的时候，或者讲解语言规律的实质的时候，我在一些场合干脆把一切都讲解得详尽无遗，而在另外的场合则把某些东西有所保留，不把话说完，因为它们是借助以前学过的知识能够解释的问题。这个方法一经使用，总是能够使学生（既包括那些理解和领悟快的学生，也包括

---

① 原文为未知的东西，疑印刷有误。——译注

那些头脑迟钝的学生）的思维积极性大为提高：他们眼睛里发出喜悦的光芒，大家都想对教师讲课中没有阐明的那些问题做出回答。关于学生头脑里正在发生着什么变化的问题，这时在我面前呈现出一幅很具体的图画：学生不仅从我手里接过知识的砖头，不仅考虑应该把它们垒到哪里去，而且还仔细地端详这究竟是些什么样的砖头，它们是不是用那种建筑一座坚固的楼房所必需的材料制成的。

我们力求这样来组织少年的脑力劳动，以便使理解和掌握知识的过程跟知识的运用紧密地结合起来，使一些知识成为掌握另一些知识的工具，而兴趣、注意、知识的巩固等，归根结底也都取决于这一点。我们在课堂上留出时间，让学生独立地深入思考各种事实、相互关系、现象和事件。这也就是实践中所说的知识的巩固的实质。所谓知识的巩固，不应当归结为教师在讲完课后马上提问学生，而学生立刻就能回答教师所提的问题。在这种情况下，能够回答的还是那些最有才能的学生，而才能中等的和头脑迟钝的学生还需要对事实进行补充的研究和理解。其实能力强的学生也是需要这些的。如果在很长时期内他们掌握一切东西都很轻松，那么他们的智力才能就会变迟钝。在进行这项工作的时候，我们并不把识记的目标放在首要地位。如果我们让学生把精力用在深入思考上，这就是在进行不随意识记。如果学生把全部精力长期地用在识记上，那么他们的智力才能就会变迟钝。

我们不允许死记硬背，而是帮助学生掌握合理的识记方法，教会他们怎样对所听讲和所阅读的东西进行逻辑分析。在许多课上，我们在讲课开始以前就向学生提出明确的目标——要理解教材的逻辑组成部分，不要记住所有的东西，只需记住最重要的。学生们以强烈的兴趣来对待这种活动，因为这样做符合他们乐于思考的愿望。少年们逐渐过渡到完成极其复杂的作业：一边听讲，一边把教材的重要的逻辑部分及其顺序记录下来。

65

让学生进行独立的脑力劳动——研究性学习法

大概我们都看到过一种对学校来说很典型的现象，就是许多学校对智育问题没有给予应有的注意。教师在讲解新教材，譬如讲三角函数的概念，学生仔细地听着内容丰富的讲解。讲完新教材以后，教师问学生："你们有哪些疑惑？"

教室里没有人吭声，没有人提出问题。于是，教师就认为学生对教材已经理解了。可是，当学生被一个接一个地喊到黑板跟前，要求把老师讲的东西复述一遍的时候，他们的回答却是一知半解，对教材并没有形成清晰的理解。教师不得不重复加以讲解，生气地对学生说："原来你们什么都没弄懂，为什么不把疑惑说出来呢？"

学生在这种情况下提不出问题，会使一个缺乏经验的教师感到惊奇，其实这是一种不足为奇的现象。学生并未意识到他们对教材究竟懂了还是没懂，因为教师在讲课开始的时候并没有使学生明确：究竟什么是必须理解的？学习该教材究竟要达到什么目的？要使思维成为名副其实的脑力劳动，那就必须使思维有明确的目的性，也就是说，要使用它去解决任务。教师越是善于使学生的思维活动集中于解决任务，那么他们的智慧就会越加积极地投入这种活动，障碍和困难就会暴露得愈加明显，克服障碍和困难的可能性越大。有些教师持一种错误的观点，他们认为把教材讲解得越清晰易懂，儿童的疑惑就会越少，学生对知识的学习就越深刻。有一位小学教师被认为是讲解算术应用题的高手。为了使学生容易"领会"应用题的条件，她事先准备了许多图片和表格，甚至把应用题里谈到的实物拿到课堂上。看起来，她的学生解应用题很顺利。但是，这些学生升入五年级以后的表现，却使教师们深为吃惊：原来那位女教师教出来的学生根本不会解算术应用题。事实的确如此。因为那位女教师在整整 4 年里小心翼翼地保护学生，不让他们碰到困难，事实上并没有使学生学会积极地思考。

一些优秀教师对这个问题采取的态度完全不同，他们对学生的关心首先表现为：让学生先把他们将要克服什么困难弄清楚，并且把注意力还有意志力都集中在克服这种困难上去。有经验的教师明白，所谓详细讲解某一种现象、事件或规律，就是教师不仅要向学生揭示教材的实质，而且要教会学生思考，使他们能够独立地、依靠自己的努力做出同样详细的解释。我们帕夫雷什中学女教师维尔霍汶尼娜特别重视让学生自编新的算术应用题。她向学生提示各种数量之间的易见的依存关系，然后要求学生自编应用题。学生很愿意做这种作业，它能增强学生对周围实际现象的兴趣，发展他们看出各种事物和现象之间的相互联系的能力。学生独立编写和解答的应用题越多，就能越深刻地确立一种信念——抽象概念都是以具体事物及其相互之间现实存在的联系为根源的。

总的来说，由具体的感性的表象向抽象（概念、判断、推理）过渡，是促使学生开展积极的脑力劳动的十分重要的因素，而这一点在小学特别重要，因为这个年龄期正是由形象思维向抽象思维（逻辑思维）迅猛过渡的时期。在这方面，数学特别是小学的算术对智育有极其重要的意义。

优秀的数学教师们总是力求让学生看出抽象跟现实存在的具体事物和现象之间的联系。例如，在教三角函数时，教师就设法直观地指出，正弦、余弦、正切、余切都是概括三角形各因素之间现实存在的关系的一些数量。采用这样的教法，学生在客观实际中就能找到应用题。

在优秀教师那里，学生学习的一个突出特点，就是他们对学习的对象采取研究的态度。教师并不把现成的结论、对某一定理的验证告诉学生。教师让学生自己提出好几种解释，然后在实际生活中去对所提出的每一种假说进行验证。学生通过实践（就这个词的狭义来说，就是对事实和现象进行直接观察，同时也通过间接的思维）去证明一个解释或推翻另一个解释。在这种情况下，学生就不是消极地掌握知识，而是积极地获取知识，即靠积极的努力去获得知识的。因此，这种知识就能变成信念，学生也会非常珍视它们。

研究性学习法在人文学科和自然学科中都可运用。儿童在分析某种现象时表现出智力的积极性，不仅决定着学生掌握知识的深度，而且决定着学生在实践中运用知识的能力。在这种课上，我们看到学生在从事真正的脑力劳动：他们深入分析活的语言现象（语文课），进行比较和对比，努力去克服困难（这时的困难已经成为明确的待解决的问题）。在这样的脑力劳动过程中获取的知识，能在记忆中保持得非常牢固。而更为重要的是，能使学生养成一种在日后实践中更完善地运用这些知识的志向。

当然，学生在分析活的语言现象时，并不见得总是能够找到问题的最终答案，也就是说，他们的脑力劳动并不总是以发现真理而宣告完成的。经常有这样的情况，就是在学生提出的几种假说中，任何一种假说都得不到证明，在这种情况下学生对教材的学习兴味反而更加强烈了。在这时，一旦教师帮助学生提出了一种最可靠的假说，他们就会惊奇地想道：原来这是很明显的事，可是我们自己怎么就没有想到呢？学生有了这样的思想准备，许多事实就会显得易见而鲜明，并且能被学生牢记不忘。甚至当时学习这些事实时的具体情境，也会留在他们的记忆里。

有经验的教师在进行社会科学基础学科（特别是文学和历史）的教学时都能熟练地运用这种研究性学习法。在这些学科，让学生进行独立工作的机会是很多的，只是要正确地利用这些机会。学生独立阅读教科书或原著（文学学习中阅读文艺作品，历史学习中阅读文选或历史文献）只是脑力劳动的一种形式和达到目的的一种手段，而真正的目的则在于让学生去研究和分析那些没有明确阐述的、似乎是隐藏着的因果关系和规律。例如，在学过古代史的一系列章节后，教师布置学生思考下列问题：在不同国家和不同时期的一系列奴隶反对奴隶主的起义之间有什么共同点？为什么没有一次起义达到建立一个合理的社会制度的目的？总的来说，在奴隶制的条件下能不能建立起没有压迫者和被压迫者的社会？

学生在书籍里是找不到这些问题的现成答案的。为了回答这些问题，他们必须仔细地分析各种事实，比较和对比许多事件，深入思考一系列民众运动的历史命运。学生反复阅读各种有关章节的教材，但是这种阅读已不同于第一次阅读，这时学生的思维似乎要从具体材料中抽象出来。对学生来说，重要的并不是记住各种细节（例如斯巴达克斯领导的奴隶起义的细节），而是要找出各次起义的一般规律，但是，要做到这一点，当然又必须深入地熟悉细节。在这一类课上，学生脑力劳动的特点，正是思维由具体向一般的过渡。

如果学生在分析的过程中，依靠自己的独立的智力获得了一些能够概括大量事实、现象和事件的知识，那么这种知识就是极其宝贵的。然而，那些跟实践直接联系的知识（跟劳动、征服自然、集体中的相互关系等相联系的知识），在学生的精神发展中也起着特别重要的作用。采用研究性学习法对自然现象、生产、人的实践进行研究，能够促使学生在思维过程中尽量地从实践中去挖掘更多的事实和材料。在这种情况下，知识对学生来说就不只是一种正确地反映现实规律的真理，而且是一种干预生活、影响现象发展进程的手段。

对学生思维活动的观察表明，如果抽象的概念、结论、判断是他们在研究和分析周围现实的过程中形成的，那么他们就能养成一种宝贵的脑力劳动的品质——不仅通过直接观察而且以间接方式去研究、认识事实和现象的能力。

这种能力在生活实践中的重要性是不可低估的，对学生在求学时代的智力发展也有重要的意义。许多教师很熟悉，教育工作实践中常常遇到这样一种乍看起来令人费解的现象：学生的年龄越增长，他在学习上感到的困难越大；一些学生一年一年地升级，而学业成绩却逐年下降。有些儿童在小学里是优秀生，而到了中年级却变成了学习差的学生。我们的观察证实，在绝大多数情况下，产生这种现象的原因在于学生不会运用概括性的概念去认识周围现实。而学生之所以不会运用，是因为他们的概括性的概念、结论和判断不是通过研究事实和现象的途径形成的，而是死记硬背得来的。如果概括性的结论不是从生活实践中抽取出来的，不是建立在分析事实的基础上，那么识记和背诵它们的结果，就是学生并不能运用付出许多劳动得来的知识。于是出现了一种荒诞的现象：学生的知识储备越多，往后的学习反而越困难。而如果概括性的结论不是死记硬背得来的，而是通过分析事实和现象有理解地抽取出来的，那么情况就完全不同了：学生的知识范围越广，学习起来就越容易。在学生第一次所接触的东西中，有许多用不着深入分析细节就可以理解，因为一些事实之间的新的相互联系，对他来说只不过是已经熟悉的某种概括性原理的某一方面的具体化而已。

66

劳动与智力发展

学校的智力生活丰富与否，在大多数情况下取决于能否把智力活动和体力劳动密切结合起来。早在童年时代，我的学生们就看到，在一些小型的劳动集体——课外的技术小组和农业小组里，充满着一种多么丰富的智力生活。这些课外小组是教育少年学生的一种重要形式。课外小组活动的价值，就在于使每一个学生在一段较长的时期内去发挥自己的禀赋和能力，在具体的事情中表现自己的爱好，找到自己心爱的工作。

教学大纲规定，少年每周在教学工厂里劳动一次，学习加工木料和金属，制作机器和机械模型。教学大纲规定的劳动实质上就只有这些了。它能不能满足少年多种多样的兴趣和要求呢？当然不能。正是为了使劳动和智力生活统一起来，为了使学生的自由活动时间充满具有重大精神意义的活动，我们组织了许多课外小组：少年植物栽培家小组、育种小组、园艺小组、养蜂小组、机械化小组、电工小组、无线电工小组、钳工设计小组、车工小组、动物饲养小组、养花小组等。没有这些能使学生的探索性思维充分发挥的课外小组，就既不能设想有真正的智育，也不会有情感和审美的教育。如果不能使双手成为智慧的高明的老师，那么学生就会失去对知识的兴趣，教学过程中就会缺少一种强有力的情绪刺激。

早在三、四年级，孩子们就开始参加课外小组活动。起初，学生当然不会自主地选择参加哪个小组。需要一个长期的过程来让学生了解自己。学生的注意可能时常从这件事转到那件事上，一种爱好被另一种爱好代替。这种情况对于自主地选择心爱的工作是必要的。终有一天，学生会找到最大限度地适合他的天赋的那份工作。教师在这件工作上不能操之过急，不要硬性地把一个学生"分配"到这个或那个小组里去。当然，对于这个学生在劳动中认识自我的复杂过程，也不能放任自流。重要的是，要在每一颗心里点燃起热爱劳动的火花。这就是说，要帮助学生动手去做某一件事，并且使双手成为他智慧的老师。

双手的工作跟有意义的创造紧密地结合。思考和双手的工作联系越紧密，劳动就越加深刻地进入学生的精神生活，成为他心爱的事情。劳动中的创造是发展学生智力的最强有力的刺激之一。在孩子的精神生活中，课外阅读占有很重要的地位。这种阅读跟必须识记、背诵并保持在记忆里的那种学习并没有什么联系。这是一种由于对创造性劳动的兴趣而激发的阅读，是一种想在双手的工作中取得成就的愿望。这种阅读对于培养智慧，扩大眼界，特别是对于在学习过程中形成自己的脑力劳动的风格和特点，起着很大的作用。这种阅读能培养学生深刻理解、深入思考所读的东西的实质的能力。对待阅读的这种态度，也能运用到对教科书的学习上。谁迷恋于一种创造性劳动，他就不会去死记硬背。如果劳动中没有精神生活，就会出现死记硬背的现象，它不仅消耗学生的智力，而且使他们精神空虚。

每一个课外小组都是一个创造性劳动和完满的智力生活的中心。我们努力使每一个少年学生都成为劳动者、思考者、探索者，使他们在有趣的、令人鼓舞的创造活动中来认识世界和认识自己。一个人在少年时代的自我认识和自我教育，就在于他对真理的认识和发现是跟个人付出的创造力融为一体的。他感觉到：由于自己的思考和钻研，大自然才向他揭示出自己的奥秘。

这是一种真正丰富的智力生活，体力劳动和思考融为一体。紧张的体力劳动从来就不是最终目标，而只是实现既定意图的手段。思考是主要的，但双手也不是消极的执行者，手能使头脑变聪明。跟少年设计者们一起劳动，看见他们的双手好像在检验着各种设想和猜测，这一切帮助我们这些当教师的人懂得了这种教学的奥妙以及它的巨大的教育力量。在双手的这种检验的影响下，思维就得更加积极地工作，而得到的发现又能在人的内心产生人格尊严。

我认为，学习和劳动的结合，就是边干活边思考。每一个少年都要在好几年的时间内受到这种创造性劳动的训练。我曾经苦苦思索过这个问题：这种训练怎样在智力发展上反映出来呢？生活做出了富有教益的回答：通过思考和体力劳动的结合，双手的精确动作在实现着同样精确的设想，使少年们变成聪明的思考者，他们是在研究和发现真理，而不是单纯地"浪费"现成的知识。

课外小组的创造性活动使一些少年学会了思考。这些孩子的思维日益明显地表现出一种宝贵的特征：力求从自己的知识中找出那些能够跟新的东西联系起来的东西，力求用他所理解了的东西和以前靠思考与记忆所获得的东西来证实新东西的真理性。

凡是经过这种创造性劳动训练的学生，都能自觉地避免去背诵不理解的东西。譬如尼娜和别特里克，在代数、几何、物理课上写下一条新的公式时，他们很自然地有一种对它先想一想的愿望，深入思考一下这条公式所概括的是哪些东西。这对他们来说是必要的，正像有必要用手和手指去触摸一下机器的零件和部件一样。

在培育大颗粒的小麦时，孩子们研究了植物的生命活动对许多条件的依存关系，如土壤的微生物区系，泥土深层的湿度保持，土壤在播种前的整修，种子的生长力，等等。劳动就是对这些因素之间的依存关系的多种组合的研究和概括，是对这些因素之间在时间和空间上的相互关系的研究和思考。生活证明，如果长时期内把劳动跟思考一些重要的依存关系和因果关系的思维活动结合起来（例如，在整个生长期内研究微量元素对禾本植物的生长和成熟的影响），如果总是使这个思想深深地占据和激动学生的心，那么就能在学生身上培养出一种非常宝贵的能力，即把一种思想当成个人的内心感受的能力。劳动与智慧的结合是智力情感的首要源泉。

我的学生中有一些人思维比较迟钝，他们要花很大的力气去理解数学、物理、化学、历史上的概括性的原理和规律。有时候，你会觉得，他们内部的精神力量和动力眼看就要消耗殆尽了，无能为力的情况眼看就要来临了，他们的头脑即将停止对知识的思考。假如不是用劳动来鼓舞他们，不是通过

▲　劳动之角，创造之源

手脑结合而产生的思想使他们内心感到激动，那么，上述情况在别特里克、尼娜、斯拉夫卡的身上是必然要出现的。这种智力的内在疲劳状态也会影响到学习能力强的学生。

学校开辟了几个让少年们在无线电工、电子学、生物化学、土壤学、杂交等方面从事创造性劳动的工作角。如果在少年期，一个人没有在复杂的图纸或者仪器面前钻研得入了迷，除了这件有趣的活动以外而忘记了世界上的一切，那是很难设想他能受到完满的教育的。在这里，少年们变成了思考者和研究者，他们对科学思想和科学家们的丰功伟绩感到由衷的赞叹和敬仰。就在这些工作角里，点燃起关于未来的幻想的火花。学生的创造性思维具有了一种特殊的性质和风格，那些在许多情况下不能看见、无法直接观察的事物成为他们思考的对象。对这些现象的思考和驾驭，是在学校里的劳动与智慧相结合的高级阶段进行的。在我的班上，没有一个学生不会迷上一种有趣的活动。一个人可以有多种爱好，而且这些爱好看起来是相去甚远的。例如，有些学生爱好文学，在词的世界里过着丰富的精神生活，然而突然他们又研究起抗生素来了。少年机械化工作者"改行"搞起了无线电和电子学。在许多学生的精神生活中，长期地保持着两种甚至三种爱好。当我的学生上到六、七年级的时候，学校里开辟了一个"难题之室"。在它的门口，学生们抄录了马克思的话："但是在科学的入口处，正像在地狱的入口处一样，必须提出这样的要求：'这里必须根绝一切犹豫；这里任何怯懦都无济于事。'"① 在这个"难题之室"里，把一些最难解决的事（对少年来说，经过紧张的智慧努力可以解决的事）陈列出来；挂出一些无线电和电子学方面的示意图，号召学生按照它们制作出仪器和模型；也出了一些物理、化学、数学方面的复杂的应用题；出了一些研究生物化学和土壤学的课题。学生们跨进这个房间的门槛，就好像走进了科学宫殿的前厅。这里考验着人的性格，锻炼着人的意志，少年们通过亲身体验认识到什么是自我教育。

① 马克思，恩格斯.马克思恩格斯选集：第二卷 [M].北京：人民出版社，1995：35.

67

通过劳动发展学生的个人才能和爱好

在苏维埃社会生活的现阶段，培养全面发展的人，发挥每一个学生的才能，是教育事业的一项重大任务。及时地发现、培养和发展我们学生的才能和素质，及时地了解每一个人的志趣，是当前教学和教育工作中要抓的一件主要的事。

我们全体教师向自己提出了这样的目标：学校里不应当有任何一个毫无个性的学生，即对任何事都不感兴趣，没有任何东西能使他激动和向往，对学习数学公式也好，对学习抒情诗也好，都带着同样冷淡的态度的学生。我们努力使每一个学生，从入学后的最初几天起就着迷于某一样东西，就爱上一样东西，使他能发展自己的创造性才能，使他形成一定的生活志趣。那么这在实际上应当怎样做？怎样才能在每一个儿童身上发现并点燃创造性的火花呢？

我们学校每年的在校生有 500～550 名。新来的学生第一眼看到的就是一种创造性劳动全面展开的气氛。当然，刚入一年级的儿童对此还不甚理解，但是他能感觉到这种充满激情的气氛。这一点对教师来说是很宝贵的：用不着很多的谈话、很多的劝说，而是用那些年长的同学怎样在有意义的劳作中尝到了生活的乐趣的活生生的例子，来吸引他们参加劳动。每一个学生都有一个心爱的角落，在那里从事创造性劳动，而旁边又有年长的同学给他做榜样。要帮助每一个学生找到心爱的事情，找到掌握劳动技巧的榜样，在目前还是组织课外教育活动的主要困难之一。我们的学生跟当地集体农庄的拖拉机队、大田工作队、饲养场、技术修理站，以及跟附近的一个水电站、车辆制造厂和其他企业的人员保持的联系，帮助我们克服了上述困难，我们的学生在这些生产单位里找到年长的同学。有时候，对任何事情都不感兴趣的个别儿童，还得把他从这个单位换到那个单位，直到找到使他们感兴趣的事情为止。

这是一件细致的、很不容易的工作，常常会发生一些冲突。解决这些冲突成了每天的教育工作中常见的事。

我校有一个叫巴维尔的九年级学生。过去，他是个对什么事都不感兴趣的学生。教师们很长时间内都没有找到什么能使他入迷的活儿。他对劳动的无所谓的态度造成了他对学习的无所谓的态度。他从一年级到八年级的八年时间里，曾经三次离开过学校。可是，他九年级时，有一位新辅导员 B. P. 塔兰来到了"少年技术家小组"。他的手工很高明，是优秀钳工、装配工和车工，一下子就吸引住了全体组员。只有巴维尔一如既往，对各种活动都无动于衷。但是，不久，新来的辅导员终于唤起了巴维尔的劳动兴趣。更加重要的是，他教会了巴维尔把已经开始的事坚持到底。在这个男孩子身上，产生了为自己能做事的自豪感。而这一点在我们看来，乃是形成劳动兴趣的极其重要的条件。巴维尔逐渐迷上了课外小组的活动，现在成了对模型设计和制作最感兴趣的成员之一。

我们学校是"一部上课制"，在下课后和休息时，每一个学生都可以在自己心爱的角落里从事活动（从下午4点到8点）。全体教师付出了大量的劳动，以便为学生从事创造性劳动创造物质基础。通常，在规定的从事"心爱的活动"的时间里，所有的学生都会主动地到学校来。跟他们一起来校的，经常还有附近几所八年制学校的学生。一年级学生还常常带着自己的弟弟、妹妹一起来——他们也很想做一点什么事儿。我们必须给所有的孩子都找到最爱做的事情，而不是简单地"让他们随便做点什么，只要他们有事可干，不至于互相妨碍就行了"。为了点燃每一个学生身上的创造精神，必须在所有这些"心爱的角落"里为学生提供各种最重要的劳动种类，还要考虑他们的年龄特点，把这些劳动转换成真正适合儿童去从事的活动（在这里，一定要防止一种很大的危险，就是如果劳动项目选得过分严肃，或者"安排"只是单纯使儿童感兴趣的活动，那就会使儿童远离这些活动）。

我们有装备得很好的工作室和工作角，多种多样的技术创作活动项目，无论是一年级学生还是十一年级学生 [①] 都能从中找到自己特别喜爱的有趣的事情做。

[①] 帕夫雷什中学一度实行过十一年制的学制。——译注

在年幼儿童的工作角旁边，设置着少先队员和年长同学的工位。譬如，一个三或四年级的学生在小机床上车一个玩具马车上的轴或轮子，他的旁边就有一个八年级学生在制作发电机模型的零件，而另一个十一年级学生又在制作供八年级学生在车床上使用的零件。这样安排是具有特殊的教育意义的：这样能创造条件，对态度冷淡的甚至懒惰的学生施加积极的影响。

在学校的一座房屋里，设有一个"少年建筑家"之角。在这里，建筑事业的爱好者们装配钢筋架，制作钢筋混凝土预制件和各种零件。

在培养学生的个人才能方面，我们对电子学和自动控制学专用教室给予特殊的地位。这里备有整套的材料和零件，供学生根据自动控制学和遥控技术的原理设计活动模型和装置。多年的经验告诉我们，在每一个班级里，都能发现两三名学生，由于在技术小组里参加活动，逐渐地发展了自动控制学和电子学方面的创造性才能。

全体教师对唤起和发展学生对艺术创作特别是应用艺术方面的才能给予特殊的重视。在一个小型的陶器工厂里，孩子们制作出器皿和各种各样的小瓷像。这里给最小的孩子专门分出一个工作角，他们在那里做泥塑，给学校木偶剧团做玩偶。参加绘画组的有从一年级直到毕业班的学生。学校里还有许多个文艺创作小组。学校定期举行学生作业展览会（名为"我们的创作"）。但是，我们发展学生在艺术创作方面的才能，目的并不是把音乐或绘画作为他们未来的职业（那是专门学校的任务）。我们的职责是：全面地发展每一个学生的个性，发现他的禀赋，帮助他们形成艺术创作才能，以便使他享有多方面的完满的精神生活。

在农业方面也为学生提供了可以选择的多种劳动种类。在我校的两个暖房（其中一个是柠檬苗圃）里，没有一天停止过引人入胜的劳动，孩子们从入学的第一天起就在这里找到了心爱的事情。在绿色实验室里，在生物室和生物角里，在果树苗圃和果树园里，在教学实验园地里，在学校养蜂场、养兔场里，以及在集体农庄蜂场的一个分场里，都在进行着有趣的植物试验。我们力求使儿童在培育植物或者加工土壤的时候，从小就通过亲身的体验来认识到人的智慧改造自然的力量。例如，我们让小孩子从这样一件事情开始他们的劳动：不用土壤，而在有营养的矿物混合物（沙子、有机质、矿物肥料）的水溶液里来培育植物。孩子们自己来配制这种混合物，用它们来培育植物。在严寒的冬季，生物角和生物室里还有碧绿的黄瓜，西红柿还在成熟，一串串的葡萄在吸引着人们的注意。在学校的果树苗圃里，八九岁的孩子们把培育出来的果树嫁接到野生砧木上。当然，并不是所有的孩子都能做这件事，只是那些在入学前就爱上了大自然的孩子才会这么做。

我们全体教师认为，教育工作的一项重要任务就是使所有这些心爱的劳动之角都跟学习紧密地结合起来。因此，每一位教师都在课堂上、在讲授大纲教材的过程中，注意激发学生对某种劳动活动的兴趣。例如，教师 M. H. 维尔霍汶尼娜、Г. A. 涅斯捷林柯、E. M. 日阿连柯，在给低年级学生讲述生物界的时候，向他们介绍高年级同学在教学实验园地、果园、苗圃里做些什么事。这样就引起了孩子们的求知欲，他们希望知道比课堂上所学的更多的东西，而这正是对劳动发生兴趣的最初的源泉。

经验证明，为了激起和发展学生的才能，最有效的办法是依靠他们的独立性来组织劳动。对某一种劳动的共同兴趣有利于把学生联合到这个或那个集体里去。在我们学校里，这样的联合组织每年有 70 个以上。每个小组有 3～12 名学生。所有的小组（有的叫小队、分部）都按照自己的独立性原则进行活动。熟悉某一种劳动的教师，参加学生小组的活动，并经常成为他们的指导员，但他不是以教师的身份，而是以本门业务的内行的资格参加的。但是这样的教师在我们这里不超过 15 人，所以其余的学生小组都是由最有经验的高年级学生领导的。这里所说的领导具有一种特殊的性质，首先是领导者个人的技艺能够成为大家的榜样，能够以自己的劳动来鼓舞组内成员。每一个这样热爱自己的工作的学生（通常是七、八年级的学生）都能在自己周围团结起好几个也热爱这项活动的学生。

我们还有这样一种联合组织，参加的成员是具有不同的劳动训练程度和不同的技能技巧水平的学生，这种组织倒是极有生命力的，因此从教育学的观点来看是可行的。它的产生似乎是自发的：二年级学生跟五年级学生在一起劳动，五年级学生又在向十年级学生学习。但是这种表面上的自发性才是真正的独立性：对劳动的迷恋和热爱把他们结合在一起了。

正如上述情况所表明的那样，要发展学生的个人才能，最好是在创造性劳动过程中让不同年龄期的学生在经常地、密切地交往的条件下来实现。因此，我们认为，把十一年制学校的高年级分出去作为独立的教学教育机构是不适当的。不要以为我们把低年级学生跟高年级学生分开，就能更好地考虑两类学生的年龄特点。相反，凡是让学龄初期、学龄中期和学龄后期的学生同在一起学习的学校，都取得了很好的成绩。当一个人同时也在教育别人的时候，他自己才能更好地受教育。在我们学校里，每一个高年级学生都在把自己的知识和技能传授给低年级同学，而且特别重要的是，他们以心爱的劳动吸引着他们，从而促使他们努力地掌握劳动的技艺。不仅十一年级和十年级学生，而且九到八年级甚至七年级的学生，都能成为教师的得力助手。当我们在教育某一个低年级学生而遇到困难时，我们就在想：应该找哪一个高年级学生跟他去接近，哪种兴趣和爱好能够成为他们精神交往的共同基础。这是一把进行个别对待教育的钥匙，不过这个问题十分复杂，需要专文加以探讨。

在以学生的独立性为基础的教育过程中，对教育的领导以及教师的作用表现在哪里呢？初看起来可能会觉得，教师是旁观者，所有的小组活动都是学生在开展。但实际上并非如此。教师的任务就是不断地使学生保持对劳动的热爱，并点燃学生的创造性火花，设法使它们熊熊地燃烧起来。我们之所以有一批着迷于技术、植物栽培、果树栽培的学生，就是因为有一批热衷于自己爱好的事情的教师在他们眼前做出了榜样。他们每一个人总是跟学生在一起设计着什么东西。从这些教师手里制作出来的各种东西，都以制品的美观、工艺上的精巧而见长。

掌握技艺是推动学生从事心爱的劳动的主要刺激物。因此，我们努力使每一个学生在上学的年份里都能在一个选定的领域里取得突出的成绩。只有这样才能培养出热爱劳动的精神：一个人热爱一样事，为它入迷，离了它就不能生活。通往成功的道路通常是要经历长期的、反复的探索的。一个学生可能在各种不同的劳动项目中尝试自己的力量，学习各种技能，但是当他在某一种劳动中的成就还没有远远超出基本要求的界限时，还不能说他已经找到了自己的道路。任何一个学生都能很好地刨出一块板，做出一个小房子的模型，装配出一个发电机模型，等等，只不过要做到这一点，有的学生需要较多的练习，有的学生需要较少的练习而已。但是要使一种劳动成为心爱的、入迷的事情，却是需要达到超过对同年龄学生的要求更加突出的成绩的。

发展个人才能是一个活的、变化很大的过程。天资和才能一样，是多方面的。学生过一段时间后，又可能在另外一件事情上取得更大的成绩。要在劳动中取得这样的成绩，儿童得付出很大的努力。他会看到（更确切地说会感到）自己做到的已经很多，但同时还是很少。

刺激学生去取得新的成绩，是发现儿童的天资和发展他们的才能的一种方法。在实践中运用这个方法并不总是一帆风顺的。在 27 年的教育工作中，我就遇到过几十个这样的学生：他们在很长的时间内都不能在任何领域里取得任何显著的成绩，其中也有一些学生对体力劳动抱着厌恶的态度。但是不管一个人多么不愿意劳动，我们对他的教育还是必须从让他取得成绩开始（起初的成绩哪怕是很微小的）。对那种"一双手连什么都不去碰"的懒汉，开始时我们简直不得不强迫他劳动。不过，根据我们的体会，应当让他在那种能够取得一点成绩的地方去劳动。在这种情况下，最好的办法是教师跟学生一起劳动。

天资和才能首先表现为一种为达到目标而克服困难的顽强精神。只有在为取得新的成就而从事艰难的劳动的道路上，儿童的天资和才能的新元素才能得以展示出来，儿童的兴趣范围才能得以拓展。

有些学生没有突出的天资，我们对于培养这些学生的才能要予以特别的重视。这种学生不仅在学业成绩中等的学生里有，在优等生里也有。我们深信每一个人都能够在某一劳动领域里获得高度的技巧，因此要尽力激发这一部分学生的创造性潜能。在这里，起决定作用的是劳动、坚持精神、意志力、克服困难的勇气和遇到挫折不气馁的精神。我们要努力使儿童把全部力量集中在一件事情上，深入它的精细微妙之处。如果学生在第一次没有取得成功，教师就要帮助他再从头做起；如果第二次也失败了，教师应当建议他从另外一个方面去着手，或者暗示他应当如何去做。

我校全体教师始终在努力使学生从事的一切劳动项目都充满智力的内容。那些最简单的劳动过程，都应当渗透研究性、试验性的思想。

要迫使一个学生参加一点体力劳动是容易的，然而要教导他把双手和智力活动结合起来却要困难得多。然而正是在这种结合中，才能找到培养学生（哪怕是最消极的学生）对劳动的兴趣和热爱的真正有效的钥匙。对于这些消极的学生，我们起初先迫使他们完成一定的体力劳动，并且努力使他们通过这些劳动看到一条去认识（哪怕是很初步的认识）和征服自然力的道路。如果学生把体力劳动看成是一种达到创造性目标的手段，那么就说明他已经克服了懒惰思想，变得热爱劳动了。

我们认为现在应当严肃地讨论这个问题：每一个学生在学校里就应当找到一种最大限度地适合他的天资和才能的劳动种类。寻找这种劳动种类的过程应当尽早地开始。这里最重要的一点是：要使学生对自己的活动爱得入迷，并且努力使实际活动跟掌握理论知识结合起来。我们现在就在努力做到这一点：学生选择了某种劳动，他就应当在与这种劳动有关的那门学科的学习上走在同龄学生的前面。

我们设想，再过两年，我校将为大概从四年级起的所有各年级安排 1 个小时的特别时间供学生学习他最喜欢的学科（可能，我们给它起个名称，叫作"创造性学时"）。在列入课时表的这 1 个小时内（起初每周 1 个小时，以后随着教学过程的改进，中年级将安排 2 个小时，高年级为 3 个小时），每一个学生都可以去研究他感兴趣的问题，深入地钻研理论。全体教师将努力在这 1 个小时内，使每一个学生的创造性思维活动跟他的体力劳动紧密地结合起来。学生学习和活动的地点，将根据每个学生的爱好和劳动的内容来确定。在这种时间里所从事的"心爱的劳动"的内容将变得更加丰富，它的形式将变得更加多样。我们全体教师将竭尽努力，使学校能够完全满足所有学生的个人兴趣和爱好。我们提出一个设想，开辟一个"难题之室"，把一些最复杂的设计和装配的意图作为创造性任务陈设在那里，让学生去解决。

我们提出的第二个设想是：建立一个"农业新技术和小型机械化研究室"，让学生在那里研究和制作一些能够减轻农业体力劳动的新机械和联合机。每一个学生将掌握一种通用的工作技能，力求使自己成为这一行的能手和干练的劳动者。

68

一般发展与掌握基础知识

"什么是小学？""牢固的知识是在小学打下基础的。""小学是基础的基础。"谈到中、高年级教学中的缺陷和失误时，谈到学生对知识的掌握肤浅而不牢固时，常常听到上述议论。人们对小学具有重大、决定性作用谈论得很多。人们对小学的责难则主要是小学没有使儿童获得日后学习所必需的、一定范围的知识和能力。

小学首先应当教儿童学会学习。关于这一点，卓越的教育家夸美纽斯、乌申斯基、第斯多惠都曾谈到过，也已经为教育实践和教师们的经验所证实。小学最重要的任务，就是向学生传授一定的知识和能力。学会学习包含着一系列与掌握知识有关的能力：阅读能力、书写能力、观察周围世界的能力、思考能力、用语言表达自己思想的能力。这些能力好比是工具，没有这些工具，要掌握知识是不可能的。

我在为承担小学的教学工作做准备时，力求精确地做出规定：哪些东西是儿童必须深刻地识记并牢固地保持在记忆里的，哪些能力是儿童必须学会的。

但是小学的任务并不止这些。教师任何时候都不应忘记，他的工作对象是完整的儿童。

一至四年级（7～11岁）这几年，正是一个人成长的时期。在这个时期，儿童不仅应当储备一定的知识和技能，以便今后能顺利地学习，还应当过上丰富多彩的精神生活。整个小学时期，是儿童的道德、智力、情感、身体、审美等全面得到发展的时期。这就要求儿童在今天就过着丰富的精神生活，而不只是为明天掌握知识做准备。

我们国家有成千上万名优秀的小学教师，他们中的每一个人都不仅是儿童学习知识的路灯，而且是儿童名副其实的思想导师和生活教师。小学是我国普及中等教育的牢固基础。但是毋庸讳言，许多小学特别是八年制学校和中学低年级的教学还存在一些严重的缺陷。在一些小学里，学生的命运是很苦的。在我的想象中，儿童好像背着一个口袋，教师尽量地把越来越多的东西往口袋里装，让儿童把这样的重荷背负到一定的地点，也就是说背负到升入中、高年级。在有些教师看来，小学生的生活和活动的意义就在于此。

小学必须向学生传授固定范围的知识。不理解观点或者不能确定观点是否正确都会削弱小学甚至以后的几个教学阶段的教学效果。如果不明确地规定出儿童应当掌握的知识、能力和实际技巧的范围，就办不好学校。许多学校的初级阶段教学的严重缺陷之一，就是教师往往忽略了在第一学年、第二学年……各学年里，儿童究竟应当深刻理解并牢牢记住哪些规则和定义，究竟应当学会正确地书写哪些词并永远牢记它们的正字法。有些教师竭力做到最大限度地减轻儿童脑力劳动的强度。但他们忽略了这样一点，就是不仅要使儿童认识一些东西，从事一些有趣的活动，而且要使他把一些东西深刻地记住并永远保持在记忆里。现在对小学生的一般发展问题讨论得很多。当然，一般发展是学习和教育的一个极其重要的因素，但是起着同样重要作用的还有那些基础知识。如果不识记并牢固地记住那些基础知识，那就不可能有儿童的一般发展。所谓一般发展，就是不断地去掌握知识，而要做到这一点，则必须学会学习。

在完成小学极其重要的任务的同时，有一点不应忘记：教师教育的对象是神经系统正在迅速发育的儿童。不应当把儿童的头脑看成一种活的装置，将它现成地交给教师，以便使儿童不断地掌握知识，把知识识记并保持在记忆里。7～11岁儿童的大脑正处于迅猛发育的过程中。教师必须关心儿童神经系统的发育，必须关心大脑两半球皮层细胞的增强。这样，学习就不会使儿童的头脑变得迟钝。

不应当把学习仅仅归结为不断地积累知识、训练记忆和死记硬背。死记硬背会使儿童变得迟钝和愚蠢，既有害于儿童的健康，又不利于儿童的智力发展。我的目标是努力做到使学习成为丰富的精神生活的一部分，使这种丰富的精神生活促进儿童的发展，丰富他的智慧。学生的学习应当是在游戏、童话、美、音乐、幻想和创造的世界里开展生机勃勃的智力生活。我希望孩子们成为这个世界的旅行者、发现者、创造者。我的教育理想就是：让孩子们去观察、思考和推论，体验劳动的欢乐并为自己创造的东西感到自豪，为其他人创造美和欢乐，并从中找到自己的幸福，欣赏自然界、音乐和艺术的美，以这种美来丰富自己的精神世界，关心其他人的痛苦和欢乐，像关心自己的事情一样关心其他人的命运。同时又不能忘记那个严格规定的目标：儿童应当学到哪些知识，必须学会写哪些词并永远记住这些词的正字法，必须永远牢记哪些数学法则。

教学中的随意识记和不随意识记

发达的智力最重要的特征是观察力强，是"用我们的智慧的眼睛在事物的一切关系的中心看见该事物的能力"（乌申斯基语）。与观察力紧密联系的还有智力发展的其他特征，如求知欲——对周围世界现象的一种积极态度，想要认识和知道事物的一种意向；系统性（системность）——能目的明确地选择认识的对象、概念、判断等；可容性（емкость）——把知识保持在记忆里并在智力财富中辨明方向的能力；条理性（дисциплинированность）；灵活性；独立性；批判力（критичность）。

智力是在掌握知识的过程中发展的。但是必须考虑到"知识"这个概念的复杂性和多面性。第一，我们认为这个概念包含的意思是，要把那些基本的真理（事实、规则、数据、各种各样的说明、依存性、相互关系、定义）经常地保持在记忆里，因为这些东西在生活里是随时随地都要用到的，如果不会运用它们，不能在必要的时候从自己的记忆里找出需要的东西，那就不可能有进一步的学习，不可能有智力发展和智力劳动。第二，知识的含义是，要理解那些不一定要保持在记忆里的东西，要善于运用那些人类所积累并保存在书籍里的浩如烟海、广阔无垠的知识宝藏。

这是知识相互联系然而毕竟有所区别的两大因素。在对待具体材料上，一定要采取两种不同的态度。有一些东西是应当永远保持在记忆里的，这些东西好比是解释各种新的事实、现象的钥匙，或者形象地说，是思维的工具——所有这些都必须永远牢记；而且，更加重要的是，要善于运用和经常运用它们，使工具不至于生锈，不至于变成累赘。我们要努力做到的是，把那些必须保持在记忆里的事实、现象、定义、说明等通过知识的运用，通过把它们用于实践去获取新的知识和从事创造性劳动，使它们深深地印入学生的记忆。每一位教师都应当在自己的学科体系里，规定出如何运用那些必须保持在记忆里的知识的途径。数学教师们设计了一种仪器，让学生在解代数方程时利用这种仪器复习乘法的公式。同时，又运用这些公式来解答应用题。

我们分析了各科教学大纲，规定了那些必须经常保持在记忆里的知识

▲　通过比较，印象更深刻

的范围（公式，法则，规则，米制单位，正字法规则，对物质、植物、动物的一般特点的说明，地理术语，地理客体在地图上的位置，等等）。对这些知识，既要通过专门的方法去识记，也要在完成实际作业（知识的应用）的过程中加以识记。为了记住乘法表，我们有一种特制的数学箱，用它来进行识记是一种有趣的游戏。为了记住地理事物及其距离，我们做了一系列游戏——沿着地图"旅行"。在教学试验园地上，我们按照这样的顺序来选择植物，当学生由照料一种植物过渡到照料另一种植物时，要求学生回想起保持在记忆里的植物某些重要的特征。所有这些都是为了给不随意识记创造条件，而不随意识记的重要意义已经被科学证实了。不随意识记是减轻脑力劳动的一条极其重要的途径。不随意识记的效果取决于学生在解决某一理论问题的过程中所完成的是怎样的脑力劳动。例如，假使学生听过一个关于物质构造的有趣的报告，读过一本引人入胜的书，那么这些就为他以后在课堂上学到这种教材时创造了不随意识记的条件。我们力求使许多概念（特别是像国家、民族、运动、机能等这些抽象的概念）能够通过不随意识记的途径进入学生的记忆。儿童不通过专门的识记获得的知识越多，那么他就越容易记住那些非经专门的识记就无从记住的东西。

　　科学在迅猛地向前发展，知识积累越多，而人的记忆能力是有限的。在今天这个时代，人的智力发展越来越多地取决于他是否善于在知识浩瀚的海洋里辨明方向，是否善于利用知识的仓库——书籍。我们不应要求学生去做不可能做到的事：永远把整个课程都牢记在脑子里。我们要教会学生在课堂上准备回答问题的时候，以及在写作文的过程中如何利用课本。

不随意识记是智力发展的极为重要的条件，它能把脑力解放出来用于思考，用于深入地理解事实和现象的本质。不随意识记可以预防最大的弊病之一——死记硬背。我们的教师竭力防止学生去熟记不理解的东西。数学教师在开始讲解一条新的定理时，先要努力使学生理解构成这一定理实质的那些因素、事实、现象、规律之间的依存关系。学生要解释（同时使用图画、直观教具）他们是怎样理解这条定理的。学生对定理的含义思考得越多，定理就越容易被识记。以理解为基础的识记是最牢固的识记。

人文学科的教师不允许学生照教科书死背，不允许复述背下来的东西。因为那样会束缚儿童的智力，特别是当他正在获得关于某种依存关系和规律的初步表象的时候。为了防止机械地识记，教师在检查知识的时候，从来不提出那些要求学生照原样复述课文的问题。在回答教师的问题时，学生应当动脑筋思考，进行对比和比较，做详细的解释。学生不是逐段逐节地学，而是通过深入思考从各种来源（教科书、补充材料）中获取知识。我们不是让学生进行千篇一律的单调的复述，而是让他们热烈地争论，深入地思考。学生手里拿着书进行争论，援引资料的出处来证明自己的思想。其实，教师这样提问题，让学生拿着书回答，要比合起书本回答困难得多。

所谓学习知识，首先意味着要善于运用知识。

70

要鼓励学生敢于"超大纲"

每一个儿童的思维发展都有其独特的道路，每一个儿童的聪明和才智都各有各的特点。没有任何一个正常的儿童是毫无能力、毫无天赋的。重要的是，要使这种智慧和天赋成为儿童在学习中取得成就的基础，不要让任何一个儿童在低于他的才能的水平上学习。在每一个班里，在每一届入学的学生里，都会出现一些杰出的数学家、机械师、模型设计师、植物栽培家、化学家、语言学家和历史学家。我们应当在学龄前期就将儿童这些才能的火花点燃。

我们奉行的原则是每一个学生在学习中都应当达到他力所能及的成就。这有助于我们使全体学生的智力得到全面发展，防止出现学业落后的现象。我们不允许那些天赋高、有才能的儿童在低于他们能力水准的条件下进行学习。如果我们把一个本来应当成为大自然的研究者、少年自然科学家、未来的学者的学生的才能降低到一个平庸的书呆子的水准，那么那些还没有明显地表露出天赋和才能的学生就更加不可能充分地发挥他们的能力了。我们认为，要防止产生"差生"学业落后的现象，就必须允许那些天赋高、有才能的学生在学习他们有能力的那些学科和进行创造性活动时超越教学大纲的界限。例如，一个七、八年级的学生对植物学有爱好，我们就不让他局限于读中学的教科书，而让他学习生物化学，研究土壤的微生物区系。这种情况对"差生"的才能发展也会发生很大的影响，因为集体的智力生活是一个统一的过程。我们深信，如果一个班上有几个学生在研究大纲以外的材料（大纲规定的教材他们早已掌握），在研究现代的科学问题（半导体、量子发电机、电子仪器等），那么这个班上就永远不会出现物理成绩不及格的学生。如果班上有几个有才能的同学在钻研大纲里并未提到的别林斯基的文艺批评论文，并准备根据这些论文撰写研究性报告，那么这些学生就近对大纲里像《别林斯基的创作》这样难懂的章节进行了解，也会对学习最差的学生的文学学习有所帮助。有一个有才能的青年研究了卢那察尔斯基和其他学者撰写的关于伟大批评家别林斯基的论文，撰写了一篇题为《别林斯基的世界观的演变》的学术报告。现在他在一所高等学校里担任文学教师，成为一名青年学者。能力较强、发展水平较高、天赋较好的学生对学习较差、比较平庸的学生的影响，是通过十分复杂的经常性精神交往施加的。在这种交往中，各种学科小组和综合技术小组的活动，以及其他课外活动（科技晚会、竞赛、陈列橱窗）都起着很大的作用。

数学教师在给学生布置作业时，总是制订几种难度不同的方案。每一个学生都有可能挑选他力所能及的题目去做。但是因为脑力劳动是在集体里进行的，所以就带有在创造性才能上进行竞赛的性质。谁也不愿示弱，每一个学生都想在难题上考验一下自己的力量。在这种竞赛的气氛中，杰出的才能得到发挥。我们学校的每一届毕业生（40～50人）中都有两三个杰出的数学家，他们早在中学的时候，就已经在学习高等学校的教材和解答其中的习题了。

如果教师引导最有才能的学生去学习超出教学大纲范围的内容，那么集体的智力生活就会变得丰富多样，从而使最差的学生也受到影响而不甘落后。我们的一位物理教师要求学生按照"各尽所能"的原则学习。在学习大纲教材的每一节时，他都找出一些理论问题让最有才能的学生去研究。他先在课堂上让学生接触这些材料，又在课外活动中让学生继续研究。例如，在课堂上学习电学和原子分子理论时，一些最有才能的学生在研究如下问题：电流的无发电机生产，热核反应，原生质的属性，水电效应（苏联学者 П. A. 尤特金的发现），半导体在现代技术中的应用，现代科学已知的基本粒子，宇宙光的起源，等等。

教师在课堂上让学生接触一下这些问题，就激发了他们对课外活动和课外阅读的兴趣。要在科技成果展览台上，在阅览室、学校图书馆里，在物理研究室里陈列一些与科学有关的书籍和小册子；让科技问题成为学生们谈论的对象。学生在争论中不仅辩明了真理，而且促进了自身智力的成熟。这是超出大纲范围的一个重要阶段。当教师认为条件成熟的时候，就委托最有才能的学生准备报告或学术报告简介，编辑科技小组墙报，撰写书评等。学校还举行科技晚会和晨会，让学生进行演讲和做报告。在这种智力生活丰富多彩的气氛中，那些最有才能的学生了解、听到和想到的东西很多，这样就能激发他们去进行深入的钻研。正因为他们接触了许多不一定要识记的知识，他们理解和学会必须识记的材料就更容易了。

教学方法问题

多年的经验使我们得出结论，可以把所有的教学方法归为两类：一类是使学生初次感知知识和技能的方法；另一类是使知识得到进一步理解、发展和深化的方法。

随着学科特点和教材内容的不同，每一种方法都有自己的特点。演讲法（лекция）在文学课上具有这样一些特点，而在数学课上则具有另外一些特点。对劳动过程或劳动技能的演示法（показ），要根据劳动与理论知识的联系的性质来决定。学习自然常识时的观察法跟学习物理过程时的观察法，不仅由于感知知识的方式不同而有所不同，也由于脑力劳动的性质不同而有所不同。智育的成效取决于对各种教学方法的创造性运用，取决于许多细节的灵活变换，而这些细节则受着具体环境的制约，是无法在教学论里事先加以规定的。实践之所以是理论的取之不竭的源泉，正是因为在实践里才能展示出理论的多样性。

完善的智育的一个非常重要的条件，就是教学方法、课的结构以及课所有的组织元素和教育学元素，都能与教材的教学目的和教育目的相适应，与学生的全面发展的任务相适应。人掌握知识的目的是为了通过某种形式把知识运用在生活中，并在它与人们的道德、劳动、社会、审美等的相互关系中，以在教学过程中所形成的信念作为自己行动的指南。正是在这一点上，即在运用知识的性质上，体现出道德发展和智力发展相统一的真正本质。有经验的教师在备课的时候，总是会周密地考虑，他所讲授的知识将在学生的头脑里得到怎样的理解，并根据这一点来挑选教学方法。

例如，学习五年级的历史课《希腊—波斯战争》。在这种情况下，具体事实对于形成观点和信念起着很大的作用。但是学生进一步的智力发展、道德发展和道德面貌，并不取决于学生对历史事件的细节的记忆和背诵多么牢固。在这里，知识的运用是间接的：运用的并不是个别的具体事实，而是对历史事件的思想和道德评价，这种评价表现

在学生对周围世界的主观态度上，表现在他们的积极活动的性质中。

有经验的教师力求做到，使儿童对希腊人反对外国入侵者的爱国主义斗争精神赞赏钦佩的感情，永远保留在他们的意识里。教师分析历史事实，揭示教材的思想，是服从于教育目的的：使儿童确立热爱祖国的情感，不仅从当代的思想角度去认识历史事实，而且加深对这些思想的理解。为了达到这一目的，教师在讲授教材时可以引用教科书里没有的鲜明生动的事实。教师并不把应当让学生记住的事件从所讲述的材料中单独划出来（有时候也会有这种必要），在课堂上并不使用那些促使学生去识记这些事实的教学方式，而是让不随意识记的规律起作用。

历史叙述法应当始终用丰富的鲜明生动的事实来揭示政治思想和道德思想。教师在文学、历史课上对补充事实引用得越多，学生对政治、道德和审美等的思想就思考得越深入，就体验得越深刻；而哪里有对思想的情绪感知，哪里就有不随意识记（它是教师的得力助手）。

保卫祖国的思想对儿童是亲切而珍贵的，儿童们也常常想表达自己的思想和感情。一般来说，有经验的历史教师和语文教师都能根据教材的教学目标来运用谈话法，让儿童说出自己对祖国保卫者的英雄行为、勇敢精神的感想，使重要的政治思想在儿童的意识里变成个人信念。在历史、文学课上，谈话法起着特殊的作用：它能促进道德信念的形成。

在历史课上，教师没有必要让学生以熟记为目的去独立阅读教科书（除非教学和教育的目的提出这样的要求）。这种课不需要编制图表、详图、示意图之类的东西，绘图会削弱课的思想倾向性。同样的，在文学课上着重分析作品的思想性和美学价值的时候，也没有必要顺便地复习教学大纲的其他章节。

语法课的教学方法则是根据完全不同的条件来确定。在学习语法的某一具体章节时，学生对知识的第一次感知，好比只是先学一下以后许多课的一个纲要，在以后的各节课上，这些知识的实质性东西还会反复出现，还会经常回顾第一次感知的东西。因此，在学习语法时，学生的课外实际作业（课外阅读、就某一条规则做些练习等）就具有重要意义。掌握语法是一个长期运用所学知识的过程。

我们把"解释事实和现象"作为低年级和中年级语法课重要的教学方法之一。在这一方法里，知识的深化是跟知识的运用紧密结合的，这样也加强了不随意识记的作用。要想把某一材料在记忆里保持得很牢固，就要给学习这一材料分配较长的时间。

在我们的语法课上占优势的一种教学方法，就是让学生在独立完成练习的过程中解释活的语言现象。学生通过解释语言现象来逐步地理解语法规则。教师为每一条规则选编一系列的练习，让学生在一个较长的时间内完成；而对那些只有思考过更多的事实才能理解规则的学生，还要挑选一些补充性的个别作业。

在语法、数学、物理、化学教学中，以前所学过的规则、定律、公式是用来掌握新的规则、定律和公式的，因此这些学科的教师应当把知识的实际运用作为最重要的复习方法。

小学的课的结构，是由学生在这一教学阶段所应掌握的知识的特点决定的。这些知识是和能力有机地结合在一起的。小学教学阶段的主要任务，就是让儿童学会阅读、书写、观察、思考和表达自己的思想。因此，语法、数学、发展语言等课的各个结构阶段都包含着让学生积极从事劳动的元素，即一定要让学生在做某一件事：书写、阅读、编应用题、解习题、观察自然现象或劳动过程、写作文等。为了使儿童日后能够顺利地学习，他的书写应当达到半自动化的程度，即在书写时他的主要精力不是用在书写的过程上，而是用在理解和思考他所写的东西的意思上。多年的经验使我们深信：为了学会足够迅速、清楚而正确地书写，使书写成为学习的工具而不是最终目的，学生在小学期间应当完成不少于1400页练习簿的书写练习。为此必须进行一些培养书写技术和书写速度的专门练习。

在小学课堂上，占有重要地位的是这样一些作业形式，其主要特征是把教师的话、直观形象（实物、图画等）、儿童的实践性活动三者结合起来。小学阶段的教学是向儿童打开通往世界的第一扇窗户，既要向他们讲解、演示、说明各种事情，又要教他们怎样去做。我们特别重视讲解（其目的是使学生形成表象）、对概念的描述和说明、对操作（阅读、书写、劳动过程）的演示。在到自然界参观的时候，要注意丰富学生的词汇，让他们领会那些能将现象和标志的最细微差别（例如，各种花、各种气味的细微差别）表达出来的词的含义。教师很注意解释抽象概念的含义。

在小学各年级，我们十分重视阅读技巧，努力做到使学生在阅读的时候，不会把精力都集中在阅读过程上，而用在所读的东西的内容上。在每一节课上，教师先以标准的、情感丰富的表情朗读做示范，然后由学生自己朗读，朗读的内容不限于教科书里指定的课文，还可以是自己喜爱的书籍里的章节。多年的经验使我们全体教师得出一条结论：为了使学生学会有表情地、流畅地、有理解地阅读，那就必须使学生在小学期间花在朗读上的时间不少于200个小时（包括课内和课外），而花在默读、指读上的时间不少于2000个小时。

在中年级①，对知识的理解、发展和深化在掌握新知识的过程中所起的作用日益增强。在叙述、描述、讲解中，指导（即指导学生怎样独立工作）的元素越来越多，而且指导也日益作为一种独立的教学方法占有特殊的地位。我们对于中年级这个教学阶段应给予特别的重视，因为它既要使学生做好继续学习（特别是自学）的准备，又要使学生做好参加劳动的准备。中年级的叙述法有别于低年级的叙述法，就在于教师力求唤起少年阅读参考书的兴趣。在六、七年级，我们就让学生通过独立阅读来第一次感知知识：指定个别章节（中等难度的）让学生自学；同时，独立阅读还与其他的独立劳动形式相配合（在实验室里和教学实验园地上做实验，观察，查阅补充资料——图表、模型、表格等）。

在语法课、数学课、物理课、生物课上，运用知识是加深对教材的理解的最重要途径。在中、高年级的每一位教师的工作体系中，都形成了把新教材的学习与知识技能的运用相结合的一套工作方法。语法教师在课堂上给学生散发一些各自不同的卡片，让学生分析卡片上专门挑选的语言材料，以便在加深以前学过的知识的同时也检查学生的知识，并把学生引导到为学习新教材而做准备上。

在中、高年级，特别是在刚开始上新课、学生着手学习新知识的时候，教师应当充分利用学生事先观察自然现象或劳动过程所获得的材料。我们认为这一方法有很重要的意义。教师布置预先观察的课题，用意在于让学生思考各种现象之间的因果关系。在上课时利用这些观察所得的材料，就是为了揭示这些关系。学生在观察中所发现的已知和未知的东西越多，在课堂上他们的脑力劳动就越积极。

在中年级，以让学生识记并在记忆中长久保持知识为目的的教学工作比在小学阶段具有更重要的意义。我们力求做到，使各种公式、标志、测量单

---

① 相当于初中。——译注

位、物质属性以及其他的概括性原理，在实际作业中反复出现。这样做了以后，就不需要再花费时间去复习规则本身的表述了。这种备课要求有远见，能够看到学生在一整年内的学习，并且在时间上、在课内和课外作业的配合上，都加以合理的安排。

在学年开始的时候，语文教师就要制定规划，让五至八年级的学生每年完成多少复习语法规则的练习，完成多少训练书写自动化的练习。数学和物理教师每一学年都给学生布置一些实际作业，让他们在实地、在教学工厂、在实验园地、在实验室里完成，以便在完成这些作业的过程中复习各种测量单位、公式、属性及其他的概括性原理。

在中年级，我们十分重视演示法，即演示操纵机器，制作教学仪器的工艺流程和劳动过程。数学、物理、化学、生物和天文教师，都向学生演示怎样使用各种仪器和工具，同时，也给每一个学生安排必要的时间让他独立地调整（有时是拆开和装配）仪器。演示法在教学工厂里和教学实验园地里占有特别重要的地位。

在中年级，我们也十分重视这样一些创造性脑力劳动的形式，如让学生在读完书以后撰写书评、进行初步的设计计算、撰写学术报告的摘要介绍等（放在七、八年级）。

中学高年级[①]的任务，是对学生进行广泛的综合技术教育，使学生养成脑力劳动和体力劳动的高度素养；向学生传授可靠的实际技能和技巧，培养学生对劳动和知识的热爱，使学生为自主选择专业而做好准备。因此，教学方法的特点、课的结构和体系、课堂上的独立作业和自学的比重、实际运用知识的性质都要与上述目标相适应。

我们在高年级采用的首要的教学方法，都以脑力劳动的一些特征为参照：（1）利用以前所获取的知识和技能去"猎取"新的知识；以此为目的而独立地分析各种事实、现象和事物。（2）养成独立地把课堂上得到的知识加以运用的能力；形成、发展和加深为此目的而必需的技能和技巧；为此目的而完成实际作业，如做练习、进行计算、解应用题等；装配各种机器和机械的活动模型等。（3）在自然条件下和实验室里对各种现象和过程进行研究。

在高年级，教学方法与教材内容及知识运用之间的依存关系突出地显示

---

① 相当于高中。——译注

出来。20世纪50年代初，我们学校在高年级教学中形成了一种"演讲—实验上课制"。这一体系的主要特点，就是以多种形式把讲解（获得、概括）理论知识的方法跟旨在加深、发展和检查知识的实际作业的方法结合起来。教师在准备一系列课的时候，就要考虑到并且规划出这种结合。在这里，不可能规定出任何一种标准的课的结构模式，也不可能找出一种对所有学科或一门学科的所有章节都通用的教学方法。

在"演讲—实验上课制"里，演讲法（关于历史、文学、地理、自然科学等内容的演讲）起着很大的作用。根据课题的内容和实际作业应占的比重，可以用一两节或好几节课进行演讲，而其余的时间让学生独立地进行实际作业，这种实际作业不仅能加深和发展知识、训练技能和技巧，而且还有助于获取新知识，为学习新教材做好准备。在一些情况下，演讲的内容可以把最重要的理论问题都包括进去；在另一些情况下，演讲只选取部分教材为内容，给学生提供一个分析的样板，教会他们怎样独立地研究理论问题。第一种演讲一般适用于自然科学学科（特别是物理、化学），第二种演讲则适用于人文学科（特别是文学）。

我校全体教师特别重视的一个问题，就是要正确处理演讲跟接着进行的独立实际作业的关系。演讲是为独立作业指明方向，它不仅讲解理论问题，而且指明研究、实验和阅读参考书的方法。这一点对自然科学基础学科特别重要。有经验的物理、化学教师，总是把实际指导独立作业的方法作为演讲的一个组成部分。

数学课的演讲具有只有这门学科才有的一些特点。严格地说，在数学课上，纯粹的演讲几乎是没有的。在有经验的数学教师的课上，学生总是一边听教师对理论问题的讲解，一边在思考他随手记的笔记（随录），这种笔记也就是他对演讲中所谈到的规律进行深入思考的作业题。学生在思考这些作业题的时候，就要运用以前所获得的知识和技能。由此可见，对演讲的深入理解是通过独立作业体现出来的，知识也在独立作业中得到了发展和深化。

人文学科特别是历史学科的演讲要求在讲授教材时进行抽象概括。有经验的历史教师总是为演讲挑选那些最重要的、带根本性的问题，理解这些问题有助于学生形成科学的世界观。

地理学科的演讲重点，在于对那些能说明某个国家或某一类国家发展的经济、政治条件等补充材料的广泛引用。

在文学课的演讲中，我们十分重视艺术的、审美情感的成分。文学教师的演讲中心是分析艺术形象，并且力求最大限度地转达作家的描绘手段。在这些演讲中，教师经常直接地诉诸青年们的思想和感情，激发他们去深入思考某些社会现象，思考人与人之间的精神和心理关系。

在"演讲—实验上课制"中，新课题的学习也可以不从演讲开始，而是从学生在课堂上和在课外从事的实际作业开始。在这种情况下，教师的演讲（或者让优秀的学生做摘要性的学术报告）实际上就是对该课题的学习做总结。在人文学科特别是文学的学习中，采用这种途径是较为适当的。在许多情况下，研究文学作品是从阅读原著开始的，这时候学生不仅反复阅读作品中最有价值的部分，而且就作品中涉及的社会政治问题、道德问题和审美问题发表自己的思想、观点和判断。文学课题的学习常常是从辩论开始的。

在演讲以后或演讲以前进行的实际作业，可以根据教材的内容、知识的性质及其运用的形式，以各种不同的方式和方法来完成。例如，在数学课上，可以让学生解答试题和应用题，进行实地测量，分析各种证明的方案，编制程序（用于程序控制的模型），编写操作机器和机械的说明书，分析统计资料和数据，制作证明某些公式的模型，帮助低年级数学爱好者学习，等等。

在"演讲—实验上课制"里，占首要地位的是让学生独立地钻研好几种资料来源，或者让他们在完成实际作业的过程中边读书边研究某种现象。这一体系有助于动员学生自己去积极地获取知识。学生和他的精神世界不仅是教学法研究的对象，而且是教学法发展的主要动力。

72

少年期学生思维活动的特点

日益深化的智力发展和情感发展是少年期的特点。无论就反映客观实际现象的领域来说，还是就思维过程的性质来说，少年的思维都上升到一个较高的阶段。情感生活与智力的联系虽然还不够牢固，但是比学龄初期深刻得多；对情感（特别是与有意义的公益活动相联系的情感）的认识有了发展。

在认识周围世界各种事物和现象的属性时，少年不仅会注意那些明显易见的、作用于感官的属性，而且会注意那些隐蔽不易觉察的属性，他们对后一种属性会更多地利用思维进行分析。这一特点既表现在少年的兴趣上，也表现在他们的志向上，而特别重要的是，表现在他们的积极的活动中。

我们曾把同一试验反复进行了几次：把一幅描绘重大历史事件的图画分别拿给7～8岁儿童和13～15岁少年看，让他们讲解图画的内容。在第一种情况下，学生对画家所描绘的东西的感觉属性表现出最大的兴趣，而在第二种情况下，学生则注意到引起某种运动、状态和斗争的内部动因。例如，对 B. M. 瓦斯涅佐夫的画《三勇士》，7～8岁儿童最感兴趣的是骑士们的服饰和武器的细节，是挽具和长长的马鬃，以及那块地方的荒凉阴郁的外观。而少年在这些同样的事物中，却能找出许多隐蔽的关系和因果联系。例如，他们提出这样一些问题："在画家描述的那个遥远的时代里，人们怎样制造出这样精细而耐用的物品（挽具、武器）？他们是否有专门的作坊来制造这些东西？为什么骑士们停在这样的开阔地带，因为敌人很容易发现他们并且用箭来射到他们？究竟俄国的领土跟敌人的疆界在哪里？为什么画面上看不到乡村或城市？"

如果说7～10岁儿童首先看到的是事物、现象、事件的突出的特征，并根据这些特征形成自己对感知对象的意见（首先是情感的评价），那么少年常常是从所观察的事物或现象（特别是人）中寻找其相反的特征。例如，在一个好人身上，他们一定要找出他不好的地方。少年还不能解释这种优点和缺点相互交织的复杂性，所以他们在评价人的时候经常会犯错误。少年身上还保留着学龄初期总爱把周围世界的一切现象简单地分为好的和坏的、正确的和错误的那种意向。对于各种矛盾的质、方面、特征、倾向进行观察、对比、分析的能力在少年身上还不具备。少年好像刚刚睁开眼睛来看世界，他会逐步地认识到，生活中的一切并不像初看起来那么简单，对人不能凭最初的印象就下判断。这种想分辨事物、现象和人的矛盾性与复杂性的愿望，既包含着少年的精神面貌的优点，也包含着他的缺点，这些优缺点在日后的发展方向，则取决于环境、教育和年长者的个人榜样的影响。

少年的这些特点之一，就是他们对事、对人持一种批判态度。少年不像学龄初期儿童那样听信教师和家长的话，不肯无条件地接受对他们的要求。他们好像在故意地找出一些理由来反驳长辈的话。产生这种现象的原因就在于，在他们的智力潜力跟他们向自己提出的具体思考任务（企图从思想上弄清楚别人对他们所说的话）之间，还存在不能相互适应之处。

使少年的批判态度得到正确发展的重要条件，就是不仅要满足而且要千方百计鼓励他的好奇心。在教育工作实践中，我们努力使少年在带有研究性质的积极的创造性活动过程中，去尽可能认识更多的东西。这种认识应该引导他们形成自己的信念。

在课堂上和课外活动时间，少年们听到许多关于农业先进生产者不仅获得高产而且改造植物性质的报道。对于反映劳动事实和结论的报道，少年们有时不相信，怀疑这种改造的可行性。为了消除他们的怀疑，我们鼓励少年去从事这样的劳动，使他们通过这种劳动不仅创造物质财富，而且检验某一真理。通过劳动来检验真理，是形成正确信念和发展正确的批判态度的最好手段。例如，少年们怀疑根外追肥的效果，我们建议他们做一系列试验。少年们根据我们的提示对西红柿和黄瓜做了几次根外追肥，结果产量大大提高，结果期也延长了。试验的成功对少年们触动很大，留下不可磨灭的印象。现在他们对新的、未知的、不熟悉的事物的态度转变了：他们已经不是表示怀疑，而是力求检验某一真理的正确性。

值得注意的是，少年的兴趣常常远远超出学校教学大纲的范围。他们想要知道的东西往往是要过两三年即到高年级才能学到的。但是，无论如何，对少年产生的任何一个问题都不应让它悬而未决。在我们学校里，为少年们创办了一个全校性的"求知者俱乐部"。在这里，让那些发展水平最高的学生做关于科技新成就的报告和介绍。有时就某些问题进行理论"竞赛"：让好几个学生就同一个问题准备报告。这些报告又会引起新的问题，激发对知识的兴趣，开阔学生的眼界。"求知者俱乐部"有助于发展学生的个人爱好和才能。有些学生在做报告的同时还表演化学试验，演示活动模型，展览在技术小组里制作的机械。这是一个很重要的条件，借助它能使学生的批判思维朝着正确的方向发展，使少年力求把创造性的意图变为实际活动。

除分析事物和现象、钻研事物的细节和局部的能力日益发展外，少年思维的另一个突出特点就是，他们比学龄初期儿童更明显地表现出一种从整体上把握感知对象的意图，并且力求根据占主导地位的正面特点或反面特点提出关于感知对象的看法。如果说在分析文艺作品时，9~10岁儿童满足于详细了解故事的每一个细节和对人物性格的具体刻画，那么少年在类似的情况下就可能不会注意那些细节（有时候是很重要的细节）。这是少年思维的概括性逐渐强化的合乎规律的结果。对少年的观察表明，他们有时是有意地不去注意细节；过分明显易见的东西在他们看来是不值得去注意的，因为要思考和理解这种东西用不着认真地花费脑力。顺便指出，正是由于这个原因，少年往往对逐字逐句的记诵抱着轻视的态度，他们认为那是死记硬背。少年即使是完成一项困难的创造性作业，也觉得比背诵一首短诗更容易些。

少年的智力积极性不仅表现为要求从事独立的脑力劳动，更重要的是要求意识到这种劳动的智力目的（遗憾的是，教师往往忽略了这一点），并且由此而体验到智力情感。我们考虑到这个特点，尽量使少年的智力活动集中到对事物、现象、事件的总的评价、说明和描述上。至于对细节的思考，特别是记诵和识记，则使之服从于这一明显独立的、有创造性的活动。例如，在研究一些历史事件时，教师要求七、八年级的学生（十四五岁的少年）首先对该事件在历史上起到什么作用——革命的作用或反动的作用，各对抗阶级的代表人物的进步作用或反动作用表现在哪里等做出结论。学生在回答这些问题的时候，能够明确自己的思维活动的目的，于是对这门学科产生更浓厚的兴趣。

少年的思维积极性增强的另一个证据，就是他们常常要对一个问题做出绝对的、最终的回答，要求提出毫不含糊的详尽无遗的证明。

这一要求在对社会现象的看法上表现得特别明显：如果学生看到对某种思想的解释不彻底，他们就怀疑别人是故意地向他们隐瞒真理；这种情况部分地也是由于学生在听别人解释他们所关心的问题时，原来就带有一种戒心和批判态度。

还有一种情况是值得注意，在对周围现实的智力的和道德的评价形成过程中，随着学生的概括性思维和逻辑推理能力的提高，教师的描述和解说中的任何一点点不明确、含糊和不准确的情况，都会降低少年对进一步付出智慧努力的兴趣。这种现象既涉及学生的智力领域，也涉及其情感领域，所以教育者要特别细心地对待少年的精神生活。如果不是在感性认识的基础上形成智力和道德等的评价，不是去深入钻研现象的因果关系，不是用高尚的思想的光辉去巩固崇高的情感，那么少年就会对智力活动完全失去兴趣。少年对社会生活中的重大事件抱着倨傲轻视的态度，拒绝别人对他们的意识施加的影响，对自己的力量和可能性估计不足——所有这些现象有时会在少年当中发现。它们产生的原因正在于教育者对这个年龄期的少年正在发展的心灵中所发生的复杂变化缺乏细心的对待。

然而，即使在正确教育的条件下，这种内心的改造也不是一帆风顺的。少年的智力发展的矛盾性表现为：一方面，他不能容忍在对某种现象的评价上有不明确和含糊的地方；另一方面，又非常需要给他做出完满的彻底的说明。由于这种情况，少年本身做出的判断就常常带有极端的绝对性。但是，我们不应把这种现象看作是过分自信的表现。相反地，少年往往是竭力地以其绝对性来掩饰自己的疑问和缺乏信心，他的感情用事有时好像是在弥补和补偿自己在智力上的不明确性。实际上，少年的这种绝对性，是他想断定自己的思想正确与否的一种手段。

有些教师认为，少年的倔强说明他不愿意承认自己是不对的，不愿意改正错误。但这只是表面上看如此，实际上学生只是装出坚持己见的样子而已，他是在加紧思考，在寻找正确的答案。对少年的观察表明，他们对自己的错误在内心的感受其实是很深的，只是由于他们的自尊感在这个年龄期正在成长，要求他们对自己的观点进行冷静的、深思熟虑的批判就显得勉为其难了。

由于思维的积极性，少年不仅竭力明显地表明他在想些什么，他的观点是什么，而且（这一点特别重要）还在内心确信自己的观点和信念的正确性。正是由于这一点，在这个年龄期，学生对于言行一致的要求越来越高（往往会达到苛求的程度），他们的意见非常直率，甚至过于激烈。

少年对智力活动的日益增长的兴趣，不仅表现为他们渴求知识，力求找到自己所关心的问题的准确答案，而且表现为他们对现实、对思想和信念的力量有了深刻的认识。对于社会生活的任何一种现象，少年都力求形成自己的意见和信念，他不可能也不想成为一个旁观者。这样往往会导致他采取一些冒失的、不加思索的步骤，因为少年还没有检验和衡量过自己的意见和观点的正确性，就急于采取他们认为一切可行的手段去捍卫它。

少年思维活动的成长，也表现为他们对文学作品的内容在态度上有所改变。少年对童话故事的兴趣冷淡下来，那些幻想的情节的不真实性引起他们的警觉和不信任态度。少年对文学艺术的兴趣不断增长，其中也包括那些揭示人的思想和创造性活动的力量具有认识价值的幻想作品。这些作品真正地使他们读得入迷。他们越来越关心的问题是：作品里所说的那些事真的会发生吗？到了少年后期即青年期的前夕，学生已经能够理解艺术形象的概括性。他们越来越多地注意那些对真实人物（特别是学者、发明家、旅行家、作家、画家）做艺术描写的作品，以及描写真实事件的作品。还有许多少年着迷于阅读科学普及读物。

少年力求以自己的思想去把握的自然现象的范围，一年比一年更多地超出科学基础学科、上课和教科书的界限。有些少年（特别是男孩子）常常经历这样一个时期，这时他们把课堂上学的教材推到次要地位，对上课不够重视，完成作业比较马虎，而把全部的智力用在钻研跟教学大纲无关的问题上去。学生在几个月以前还十分着迷的事情，现在他觉得那太琐碎了，不值得去关心。

少年智力生活的发展甚至反映在学生集体内的相互关系上。许多男孩子似乎对自己同年级的同学有些失望。孩子们一般都有那种想跟年长的同学进行智力交往的愿望，少年期变得特别强烈。少年们常常在高年级同学中寻找自己的朋友，那些具有广泛多样的兴趣和丰富的知识的高年级学生在少年心目中享有很高的威信。六、七年级学生的理想，就是跟九、十年级中那些不仅学习成绩好，而且在从事某种研究性劳动（例如，制作活动的机器模型）的高年级学生结下友谊关系。

那些要求进行紧张的脑力劳动、深入钻研和大胆探索的学科，特别受到少年的尊重。数学在其中首先被尊重。在少年数学家小组里，少年经常解答一些训练机敏性的习题，这种小组在少年的智力生活中占有非常重要的地位。

经验告诉我们，在这个年龄期，数学的教学水平在很大程度上影响着少年对脑力劳动的兴趣发展，也影响到学生的整个精神面貌。学生逐步认识到抽象概括活动的重大意义，这不仅发展了他们的思维能力，而且加强了他们的思维对周围生活中的因果关系的敏感性。他们对那些不能直接观察到的东西，有意识地想去进行分析。外露和直观的因果关系反而会削弱他们对现象或事件的兴趣。

少年的思维积极性和情感积极性成长的一个标志，就是他们开始记日记。学生把自己的思想、观点、信念记下来，不是为了记忆，也不是为了将来使用，而是为了探求思想是否正确和是否是真理。少年们把日记看成是个人的秘密，不肯透露它的内容。

许多少年开始评价自己的智力。但他们不是根据基础学科的学习成绩，而是根据他们在课外小组里的独立工作，根据他们解决超出大纲范围的复杂的思维任务的能力来进行这种评价的。这一点又一次严肃地提醒我们当教师的人：在这个年龄期，正确地组织学生的脑力劳动，创造必要的条件来促进学生智力的积极发展，是一件非常重要的事。十四五岁的少年（特别是在八年级）完全能够成功地完成一些类型的独立作业，如：就教学大纲某一章节做报告或摘要介绍、写读书评论、汇报在教学实验园地或生物室里进行的试验情况、按照教师给的样品装配机器模型，等等。此外，经验证明，如果在学习新教材以前，先让学生独立地观察一些自然现象、预先做一些试验、研究一些实际材料，等等，更有助于加强少年的智力积极性。

综上所述，可见智力积极性是少年精神发展的极为重要的因素。

青年期学生思维活动的特点

随着年级的升高，青年期学生的抽象思维即概念思维能力日益提高，成为青年期学生思维活动的突出特点。

如果说在研究某种现象的时候，许多少年对于确定因果关系还感到有些困难，那么在青年期，确定研究的事物或现象中的逻辑关系所需要的推理思维，在学生身上已经发展到相当高的程度。

对于感知、判断和推理的对象，学生已经能够运用自己的思维从各个方面进行考察，找出其中相互矛盾的特征，形成全新的概括。这些概括常常离开思考的对象而把人引入另一个境界中去。对判断的绝对性也在态度上有了转变：判断的绝对性日益让位给假说性（成年人喜欢把青年的这种倾向称为"讲究哲学"），同时青年已能把证明过程中相互矛盾的结论作为证明某种假说的依据。在实践中，这种情况表现为下面的有趣的规律：一条真理得到证明所付出的努力越大，学生就越加相信这条真理。

学生在学习科学基础学科的过程中对事实做出唯物主义的说明，实际上就是学习运用辩证逻辑的概念和范畴，即从运动、发展、量变和质变、对立面的斗争和统一中去考察事实、现象和事件。

青年对于各种事实、现象、相互联系的解释和说明表现出浓厚的兴趣。他们的独立阅读也发生了质的变化。那种缺乏深刻思想而只有曲折情节的文艺作品，已经不能使高年级学生感到满意。而对优秀作品中那些阐明社会关系或者人们精神生活的哲理性内容，青年们则不仅反复阅读，摘抄在日记里，而且加以分析并进行深入的思考，学生经常在书的页边写下一些有关的批语，好像在跟作者进行争论。

青年们喜欢利用任何一种事实和现象来揭示隐藏在人的思想中最意想不到的因果关系。例如，大纲中的一个最无足轻重的问题，往往会成为争论的对象。

青年们对那些跟人的社会关系和内心世界有关的问题进行着特别深入的分析。他们竭力弄清楚事实、现象和事件中矛盾的各个方面，以便得出客观的结论。在学习文学和历史时，在谈话、辩论和报告中，青年们十分注意这样一些问题，如历史事件的客观性和个人在历史上的作用，个人和社会、权利和义务的相互关系，幸福和义务、纪律和自由这些概念的相互联系，人要更好地认识自己的愿望，等等。

由此可见，学生在中学里已经掌握了辩证思维的一系列特点。辩证思维是智力发展的高级阶段，它合乎规律地完成了由情感形象思维、具体形象思维向抽象逻辑思维的过渡。

到中学毕业的时候，学生已经懂得了自然界和社会发展的基本规律。在以后的年代里（升入高等学校或参加工作以后），他们已经能够根据这些规律，解释、说明或者独立地研究任何一种事实、现象和事件了。这就向中学提出了一项重大的职责：一个人日后的精神发展，要看他在少年期和青年早期所获得的知识如何了。

青年不仅能够靠思维深入地认识事物和现象相互依存的实质，而且能在思考的过程中从记忆的储备里挖掘材料，把以前已知的东西跟新的东西进行对比和比较。教师常常感到惊奇的是，高年级学生能够援引大量的补充材料，来证明或反驳某种提法或思想。

十年里我们对这些智力发展水平最高的学生进行了观察（年龄在这里不起决定作用，他们有些人是 16 岁，有些人是 18 岁），结果表明，这些学生在人文学科（特别是历史、文学、心理学）方面拥有的非必修、大纲外的知识量，要超过大纲规定的知识量好几倍。[1]值得密切注意的是，在这些学生中间，并不是所有的人都最喜爱文科，他们中的大多数人都喜好研究自然科学并掌

---

[1] 当然，问题不仅在于知识量，还在于对知识的理解程度。但是把这两种知识量加以对比，也能说明许多问题。至于学生感到学习困难，认为教材分量过大——产生这些现象的原因，要比许多教师所想的复杂得多。看来，学生对掌握教材感到困难，首先取决于教材在学生的智力发展中起着什么作用。——原作者注

握了这方面的专业知识。①② 这些学生在班上起着主导作用，他们以对知识的渴求、好学的和肯钻研的精神感染着其他同学，从而对集体的整个精神生活产生巨大的影响。

青年们看不起那些不坚定的、"随风倒"的人，不仅因为这样的人缺乏原则性和坚定性，而且因为他们不善于思考。用高年级学生们的话来说，无原则的、不坚定的人，不仅是道德上有毛病的人，而且是"不能把任何严肃的事情托付给他的混蛋"。在青年们看来，由世界观的不彻底性而引起的不正确的活动（包括所说的话和思想），就是一种不道德的现象（在他们看来，"不正确的"就等于"不道德的"）。这种观点反映了我们的青年道德的纯洁性和世界观的崇高性。因此，青年们常常满腔热情地捍卫自己的观点，愤怒地谴责不正确的行为和思想，就不足为奇了。因此，辩论会、读书讨论会、问答晚会等才那么有力地吸引着他们。从青年们的观点来看，向不正确的思想妥协，就等于是对不道德的行为无动于衷、视而不见。

① 人文学科和文科知识，不仅是教学大纲和知识储备的组成部分，而且是一种重要的因素，它能促进学生的一般发展，使学生更容易掌握关于自然界的知识，还帮助学生理解自身的脑力劳动过程，并在某种程度上对脑力劳动过程施以有意识的影响。——原作者注

② 根据联共（布）中央 1946 年 12 月 4 日的决议，从 1947—1948 学年起，在中等普通教育学校里讲授逻辑学和心理学。但是在中学高年级普遍实施生产教学期间（1950 年年末至 1960 年年初），这两门学科被排除出教学计划。目前，在个别学校里，心理学和逻辑学是作为选修科开设的。然而，有时又会在报刊上重新提起，认为在普通教育学校高年级开设逻辑和心理学的系统课程是合理的。——原作者注

74

学生应当掌握的最重要的能力和技巧 ①

我在 20 年前曾提出一个目标，明确规定：学生应当在什么时候，在第几学年、第几学季，达到一定的教养水平和阶段——掌握最重要的技能和技巧，掌握最重要的概括（规则、结论、公式、定律），并且牢记它们永远不忘。我分析了中等教育大纲里包含的全套知识、技能和技巧，好像发现了教养、智力发展和信念生动具体地依附其上的那个"骨架"。这个骨架就是一些实际技能和技巧，没有它们就不可能设想有教学过程。学生应当掌握这些技能：观察周围世界的现象，思考自己的所见、所做并表达自己的所想，阅读，书写等。一个学生要在学校学习 10 年。为了顺利地掌握知识，在这 10 年里他不应当一直在学习读和写，而应当在最初的几年（低年级）而不是最后的几年（高年级）学会读和写。掌握这些技能（特别是读的技能）的年级越低，学生学习起来就越容易，他感到负担过重的可能性就越小。学校教学常见的弊病在于，学生在上学的整整 10 年里一直在学习读和写，而同时他还得掌握系统的学科知识，造成的结果是学生既没有学会读和写，又没有掌握好系统的科学知识。

我把学生在 10 年内应当掌握的最重要的技能和技巧排列如下：

1. 会观察周围世界的现象。
2. 会思考——会类比、比较、对比，找出不懂的东西，能提出疑问。
3. 会表达思考自己的所见、所做而产生的思想。
4. 能流畅地、有表情地、有理解地阅读。
5. 能流利地、迅速地和正确地书写。
6. 能区分出所读的东西逻辑上完整的各部分，并找出它们之间的相互联系和依存关系。

---

① 苏霍姆林斯基在后来修订《和青年校长的谈话》一书时，对 12 条技能的表达和排列顺序做了修改，这说明作者的认识有了新的发展。现据新的版本，把这 12 条重新译出。这里所说的"技能"也可理解为"学习能力"。——译注

7. 能找到与所要了解的问题有关的书籍。

8. 能在书籍中找到有关问题的材料。

9. 能在阅读过程中对所读的东西进行初步的逻辑分析。

10. 能边听教师的讲解边简要地记录教师讲述的内容。

11. 能边阅读课文边听懂教师关于如何理解课文及其各个逻辑组成部分的指示。

12. 会写作文，能把自己在周围所看到、观察到的事物叙述清楚。

通过对各年级学生的学习情况的观察和研究，我拟定了学生掌握每一项技能的时间，具体到在哪个年级（个别情况下还定出在第几学期、第几学季），还规定了学生掌握每一项技能必须达到的程度。这种对时间和程度的规定是从总体上做出的。以它为标准来检验教学和教育工作的效果，就产生了纠缠不清甚至自相矛盾的问题，使教师和学生都无所适从。

下面以流畅地、有表情地、有理解地阅读，区分出所读的东西逻辑上完整的各部分，并找出它们之间的相互联系和依存关系这两项技能为例进行分析。

事实上，学生直到七、八年级才掌握流畅地、有表情地、有理解地阅读的技能。奇怪的是，对文学阅读提出的任务之一，竟是要求学生掌握读的技能……早在三年级特别是四年级，已经向学生提出了新的目标：学会区分出所读的东西逻辑上完整的各部分……这真是奇怪的事：学生还没有学会读，就已经要求他对所读的东西进行逻辑分析了。学生实际上到五年级①尚不能流畅地、有表情地、有理解地阅读，教师却把对历史、地理、生物教科书的课文进行逻辑分析作为学生的主要学习任务。而只有学生学会了流畅地、有表情地、有理解地阅读，才能谈到区分所读的东西逻辑上完整的各部分的技能。如果学生没有学会读，他的功课就会不及格，学习对他就不会成为有趣的、有创造性的事情。

再往后，学生的读的技能还需再提高：要学会边阅读边思考，不仅思考所读的东西，还思考其他的东西，如教师的指示、自己对所读的东西的看法等。七年级学生就很需要这种能力，八至十年级学生在学习中将更广泛地运

---

① 相当于初中一年级。——译注

用它。如果学生还不会区分所读的东西逻辑上完整的各部分，特别是如果他还没有充分掌握迅速阅读的技能时，那么他能不能边阅读课文边听懂教师关于怎样阅读课文的指示呢？回答是肯定的。实践中，这种现象随处可见：学生还不会进行逻辑分析，但是他已经能做到边阅读边从所读的内容中抽象出结论。

至于思考的技能，把几个客体、事物、现象进行类比、比较、对比的技能，找出不懂的东西的技能，以及提出疑问的技能，又是怎样的呢？不掌握这些技能，根本就无法学习。然而有谁以及在什么地方进行专门的工作来教导儿童思考呢？是不是每一位小学教师都年复一年地把一些思维练习记录在专门的练习簿中积累下来呢？实际上，在这方面都是一无所有，一切都模糊不清。据说，教师在每一节课上都会教学学生思考的。但是儿童不会解答应用题，难道不是因为谁也不负责教导他思考吗？

离开观察周围世界现象的技能和表达思想的技能（这两种技能是紧密联系的），教学过程能顺利展开是不可思议的。但是奇怪的是，我们没有见过任何培养这些技能的工作体系。儿童没有专门地（在专门的课上）学习怎样观察周围世界的现象，没有一个教师能够肯定地说：我已经完成了培养这项技能的工作，我的学生已经学会觉察事物、现象、事件的本质属性。

我们确定应当在教学过程中掌握每一种技能。例如，流畅地、有表情地、有理解地阅读的技能，应当让学生在第三学年第一学期末掌握好。以后，关于阅读技巧、读的技能的问题就不必再谈了，否则会打乱对教学过程全盘的掌控。从第三学年第一学期起（跟掌握读的技能平行进行），开始掌握区分逻辑上完整的各部分的技能。掌握这一技能的第一阶段在四年级末完成，其第二阶段在六年级末完成。在掌握区分所读东西逻辑上完整的各部分的技能趋于完成的时期，让学生开始掌握中学阶段一种比较复杂的技能：边阅读边思考所读东西的内容，并对它进行初步的逻辑分析。

掌握流利地书写的技能的第一阶段在二年级完成，第二阶段在四年级完成。到四年级末，每一个学生应当做到书写迅速、字体稳定，书写中不再思考单个字母的写法，而把精力用在思考所写的东西的含义上。从第四学年的第二学期开始掌握边听教师的讲解边把思想内容记录下来的技能，在第六学年末完成。

掌握写作文的技能分两个阶段进行。第一阶段是预备阶段，从掌握流利地书写的技能的第一阶段完成后（第三学年初）开始，第二阶段从第四学年第二学期开始，在六年级时完成。

在掌握一个个技能时，必须使它们相衔接：在一种技能快要掌握时，开始对另一种技能的掌握。新的、较复杂的技能是建立在不太复杂的技能的牢固基础上的。

在弄清楚各项技能的顺序、依存关系和前后相衔接的情况后，我们就开始在实践中来实现这种设想。前面列出的一整套技能，实质上就成了教师们开展教学和教育工作的指南。对学校领导人来说，这个体系就成了管理教育过程的一个大纲。

根据技能和知识的体系来领导教学过程，具有一定的优越性。为了更清楚地看出这种优越性，让我们来谈谈这个体系的第二部分——知识体系。我们分析了教学大纲和学生的脑力劳动情况，明确规定了教养和脑力劳动内容的"骨架"——学生必须牢固地保持在记忆里的那些基础知识，每一门学科中都必须永远牢记的规则、概念、公式、法则和其他概括性原理。这些东西要牢固地识记并保持在记忆里，因为在脑力劳动中要经常地用到它们。用形象的话来说，它们是随手要用的万能的工具，没有它们就无法走进知识的工厂里去。

要求学生掌握最低限度的基础知识，把它们永远保持在记忆里，教师就必须周密地备课，恰当地分配练习的时间。为了使学生牢记最低限度的正字法词汇，俄语教师就要周密思考整个学年以至好几年的词汇默写作业。在每一节课上，让学生抄下和复习几个词的正字法。每一个学生都随身带着抄词用的正字法词汇本，回家后复习这些抄下来的词。这样，一年内学生能把每个词都能复习好几遍，同时联想起相关的语法规则。

如果教育的"骨架"（即学生必须永远牢记的知识和技能）是稳固的，那么学校的整个"楼房"也是稳固的。在前面提到的知识体系里，我们只列出了那些必须牢记并保持在记忆里的东西。为什么要这样做呢？这是为了在必须识记并保持在记忆里的东西跟那些只要理解而不需识记的东西之间，画一条明确的界线。如果一个学生想把全部的东西都记住，那他有可能什么也得不到，甚至连那些必须识记并保持在记忆里的东西也记不住。缺少牢固的教育"骨架"，常常是学校工作中最严重的缺陷之一。

75

教师要珍惜儿童对你的信任

我们的工作，就其本身的性质和逻辑来说，就是不断地关心儿童的生活。任何时候都不能忘记：你面对的是儿童极其脆弱、极易受到伤害的心灵，学校里的学习不是教师毫无热情地把知识从自己的头脑里装进学生的头脑里，而是每时每刻进行着师生之间的心灵交往。如果认为我们的儿童都是能够顽强地克服困难的英雄，那就未免想得太天真了。遗憾的是，还有许多教师是这么想的，这种教育思想上的误区往往带来许多损失。儿童是脆弱而无助的。每当看到第一次跨进校门的儿童时，我常会联想起那刚刚开放的带点紫红色的桃花，要使这朵花结出果实，园丁要付出多少心血和劳动啊！入学后的最初几个月，儿童会经常感受到巨大的痛苦："其他同学都学习得很顺利，而我掌握不住那些知识；他人得的是五分或四分，而我得的是两分；我什么都不行，我是一个毫无用处的人。"这真正是一种悲剧性的情境，它会使儿童的心变得冷漠起来，对什么都无动于衷。为了避免那些不愉快的谈话，特别是为了逃避惩罚，儿童就开始耍滑头，说谎话。学生没有完成作业，或者在课堂上回答得不好，怕教师给他记分，就说"我的记分册丢了"，而实际上是把记分册藏起来了。看到这些是令人痛心的。记分册成了一种吓人的东西，儿童把它看成一条鞭子，教师会借助母亲或父亲的手去使用这根鞭子。遗憾的是，这种事还是经常发生。

只有像监工那样冷酷无情的人，他才会在给小学生打两分的时候，心里希望不懂教育学的家长对孩子进行粗暴的惩罚。我建议你，年轻的朋友：要像爱护最宝贵的财富一样爱护儿童对你的信任这朵娇嫩的花儿。它是很容易被摧折、被晒枯，被不信任的毒药摧残致死的。所谓要关心儿童的生活和健康、关心他的利益和幸福、关心他的完满的精神生活，这首先意味着要珍惜儿童对你的信任这朵娇嫩的花儿。儿童信任你，因为你是教师、导师和人生的榜样。你必须严格地、坚持不懈地关心儿童，向教育工作中那种对儿童漠不关心、冷酷无情的现象进行毫不妥协的斗争。

教师要有学习的愿望，要有渴求知识和理解智力活动奥秘的志向。沿着这些小路攀登，才能使你到达教育技巧的顶峰，即师生之间心灵交往的和谐境界。我想告诉年轻的朋友的一个极其简单而又极其复杂的教育秘诀，就是：只有教师关心学生的人格尊严，才能使学生通过学习而受到教育。教育的核心，就其本质来说，就在于让儿童始终体验自己的尊严：我是一个勤奋的脑力劳动者，是祖国的好公民，是父母的好儿女，是一个有着高尚的志趣、激情而且不断取得进步的完美的人。

我从来不给小学生打不及格的分数。如果儿童有什么地方做得不好，我就对他说："你试着做一遍，只要下点功夫，你就一定能做好。现在还没有给你打分数，你再努点力，就一定能得到好分数。要是你有哪道题不懂，明天上课前到学校里来，咱们一起想一想。"上课前的半小时是我跟学生一起进行最有趣的脑力劳动的时间，同时也是我上面所说的跟学生进行心灵交往的幸福的时刻。在这半小时里，儿童是带着他的苦恼来找我的。要知道，儿童不会做功课，没有收获，是他真正的痛苦。不知道你是否体验过，跟儿童一起思考，究竟是怎么一回事？清晨，在校园里一棵繁花盛开的苹果树下，我跟三年级学生尤拉坐在一起。我们面前有一道应用题，必须把它解答出来。我帮助这孩子随时拨正思路。终于，他发现了真理，内心充满了喜悦，他觉得他在认知的道路上前进了一步。他感到幸福，他的苦恼消失了。跟儿童一起思考的这种时刻，也给我带来了很大的欢乐。我向你们担保，年轻的朋友：正是在这种时刻，儿童对你的信任才充分展示出来。如果我跟他一起解除了他的苦恼，他就绝不会欺骗我。我叫他自己把分数写进记分册，这给了他一种自豪感和尊严。

非常重要的是，要让儿童始终能看到自己的进步。任何一天都不要使学生花费了力气而看不到成果。

师生之间建立起友谊关系，是要付出巨大劳动的。有些人认为，在师生之间建立友谊关系，教师只要带领儿童去参观旅行，跟他们一起坐在篝火旁烤土豆吃，跟他们一起分享欢乐就行了。这种看法是错误的。教师要跟儿童建立友谊，就要用我们的力量、我们的思考、我们的明智、我们的信念和我们的情操去激发儿童对思想和情感的追求。师生之间的友谊必须以丰富的精神财富为内核。缺乏丰富的精神财富，师生之间的友谊就会变成一种庸俗的亲昵关系，对教育来说，这是一种危险的现象。

76

怎样对待学习困难儿童

正像医生细心地研究病人的肌体，找出疾病的症结，以便着手进行治疗一样，教师也应当深入、细心地研究儿童的智力、情感和道德等方面的发展情况，找出儿童在学习上感到困难的原因，进而采取一些具有个人特点同时又能照顾个别学习困难儿童的教育措施。另外，教师手中还有一个手段，对造成儿童学习困难的因素加以预防。当然，要实现目标，不仅要靠教师自己的努力，还需要社会各界的帮助。

医生首先是人道主义者。可是如果他对病人说：你的病是治不好的，你的事毫无希望了。那他能算是一个真正的人道主义者吗？这样的医生在医院里会一天都待不下去！在我们这些教师当中，不是也有一些人每天都在让儿童感觉到，甚至有时直接地对儿童说，他是一个毫无希望的人吗？这是不能容许的。我们必须爱护自己的职业荣誉，高高举起人道主义旗帜。面对一个病人，医生尽管比我们教师有更多的理由做出悲观的结论，但是他相信科学的巨大力量，相信病人本身的精神力量，仍然能够长年地对病人加以治疗。教育学的人道主义精神就在于，不要使一个绝大多数儿童能胜任而偏偏他不能胜任的儿童，感到自己是一个不够格的人，要使他体验到一种人类最崇高的乐趣——认知的乐趣、脑力劳动的乐趣、创造的乐趣。在我们的工作中，人道主义的最高阶段就是：依靠对自然力的深刻认识，最终克服那些甚至被自然本身所命定的不可克服的困难。为了成为一个真正的教育者，我们必须深入地研究人的心理现象、精神世界和解剖生理过程，研究儿童头脑里发生的各种过程对周围环境里多种因素的依赖性。

多年的教育工作实践，对儿童的脑力劳动和精神生活的研究，使我深信：儿童学习困难、成绩不及格、落后于别人的原因，在绝大多数情况下都在于儿童在幼年时所受的教育和他所处的周围环境不够好。家长和教育者教育学龄前期和学龄初期儿童所触及的核心元素，乃是自然界所有东西中最精细、最敏感、最纤弱的一样东西——儿童的大脑。如果儿童感到学习困难，如果别人都能接受的东西他却不能接受，那么，就说明他在童年时期没有从周围的人那里获得对于他的发展来说应当获得的东西。儿童是在一岁到七八岁时变得头脑迟钝的。如果教育者这时还没有懂得这一点，没有去查明儿童的智力发展偏离正常的根源，那么，儿童在今后的智力活动中会遇到更严重的困难。如果教育者通过调查、研究而弄清楚其中的原因和根源，那么他可以像治疗病人一样，基于同样严格的科学原理去动用教育这一强大的力量。

我们教师应当记住：对每一个学习困难儿童来说，不管他已经被耽误到什么程度，我们都应当让他在作为公民、从事劳动、追求精神生活的道路上站住脚。我们的崇高使命就是：使每一个学生选择这样的一条生活道路和这样的一种专业——不仅能供给他一块够吃的面包，而且能给予他生活的欢乐和自尊感。

入学后，智育在形成人的精神面貌、道德面貌和公民品质上所起的作用会一年比一年更重要。不能容许学校里总是存在一批这样的学生，他们感到自己没有学好，干什么都不行。这种情况对学生来说不仅是一种道德上的创伤，也是造成他们的生存环境恶化的直接原因，使得某些地方总有一批少年离开学校，而后又离开生产企业，结成在马路上闲荡使社会感到不安的团伙。未成年人和青年发生违法行为的原因之一，在于有一部分少年把感到自己在智力上低人一等所经受的内心痛苦过度地发泄出来。如果再加上家庭环境恶劣，那么，这些学习困难学生在道德行为上出毛病的危险性就会更大。我想强调的是：必须首先使教师明确学习困难学生是可教育的，必须使学习成为这些学生树立高尚自尊感的途径。

我们应当明白：不管我们的彼嘉——一个学习困难学生将来会成为怎样的人——学者、工程师、思想家、工人或者农民，他首先要成为共产主义社会的公民，有权享受人生的幸福。而离开创造性劳动，不会思考，缺乏知识，能获得这样的幸福是不可思议的。由不知到知是一条很复杂的道路，每一个儿童都是按自己的方式来走过这条道路。对一个儿童来说，这条道路没有多少障碍；对另一个儿童来说却需要一帮再帮，否则他就无法克服遇到的困难。然而无论一个儿童感到困难有多大，他都应当学会思考。应当使书籍成为他欢乐的源泉，应当让语言进入他的精神世界，成为他个人的财富。

那些学习困难儿童理解力差、头脑迟钝，通常表现为他们缺乏求知欲和好钻研的精神。教师常常感到莫名其妙甚至惊讶，有的儿童竟笨得出奇：答案就在眼前，只要看一下，用思维的链条把两样东西连接起来，马上就能弄

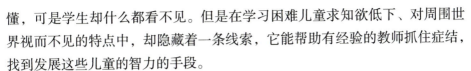

懂，可是学生却什么都看不见。但是在学习困难儿童求知欲低下、对周围世界视而不见的特点中，却隐藏着一条线索，它能帮助有经验的教师抓住症结，找到发展这些儿童的智力的手段。

一个人所应有的东西，是在他出生以后，依靠与他人的关系、与社会的关系而在他身上产生的，每一位教师、每一位家长都应牢记这一道理。为什么彼嘉刚把应用题的条件读完，就忘记了条件开头的表述？为什么他在自己的意识里无法把苹果、篮子、树木这三样东西联系在一起？也许，他的头脑生得跟别人不一样？为什么彼嘉学习起来那么困难呢？

这是因为彼嘉在童年时代所处的那个环境，没有把他在这个时期所应得到的东西全部都给予他。人的思维是从疑问（"为什么？"）开始的。儿童在一岁半到两岁的时候，能看见周围世界许许多多的现象，但这时候他已经不是简单地感知这些现象，而是用常人的眼光来看待它们了。他看到蜜蜂飞到正在开花的苹果树跟前，落在白色的花瓣上，然后又飞走了。儿童感到惊奇：蜜蜂飞到哪儿去了？一种鸟在树上筑巢，而另一种鸟在房顶下面衔泥建窠，这又是为什么？等等。

这种不可遏止的人类的好奇心和求知欲，在大自然的奥秘面前（还有，请注意，特别是在周围世界的美面前）产生惊奇和赞叹的情感——所有这一切都不是先天赋予的，而是从他人那里获得的。这正是人与人的关系、人与社会的关系这一极其重要的因素对于人的正常发展必不可少的缘故。如果儿童看到一只黄蜂钻进墙上小孔里去，惊奇地发问：它为什么钻以及钻到什么地方去？那么他惊奇并不是出于天性，而是因为父母亲和周围的人们已经教会他惊奇，教会他发问。儿童的好奇心源于成年人不断地把物品、事物和现象展示给儿童。在儿童面前展示的物品、事物和现象越多，他就会产生越来越多的疑问，他就越发感到惊奇和高兴。在儿童的意识和下意识里会产生对于美的惊奇和赞叹，对于人的智慧和双手的技巧的赞赏。所有这一切都是人类思维的棱镜，来自周围世界的信息就是通过它传导过来的。儿童在认识事物，获得发现，但他不是"自然而然"地发展。不，使他得到发展的，乃是几千年来人类思想所凝炼成的经验。

36年的学校工作使我深信，在小学里对儿童进行教学，首先就是引导他们观察和发现世界。请你们观察和研究一至四年级的教学和教育工作：孩子们靠自己的努力看见和发现了哪些东西？发展年幼儿童的思维，首先就是发展他看见和观察的能力，就是让他通过对周围世界的视觉感知来丰富自己的思想。教育者的任务就在于，让儿童去觉察事物和现象中那些最细微的差别和变化，思考各种因果关系。到学校来上学的那些聪明伶俐的孩子，一般都来自这样的家庭，即父母都教会了孩子能看出极其细微的差别和变化、各种现象和事物之间的依存关系。最积极、最紧张的学习，正是在儿童看见了什么新的、不懂的东西而感到惊奇的时刻进行的。

智慧训练开始得离儿童出生的时间越远，这个孩子就越难教育。关于这一点，可惜有些教师忘记了，而有些家长则根本就不懂。直到现在，在家长们中间还流行着一种错误看法：在入学以前还是让儿童的头脑像干净的白板一样保留着吧，不要教孩子认识一个字母，不要教孩子读书，这样到入学后才能学得更好。在学龄初期所反映出来的学前教育的一个特别危险的缺陷，就是儿童所处的周围环境不能促进他的认知欲望的发展。没有认知欲望实质上就没有智育。我们设想能够做到这么一点倒是不错的：每一位小学教师都想出一套管用几年的智育基本大纲。这个大纲具体地规定出：儿童应当从周围世界中看见和发现哪些因果关系，应当经历哪些阶段来增强他的认知欲望。学前教育机构特别需要这样一个大纲。如果儿童每天都不能从周围世界各种现象中发现因果关系，那么他的好奇心和求知欲就会熄灭。

还有比这更坏的情况，那就是儿童被剥夺了正常地接触人的环境。彼嘉的遭遇就是这样。彼嘉的父母亲都有工作，工作的地点离家很远，只得把孩子交给奶奶管。奶奶的听力很差，后来耳聋了。彼嘉被整天关在家里，接触不到别的孩子。这样到了 5 岁，彼嘉还不懂得什么是游戏。三四岁的孩子能懂的东西，他却不懂。令人诧异的是，彼嘉快 6 岁了，数数还数不到 5。另外的一些学习困难的孩子，是由其他原因造成的，例如，小时候患过传染病，父亲母亲患有酒精中毒症等。

重要的是，要使像彼嘉这样的孩子遇上一位有经验的、懂得儿童心理世界的教师。

对儿童来说，在一个聪明的、有经验的教师手里上几年小学，就是进入了一所训练思维的学校。教师经常带领这些孩子到大自然——田野、树林、河岸去，也到工厂车间、实验室、小加工场去。在这些地方，一个好奇的、好钻研的儿童随时随地都会产生疑问：是什么？怎么样？为什么？教师好像通过在儿童面前揭开自然现象的奥秘，找出因果关系来唤醒那懵懂的头脑。这是一项长期的、耐心的工作。对学习困难儿童的这种教育工作的着眼点，就是使周围世界的事物和现象，经过思维和情感的棱镜折射，变成使儿童昏昏欲睡的大脑苏醒过来的一种刺激物。当我带着一组学习困难儿童到大自然去或者到劳动场所去的时候，我始终注意使儿童对周围世界的事物和现象的感知带有鲜明的情感色彩。在上这些"思维课"的时候，我努力在儿童的头脑里唤起惊奇和赞叹的情感。

对智力发展受到抑制的儿童来说，这种课像空气一样是必需的。在让学习困难儿童上与全体学生同样的基础课的同时，又给他们安排了这些特殊的活动。这些活动根据儿童智力发展落后的程度和造成的后果来安排，需要进行两三年。这里需要再一次说明：这项工作的成果不会马上就可看出，也许上了 100 节课后看起来依然毫无结果，只有到了第 101 节课，你才能看到儿童眼睛里放射出好奇心的第一颗火星。

这里所说的可以看见、在一定意义上说可以测量的成果，并不是指儿童所掌握的知识量，而首先是指好奇心、好钻研的精神，还包括看出不懂的事物的能力、寻求自己感兴趣的问题的答案的能力，以及不断增强的认知欲望。

有些教师和学校领导认为，要把学习困难儿童"拉上来"，就得强迫他学会一定的教材。这种看法是大错特错的。有时候，事情被搞糟的原因，就是教师走了这样一条错误的道路。不要强迫儿童长久地努力去死抠书本，而要培养儿童的智慧，发展儿童的大脑，教会儿童去观察世界，发展儿童的智力。这一点教师和校长永远不能忘记。

还要谈到的一点是：当学习困难儿童跟能力较强儿童在一起上课学习时，教师需要对学习困难儿童有耐心并加以特别的关心。不要用一句话、不要用一个手势使得这种儿童感到教师已经对他的前途失去信心。在每一节课上，都应当使每一个学习困难儿童在认知的道路上迈出一步哪怕是最不显著的一步，都取得一点点成绩。你不要害怕在几个星期里，甚至在几个月里，让学习困难儿童去完成难度不同于班上大多数学生的作业。让他去完成专门为他挑选的作业吧，并且评价他的成果。只要你循序而进，持之以恒，同时有耐心（能忍受学习困难儿童迟迟不肯开窍的局面），那么称为儿童豁然开朗的时刻必定到来。

怎样教会头脑迟钝的学生解答应用题

　　数学课上的脑力劳动是思维能力的试金石。儿童学业落后的原因，就在于他没有学会思考：周围世界里的各种事物、现象的依存关系和相互联系，没有成为儿童思考的源泉。经验证明，如果从童年早期就使儿童通过"到自然界去旅行"而真正受到脑力劳动的训练，那么班上就不会出现数学成绩不及格的学生。让实际事物引起儿童思考，是使所有正常的儿童都变得聪明、机敏、勤学、好问的一个极其重要的条件。我向教师们建议：如果学生有什么东西不能理解，如果学生的思维像关在笼子里的小鸟一样毫无用处地折腾，那么就请你们仔细地检查一下自己的工作：你的学生的意识是否变成了一个正在干涸的小湖泊，它已经跟使思维永远生机勃勃的源泉——各种事物和自然现象的世界隔绝了？你们要设法把这个小湖泊跟各种事物和周围世界的海洋接通，那时候，你们就会看到活生生的思维的泉水喷涌而出。

　　如果认为周围世界能自然而然地教会儿童思考，那是错误的。离开抽象思维，客观事物就会像隔着一堵墙一样把儿童的视线遮蔽起来。只有当儿童进行抽象思维时，自然界才能成为训练脑力劳动的学校。要让儿童学会认识各种事物之间的相互作用——这正是周围世界最主要的特征，就必须把周围世界的鲜明形象推到儿童眼前。恩格斯曾指出，黑格尔认为相互作用是一切现存事物的终极原因的思想是正确的。他写道："我们不能追溯到比这个相互作用的认识更远的地方，因为正是在它背后没有什么要认识的了。"[①]认识相互作用是进行抽象思维的直接准备，这一点是发展数学思维的重要条件。能不能顺利地解答应用题，取决于是否学会了看出各种事物和现象的相互作用。

　　要使解题过程中独立的脑力劳动取得成果，还需要在儿童的记忆里经常而牢固地保存一些概括性东西——如乘法表、自然数列的构成等，缺少这些要进行思维是不可思议的。

　　别特里克很长时间内不能理解算术应用题的题意（条件）。我并不急于

---

① 恩格斯.自然辩证法：马克思恩格斯选集：第四卷 [M].北京：人民出版社，1995.

给他解说。我的考虑是，要使这个孩子通过自身的智力活动去理解各种事物和现象之间相互联系的实质。但是，如果儿童没有做好进行抽象思维的准备，还不会进行比较和分析，那么他就不会产生像泉水一样涌出的活的思想。我把孩子们带到自然界去，引导他们一次又一次地观察和对比各种事物、各种属性和各种现象，教会他们看出事物的相互作用。我把别特里克的注意力引向周围世界的一些现象上去，这些现象能在儿童的意识里形成关于量和数本来是事物最主要的属性之一的表象。我努力使孩子理解数的依存关系，使他相信这些依存关系并不是什么人空想出来的，而是现实存在着的。在这里，非常重要的一点，并不是让学生马上就学会计算和运用数字，而首先应当让他理解各种依存关系的实质。

举例来说，我们坐在瓜园的一个木棚下，观察联合收割机收割小麦的情景。每过一会儿，就有一辆汽车装着小麦从联合收割机旁开走。联合收割机的谷箱需要几分钟才能充满谷物呢？孩子们很感兴趣地看着表：需要 17 分钟。人们怎样安排自己的工作，才能使联合收割机不因谷物装满谷箱未得及时运走而中途停下来呢？现在离谷箱装满只剩 5 分钟、4 分钟、3 分钟了，孩子们紧张起来：联合收割机大概得停下来了。还剩 2 分钟，这时正好一辆汽车从树林后开出。汽车从这里开到收购站正好需要一小时。这就是说，人们考虑到了距离和时间之间的依存关系。他们对用来运走谷物的汽车在数量上所做的安排，正好可以保证联合收割机不停地收割。假如汽车从田地开到收购站的时间不是 1 小时而是 2 小时，那么安排运送谷物的汽车应当是更多还是更少呢？

"当然应当更多，"别特里克说，他的眼睛放出高兴的光芒，"因为现在不断在路上开的汽车共有三辆，另外还有一辆在装小麦，一辆在收购站卸小麦。假如路程更长了，那在路上开的汽车就需要更多些。"

这个孩子正在动用他的智力。我看得出，他已经在思考了：假如路程增加一倍，需要使用几辆汽车？他懂得了：应用题并不是空想出来的东西，应用题存在于周围世界里，与变化着的社会生活和人们的劳动密切相关。

别特里克已经升入三年级。但是在解应用题方面，他目前还是无能为力。他还不能独立地解出任何一道应用题。这使我很担心。但我仍然坚信，这个孩子是能够学会思考的。我通过让他分析那些现象作为算术应用题的依据的由来，来训练他进行抽象思维活动。不仅如此，我还教会他计算。一个不会计算的思考者，是无法掌握知识的。很重要的一点是，要使别特里克把一些基础知识逐渐地牢记在头脑里，缺乏这些基础知识就不可能进行思维。这个孩子坐在"算术箱"旁一边做练习，一边进行自我检查。我密切地注视着，让他能够不假思索地说出 12-8、19+13、41-19 等于多少。如果学生到了三年级还要在这上面去动脑筋，那么他是不可能理解应用题的。

现实生活使我深信，学生常常在代数面前束手无策，那仅仅是因为他没有透彻地弄懂自然数列的构成，没有达到不再需要在基础知识上动脑筋，而把全部智力用到抽象思维上去的那种程度。正像儿童如果没有几千遍地读过那些组成各种词的音节，他的阅读就不可能变成一种半自动化的过程一样，学生如果不能记住人们在日常生活中永远牢记、不假思索就能回答的几十个、几百个试题，那么对他来说进行抽象的数学思维就是完全不可企及的事。我力求使那些头脑迟钝的学生，首先是别特里克，能够尽量多地掌握数学思维的最简单工具——即加、减、乘、除的试题。

我们一起到自然界去，我让别特里克注意人们在劳动过程中解决的许多应用题。我坚信：有一天别特里克能独立地解出一道应用题。这一天终于来到了。这孩子眼睛闪闪发亮，开始解释应用题里说的是怎么回事。他的解释断断续续，但是我看得出，以前像被迷雾遮住的东西，终于在这孩子眼前变得清晰起来。别特里克非常高兴。我也轻松地舒了一口气：这一天终于等到了。这孩子等不及放学就跑回去，要跟母亲分享他的快乐。妈妈不在家，他就高兴地对奶奶说："我自己解出了应用题！"别特里克为自己的进步而感到自豪。而纯洁的道德自豪感，是人的尊严的源泉。没有为自己的劳动而感受自豪，就谈不上培养出真正的人。

这件事引起全体教师的深思。我们开始用另外一种眼光去看待那些学习困难学生。我们任何时候都不要急于做出最后的、绝对的结论：某某学生什么都做不来，他的命运就这么注定了。也许，一个孩子在 1 年、2 年、3 年内什么都不行，但是终有一天是能行的。思维就像一棵花树，它是逐渐地积累生命汁液的。只要我们用这种汁液浇灌它的根，让它受到阳光的照射，它的花朵就会绽开。让我们教会儿童思考，在他们面前展开思维的最初源泉——周围世界吧。让我们把人类最大的欢乐——认知的欢乐给予儿童吧！

78

一个"差生"的"思维觉醒"

我永远不会忘记一个叫巴甫里克的学生。对于像他这一类的学生,有些教师抱着善意的同情,另一些教师采取漠不关心的态度,但都一致认为:"看来,这孩子没有能力掌握知识。"我还记得,在刚入学的时候,巴甫里克是一个多么活泼的、好动的、好奇心强的孩子,而过了不久,他就变得沉默寡言,过分地守纪律、听话和胆小了。

在入学后的最初几个星期里,巴甫里克就感到,他和别的孩子有些不一样:一年级的同学们能很容易地把单个的字母拼成音节并且朗读出来,而他不知道自己为什么要费很大的力气才能把这个字母跟另一个字母区分开;同学们只要把关于美丽的冬天的短诗用心地听两三遍就能记住,可是他无论如何也记不住。女教师专门为他一个人把那首短诗一连读了好多遍,他也用心地记忆,竭力回想那些词句,但是……还是徒劳无功。

女教师愤怒地说:"为什么你不好好学习?像这样,放学后我还得陪着你补多少课啊?"这孩子全身瑟缩着,愁眉苦脸地站在那里。

在校务会上,女教师介绍自己班级的情况时,给巴甫里克做的鉴定是思维迟钝儿童。女教师说:"他对待图画和自然现象态度很消极。很少进行思考、比较和对比。对他得一遍又一遍地教。对一道应用题,或者一个最基本的依存关系,他思考的时间要比别的孩子多两三倍。"女教师认为,既然巴甫里克是一个思维迟钝的孩子,那他就应当花更多的时间来学习。女教师不仅在学校里尽量给巴甫里克补课,也给巴甫里克的母亲提出同样的忠告。

有几次,我带领孩子们到田野和树林去。一到这种地方,巴甫里克就变得跟在教室里完全不同了。这个"思维迟钝"的孩子,对我和同学们讲了许多他观察植物和动物时有趣的事情。从他的讲述里,我感到惊异的是,这孩子有一种能察觉乍看起来不易察觉的事物和现象之间互相联系的能力。过后,我对女教师说:"不,巴甫里克不可能成为一个学习落后的学生，我们不要用那些音节和应用题把这孩子的智慧束缚住了。"但是，幸亏这位女教师是我们教师队伍中为数不多一种人，这种人认为：学生在课本面前坐得越久，他就会变得越聪明。

使巴甫里克面对教科书苦思冥想的做法继续推行。一个月又一个月过去了，一个学季又一个学季过去了，女教师竭尽全力要把巴甫里克"拉到"那个标志着平安无事的救命的分数线上。巴甫里克为此吃尽了苦头。他几乎没有时间去参加课外活动。只要他跟同学们一起玩耍个把小时，女教师就认为他偷懒，不肯用功。况且，这位女教师本来就认为参加课外小组活动不过是用一点什么事情填补学生空闲时间的一种手段而已。那么，既然她断然认为巴甫里克不可能也不应当有自由活动时间，那么还谈得上让他参加什么课外小组吗？她说："再说，巴甫里克对别的孩子感兴趣的那些事，本来就没有真正的兴趣。"为了证明自己的看法，女教师讲述了这些事："有一次，我带领全班同学到生物室参观。孩子们在那里看到多少新鲜有趣的事物啊！大家都那么高兴，问这问那，许多学生还想马上就动手做事。可是巴甫里克呢，闷声不响地站着，心不在焉地朝远处的什么地方望着。他在这儿感到枯燥。他的手不碰触任何东西，说明他对什么都不感兴趣。"

可是，我心里在想："这个孩子用那么精细的观察力去看待自然界，难道可以这样来评价他吗？不，这一次女教师又看错了！"

放学以后，我走进生物室，发现有人在朝门里张望。原来是他，巴甫里克！

"你在这儿干吗呢？进来吧，让我们一起来看看。"

他进来了。从这孩子怎样观察那些对他来说是新奇的现象，以及从他跟我一起回家的路上所说的那些非常激动的话来判断，我开始明白女教师说巴甫里克心不在焉究竟指的是什么。那次参观生物室在巴甫里克面前展开了一个新奇的、从未见过的世界。对那些植物他倒是似曾相识，但是，这里的每一种植物身上都有些新的、不平常的东西：西红柿的茎不是直长的，而是像葡萄藤那样弯弯曲曲，结的果实也是一串串地悬垂着；洋葱头长得像西瓜那么大；还有黄瓜——真正的大黄瓜，却生长在瓶子里！巴甫里克睁大了双眼，他在想：这一切都是怎样制造出来的呢？他的想象已经不在这充满阳光的温室里，而是在学校的室外园地上，描绘着奇迹般的图画：要是能在学校园地里培育

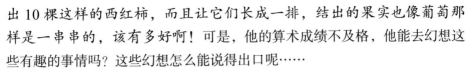

出 10 棵这样的西红柿，而且让它们长成一排，结出的果实也像葡萄那样是一串串的，该有多好啊！可是，他的算术成绩不及格，他能去幻想这些有趣的事情吗？这些幻想怎么能说得出口呢……

当我进行这些观察的时候，女教师还是不让这孩子离开她的视线哪怕是 1 分钟。她仍然认为巴甫里克要发展智力只有读好教科书这一条路可走。说来很奇怪，如果这位女教师对巴甫里克不是那么关心，如果她能放手让巴甫里克接受学校生活那种迅猛潮流的影响，那也许还会好一点：这个孩子的智力发展还不至于弄到这样畸形片面的程度。许多学校里仍然有这么一批教师，他们善意地爱护学生，让学生尽可能多地去抠书本，但他们的这种关心最终却把事情搞坏了。

巴甫里克十分艰难地从四年级（小学）毕业了。在他要升入五年级的时候，女教师提了许多附带条件。她事先向五年级的所有教师介绍了给巴甫里克写的教育鉴定，还转交了一份巴甫里克所犯的语法错误登记表，以及一份今后应当让他经常复习的算术规则的清单。

在五年级开始后的最初几个星期，读教科书的时间更长，更加使人疲劳了。先后找巴甫里克的母亲谈话的教师共达八位。与此同时，巴甫里克的学校生活也出现了一些新的东西：在许多课堂上，教师已经不像在小学时那样只要求学生听讲和记忆，还要求学生动手做一些事情。这种课给巴甫里克带来了欢乐。他最感兴趣的是植物课。那位植物学教师善于安排课堂教学，不仅要求学生像平常所说的那样"掌握教材"，而且让学生去自己获取知识。他要求每个学生都缝一个布袋，做几个纸袋，带到课堂上，以便装各种各样的"生物材料"。学生们从布袋里掏出各种枝、叶、根、茎、花和种子。所有这些，教师都让学生用放大镜仔细观看，加以比较，并且画下来。

直到这时，全体教师才第一次听说，原来巴甫里克是一个聪明好学的学生，用自然学科教师的话来说，他的智慧是"表现在手指尖上"的。一位教师在校务会上说："这个五年级学生会做的事，是有经验的园艺工很少能做成功的。"下面是他向大家介绍的情况。

在一节植物课上，学生们学习用各种方法把果树嫁接到野生砧木上去。教师注意到，巴甫里克从一棵品种珍贵的苹果树上剪下一根带有两个幼芽的树枝，开始仔细地察看它。

"你在看什么？"教师问。

"能不能不经过嫁接就培育出树苗呢？"巴甫里克反问道。"譬如说，能不能剪下一根树枝，把它栽进土里，照料它，使它成活呢？"

教师回答说："可以的，但这非常困难，只有米丘林式的经验丰富的园艺家才能做得到。"

"我可以试一试吗？"这孩子问，他的眼里闪烁着欢乐的火花。

放学以后，教师领着巴甫里克到暖房去，详细地告诉他，应当怎样准备和进行这一场有趣的试验。

在巴甫里克来说，幸福的日子开始了。他用玻璃和塑料盖成一个小小的温室，里面栽着几根剪下来的苹果树枝。他开始每天用温水浇土，注意使温室里保持一定的温度和空气湿度。有半数的树枝成活了：芽苞绽开了，透出了发亮的小树叶，幼小的嫩枝开始生长了。但是，教师看到，巴甫里克心里还有什么不满意的事情。

"那些成活的树枝，是我从树顶上剪下来的。"孩子对教师说，"而这些死掉的树枝，是从树的中部和下部剪来的。这么说，应当从树的顶部去剪取树枝，那样可以多培育出一些树苗啊……"

"当我听到这些话时，我真是太激动了。"那位生物教师说，"要知道，他是一个真正的试验者，是未来的学者、天才的园艺家！他不单纯是要达到预定的目标，而且是在探索、研究自然界的现象，当然，他用的是自己的方法，还带点稚气。"

关于巴甫里克试验成功的消息很快就传遍了全校。许多孩子都想用同样的方法培育树苗，而搞成功的只有3人，其中2人是女孩子。而生物教师承认，他自己没有种活一根树枝。

从这件事情开始，人们对待巴甫里克的态度发生转变。许多教师逐渐看出，巴甫里克身上那种害怕、拘束、犹豫的表情消失了。现在，在课堂上回答问题时，他已经不是在竭力回想教科书里是怎么说的，而是在出声地思考着，从他所看到和观察过的东西里引出结论。巴甫里克现在带着强烈的求知欲听教师们讲课，使一些教师感到有些意外。巴甫里克对所学的教材理解得越深刻，他头脑里产生的各式各样的问题就越多。教师们简直找不出时间回

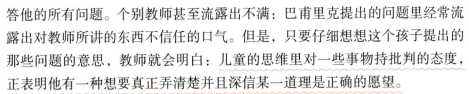

答他的所有问题。个别教师甚至流露出不满：巴甫里克提出的问题里经常流露出对教师所讲的东西不信任的口气。但是，只要仔细想想这个孩子提出的那些问题的意思，教师就会明白：儿童的思维里对一些事物持批判的态度，正表明他有一种想要真正弄清楚并且深信某一道理是正确的愿望。

教师们把巴甫里克智力发展中的这一变化称为"思维的觉醒"。在一些课上，当理论概括跟周围生活中的事物和现象之间的联系比较复杂或不太明显时，这孩子的思想就"觉醒"得慢一些。但是，概念、公式、法则越是难以理解，巴甫里克就会付出越大的意志努力，务求克服这些困难。

毫无疑问，这个孩子思维的觉醒、智力的迅猛发展、对知识的兴趣的增强，都跟那位生物教师善于发掘他的天赋和创造性劳动的禀赋有着直接联系。巴甫里克本人懂得并且感觉出：植物栽培是他能在其中表现自己能力的活动领域。看得出来，他在努力弥补过去荒疏了的东西。

几年过去了，巴甫里克在植物栽培方面的劳动成为一种真正的创造。他把人工栽培的李树、桃树、柠檬树嫁接到野生的刺花李树、梨树和苹果树上去，得到一些抗寒的果树品种。这些品种的宝贵特性是开花稍晚，能躲过霜冻对植物的威胁。在初中将毕业的时候，巴甫里克学会了把农家肥料和矿物肥料的混合物掺入土壤，以改善土壤的品质。这种新土壤能使老的、将死的果树恢复青春而重新结果，能治愈暴风给果树造成的伤害，能使汁液在受冻的树枝里加速流动。他用双手把一小块含黏土的不能种植的荒地变成了肥壤沃土，那里小麦的收成相当于集体农庄大田收成的10倍。

巴甫里克在学习上也取得了一年比一年好的成绩。这个青年对知识的掌握是牢固的，有着透彻的理解。他有一个突出的特点，就是把学到的知识运用在以后的学习里，并且使它们在脑力劳动中占有一个确定的地位。中学毕业后，巴甫里克进了农业学院，后来成为农艺师，现在已经在一个国有农场里顺利地工作好几年了。

教育和自我教育

教育学，无论就教育理论或者教育实践来说，都还没有对人的个性——创造性力量和能力的培养，对理想、兴趣爱好的形成，给予足够的重视。如果说不重视人的个性对儿童教育产生的后果还不是特别显眼，那么它往往会对少年教育造成严重的后果。

少年期和青年早期，是人的个性在智力、道德和社会思想等方面自我形成的年龄期。在这个年龄期，学生的精神发展是否正常，取决于他在各个活动领域和集体关系中、在智力生活和劳动中、在道德信念的形成中，其自我形成的程度是否深刻其自我形成的过程是否顺利。一个少年只有学会了不仅仔细地研究周围世界，而且仔细地研究自己本身，只有努力去认识周围的事物和现象和自己的内心世界，只有善于用精神力量来使自己变得更好、更完善，他才能成为一个真正的人。这里说的就是学生在精神生活的一切领域里的自我教育。

让我们仔细观察一下学校里对少年所进行的教育工作吧。它跟对年幼儿童的教育有哪些区别呢？常常是毫无区别。少年，也像年幼儿童一样，往往只是被教育的对象。教育者的全部注意力都集中于怎样把更多的关于周围世界的知识、更多的科学原理和道德准则灌输到学生的头脑里去。少年认识了许多事物和了解了许多知识，但是他并不认识和了解自己。要知道，道德准则只有被学生自己去追求、获得和亲身体验过，只有变成学生独立的个人信念，才能真正成为学生的精神财富。经常听到教师提醒少年说："你已经不是小孩子了，你要好好思考自己的命运、自己的前途。"可是要一个人思考自己的前途，就应当让他在自我教育方面实际地做一点事情，让他通过某一件事情去尝试并检验自己的力量，去锻炼自己。但是，我们的少年对这种精神生活进行的自我检验和自我锻炼究竟达到了何种程度了呢？

譬如，教育家认为，劳动是最有力的教育手段。不能说少年们劳动得少，但是这种劳动是否成了一种自我教育、自我成长的元素呢？他们只不过把劳动看成一种义务而已。

学校向少年传授关于人和人类历史发展道路的广泛知识，但是这个掌握知识的过程在多大程度上有助于自我教育呢？常常看到，教师在讲授教材的时候，面对的是学生的抽象的思想，而并没有针对坐在他面前的学生的具体特点。于是，学生毫无热情和无动于衷地去"掌握"这些关于人的知识。关于植物的叶子在阳光照射下合成有机物也罢，关于托马斯·康帕内拉为了坚持自己的信念，宁愿骄傲地拒绝获得自由和福利的引诱而坐了30年监狱也罢，对学生来说，这些都是以同样冷漠的态度来"掌握"的。

　　班主任、少先队和共青团组织动了不少脑筋，让少年们去做一些对人们有益的事。但是，对某些学生来说，这种活动又变成了什么呢？往往是变成了布置下来的任务。如果少年们在人与人的关系中并没有教育自己，没有感到把自己的知识和技能贡献给别人会使自己变得更加高尚，那么这种关系就会使他们感到枯燥乏味。难道不正是由于这个缘故，许多少年把帮助残废者、帮助老年人这一类活动，冷漠地看成是"索然寡味的"事情吗？不能说他们不愿意去做这些事，但是这种劳动经常收不到使人变得高尚起来的效果。一个人直到十七八岁，还只是感到自己是个受教育者，只是有人在教育他，而他并不教育任何人，也不教育自己，因为他并没有在与别人的多重关系中来造就自己。我坚决相信，让少年去当低年级同学的教育者，是道德教育中最复杂、最不容易而又最重要的任务之一。严格地说，自我教育就是从这里开始的：让一个人去关心另一个人，力求看到自己身上的好的东西在另一个人的身上表现出来。

　　许多教育家认为，应当尽量用各种各样的措施来"占住"少年们的心，尽量吸引他们参加文化教育机构、运动团体的活动。一旦少年成了犯罪者或破坏了道德标准，大家就齐声地抱怨说：我们的俱乐部、青年咖啡馆、运动场、室内操场太少了，以致青少年不得不在马路边上聚集在一起，无人监督，所以产生犯罪行为。这样来解释青少年不良行为的根源，是会把家庭、社会、共青团和学校引入迷途的。这种解释里包含着这样的意图：要紧紧地抓住少年的手不要放开，生怕他一旦独处时，就经不起坏榜样的引诱和腐蚀。

　　然而，能不能认为这就是教育呢？大家知道，一个人在生活里经常会独自一人留下，只跟自己的良心在一起。少年不仅应当有能力提防坏东西的沾染，而且应当有能力跟坏事做积极的斗争。难道总是担心害怕，唯恐生活把一个人置于单独地面对困难的境地，就能教会他生活吗？我们总是想把学生的生活组织得安全可靠，有时竟达到荒唐可笑的地步。共青团组织要求，甚至在节假日，学校里也要组织少年们集体休息，教师甚至在星期天也要给他们找一些娱乐，注视着不要让他们落入坏的同伙里去。所有这些对青少年道德行为的虚假的关心，不禁使人忧虑地想道：我们究竟在培养什么样的人？我们始终搀扶着一个人走路直到他成年，用过多的玩乐和满足去喂养他，这样做只能在他的精神里播种空虚和无聊。他不知道该怎样打发时间。至于家庭、父母、兄弟姐妹、祖父祖母和家庭义务，这一切在他看来都是日常小事，毫无意义，不值得关心的。

如果我们的教师、共青团组织总是在疼爱少年，想方设法让他有事可干，每到星期天就替他安排娱乐活动，那么我们对于学生实际上是完全没有尽到应有的责任，因为我们没有教会他独立地、有益地利用空闲时间。

我深信，只有能够激发学生去进行自我教育的教育，才是真正的教育。教会学生自我教育要比安排他怎样度过星期天困难得多，要比抓住他的手不放，直到他走出校门，一下子为摆脱了各种校规和限制的自由而陶醉得不知所措要困难和复杂得多。只有能够激发学生去进行自我教育的教育，才能解决上述困难。

从什么地方和什么时候开始自我教育呢？有一句古老的格言说："战胜自己是最不容易的胜利。"一个人正应当从这里开始认识自己，开始自我教育。应当在童年时期和少年早期，即从 7 岁到 11 岁，就教会一个人自己安排自己的事，并在必要的时候能够"强制自己"。如果错过了这个时期，那么以后就不可避免地会出现再教育的问题。

在童年时期和少年早期，学生对长辈的劝告比较容易接受，他会对做一些有益的、必要的事感兴趣，他开始进行自我观察，区别和评价自己身上的优点和缺点。譬如，教师向孩子们建议：早晨要早起，不迟于 6 点钟，夏季在 5 点钟起床，做一套早操，在早晨这个时间用两小时读书，再参加一点体力劳动。孩子们到学校来的时候，让他们讲一讲，他们达做到了哪几项要求。渐渐地，孩子们开始认识到，战胜自身的弱点（懒惰、散漫等）是一种锻炼意志的光荣的事，于是，他们热心地去做那些开始时带有游戏成分的事。

身体锻炼在自我教育中占有非常重要的地位。每个学生的家里都有淋浴设备，要每天都强制自己天一亮就起床洗澡。家住在湖边的孩子，则每天在湖里洗澡。在冬季，十来岁的男女孩子练习用雪擦拭身体。这是一件很不简单的事。经常完成这项锻炼是需要很大勇气和毅力的。如果教师简单地采取强制的办法，那是绝不会收效的。那样一来，就会有许多学生欺骗教师，说他们都按照要求做了，而事实上却是在暖和的被窝里偷懒哩。全部问题就在于要能够强制自己。

劳动纪律、作息制度、锻炼身体、增强体质，所有这些都属于精神生活的内容，随着一个人接近青年早期，它们越来越深入地成为自我教育的因素。如果一个人在童年时期就体验到克服自己的弱点的满足感，那么他就会以批判的态度看待自己。正是从这一点上，开始一个人的自我认识；没有自我认识，就既不可能有自我教育，也不可能有自律。一个年纪幼小的人，不论他把"懒惰是不好的"这句话记得多么牢，理解得多么清楚，但是如果这种情感没有迫使他在实际行动中管住自己，那么他就永远不会成为一个意志坚强的人。

在七八岁的年龄，每一个学生在校园里种一棵树，用来纪念他最亲爱的一个人，所以每个学生都是个人完成这项劳动的。初看起来，会觉得似乎像忽视了集体劳动的作用及其教育力量。然而事实上，这是一种真正的集体劳动。每一个人都把自己的事安排好，这不仅是因为他对懒惰感到厌恶，而且是因为他不愿意让别人认为他是一个没有意志力的人。学生集体中的相互关系的全部方式都在灌输这样的思想：谁也不强迫你劳动，每个人凭自己的良心工作。没有人去向哪一个少年提醒，他的劳动时刻都是同学们能够看见的，因为他本人也能够感觉到这一点。

如果有人在某一段时间里偷懒不干，同学们就会当面喊他是懒汉和游手好闲的人。他们谴责和嘲笑的不仅是懒惰本身，而且是意志薄弱、不想克服自己的弱点、不能管住自己的现象。少年对别人给予自己人格的这种道德评价是非常敏感的：他好像能用别人的眼光来看自己了。在这一点上，也正包含着对人的自我成长起着重要作用的自我认识的实质。如果在集体里没有对少年的道德面貌、劳动和行为提出严格的要求和进行公开的评价，那就谈不上让每一个少年认识自己。

脑力劳动、学习能够为自我教育提供非常丰富的可能性。早在四、五年级，我们就促使学生进行重大的意志努力。教师对他们说："你们尝试一下，强迫自己在早晨6点到8点之间把所有的家庭作业都做完。你们以后会感到，这将减轻你们的脑力劳动，使你们有更多的自由活动时间。"少年们逐渐地体会到：在早晨做功课，比在放学以后做效果要好得多；早晨花 1 个小时所做的事，能抵得上下午花 3 个小时所做的事。

但是，问题的意义不仅如此。学生的一天从劳动开始，强制自己完成任务并在自己的良心面前做自我汇报，这件事在道德教育上起着极其重要的作用。学生学习珍惜时间，利用空闲的时刻。只有在少年时代就懂得劳动的欢乐，体验过由于能够强制自己按预定计划进行工作的自豪感和满足感的人，才会珍惜和善于利用空闲的时间。不是单纯的劳动，而是在劳动中进行自我教育，才是治疗无理智地消磨时间的良方。

有一个问题已经不止一年地使我感到忧虑不安：为什么少年们不喜欢读那些有价值的科学书籍和文艺书籍，为什么他们只阅读一些轻浮的冒险小说和像蜉蝣一样短命的、不会留下任何痕迹的低劣作品？后来我才明白，少年们往往不懂得什么是真正的阅读，不善于深入思考所读的东西的含义，没有开动智力去会欣赏作品的艺术价值。青少年精神空虚的原因之一，就是缺乏真正的阅读。这种阅读应当占据人的整个理智和心灵，引起他去深入思考周围世界和自己本身，迫使他去仔细观察和了解人的灵魂的复杂性，迫使他去考虑自己的命运和前途。一个人如果没有理想，他的个性就没有核心，而理想的东西是最鲜明地反映和记录在书籍里的。所谓自我教育，就是用一定的尺度来衡量自己。很重要的一点是，要让学生用英雄人物的生活作为测量自己的尺度。

教师给学生讲述亚历山大·乌里扬诺夫 [①] 和托马斯·康帕内拉的生平，同时把有关的书介绍给他们看，告诉他们从这些书里可以知道许多这些人物的生平事迹。少年们在教师的引导下入迷地阅读这些书籍。阅览室渐渐成了丰富精神生活的策源地，学生预备了专门的笔记本和摘录本，通过写笔记跟自己的内心交谈。这是自我教育的很重要的一个阶段，只有那些以具有道德财富的英雄人物为榜样，强烈地希望从人类经过艰难困苦而获得的精神财富中汲取养料的人，才能上升到这个阶段。

在学生的周围有一个千万本书籍汇成的书籍海洋。其中有些书是毫无意义的，它们既不能丰富学生的智慧，也无助于陶冶学生的情操。还有一些书

---

① 亚历山大·乌里扬诺夫（1866—1887）：列宁的哥哥，因反对沙皇制度，参加策划刺杀沙皇亚历山大三世，于 1887 年被判处死刑。——译注

简直是有害的。因此，必须严格地挑选书籍，指导青少年怎样去读这些书。我们不能消极地等待青少年去"碰上"正好适合于他读的那本书，我们应当努力去揭示书籍的真正的美，只有这样才便于学生找到他喜欢的书。

教师要研究少年的兴趣、爱好和特长，针对具体情况向他们推荐科普读物。主要的是，要让读书逐渐成为学生的精神需要，激发他们求知的欢乐感。我们认为，如果学生还没有开始入迷地阅读科学书籍，那就说明我们还没有找到通往学生心灵的蹊径。当学生在阅览室里读过几本书以后，当他体验到认知的欢乐以后，他才会把书借回去独立阅读。

人们通常把劳动称为"伟大的教育者"。但是只有在这样的条件下，即人在劳动中确立了自己的信心，认识到自己的力量、才能和天赋时，劳动才能成为强大的教育力量。只有当一个人热爱劳动时，劳动才能成为真正的教育者。因此，在少年期，使每个学生从许多种劳动中找到他能够获得幸福的那条道路是非常重要的。自尊感和荣誉感好比是个性的精神核心，它是要人在自己的劳动成果中发现自己——发现自己的能力和创造性以后才能获得的。我们力求使每一个少年都在劳动中"发现自己"。

重要的是，要使每一个少年每天都有几个小时的自由活动时间，使他能够按照自己的选择和爱好用来进行心爱的探索。为什么我们的青年在中学毕业和走上工作岗位以后感到枯燥乏味，不知道怎样打发空闲时间呢？这是因为他们上学时没有过自由活动时间，他们不懂得也体会不到时间是能给人以精神财富的巨大福利。我们全体教师进行了艰苦的努力，来教会青少年怎样合理地利用自己的自由活动时间。我们不知花了多少努力，才使得学生习惯于在早上做功课，而让下半天留有自由活动时间。但自由活动时间并不是无所事事，这段时间里，无论学生和我们教师都在从事紧张的劳动。懒惰和空谈是青年时代最可怕的敌人。

在指导学生的自我教育的过程中，我想劝告青年教师学校领导者们防止一种最主要的困难，那就是故意地、人为地做出教育别人的样子。我们不得不付出巨大的努力，使青少年不至于感到他是被别人有目的地引到什么地方去。在每一个教学工厂里、操作室里、温室和学校试验园地里，学生都在开展一项用时较长才能完成任务的劳动。学生是完全独立地完成这项工作的，从劳动的成就中得到欢乐，成为自觉的独立的劳动者，摆脱了那种无能为力和依赖别人的情绪。培育学生的心灵意味着使每一个学生把自己的精力、智慧、意志、发明创造精神投入到劳动的物质成果中去，从自己的双手和智慧所创造的东西中"看到自己"。自己从事劳动的满足感是一个人的自尊感的根源，同时，也是一个人严格要求自己的源泉。只有那体验到取得成功的欢乐的人，他才有希望成为一个更好的人。

如果一个学生不是废寝忘食地钻研他所热爱的事情，没有从事创造性的劳动，我们就不能设想少年的个性得以形成。

我想再指出一个能鲜明地表现出学生的自我教育的精神生活的领域。这就是让少年去关心别人，要他在某件事情中把自己的劳动、智慧、意志和技巧的一部分贡献给别人。这件工作是从小事做起的：让年长的学生在某一方面帮助年幼的同学。这些学生希望自己付出一定心血培养的小同学变得更好。这种愿望就是自我教育的最重要的源泉之一。我深信，教育的艺术和技巧就在于使每一个少年把这种愿望当成自己的精神需要。只有当一个少年在别人身上看到了自己的精神美的一部分的时候，他才是真正地开始了自我教育。

和年幼的同学交朋友，这是培养道德自觉性的一个重要方面。我们力求使这种友谊建立在个人爱好的基础上，使少年把自己对书籍和创造性劳动的爱好传授给别的同学。在教学工厂里、实验室里和操作室里，总是有一群群的小孩子围绕着热心劳动着的少年，他们也想干一点有趣的工作。在所有这些活动中，劳动和游戏结合在一起，少年感到自己是年长者，年幼同学则带着许许多多问题去请教他们。学生们之间建立了有趣的相互关系：这里既有相互平等的友谊，也有年长同学对年幼同学的关心，少年希望在游戏和劳动中不断地向年幼同学揭示出某些新的和引人入胜的东西，这也就同时促使他们不断地学习，掌握新的知识和能力。

人们习惯把少年时期和青年早期称为"困难的年龄期"。在这个时期内，学生的身体、智力、道德等方面都在迅猛发展，教育者面前必然会出现许多困难。只有把教育和自我教育有机地结合起来，才能顺利地克服这些困难。

80

要保持"水源的清洁"

我面前放着一封信。当我接触到它的时候，它像一块烧红的铁那样烫手。

这是一个被判处死刑而等待着末日到来的 19 岁青年写来的信。这份自白信写了 48 页，写得前言不搭后语，态度也远非诚恳。

我给这个青年回了信。他的母亲到我这里来，要求我去跟她儿子见上一面。很难跟他谈到一起……

使我震惊的是，在他身上有那种可以称为理智幼稚病的东西。从他的信里，以及从我听到的他的话里，只有慌乱和恐惧，而没有忏悔，没有对罪行的认识。

他并不是成帮结伙的强盗，只不过是一个卑劣的、可怜的、空虚的人，他杀死了一个素不相识的 16 岁青年。他们在公园的一条窄小的路上迎面相遇。16 岁青年不愿让路，于是他 19 岁青年发了火。他拿出口袋里的刀子，把 16 岁青年杀死了。被害者的母亲奔上前来，他刺了她一刀，造成重伤……

可怕的精神空虚，不懂得生命是一种宝贵的财富，这就是这宗罪行后面所隐藏的东西了。

我是抱着轻蔑和厌恶的态度来看这个人的。然而同时，有一种损失了什么似的沉重感像一块石头压迫着我的心……这是人的损失。沉重感来自这样的一种想法：这个青年，如果他得到过正确的教育，他原本是能够成为一个真正的人的。

在他的信里，有些话是指望引起人们怜悯他："只有在死亡的不肯饶恕的眼光之下，我才懂得了生命是多么宝贵。"也只有当灾难降临到这个家庭里的时候，母亲和父亲才会号啕痛哭：为什么会发生这样的事？他们吁求别人以同情心和人道精神对待犯罪分子。然而他们的遭遇不能得到人们的宽容，就像正遭遇干渴的痛苦的人看到那个把自己喝水的井填埋了的人而怒目相向一样。然而，人的明智就在于，我们既然从这个水源里取水吃，那就要永远保持这个水源的清洁。

经验，并不总是成功的经验，有时是痛苦的经验教会了我，早在一个人的童年时代，就能够断定：这个人在将来，也许在 15 年或者 20 年以后，会面临一种滑入邪路的危险。只要有一点点哪怕是出于设想的征兆，觉得一个人有可能成为违法犯罪分子，那就必须在童年及早地预防这种危险，给他注射强有力的抗毒剂。这一点是我们的教育技巧中极其微妙的地方之一。

你们看到，儿童和少年都非常天真率直，那么就应当明确地、毫不拐弯地告诉他们：什么是好、什么是坏，什么是白、什么是黑。你要马上公正地表态，丝毫含糊不得！不仅不能让儿童和少年有一时一刻忘记这一点，而且要使第一次的社会经验在儿童和少年的生活中保留一辈子。譬如说，一年级的女孩子玛娅跑来告诉我：维佳找了一根棍子，在草坪上乱打，而草坪里正开着许多花……她跑来找我并不是为了告维佳的状。假若我马上就处罚维佳，就会使玛娅处于为难的境地，使她的感情受到伤害。她来报告这件事，是为了证实真理。我首先应当表态：维佳的举动是坏行为！于是我们一起去找维佳，保护那些花。在玛娅看来，这是正义的思想取得了胜利。同时，这也是一块磨刀石，让儿童对恶的不妥协的精神磨得更加锋利。这是迈上道德发展的更高境界的一个台阶。

我们应当让儿童在童年时代成百上千次地体验这种正义的思想取得胜利的心情，感到自己是这种胜利的参与者。

我们跟学生的家长们一起思考，认为我们的工作要为以后的许多年着想，我们要使孩子们理解和感觉到：世界上还有些卑劣的、丑恶的东西。

重要的是，要让年龄尚小的人不只是晓得"这种事是卑劣的、丑恶的"就够了，还要让他因为卑劣的、丑恶的事就在近旁，可是自己却无力使这个世界变得更好，而感到担忧、难受和痛苦。对卑劣的、丑恶的东西的愤慨和厌恶会渐渐地迁移，用来检查自己。这是一种极其微妙的转变，一个人对美好事物的追求和对于丑恶事物的深恶痛绝的品质，在决定性的意义上取决于这种转变。

羞耻心是对卑劣的、丑恶的东西的强有力的抗毒剂；形象地说，它是能浮载荣誉感、良心和自尊感的大船的深水。

从本质上说，只有发展羞耻心和对不知羞耻不容忍的态度这种细腻的情

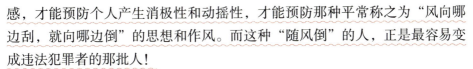

感，才能预防个人产生消极性和动摇性，才能预防那种平常称之为"风向哪边刮，就向哪边倒"的思想和作风。而这种"随风倒"的人，正是最容易变成违法犯罪者的那批人！

如果一个年轻的公民，没有早在他的童年时代就体验到对卑劣行为的蔑视和为别人的痛苦而分担忧愁，那就难以设想他会有成为一个好人的志向。

要造成一种对卑劣行为采取积极的不肯妥协的态度的气氛，首先要从反对懒惰、无所事事、涣散松懈、无谓地消磨时间开始做起。正如民间谚语教导我们的：懒惰是一切罪过之母。我坚信，热爱劳动的教育是从书桌和书本后面开始的，这是一台主要的、最复杂的机床，要掌握它并不是那么简单的事。在学校里，使用教育技巧上的最主要、最难捉摸和最细致的一件事，就是做到使学生为自己的无所事事而感到羞愧，使他对懒惰和闲散抱着蔑视和憎恶的态度。我认为自己最重要的使命，就是在我所教育的学生的头脑里，哪怕有一点点在困难面前退却的想法，都是令人鄙视的，不做事情，不动脑筋是可耻的！

我认为教育的目的只有在这样的条件下才算达到了，就是对每一个（名副其实地每一个）少年、青年来说，书籍、思想成为"一种不撕裂自己的心就不能从其中挣脱出来的枷锁"。[①]一个人要成为具有劳动者、斗争者、未来的战士、未来的丈夫和父亲的意识的真正的人，他在十四五岁的年纪，就应当在自己灵魂的深处有一份丰富的精神宝藏——这就是他争分夺秒地读过的一两百本书，这些书对他来说就是精神的启示。

如果一个青年不想求知，那就是最可怕的不幸——也是家庭的不幸，学校的不幸，社会的不幸！一个人不想求知，他就好比用一道无形的铁栅栏把自己跟广阔的天地隔离开，然而谁知后来这道无形的铁栅栏也许会变成真的牢狱呢！

我认为青少年的教育者的使命，就在于他要跟每一个少年和青年一起，

---

① 马克思在《共产主义和奥格斯堡〈总汇报〉》一文里指出先进思想的作用时写道："至于掌握着我们的意识、支配着我们的信仰的那种思想（理性把我们的良心牢附在它的身上），则是一种不撕裂自己的心就不能从其中挣脱出来的枷锁；同时也是一种魔鬼，人们只有先服从它才能战胜它。"
马克思.共产主义和奥格斯堡《总汇报》：马克思恩格斯全集 [M].北京：人民出版社，1975：134.

构筑起他的精神生活的大厦。作为教育者来说，他的工作就不仅是跟学生在课堂上见面，而且应当是与学生有同样信仰的志同道合者。相互倾慕，找到满足像马克思所说的人对人的需要的巨大幸福。

经常可以听到这样的话：培养对劳动的爱好。然而，如果教师没有把自己的学生（正在认识复杂的世界的少年）领进自己的私人藏书室，如果没有使他在你的精神财富的源泉面前惊异地停住脚步的话，那么用任何手段都是培养不出这种爱好的。如果教师没有跟自己的难以教育的、执拗任性的、有时候是复杂得不可理解的学生单独地谈心，用自己的思想使他完全折服的话，那么学生对劳动的爱好也是难以企及的。

那么，在学校里，在对青少年的教育中应当是主要的东西，也就是以一个人的心灵去精细地接触另一个人的心灵的工作，是否在经常地进行呢？

那些走上邪路的人，实际上是一些非常孤独的人，虽然他们周围既有年长的人，又有同龄的人，虽然大家每天都在叮咛他们："不要这样！这是不容许的！"

我坚信，学校，这首先是一个人与人相互接触的世界。问题在于，就拿我来说，命运把我跟这些最生气蓬勃的、最复杂的、而在我看来也是最有意思的少年们永远地结合在一起了，他们进入了我的生活，成了我生命的一部分，如果不是他们，那么我所知道的、所会的、所做的一切也就都不存在了。

很难找出这样的词语和形象来向儿童解释清楚：什么是生与死，什么是自由与失去自由。不仅要解释，而且要在每一个学生身上培养出对这些概念深刻的个性化认知。我认为道德教育的重要任务，就在于要使儿童深刻地懂得：生命既是一种强大有力、不可战胜的财富，同时也是一种脆弱的、往往是无助的、极易受到损伤的珍品。有时候，会出现这样的一些情况，只消一句冷酷无情的话、一个漠不关心的眼神，就足以扯断一根纤细的生命之线。

每当一个儿童刚刚跨进校门的时候，我首先关心的问题就是：他跟自己的亲人和经常接近的人们之间有着怎样的精神联系？只有在这样的条件下，才能使儿童有一种深刻的认识："有人非常、非常需要我，他们无限地珍爱我，感到有了我他们活着才有意义。但是我也非常、非常珍爱他们，没有他们我就不能生活，他们对于我也是无限宝贵的。"只有这样，才可能有正常的道德发展，才可能有爱、幸福和劳动的和谐，而一个人的道德健康正是取决于这种和谐的。儿童跟亲人特别是跟母亲的温暖而欢乐的精神交往，跟父亲母亲

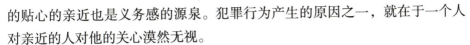

的贴心的亲近也是义务感的源泉。犯罪行为产生的原因之一，就在于一个人对亲近的人对他的关心漠然无视。

只有当一个人懂得了明智地限制自己的自由和愿望的时候，他才会珍惜生命和自由。这种明智是一种微妙的教育工具。

如果一个人在童年和少年时代，没有体验过一种高尚而英勇的心理状态，就是有时候应当和有必要放弃给自己预示着许多满足的那种愿望，那么就很难把他造就成人。

有一次，全班准备到树林去旅行，那将给孩子们多少欢乐和满足啊！可是，在旅行的前夕，五年级学生彼嘉的奶奶病了，彼嘉的父亲准备送奶奶去医院，父亲需要儿子的帮助，但是父亲又倾向于不让彼嘉去医院，还是让孩子跟大家一起去休息一天吧。这时候，教师帮助彼嘉克服了想去旅行的愿望，从而引导他走上高尚精神指引的道路。第二天，大家都没有到树林里去……

明智而英勇地约束自己的愿望——这是一根有力的指挥棒，在它的指挥下，可以创造出人的美的和谐。教师应该把这根指挥棒运用起来。

在学校里，不应当用空洞词句和空洞思想来粉饰。我想劝告教育工作者：要珍惜词句！当你要求儿童说出自己的思想的时候，要保持审慎的态度。不要让那些儿童不懂意思的词句从儿童的口里说出来！不要让那些高尚而神圣的词句，特别是关于热爱祖国的话，变成磨光了的旧分币！真正的爱是不必声张的。应当教会儿童去爱，而不是教他们去谈论爱。应当教会儿童体验和珍藏自己的感情，而不是教他们寻找词句去诉说并不存在的感情。

不知羞耻是由不肯履行自己的诺言产生出来的。当儿童在精神上还没有准备，当他还没有足够的精神力量和坚定的意志的时候，你不要强迫儿童做出承诺。如果儿童自己做出什么承诺，你要耐心地听，并且信任他，同时要提醒他：你要注意，如果自己没有信心去履行，那么做出承诺时就得慎重。要记住，经常地提保证和做承诺而过后就忘记它们，是一种坏习惯，它会使一个人的心灵变得麻木不仁，说了谎还不自知。

要让真理和信任在学校里（同样在家庭里）占据统治地位。要让在学校里所说出的每一句话都结出果实，而不是一朵空花……

81

关于全面发展教育思想的一些问题 ①

（一）列宁在《哲学笔记》里对费尔巴哈《宗教本质讲演录》一书做出评述："人是需要理想的，但需要符合于自然界的人的理想，而不是超自然的理想。"接着引用了费尔巴哈的话："我们的理想不应当是被阉割的、失去肉体的、抽象的东西，而应当是完整的、实在的、全面的、完善的、有教养的人。"② 在教育工作中去实现这个理想，善于从活生生的人的具体表现中看出这种理想，可不是一件简单的事。决定教育工作的技巧完善的条件之一，就是教师要善于以活生生的人为目标，并从他的身上发现、爱护主要的、有决定性的东西。在培养全面发展和谐的人的过程中值得关注的是：教育者在关心人的各个方面和特征的完善的同时，任何时候也不要忽视人的各个方面和特征的和谐，而且明白这种完善、和谐都是由某种主导的、首要的东西决定的。在一个全面发展的、活生生的人身上，体现出力量、能力、热情和需要的完满与和谐。教育者在这种和谐里发现诸如道德、思想、公民、智力、创造、劳动、审美、情绪、身体等方面的完善。在这个和谐里起决定作用的、主导的成分是道德。学校是知识、教养、智力文明和劳动的策源地；教师年复一年地领着自己的学生沿着知识的小道向人类智慧的顶峰攀登；智力财富和脑力劳动，是我们手中借以造就人的最重要的工具。

但是，人的心灵的本来面目就是这样的：并不是所有从孩提时期进入学校的受教育者，在走出校门跨进生活时，都同样地精神丰富，都接受过用于汲取智力财富并使之取之不竭的方法和技能的训练，达到同样熟练的水平。对一些学生来说，中等教育只是通往智力丰富、认识臻于完善的第一步，而另一些学生却对中学的教学大纲也只能十分勉强地掌握；但是这并不是说这

---

① 81 条、82 条是作者在去世前不久准备的博士论文《人的全面发展教育的诸问题》中的一章，原题为《在实现人的全面发展思想过程中现实生活提出的一些理论和实际问题》，作者在这里共谈了 8 个重要问题，故全文译出。8 个序号是译者加的。——译注

② 列宁. 列宁全集：第三十八卷 [M]. 北京：人民出版社，1959：69.

样的人就是不幸的，没有前途。

对智力才能的不平等，早在童年和少年时期，学生自己就渐渐明白了，他们把这种不平等理解为注定的、并非所有人都能达到同样智力发展程度的原因，这种情况正是今天实现全面发展思想中遇到的一系列困难和一系列极其重要的、微妙而复杂的问题的根源。教育者的任务就是，不要让某些受教育者感到这种不平等是一种不幸。遗憾的是，在某些学校，某些儿童知道自己在智力发展上是有限的，这一点成了他们不想学习的原因。一个人在童年时期就感到自己似乎是一个不够格的人，这种状况不应当出现！每一个人，早在童年时期、特别是少年时期和青年早期，就应当获得自己的精神生活完满的幸福，享受劳动和创造的欢乐。

这是培养全面发展的人的过程中一个非常细致也可以说非常微妙的问题。这个问题的实际解决，恰恰在于不要把学校和学生的精神生活仅仅局限在掌握教学大纲并取得相应的成绩上。培养全面发展的人的技巧和艺术就在于：教师确实善于在每一个学生甚至是最平庸的、智力发展最困难的学生面前，为他打开精神发展的领域，使他能在这个领域里达到顶点，显示自己，宣告大写的"我"的存在，从人的自尊感的源泉中汲取力量，感到自己并不低人一等，而是一个精神丰富的人。

这个领域就是道德发展。在这里，通往顶点的道路对任何人都不会封锁，有真正的毫无限制的平等，每一个人都可以成为伟大、独一无二的人。只有在这样的条件下，即共产主义道德贯穿于人的各个方面，在每一个人面前打开了通往公民、思想、创造、劳动、审美和智力等财富的道路时，全面发展思想才可能得到充分的实现。

学校应当成为一个道德丰富（在每一个人的行为中、在人们的相互关系中都有共产主义道德炽烈地燃烧）的策源地。解决这个问题的关键，就在于要使我们每一个学生在某个活动领域中获得幸福和欢乐，这个活动领域的顶峰是道德的美和道德的完善。我们学校的毕业生中有几个女孩子，曾经在掌握知识上感到极其困难。从少年早期，我们就让这几个四、五年级的女生当小朋友（学前儿童、一年级学生）的教养员。她们从这项充满着高度道德意义的高尚活动中获得了体验到自己的人格尊严的幸福。否则，早在童年和少年时期，她们就会感到自己是不幸的人。后来，这项劳动成了她们寄托生活意义和实现生活目标的事业。

理想的全面发展的人应当是和谐的，没有和谐的教育工作就不可能达到人的和谐发展。学习、上课、完成作业、经常得到分数，这一切绝不能成为衡量、评价一个人唯一的、全部的尺度。学生年龄尚小，对这种日常的评价特别敏锐并极其脆弱。应当使学生通过亲身体验，深信人们是用许多尺度来衡量他，是从各个方面来看待他的。一个不懂事的孩子到我们这里来上学，我们不应当用对"学生"这个词的狭义理解来看待他。如果在教师看来，他只是一种头脑里被填塞了知识的生物，他就不会成为全面发展的人。如果一个人不能宣告自己的存在，不能在人类心灵的某一个领域成为主宰者，不能在活动中和成就中（这一点尤为重要）确立自己的地位，没有感到自己作为一个创造者的自尊感，不能自豪地抬起头来走路，那么，所谓实现了全面发展就是不可思议的。和谐的教育就在于，使我们教育的人在多方面活动中表现出的道德丰富性在学校精神生活的一切领域中得到表现。总而言之，只有在这样的条件下，即在发展着的人对待周围自然环境和社会环境的多种多样的现实态度体系中贯穿着重视道德丰富性这一条主导的红线时，学校的精神生活才能成为现实的教育力量。学校所做的一切，都应当具有深刻的教育意义。这条规律的适用范围如此广泛，以至于可以写成一本论述它的专著——供教师读的理论参考书。

有那么一部分（即使是不大的一部分）青少年不愿意积极而刻苦地学习，在掌握知识上怠惰消极，以致教师不得不对他们采取强制而非鼓励的办法。这些正是我们称为"非和谐"（缺乏和谐）的教育所产生的不良后果。

（二）在实现全面发展思想及解决由此而来的一切复杂而困难的问题的过程中遇到的第二个问题，就是如何使学生认识并体会到，进入这样一座宫殿——它的名字就是知识和教养，以及获取人类文化的宝藏，是我们的制度、我们的社会给予我们的一项最大的福利。青年一代应当把这项福利作为我们革命最宝贵的成果加以珍惜。然而有一种看来反常、简直令人费解的事实是：一部分青少年把这种伟大的福利当成一种苦差事，把学习看成沉重的负担，而教师在许多情况下不得不无休止地跟这些懒汉和二流子做斗争。那些劳动人民世世代代向往的东西，那些人类多少优秀儿女为之献出自己的生命而获得的东西，在一部分青少年有时还包括一些儿童的眼里，好像都没有任何意义。这究竟是怎么一回事？这种现象再也不应当继续下去了！把学习当成一种苦事和沉重的负担是极不正常的现象。这是缺乏和谐的教育的直接后果。

只有在这样的情况下，即把责任感变成学校精神生活的核心，把我们所谈到的人对环境的多种多样的态度集中于责任感上，才有可能克服这种现象。我们的时代在这个极其重要的道德问题（它同时也就是人全面发展的问题）上开拓了新的境界——社会利益和个人利益相结合，个人幸福和社会幸福取得和谐。人的和谐发展只有在这样的条件下才有可能，即从幼小的年纪开始，就应当使一个人从亲身经验中产生一种信念：生活中存在着许多困难，遭遇困难才能给人打开通往幸福之路。在人的全面发展的复杂体系中，一切都是相互联系、相互制约的，以至于要理解结果的由来，就非得深入地钻研我们称为各种原因的"交接点"不可。教育者的任务是：使自己的学生遭遇困难；正是在遭遇困难中萌发出能力——一种具有深刻道德意义的能力，即珍惜年长一代给予他们的物质财富和精神财富的能力。遭遇困难是个人幸福和欢乐的源泉。

（三）现在我们谈谈人的全面发展的第三个问题——需要的教育。任务不仅在于应当培养多方面的物质需要和精神需要。需要不是什么很难的事。复杂得多的事是达到物质需要和精神需要的和谐发展，特别是使一个人在生活中有一种积极的活动，其目的在于形成和满足高级的需要——精神需要。在我们时代，物质福利源源不断地涌进童年、少年和青年早期的世界，以致出现了这样一种危险：儿童和青少年可能丧失关于这些福利是由劳动创造的观念，甚至完全不知道它们是从哪儿得来的。现在的一个非常复杂的社会教育学问题，就是在儿童、少年和青年身上培养一种对待物质福利的严肃态度。我们看到，在培养这种态度方面，许多教育者——父母亲和教师们表现出高度的智慧和丰富的道德。这里特别重要的是，要使学校生活具有明显的道德意义。我们要在年轻公民的意识里发展这样的思想和认识：这样的东西我有权利希望得到它，那样的东西我没有权利希望得到它，而企望别样的东西对我来说是不体面的、不能允许的、可耻的。人只有学会合乎情理地提出愿望，才能懂得什么是困难的、什么是允许的、什么是不允许的。我们培养有高度道德意义的、高尚的愿望，劝止不能允许和不可容忍的愿望，就能预防大的祸害——不加遏制地满足欲望的那种腐蚀性的、使人堕落的影响。

（四）培养愿望的文明，在很大程度上取决于在人的生活中，满足物质需要与形成、发展、满足精神需要之间能否建立起明智的和谐。这是人的全面发展的第四个问题，是相当复杂而且艰巨的问题。如果没有集体丰富多彩的精神生活，学校是不可能成为高尚的道德和文明的策源地的；如果没有丰富多彩的精神生活，学生也不可能成为我们认为应当像卢那察尔斯基所说的个性鲜明的那种人。

遗憾的是，我们有时候不得不碰上这样一种乖谬的事实：学生在学习，在掌握知识，然而在实质上却没有精神生活。现在，当我们正在普及中等教育的时候，学校集体和个人的精神生活问题具有特别重大的意义。如果一个学生的学习兴趣仅局限于准备功课，如果除了必修课的知识以外，没有任何其他的东西，如果智力生活只局限在学习的圈子里而缺乏创造性劳动，那么，学校对一个人来说就会变成毫无吸引力的、阴郁沉闷的地方，而学习就会变成沉重的、枯燥的、单调乏味的事情。只有在学校里充满生机勃勃的多方面的精神生活的情况下，掌握知识才能变成一种吸引人的、使人愿意去做的事情。这种事情就是到学生毕业参加劳动以后也还能继续下去。

学校的精神生活是一个含义很广的概念，既包括激发、发展和满足与必修学习没有直接联系的各种智力倾向，又包括被称为知识运动、知识活用的东西（把知识运用于实践，开展积极的活动，以便在集体中进行知识交流），还包括创作活动和独立的智力发展，个人才能、志向和生活目标的形成。

在人的全面发展这一教育过程中，集体因素和个人因素在精神生活中的结合与和谐具有重要的意义。学校的精神生活应当是多方面的，能使每一个人都找到发挥并确信自己力量和创造才能的场所。学校的精神生活的意义就在于，要在每一个学生身上都唤起他的人格独特性。我们认为，如果每一个学生不能在少年期特别是在青年早期，就在一种最能充分地表现并发挥他的天赋的活动中获得优异的成绩（当然，这里指的优异成绩是跟学生的年龄相适应的），那么这样的教育就是不够完善的。只有在一个年轻人由于他在某一方面取得了卓越成就，显示了自己，从而体验到自豪感的地方，我们才能在个人的精神生活中看到可以称为"思想的力量"的东西。

只有当学习是在丰富多彩的精神生活的背景下进行的时候、只有当集体与个人的和谐成为这种精神生活的核心的时候，学习才能成为人愿意去从事的活动。个别儿童、少年和青年不愿意学习，这是一个令人担忧的证据，说明学校里只有学习，而没有集体和个人的丰富多彩而充实的精神生活。懒惰散漫、希望尽快地摆脱学习负担是危险的孪生子，它们的"母亲"就是童年、少年和青年早期里狭隘的局促的精神生活。

（五）普及中等教育，千百万工人、农民有机会接受高等教育，都是人类历史上前所未有的现象，其根本原因就是社会主义制度所具有的公正性和人道性。我们社会提出的目标是使全体劳动者都能享受文化财富。知识之所以必需，不仅是为了劳动，而且是为了享有一种与劳动并无直接联系的、丰富多彩的、幸福的精神生活。普通教育学校的这一教育指南，就提出了全面发展思想的第五个问题：应当使接受中等教育的人做好准备，"安置"他去从事工人和农民的普通的、"粗重的"平凡的劳动。应当不是单纯地教育他做好准备——对这种劳动实际的和思想的准备，而且要培养他把自己的一生贡献给劳动的愿望和志向。这个问题是最复杂的问题之一，它和前面的那些问题是密切联系的。

培养具有中等教育甚至高等教育的"普通"劳动者，是一项很复杂的任务，要通过许多途径才能完成这项任务。首先，应当通过教养和知识的传授使学生认识到："普通"劳动并不是一件简单的事。在学生时代，知识、教养和学校丰富的精神生活都应当帮助学生理解所有"普通"劳动（特别是农业劳动）都具有无限复杂性和丰富创造性。要使从学校获得的知识成为学生认识劳动的手段，使劳动在这个认识过程中不以一种原始性工作的形式呈现在人的眼前。一个受过教育的人不应当单纯地成为"起码的生活资料"的获取者。一个人在学校里获得的知识越广泛，他达到一定高度的教养水平后的眼界越开阔，那么他对自己将终身从事需要智力的、充满创造性的劳动的要求就越高。培养全面发展的人的"秘诀"之一，是从儿童在学校生活的最初几步开始，就要培养他正确地认知周围世界认识劳动，把劳动看成是需要智力的、非常复杂的事情，从而基于这种认识逐步树立起年轻劳动者的人的尊严感。

这个"秘诀"的意义就是，要使从童年就开始的劳动生活成为一个人精神生活最重要的元素。在这里，教育者会接触到一连串的麻烦和困难。如果不理解它们，就会在教育上把复杂的问题看得很粗浅并采取落后的工作方法。

这个问题的复杂性的表现之一就是：学生在学校里获得的知识跟劳动、跟学生的劳动生活、跟他的精神生活之间的联系是极其独特的。不能把这个复杂的问题设想成这样：劳动要么只是用来巩固课堂上所教的具体知识，要么只是有助于更好地组织教学和丰富教学。劳动和知识内在的、对于确定人生目标有重大意义的联系就是：思想的文明能够培养人与自然界相互作用的文明；劳动能给人以欢乐，充实人的精神生活，因为劳动是一种创造，在劳动中能展示人的能力和天赋，从而能够确立人的尊严感。如果教育者能够做到使劳动在学生时代就成为精神生活的一部分，那么就会发生一种极其重要的现象：劳动的创造性将激发起新的智力倾向；人就想要多知道一些，以便更深刻地探索劳动的奥秘；他就会去读书和思考，力求丰富自己在劳动中的创造性探索。有了这一点，一个人会终身都在学习，一辈子抱有认知的渴望，不满足于已获得的知识，总是感到自己知道的还太少。

这个问题的复杂性的表现之二就是，从学生时代开始的劳动生活，应当被理解和体验为一种独立于学习、上课、完成家庭作业等之外的精神生活的元素。如果劳动相对于学习不具有一定的独立性，就不可能存在学校与生活、教学与教育、知识与劳动的真正联系，这体现为广义概念上的教育的辩证法。为什么有必要不仅谈到这种独立性，而且在教育工作中去实现它呢？

首先是因为，在普通中等学校所学的东西，只有很小部分跟生产部门的劳动有直接的联系。在绝大多数情况下，学生在学校掌握的知识，并不是他们在劳动中能直接用到的；它们之所以需要，是为了使一个人在接触了文化财富后，感到自己是一个真正的人，产生一种自己聪明地主宰着劳动的尊严感，为自己在生活中不用为求得一块面包操劳而感到幸福。

牢固地掌握知识，深刻地透彻地理解知识，对明天的物质生产者、对未来的父母亲都是必不可少的，并不亚于未来的学者、设计师或诗人；充裕的、多方面的知识对于物质生产部门劳动者的重要性，并不次于脑力劳动者或艺术工作者。这些知识在生产部门劳动者的生活中是主要的精神财富，基于这种精神财富会产生和确立起新的智力倾向。

重要的不仅是要使这些思想成为全体教师的信念，而且需要进行耐心细致的教育工作，使我们的学生在思想上确立这样的信念：就是到了共产主义时代，还是会有不轻松的、紧张的劳动，如生产粮食和建造住宅，制造衣服和机器等。没有这种劳动，就不会有每个家庭和每个人的幸福。同时，如果没有文化财富——知识、文学、艺术、音乐以及各种形式表现出来的美，那么生活就会变得暗淡、狭隘，人的真正的幸福也会随之失去。教师的任务就是，要在每一个未来的物质生产劳动者身上，培养起一种对知识、文化和美不可熄灭的向往。

（六）牢固地掌握知识，深刻地透彻地理解知识，培养人在整个一生中

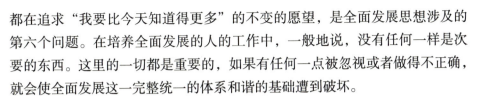

都在追求"我要比今天知道得更多"的不变的愿望，是全面发展思想涉及的第六个问题。在培养全面发展的人的工作中，一般地说，没有任何一样是次要的东西。这里的一切都是重要的，如果有任何一点被忽视或者做得不正确，就会使全面发展这一完整统一的体系和谐的基础遭到破坏。

我们社会今天所处的历史阶段，可以说是提高人的人格的阶段。在我们社会里，一切努力都用来使每一个人理解和体验到自己对人民的义务和责任感，使每一个人都感到个人的尊严，珍视它，并且努力在多方面的活动中展示自己，以便赢得人们的赞许和表扬。如果教师不能敏锐地对学生这些年轻劳动者的荣誉和自尊感抱一种爱护的态度，那么学生具有义务感并且服从教师的教育都无从谈起。而这两样东西和对儿童的爱一样，是不能从学校教育中分离出去的。形象地说，如果荣誉和自尊感没有它的产儿——学习愿望，那么教师为了培养学生的纪律性、服从性和责任感而做出的最高明"创造"，也会显得无能为力，往往还会造成教师和学生之间的冲突。学习愿望这个产儿是娇嫩的、任性的、调皮的，需要时时刻刻照料它。每一分钟你都要去接触它，否则它就会无人照料，而且任何时候你都不得粗暴地、粗枝大叶地对待它。只有当你学会保育这个产儿时，服从性、纪律性、责任感、义务感才会在你手里变成精巧而得力的工具。

教师工作有这样一个特点，就是他要经常地评价自己学生的学习。在衡量知识质量（也就是劳动质量）时，教师的评价带有明显的道德含义。评价里包含着刺激，应当使儿童在这种刺激的影响下确立一种要学好而不是学坏的意向。评价是教师手里的一种教育工具，它应当激发儿童的学习愿望，促成这种愿望，而不是对学生不愿学习的一种惩罚。

学习，并不是机械地把知识从教师的头脑里灌输到学生的头脑里。教师的任务就是，要敏锐而巧妙地、坚持不懈而标准严格地培植儿童的智力和道德力量，帮助儿童把学习看成是一种要求付出很大努力的劳动，这种劳动只有在依靠自己的力量克服了困难进而取得成果的时候才是一种愉快的劳动。这里有三个阶梯：付出自己的努力，靠劳动取得成果，享受到脑力劳动的欢乐。儿童沿着这三个阶梯走上去，就能牢固地掌握并透彻地理解知识。一个真正内行的教师，如果他看到儿童还不会学习，还不理解对自身的要求是什么，他就绝不会对儿童做出评价。

教师在对学生做评价的时候，不能只评价所谓纯粹的能力，而应更多地评价能力和劳动结合的情况，并且把劳动放在首位。这样的评价在道德方面才是正确的。

在教育工作中称为智育的东西，恰恰在于劳动和能力的和谐统一。智育的实质就在于使一个人通过获得知识而变得聪明起来，使学习对他来说并不因为获得越来越多的知识而变得越来越难。所掌握的知识的分量，并不是智育水平的标志。教师的任务就在于，要使掌握一定范围的知识所必需的脑力劳动成为发展智力和能力的手段。要使牢固地掌握知识这个问题得到顺利解决，就要求每一个教师同时成为智慧的培育者。多年的经验证明：教师的教育素养包括他采用哪些专门的方式，使得掌握知识的过程能发展学生的智力和能力。这些方式应当成为教师工作的起码要求。

智力、能力的发展和整个智育，在很大程度上取决于集体和个人的精神生活是否丰富。学校应当让智力生活之火永不熄灭；教师和学生的智力倾向越多样化，知识的最重要源泉——书籍在每个学生的心目中越珍贵，那么智力受局限、对知识抱冷淡态度的危险就会越小。

要解决牢固地掌握知识这个问题，还必须考虑这样一个事实，就是每年入学的儿童中有少数学习能力较低的学生。对这些儿童的教学和教育，必须采取特殊的措施，要对他们采取细致的、温和的、个别对待的态度。不要让这些儿童觉得自己"不够格"，防止他们对学习产生无所谓的态度，不要伤害他们的荣誉感和自尊心。对这些儿童的教学和教育，应当在一般的普通教育学校进行，用不着为他们开办特种学校。这些孩子并不是畸形儿，他们是人类无限多样的花圃里最脆弱、最娇嫩的花朵。我们认为学校和教师负有人道主义使命：挽救这些孩子，引导他们以完全够格的、幸福的人的身份进入交往、精神生活和美的世界。我们的具体工作，首先是查明每一个儿童不幸的原因（父母患酒精中毒症、家庭关系不健康等）。然后，更为重要的是，要使能力差的学生在学校精神生活充实的气氛中，任何时候也不会感到自己"不够格"。应当为这种儿童找到他力所能及的脑力劳动，选择出他能够接受的克服困难的途径，用有趣的、引人入胜的教学和教育工作吸引他，使他在智力上不停地得到发展。

要完成上述任务，要完满地解决牢固地掌握知识的问题，没有家庭的配合是不行的。

（七）家庭要有高度的教育学素养，这是现实生活对实现人的全面发展思想所提出的第七个问题。教育的完善，它的社会作用的加强，并不意味着家庭作用的削弱，而是意味着家庭作用的加强。只有在这样的条件下人的和谐全面发展才能得以实现，就是两个教育者——学校和家庭，不仅行动一致，向儿童提出同样的要求，而且志同道合，抱持相同的信念，始终从同样的原则出发，无论在教育的目标上、过程上还是手段上都不发生分歧。

这个问题也是最复杂、最困难的问题之一。教育现象的相互联系在今天是变得更加复杂了：生活向学校提出的任务是如此复杂，以至于整个社会首先是家庭如果不具有高度的教育学素养，那么不管教师付出多大的努力，都收不到完满的效果。学校里的一切问题都会在家庭里折射出来；在学校复杂的教育过程中产生的一切困难都可以在家庭里追溯到它的根源。人的全面发展取决于父母亲在儿童面前是怎样的人，取决于儿童如何从父母的榜样中去认识人与人的关系和社会环境。

家庭和学校的一项重大任务，就是从道德上促使学生对于做父亲和做母亲做好准备。没有这种准备，人实现全面发展就是不可设想的。多年的经验使我们深信，要善于把儿童、少年、男女青年看作是未来的父亲和母亲，要善于从这样的立场来看待教育现象——再过 20 年，我们的小学生就会领着自己的儿子来上学，就会跟我们一起来思考怎样更好地教育他。教育学生怎样做父母的第一所"学校"，就是在童年、少年和青年早期对他们进行完满的道德教育。道德教育的任务之一，就是努力做到使我们的每一个学生早在童年和少年早期就懂得对别人的生活、健康、精神安宁和福利负有劳动的责任和道德的义务，认识到逃避劳动、不负责任、不尽义务是一种可鄙的品质。

从道德上准备做父母的第一课，是在童年和少年早期就使我们的每一个学生能把人看得最为宝贵，而且能对那种给别人带来不幸、侮辱别人、使别人蒙受耻辱的思想采取不调和、不容忍的态度。我们的座右铭就是：人并不是自己情感冲动的奴隶，而是它们的主人。

在实施从道德上准备怎样做父母这一教育工作时，我们进行一系列关于做父母的崇高使命的谈话。这是一些关于爱情和友谊、婚姻、生育和教育子女的谈话。当然，全体教师和家长都应当关心，使每一个学生在学校和家庭里都能亲眼看到自觉地从事劳动和主动承担责任的榜样。

从把自己的孩子送进我们学校的那一天起，家长们就成了我们举办的家长学校的听众。制定不断提高家长们的教育学知识水平的教学大纲，实质上就是我们跟家长一起进行共同的工作——细致而艰难的工作，它的最终目标是培养全面和谐发展的人。最困难的事就是怎样使家长们跟我们一起看见和理解自己孩子的精神世界，学会分析事情的原因和结果，把教育看作一种有明确目标的工作。在这项共同工作中，主导的思想就是要想到将来，看到将来。如果家长学校的活动不能变成我们和家长开展集体思考的园地，那就是白白地浪费时间。我们要跟家长一起思考：应当怎样认识教育目标，我们已经把自己的子女提高到了怎样的阶段，我们做了哪些教育工作和取得了哪些实际成果，应当怎样预防错误，如果不加预防就会造成哪些后果，以及要成为好的教育者必须具备哪些知识。

（八）通过道德教育，使儿童在道德上具有较高的成熟度，是全面发展思想所关注的第八个问题。学校是学生童年时代的一个幸福的世界，但是照耀这个世界的思想应当以儿童明天将要变为成年人为逻辑起点。成年人的思想、操守和观念，都应当逐渐地渗入无忧无虑的童年世界。提高儿童的道德成熟度是个复杂的过程，它涉及正在发展的人对自然和社会环境的态度的一切领域，从家庭的相互关系开始直到履行公民义务。儿童在道德上较为成熟、"成年化"的发展取决于儿童对待劳动的态度，更准确地说，取决于劳动在精神生活中的地位。道德成熟度取决于一个人为什么而生活，对哪些事情的操心和思虑充满着他的生活，以及在他的心目中生活的意义表现在哪里。最重要的教学任务之一，就在于在少年早期就使对劳动的迷恋成为人的精神生活中最重要的事情。在提高道德成熟度方面，很重要的一点，就是要使鼓励学生劳动具有社会意义。

公民的诞生是以这样的信念为起点的："我要以自己的劳动履行对于人们的义务。"从十三四岁起，为人们创造物质财富的劳动就应当在人的精神生活中占有重要的地位。我们不要把自己的工作仅仅局限于老是提醒青少年：你们首先是学生，你们的主要任务就是好好学习。如果一个共青团员感到自己只是一个学生、一个受教育者，那么他就可能变成一个无忧无虑的消费者，而这就是向寄生生活靠近了一步。儿童道德上较为成熟、"成年化"发展的关键就在于：在十三四岁时，就要使一个人不仅把自己看成是学生，而且是社会的一员，自己要履行对他人的义务；如果没有自己的努力劳动（要使他通过亲身经验体会到这一点），他人就不可能幸福地生活。

较高的道德成熟度的形成，取决于儿童是如何掌握知识的，取决于全体学生的智力活动是向哪个方向发展的。道德成熟度跟思考成熟度不可分割。只有当学生独立地获取知识时，学习才是一种脑力劳动，才能产生成熟的思考。成熟的思考意味着把知识变为信念，忠于信念，并随时准备为捍卫自己的信念而斗争。培养坚定不移的思想信念，在学校精神生活中属于思考与劳动、知识与积极活动相会合的领域。要培养全面发展的人，必须对信念予以极大的重视。思想和政治信念，不是靠布置回家看教科书、靠记住它们并且回答出来，也不是靠打分数来培养的。它们表现在思想和行动的相互关系中。它们的表现形式是：确立共产主义的生活方式，反对敌对的意识形态，对违反我们道德原则的行为不能容忍。

所谓全面发展的人，就是指他是公民——社会主义祖国的爱国主义者，是祖国大地的英勇保卫者，是为实现共产主义理想而奋斗的思想坚定的战士，是诚实的、干练的、热爱自己工作的劳动者，是集体主义者，是享受着生动完满的人生乐趣的有教养的人，是忠实的父亲和丈夫，是有爱心的母亲和妻子。我们重申，没有可能也没有必要规定出，在这个和谐中什么是主要的什么是次要的。我们只能说，全面发展的某些方面（角度、特点）对于人的整个精神世界的影响可能比其他的方面大一点。

综上所述，现实生活使我们能以充分的根据做出结论：一个具体的人受教育的水平和修养如何，他是怎样接受精神财富的，不单是以他掌握了多少知识来决定，而且是由一系列其他条件决定的：首先是他对待社会环境抱持怎样的道德态度，是否善于（形象地说）用诚实的人们——忠诚的爱国主义者的眼光来看待自己，是否具有使自己的愿望和要求服从于社会利益的道德能力，是否能把知道什么是善与恶跟热烈地追求真正的善（为祖国福利而劳动、对祖国的敌人毫不妥协）的行动协调起来。思想信念是照亮人的全面发展的一切方面的光源，同时，它又是人的个性的一个个别的、特殊的方面。我们接收的学生将成为什么样的公民、什么样的劳动者、什么样的社会福利的创造者、什么样的父亲和自己子女的教育者，取决于我们在这个方面对儿童所进行的教育和所提供的磨炼。

关心儿童的健康是教育者最重要的工作

我要不厌其烦地再三重申：关心儿童的健康，是教育者的最重要的工作。儿童的精神生活、世界观、智力发展、对知识掌握的牢固程度、对自己力量的信心，都取决于他的生命的活力和精力的充沛程度。如果把我在小学四年间对儿童的全部关心和操劳都计算一下，那么起码有一半的心血是花在他们的健康上面的。

关心学生的健康需要跟家庭经常联系。我跟家长（特别是一、二年级学生的家长）的谈话，绝大多数都是谈孩子的健康。我对家长们说明，学校将不给学生布置家庭作业。孩子们对规则和定义的认识将在课堂上进行。学生在家里主要是做些练习，练习的目的是帮助孩子深刻地理解教材。此外，孩子们在家里要读书、画画、观察自然界的现象、写一些关于周围世界的事物和现象的小作文、背诵一点他们所喜欢的短诗。课外的脑力劳动不应当使儿童过分疲劳，但是没有脑力劳动也是不行的。有一种议论说，由于课堂教学方法的改善，可以完全取消家庭作业，这种议论是不值得认真对待的。这种

▲ 户外打排球，健身又护眼

议论没有反映出教学的真正目的和规律，因为不可能把儿童的全部脑力劳动都集中在三四个小时的上课时间内进行。

家长们答应说，要尽量做到使孩子们多参加户外活动，早睡早起，开着气窗睡觉。我跟家长们约定：在整个夏天以及在春秋两季较暖和的月份里，要让孩子们完全在室外睡觉。父母们为孩子安置了专门的"睡觉的角落"——于草垛上或者防雨棚下面。孩子们对这一点非常高兴。在每一个有学生的家庭里，都在果园里或者住宅旁园地里盖一个凉亭，可以让孩子们从早春直到深秋都在那里读书、画画和休息。这件事我们早在几年前就跟家长们谈妥了。高年级学生们帮助给那些家里没有劳动力的孩子们盖凉亭。

早在"快乐的学校"[①]里，孩子们就有了做早操的习惯。现在重要的是要使这个习惯保持下来。我深信，做早操的习惯正是要在童年早期巩固下来。家长们训练孩子在固定的时间起床，在室外做完早操后梳洗。夏季里，他们习惯在湖里洗澡。此外，许多家长在院子里和果园里安装了淋浴装置，使孩子们有 5 个月（5 至 9 月）在这里洗浴。这养成了孩子们的习惯，他们到了冬季还能在室内用冷水擦洗上身。我还注意让那些先天有某些缺陷的孩子（如驼背、躯干和面部不匀称）经常做早操和洗浴。一个人不仅应当健康，还应当美。这种美是跟健康、跟身体的和谐发育不可分开的。

童年时代的营养均衡与充足，决定着身体各部分的和谐和匀称，决定着骨组织特别是胸腔的正常发育。多年的观察表明，食物里缺乏矿物质和维生素会使骨骼的某些部分发育不协调，对人的体格造成终身的影响。为了预防这种情况，我注意让学生的伙食中有足够含量的维生素，食物里必须含有维生素和矿物质。

我们好几年进行的观察和专门调查，得出了一个令人担忧的结论：学龄初期儿童中有 25% 的人不吃早饭（他们说早晨不想吃）；30% 的儿童吃的早餐达不到正常营养所需量的一半；23% 的儿童吃的早餐只达到合乎要求的量的一半；只有 22% 的学生的饮食合乎标准。在连上几节课以后，没有吃早饭的儿童感到下腹部不适，感到头晕。学生回家以后，虽然几个小时没吃东西，但并没有良好的食欲。家长们经常反映说，孩子们不肯吃普通的健康的食物（菜汤、红甜菜汤、粥、牛奶等），而是挑食，想吃点"好吃的东西"。

---

① 这里指 6 岁儿童的预备班。——译注

食欲不振对健康是严重的威胁，是身体不适和生病的根源。其主要的原因是：连续几小时地坐在闷气的教室里，从事单调的脑力劳动，缺乏多种室外的活动，总是处在一种"氧饥饿"的状态中，孩子们整天呼吸着含有大量二氧化碳的空气。多年的观察还使我得出另一个令人担忧的结论：学生长久地坐在充满二氧化碳的房屋里，会引起内分泌腺的疾患，而内分泌腺对消化食物的作用是很大的。同时，这种疾病会变成慢性病，没有任何治疗方法能够奏效。消化器官的疾病还有一个起因，就是有些家长为了引起孩子的食欲，拿各种零食特别是甜的东西给他们吃。消除"氧饥饿"的状态，建立一个合理的变换空气的制度，是关心学生健康的先决条件之一。

在儿童的和谐发展中，一切都是相互联系的。儿童的健康状况也取决于教师给儿童布置了哪些家庭作业，以及他们是怎样和在什么时候来完成这些作业的。在家里，独立脑力劳动的情感色彩也起着很大的作用。如果儿童是带着很不情愿的情绪去拿起书本的，那么这就不仅压抑了他的精神力量，而且对内部器官相互作用的复杂体系也会产生不良的影响。我了解很多这样的事例：当儿童怀着厌烦的心情去做作业时，他的消化机能就严重减退，最终发生胃肠道疾病。

各种假期我们都是在户外、在自然界里度过的，我们远足旅行，在旅行中途休息，到树林去做各种游戏……第一个寒假里，所有的孩子都学习滑雪，我们还滚雪球、堆雪城，在冬季从事室外劳动是健康的重要源泉。在轻度寒冷的季节（高于 –10℃），8 岁的孩子每周劳动 2 小时，9~10 岁的孩子每周劳动 3 小时，11 岁的孩子每周劳动 4 小时。他们用芦苇叶包扎树干，用小担架抬雪以便保护植物过冬等。这种室外劳动是锻炼身体和预防感冒的最好手段。暑假里，孩子们到草原上、田野里、树林里去远足旅行。和自然界直接接触的这几个月，不仅增进了孩子们的健康，而且对孩子们的智力发展也大有益处。整个八月份，一年级的孩子在集体农庄的果园里和牧场上度过，二年级的孩子们在瓜园里度过。在夏秋之交，农村的空气里含有特别丰富的植物杀菌素。如果你想让那些容易得感冒、肺病、风湿病的儿童得到锻炼，那就让他们在暑假期间整天整夜都在室外度过吧！

在上完三年级的时候，我们在瓜园附近的葡萄园里度过暑假。孩子们在种植园里劳动：帮助大人们把摘下来的葡萄放进篮子里。早晨和傍晚，他们在湖里洗澡。孩子们想出了一种有趣的游戏：在他们的想象里，三条小船变成了捕鲸船队，小湖变成了海洋，我们出去侦察，寻找鲸鱼。在这里，我们做芦笛，每天晚上集合起我们的音乐小组。我们演奏民歌，编奏关于夏天的傍晚、大雷雨、深红色的天空、拦河坝旁边的神秘的旋涡、候鸟等的乐曲。音乐一年多于一年地进入我们的精神生活。孩子们无论在哪里休息，随时随地都能听到录在磁带上的著名作曲家的作品和民间歌曲。

上完四年级的那个暑假，孩子们在草原上休息，靠近湖边的一个橡树林。他们用树枝搭了几个窝棚，上面盖上稻草。家长们帮助我们盖起浴室和厨房。现在孩子们帮助厨师做饭，我们回到村子里去运面包、土豆、鱼、牛奶和蔬菜。我们负责照料20头小牛和两匹马。孩子们白天放牛，晚上把它们赶进湖边上的一个畜圈里。所有的孩子都学会了骑着马到村子里去驮食品。在这件事上安排了严格的顺序：因为每个人都想骑着马奔驰几公里。我很高兴的是，沃洛嘉、萨尼娅、济娜成了特别好的骑手，骑马增进了他们的健康。

这一年，所有的孩子都在蔚蓝色的湖水里洗澡，都学会了游泳。我选择一个安全的地段让孩子们洗澡，并且我每一次只带领一个孩子游过湖面。

割草期的那些日子使我们感到特别高兴。我们帮助大人们晒草和堆草垛，晚上我们就睡在高高的草垛上。这种时刻最使孩子们入迷：大家都想听关于星星和遥远的世界的故事。在星空下面，孩子们感到自己跟宇宙面对面地相逢了，不断地向老师提出问题："这一切——地球、太阳、星星，是从哪里来的呢？"我相信，只有当大自然的美和伟大引起儿童的惊奇和赞叹，占据了他们的理智和情感的时候，这一类问题才会在儿童的意识里产生。关于宇宙无穷尽的道理，孩子们最难理解。我记得，孩子们听到这个道理后震惊得一语不发，他们企图想象出什么是无穷尽，但他们想象不出。这一夜，孩子们久久不能入睡，恐怕不止一个人梦见了遥远的太阳和行星。第二天，孩子们还不时地回到这个使他们念念不忘的问题上来：究竟什么是无穷尽呢？对我的学生来说，在他们所有的上学年代里，这个问题都没有失掉其使人惊异的新颖意义。

我从学生一入学起就很重视运动性游戏。在高年级学生的帮助下，我们在运动场安排了一些装备，竖起一些秋千架，备有足够数量的球。从二年级起，孩子们就开始打乒乓球。有的孩子喜欢掷铁饼和铅球，有的喜欢爬杆和爬绳。

孩子们整个夏天赤脚走路，下雨天也是一样。我认为这是体育锻炼的一种很重要的手段。在一、二年级，我这个班患过感冒的有 3 人次，到了三、四年级，就一次也没生过病。

我认为特别重要的是，要锻炼对各种感冒的抵抗力。多年来，这个毛病一直搅得人们不得安宁：每当天气急剧变化的时候，几乎有半数的孩子打喷嚏。即使体温并没有增高，孩子在这种病态状况下也无法正常地学习。治疗感冒是没有什么特效药的。医学科学已经证明：有许多种感冒并不是传染病，而只是敏感的肌体对周围环境急剧变化的反应。多年的经验证明，对天气变化特别敏感的是双脚。如果一个人的脚害怕着一点凉，他就容易患非传染性的感冒。我们在教育工作中形成的一套锻炼身体的办法，是从锻炼双脚开始的（当然，我们同时也注意儿童的全身的状况）。锻炼双脚并不需要规定一定的期限、进行专门的练习。需要的只是经常遵守总的制度，不要让孩子习惯于只待在暖和的环境里，不要过分地为他们操心，那样反而会削弱儿童的抵抗力。如果不让孩子在夏季里赤脚走路，那么洗澡啦，用湿毛巾擦身体啦，都无济于事。

这样，我的孩子们从小学毕业了。暑假的最后一天，他们在湖里洗完澡，在碧绿的草地上集合起来，一个个显得很结实，皮肤晒黑了，也变得漂亮了。他们都是 11 岁，但是看起来很像十二三岁那样壮实。就连长期以来被大家喊作"小不点儿"的丹柯，个子也长得能比上许多五年级学生了。

每一年，医生都要对孩子们的视力、心脏和肺进行几次检查。一年级时曾有四个孩子的视力衰退，到二年级时剩下两人，到三年级时全都恢复正常了。事实证明，视力衰退并不是一种眼病，而是在儿童的肌体里缺乏身体发育和精神发展的和谐统一的结果。

83

"思考之室"——我们的阅览室

一个人终其一生能够读完的书不会超过 2000 本，其中相当一部分（不少于半数）都是在上学年代读的。因此，我非常严格地挑选供少年们阅读的书籍，目前共有 360 种图书。

真正的阅读能够吸引学生的理智和心灵，激起他们对世界、对自己的深思，迫使他们认识自己和思考自己的未来。没有这样的阅读，一个人就有可能精神空虚。什么都不能取代书籍的作用。为什么有的少年在学完功课后在家里待不住呢？为什么他不肯跟人类最好的朋友——聪明的书本单独在一起度过几个小时呢？为什么少年不喜欢一个人独处而总想跟其他人待在一起呢？为什么很少遇到少年读书入迷了，惋惜时间不够用，不能再多读一些好书的情况呢？

因此，必须教会学生读书，教他在读书的同时认识自己，教他从书籍里受到教育，并且生活在书籍的世界里。

我们的"思考之室"（我们给阅览室起这样一个名称，是为了强调书籍具有巨大的精神力量）开放了。开放这天，我们集体阅读了我写的一篇关于俄国士兵斯采沃尔的故事。斯采沃尔在拿破仑进犯俄国时被法国人俘虏了。敌人在他的左臂上烙上一个 N 形印记[1]，他充满了对敌人的蔑视和仇恨，抓起一把斧子，砍断了这只"被弄脏了"的手臂。这个故事使少年们深为感动。第二天，我又给学生们讲了一本关于谢尔盖·拉佐的书。谢尔盖·拉佐是国内战争时期的英雄，他是被白卫军投入火车头的炉子里烧死的。我还把自己写了不止 10 年的读书日记给学生们看。我力求在少年们的想象里形成一幅文明人最高幸福的图画：跟书籍交往的幸福，智力的和审美享受的幸福。

少年们喜欢听表情朗读。对作品的感知如何，要看听众的人数和朗读的时间。听众最好不要超过一个班，他们也应当有共同的精神兴趣。设在被白雪

---

[1] 当时法军给俘虏贴的标志，N 是法语拿破仑一词的第一个字母。——译注

覆盖的果园中间的明亮舒适的房间，傍晚的暮霭，繁花盛开的草木，树叶轻微的沙沙声，晚霞，这一切都加强了审美感受，加强了语言的美感。

起初，被"思考之室"吸引来的学生并不多。他们挑选书籍，进行阅读。在这里阅读是不出声的。我高兴地看到，少年们面前放着书，眼睛里露出发自内心的光芒，这反映了他们的思想和情感在活动。

费季柯在读一本关于宇宙的书。能在他身上唤起对这本书的兴趣该多好啊！对费季柯的教育有过不少麻烦。我们无论如何也不能唤起他的求知欲和学习愿望。他取得一点小小的成绩，就觉得已经到顶了。一种过分的自信不知何时潜入了他的心灵。还是让书籍不仅在他面前打开周围世界，而且揭示这样一条道理吧：他所达到的还只不过是认知这部巨著的第一行而已！

如果有一本好书成为少年的朋友，那么他读得越多，就会越清楚地认识到：要知道得多，就要多用功。

我是多么希望，让所有的少年都走到那个摆着名人传记的书架跟前去啊！我在那里放了几十种关于英勇无畏、意志顽强的人们的书籍，这都是一些宁可牺牲生命也不肯背弃真理和信念的人物。英雄人物的传记是少年进行自我教育的百科全书。

有一些知识里渗透着道德、政治思想，这首先是指历史知识。正是历史知识反映在人的精神世界里，为形成信念打下基础。当读者把充满着道德、政治思想的理论材料拿来跟自己对照的时候，就可以做到这一点。应当让少年一边读有关英雄人物事迹的书籍，一边对照自己。

这里有一条微妙的心理学规律：只有那种不必识记、不需要进行专门"解剖"的东西，用来跟自己对照才是最有力的，并且会在个人的精神生活中反映出来。这条规律对少年期更有代表性，因为少年的思想经常是把周围世界跟自己本身隔离开的。正因为如此，学习历史和其他人文学科的知识需要更加广阔的智力背景。

我努力做到使每一个少年都有一本自己心爱的书，使他反复阅读、反复思考这本书。这样做并不是为了他必须把读过的东西记住并且用来回答教师的问题，而是为了使他为自己的命运感到激动。我坚信，少年的自我教育是从读一本好书开始的，并且表现为他能用最高的尺度——那些英勇的、忠于崇高思想的人们的生活来衡量自己。而如果在少年的精神生活里只有上课、听讲和单单为了识记而死抠书本，那么自觉地进行这种自我衡量、自我认识是不可能的。单是为了识记的心理定势就会把对道德、政治思想的考量推到次要地位。正像一个医生在解剖人的时候会忘记人的伟大（虽然他的劳动归根结底是要确立人的伟大）一样，少年在出于识记的目的而对理论材料进行逻辑分析的时候也会在某种程度上抛开材料的道德和政治意义。对于那些在脑力劳动中遇到一定困难的学生来说，思想性很强的材料也不会在他们的心灵里留下痕迹，因为他们的全部精力都用到"解剖"上去了。

在教室、在田野、在树林、在参观的时候，我随时给学生讲一些关于伟大人物生平的故事。使我感到高兴的是，"思考之室"成了一个丰富的精神生活的策源地。我看到，学生们把同一本书反复地阅读。譬如尤尔柯，他是我们的哲学家和思想家之一，他对什么都要怀疑一番，对一切都要仔细地探究。现在他已经把亚历山大·乌里扬诺夫在法庭上的演说读了5遍。华里亚在摘录谢尔盖·拉佐谈到信念时的那些热烈激昂的语句。米什科已经把关于卓娅·科斯莫杰米扬斯卡娅的英勇无畏精神的描述反复读过好几遍。我看得出，米什科的思想已经不再停留在书本上，而是在思考自己。这样的时刻对我来说是宝贵的。要在一个人面前打开通向生活的道路，使他用英雄人物的眼光来打量自己、以英勇行为为尺度来衡量自己，做到这一点是多么不易啊！自己对自己谈话，诉诸自己的良心，才是真正的自我教育。只有那从人类的道德财富中给自己找到榜样的人，只有那希望从这些财富中为自己的心灵吸取最宝贵的东西的人，才能达到思想生活的崇高境界。我认为，只有当每一个青年都找到一本一生中留下很深痕迹的书时，才算达到了教育目标。

我给学生们介绍了一本很有意义的关于索菲娅·别罗夫斯卡娅[①]的书，建议他们读读这本书。我走进"思考之室"，很感兴趣地等待着，看谁第一个来打开这本书？当我看到第一个做这件事的人是济娜时，心里很高兴。济娜今年13岁。从最初几页起，那本书就把她吸引住了。济娜一连好几天都不离开这本书。她忘记了参加文艺课外小组的活动。没有必要向这个女孩子提醒参加小组活动的事，不要去打断正

---

① 索菲娅·别罗夫斯卡娅（1853—1881）：俄国女革命家，因参加1881年谋刺沙皇亚历山大二世的暗杀组织，于同年被处死刑。——译注

在激动她心灵的思想和情感的潮流，也不必去问她"你读了这本书有什么想法？它引起了你什么样的思想和感情"？让她自己去理解那些思想，去经受内心的体验和激动吧。过了一两个星期，济娜再次反复地读这本书，开始写笔记。在这些日子里，不应当再推荐她读其他的书，用不着跟她进行任何谈话，因为她的内心正在进行着紧张的思考和情感活动，她正在认识世界和自己。

后来，在一次讨论会上，济娜发言说："读了关于索菲娅·别罗夫斯卡娅的那本书，使我深信：人不是一粒灰尘，在生活的旋风里一掠而过，便永远消失，不留任何痕迹。每一个人，如果他热爱祖国，愿意成为一个真正的爱国者，他就能在自己的身后留下深深的足迹。"

若干年过去了。前不久，济娜又来到学校。她已经是一位幸福的年轻妇女，有一个美满的家庭。她来征求怎样教育孩子的意见。我们回想起"思考之室"，济娜说："那本书（指关于索菲娅·别罗夫斯卡娅的那本书）永远地留在我心里。我希望，让孩子们都找到自己最喜爱的书。而'思考之室'是一颗儿童急需的火花，永远不要让它熄灭。"

在为"思考之室"挑选书籍时，我们的出发点是：人的认识能力是巨大的。一个人在童年时期、少年时期和青年早期所能掌握的知识，就数量来说要比他日后掌握的知识多 10 倍。"可接受性"即只能掌握一定范围的知识这个概念是相对的，一切都取决于脑力劳动的素养，而首先取决于下面两种知识的相互关系：第一种是那些必须识记并保持在记忆里的知识；第二种是那些只需要加以思考的知识。人类能掌握知识的数量，也取决于脑力劳动的情感色彩：如果跟书籍的精神交往对人是一种乐趣，那么那些并不以识记为目的的大量事物、原理和规律就很容易进入他的意识。

由读书引起的精神振奋的状态是一个强大的杠杆，借助它能把大块的知识高举起来。在这种状态下，脑力劳动的强大源泉——不随意注意和无意识记，就会被打开而汹涌奔流。精神振奋和受到鼓舞的情绪越强烈，就会有越多的知识进入人的意识。在一学年中，就所学教材的性质来说，总有一些时间是要求紧张地使用随意识记的，而我们的学生在这些时间里却在"思考之室"里阅读他们所喜爱的书籍。

我们还特别关心，使书籍也成为那些头脑迟钝学生的精神需要。别特里克在通往知识的道路上走得很艰难。在六、七年级，学习那些复杂的原理和规律时，他就碰到了困难，而只有书籍才能帮助他克服那些困难。为此，我们挑选了一些有关数学、物理、化学的读物。在这些读物里，包含着一种很有表现力的情感因素：以人渴求知识而受到鼓舞，进行创造性劳动为背景，来阐明抽象原理。书籍对少年来说，并不是原理的仓库，而是内心体验的源泉。有时候，我们就对别特里克说：你把教科书先放一放，读读这本书吧。于是，读了那本书，他身上增添了新的认识力量。

我们认为，一个人在少年时期和青年早期读过哪些书，书籍对他意味着什么，这一点决定着他的精神丰富程度，决定着他对生活目标的认识和体验。这一点也决定着青年人的观点和情感的形成，决定着他对自己的义务的态度。所谓生活在书籍的世界里，这不仅是指规规矩矩、认真努力地完成功课。一个人可能以不坏甚至是"优秀"的成绩从学校毕业，但他可能完全不知道什么是智力活动的世界，没有体验过与书籍交往的巨大乐趣。所谓生活在书籍的世界里，是指去接触最美妙的文化领域，体验到一个深知文化财富的真正价值的人是多么胸襟开阔。

我坚定地认为，青少年中间那些日益使社会感到不安的不良现象——酗酒、流氓行为、毫无意义地浪费时间等产生的最重要原因，就是在上学时代学生的智力倾向很局促和心灵空虚，而在毕业之后，这种精神生活的空虚、狭窄和局限性就更加严重起来了。现代人的生活每日每时都涉及他生存的最精细、最敏感的一些领域，这就要求他在这些领域里受到经常的、最细心的教育。这种教育常常是采用最精细的手段——好的书籍、音乐、美术来进行的。如果在人整个一生中没有坚持进行这种细致的理智和情感的教育，那么采取任何向酗酒、流氓行为、违法现象斗争的手段都将无济于事。学校毕业后的教育主要是自我教育。只有当一个人在上学时代就爱上书籍，学会从书籍里认识周围世界和认识自己的时候，他毕业后才有可能进行自我教育。如果在上学年代没有打下这个自我教育的基础，如果一个人在走出校门后不知阅读为何物，或者只局限于看那些侦探小说，那么他的精神世界就是粗鲁的，他就会到那种毫无人性的地方去寻找刺激性的享受。如果一个青年工人不能每天在业余时间里面对一本好书坐上两三个小时，那我就无法设想他的精神生活是完美的。如果在青年中间出现一批热爱书籍，把读书看得比从事其他（业余）活动都更加重要的怪人，那么，那些用其他似乎是强有力的手段也无法对付的问题就会逐渐消失。

84

我们的"家长学校"

　　家庭要有高度的教育学素养，这是现实生活向实现人的全面发展思想提出的又一个重要问题。教育的完善，它的社会性的深化，并不意味着家庭作用的削弱，而是意味着家庭作用的加强。只有在这样的条件下人的和谐全面发展才能得以实现，就是两个"教育者"——学校和家庭，不仅要行动一致，向儿童提出同样的要求，而且要志同道合，抱持相同的信念，始终从同样的原则出发，无论在教育的目标上、过程上还是手段上都不会发生分歧。

　　这个问题也是最复杂、最困难的问题之一。教育现象的相互联系在我们今天变得更加复杂了：生活向学校提出的任务是如此复杂，以至于整个社会首先是家庭如果不具有高度的教育学素养，那么不管教师付出多大的努力，都收不到完满的效果。学校里的一切问题都会在家庭里折射出来，在学校复杂的教育过程中产生的一切困难都可以在家庭里追溯到它的根源。人的全面发展取决于父母亲在儿童面前是怎样的人，取决于儿童从父母的榜样中去认识人与人的关系和社会环境。

　　我们帕夫雷什中学了解和研究每一个学生家庭的精神生活。这一点只是家庭—学校教育的开端。我坚定地认为，教育学应当成为所有的人都懂得的一门科学，无论教师还是家长都应当懂得它。我们努力使每一位家长都能掌握最低限度的教育学知识，为此我们开办了"家长学校"。家长们在自己孩子入学前两年就报名参加家长学校，在那里听课，直到他们的孩子从中学毕业为止。家长学校的心理学和教育学课程共计250学时（顺便指出，这比任何学院

▲　与家长谈心——《家长教育学》

或大学的这门课程的授课时间都多得多）。家长学校的听众按他们孩子的年龄划分为五个组：学前组（5~7岁的儿童）；一、二年级组；三、四年级组；五至七年级组；八至十年级组。每月每组活动两次，主要由校长、教导主任和最有经验的教师进行讲课或谈话，把心理学和教育学的理论知识跟家庭教育的实际紧密地联系起来。

教学大纲涉及师范学院课程的各个部分，但是我们特别重视的是年龄心理学，个性心理学，体育、智育、德育和美育理论。我们尽量地做到，让每一位父亲、每一位母亲都能够把在家长学校里学到的理论知识跟自己孩子的精神生活联系起来。这里需要我们教师具有高度的机智和敏感。任何时候我们都不要把儿童的心灵"兜底翻出来"，不要去讨论家庭关系中那些尖锐的、易伤感情的内容。这一类问题只可以在个别谈话中去涉及。

没有家长学校，我们就不能设想会有完满的家庭—学校教育。

附："家长学校"的谈话题目

（摘自《帕夫雷什中学 1970—1971 学年工作计划》）

（一）学前组（包括未来的父母在内）

1. 家庭内的相互关系和儿童的道德教育。

2. 儿童爱父母的情感及其对未来的责任感。

3. 婚前的道德准备。

4. 酒精中毒症与儿童。

5. 对儿童的爱和对儿童的教育。什么是真正的爱？

6. 对母亲的教育。

7. 从 × 个星期到 3 岁的教育。这个年龄期内，智力训练的极其重要的意义。

8. 从出生到 3 岁和从 3 岁到 7 岁的情感教育。

9. 儿童由 3 岁到 7 岁的身心发展。

10. 学校进行正确的智育最重要的条件。

11. 儿童的语言发展和智力。

12. 怎样预防儿童的神经疾患。

13. 3 岁到 7 岁儿童的劳动教育。

14. 怎样培养集体主义精神和尊敬别人的情感。

15. 学龄前儿童的需要和兴趣教育。

16. 学龄前儿童教育中的自然界。

17. 学龄前儿童的作息制度。

18. 学龄前儿童的健康和智慧。

19. 游戏在学龄前儿童精神生活中的作用。

20. 学龄前儿童是怎样认识人的。道德环境的作用。

21. 美在 3 岁到 7 岁儿童教育中的意义。

22. 故事在学龄前儿童教育中的作用。

23. 创造性活动在学龄前儿童教育中的作用。

24. 学龄前儿童跟年长儿童的关系。

25. 愿望文明的教育。

26. 母亲是学龄前儿童的第一个主要的教育者和教师。

27. 父与子，母与女。

28. 学龄前儿童对入学的心理准备。

29. 学龄前儿童道德文明的基本标准。

30. 如何防止儿童任性、好发脾气和爱生气。

31. 男孩子勇敢精神的教育。

（二）一、二年级组

1. 7 岁到 9 岁儿童的身心发展。

2. 家庭的精神生活与儿童在这一年龄期的发展。

3. 母语及其在学前期和入学后最初几年的作用。

4. 家庭内的相互关系和 7 岁到 9 岁儿童的道德教育。

5. 7 岁到 9 岁儿童的行为和公民义务感教育。"我想""可以""不许""应当"的教育。

6. 家长的公民义务感对儿童教育的影响。

7. 如何培养 7 岁到 9 岁儿童对丑恶事物不妥协的精神。

8. 7 岁到 9 岁儿童的全面发展教育中的自然界。

9. 美在 7 岁到 9 岁儿童全面发展中的意义。

10. 家庭里的书籍和 7 岁到 9 岁儿童的精神发展。家庭图书室。

11. 如何使 7 岁到 9 岁儿童领会伦理标准和家长的榜样。

12. 学校里和家庭里的爱国主义教育。

13. 学校里和家庭里的劳动教育。

14. 学龄初期儿童的精神需要和兴趣的培养。

15. 7 岁到 9 岁儿童的义务感和纪律性的培养。

16. 父母亲的相互关系对 7 岁到 9 岁儿童教育的意义。

17. 对儿童既要严格要求又要尊重。

18. 学校里和家庭里的无神论教育。

19. 忠诚老实的教育。

20. 关心人和尊敬人的教育。

21. 自我教育的初步训练。

22. 酒精中毒症与儿童。

23. 关于神经类型和气质的概念。

24. 7 岁到 9 岁儿童的作息制度。

25. 电影、电视与儿童的教育。

26. 人道精神的教育。

27. 求知欲的培养。

28. 乌里扬诺夫一家——列宁的家庭。对儿童的家庭教育。

29. 怎样预防儿童形成利己主义、个人主义、自私心理。

（三）三、四年级组

1. 酒精中毒症、结婚、儿童、家庭。

2. 9 岁到 11 岁儿童的身心发展。

3. 学校教学和家庭的智力生活。

4. 书籍对 9 岁到 11 岁儿童智力发展的作用。家庭图书室。

5. 列宁小时候是怎样学习的。

6. 公民的培养。

7. 家庭的道德气氛和 9 岁到 11 岁儿童的教育。

8. 9 岁到 11 岁儿童的情感教育。

9. 学龄初期儿童的意志教育。

10. 9 岁到 11 岁儿童对世界的认识和语言的发展。

11. 9 岁到 11 岁的男孩子和女孩子。

12. 怎样给小孩子讲人是怎样生出来的。

13. 自然界和劳动在对 9 岁到 11 岁儿童的教育中的作用。

14. 9 岁到 11 岁的男孩子的勇敢精神的培养。

15. 自尊感的培养。

16. 儿童的爱国主义情感的培养。

17. 人道主义精神的培养。

18. 在对 9 岁到 11 岁儿童的教育中父亲的作用和母亲的作用。

19. 教育机智。

20. 奖励和惩罚。"我想""可以""不许""应该"的教育。

21. 9 岁到 11 岁年龄期的需要和自律。

22. 怎样教育儿童热爱和尊敬父母。

23. 怎样预防儿童意志薄弱、任性、爱生气、爱发脾气、爱哭，避免形成过于敏感的自尊心、个人主义、自私心理。

24. 什么是"成长加速化"？

25. 合理的儿童饮食制度。

26. 学校里和家庭里的审美气氛。

27. 克服宗教和迷信对儿童意识的影响。

28. 怎样理解儿童的幸福。

（四）五至七年级组

1. 少年的解剖生理和心理的发展。

2. 性教育。性教育和道德教育的统一。

3. 少年的行为和道德意识。

4. 少年的劳动教育。劳动的道德意义。

5. 少年教育中的善良、爱抚、鼓励、严格要求、坚定性、对愿望的限制。

6. 少年的人道精神的培养。

7. 少年对丑恶事物不容忍、不肯妥协的道德品质的培养。

8. 家长的威信。威信从哪里来，它的稳固性。善于使用家长的权力。

9. 少年的智育和家庭的任务。

10. 少年意识的形成和自我教育。

11. 怎样培养少年的兴趣。

12. 母亲、父亲、孩子的义务、责任和公民教育。

13. 少年的愿望文明。对愿望的限制和制定纪律约束是正确教育的重要条件。教育少年善于控制自己的愿望。

14. 培养个人的爱好和才能。

15. 少年应当阅读哪些书刊。家庭图书室和少年的教育。不允许单纯地享受精神财富。精神需要的问题。

16. 少年的意志训练。

17. 男孩子的勇敢精神的培养。

18. 女孩子（未来的母亲）的教育。

19. 少年期的忠诚老实教育。

20. 少年的爱国主义教育。随时准备好保卫祖国的教育。

21. 作为一个集体的家庭和少年的教育。

22. 少年的美育。

23. 少年的职业定向。

24. 怎样才能使知识成为少年的需要。

25. 预防少年期的神经疾患。

26. 怎样预防少年意志薄弱和懦弱无能、没有性格和无原则性，避免形成个人主义和自私心理。

27. 少年之间冲突的调解。

（五）八至十年级组

1. 15 岁到 17 岁男女青年的解剖生理特点和心理特点。

2. 身体的、道德的、社会的和性的成熟的统一。

3. 善于尊重青年的独立性。

4. 青年时期世界观和信念的形成。

5. 道德坚定性。对丑恶事物不肯妥协、不容忍的道德品质的培养。

6. 书籍在青年的精神生活中的作用。男女青年的个人图书室。

7. 男女青年的道德教育、审美教育、情感教育和性教育的统一。

8. 男女青年的公民义务感教育。

9. 男女青年的劳动教育。

10. 青年早期的自我教育。

11. 青年的精神需要及其发展。

12. 青年的智育和兴趣。

13. 个人爱好、才能和志向的培养。

14. 青年的知识、信念和行为。

15. 怎样跟男女青年讲恋爱、婚姻、家庭的问题。

16. 青年早期的劳动和学习制度。

17. 职业定向和专业选择。

18. 青年的法制意识的培养。

19. 年长的榜样在青年教育中的作用。

20. 男女青年的社会公益活动和公民义务活动。

21. 青年教育中的教育机智。

22. 预防青年期的神经疾患和心脏疾病。

23. 勇敢精神，对丑恶事物不容忍、不肯妥协的道德品质的培养。

24. 青年服兵役的准备。

25. 对男女青年的阅读指导。

26. 教育男女青年珍视我们社会的道德财富。

▲ 朴实庄重的学校　学生全面发展的摇篮

85

农村学校的特殊使命

农村学校跟城市学校有很大的区别。现在，农村学校担负着特殊的使命。农村学校是农村的最重要的、最主要的、有时候基于既有条件甚至是唯一的文化策源地。它对农村的整个智力生活、文化和精神生活有着很大的影响。

生产的文明程度无可比拟地提高了，在劳动中、日常生活中和人们的意识中，正在实现着列宁当时称为群众的电气化教育的伟大变革。现在，不是土地的占有权，而是在土地上的操作技能，决定着农民的生活和劳动。

但是，农业生产文明的迅猛增长已经大大走到农村精神生活增长的前面去了。如果我们拿城市和农村拥有书籍的情况比较一下，如果我们再思考一下，受过中等教育的人有多少留在农业生产上和有多少留在城市里，那么这种比较的结果是一目了然的，城市占优势。

从农村中学毕业出来的青年人，有60％以上永远离开农村，一去不复返了，出身农村而在高等学校毕业的人则有90％以上成了城市居民。如果细想一下，这种现象不仅包含着某种令人担忧的东西，而且包含着某种危险。如果农村青年中在智力发展方面最好的这部分人持续地离开农村，那么农业生产的发展必将在某一天停滞。就我们整个社会的利益来说，应当让智力得到较高发展的、受过教育的青年人去充实农村。没有这些人，就既谈不上农村的科技进步，也谈不上农村的智力丰富的精神生活。

谁来完成这项极其重要的任务呢？首先是学校，是农村学校。当谈到农村学校工作的特点时，人们通常总认为劳动教育是个重点。据说，只要从小训练农村青年在土地上劳动，农村学校的基本任务就算完成了。当然，我们在劳动教育方面的缺点还不少，但是我认为，这些缺点并不是产生主要毛病的原因。当农村学校和农村中成年人劳动集体的智力生活不能满足青年的需求时，农村青年会离开或者想方设法要离开农村。

如果不提高整个农村学校，特别是农村家庭的文化和精神生活水平，那么农村学校要改进教学，提高知识质量，就简直是不可能的。

我认为，在农村学校里，首先要考虑的是如何创造一种学生在其中进行学习的气氛。应当使书籍在家庭和学校里占统治的地位。总的来说，应当使农村的生活世界成为思考，阅读，深深地尊重知识、科学和文化的王国。遗憾的是，经常会看到这样的情况：农庄庄员家里有电视机、摩托车、收音电唱两用机，但是没有书籍或者只有很少几本书。这一切都是因为，书籍应当在人的整个精神生活中占首要地位的思想没有像明亮的火把一样从学校里放出光芒，没有在学校毕业生的心灵里确立起来。

不论一个农村居民从事什么工作——当农艺师或拖拉机手、挤奶员或养牛员、土壤改良技师或医生，我们农村学校都应当在每一个学生身上培养对知识的需要。我认识一个饲马员，他的个人藏书有2000册；而我认识的一个医生，他的房间里连个书架都没有，桌子上放的唯一的一本书，还是两年前从图书馆借来而未归还的。

此外，还有一个问题。如果我们不努力做到，使一个农村居民在少年时代就以自己是一个种粮食的、养牲畜的人而感到自豪，那么农村学校的最优秀的学生还会继续离开农村。遗憾的是，把农业劳动看成一种低人一等的、不需要什么智慧的事，这种多年形成的偏见至今仍然存在。而我们的目的恰恰在于使那些最聪明的、精神丰富的、对充实的智力生活有所准备的男女青年留在农村，到大田里和畜牧场去工作。只有当思考和使用智慧的、带研究性的、被一些有意义的设想所鼓舞的劳动在学校里占统治地位的时候，这项工作才能具有牢固的科学基础。对劳动的热爱是情感和思考相结合的产儿。但是，如果没有思考，就永远不会产生情感，也就没有二者的结合，没有它们的产儿。

对许多农村学校来说，应当用思考、用科学认识的光芒来照亮普通的农业劳动。只有把土地、果园、菜园当成思考的实验室，把单调的劳动过程不是当作最终的目的，而是当作达到目的的手段，使人享受到创造性的、研究性的、试验性的劳动的欢乐，才能产生对农业劳动的热爱。即使当一个人翻地、施肥、挖粪的时候，他也可能体验到一种智力的欢乐——研究者和创造者的欢乐。当一个人看到，在劳动中可以使用自己的智慧和才能的时候，他就能享受到这种欢乐。不管看起来多么荒谬，但这是事实：某些农村学校在揭示农业劳动的智力因素所进行的教育工作，反而比许多城市学校里进行得更差。

农村的文化水平有赖于农村教师的文化水平。农村学校的主要教育力量

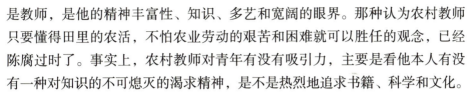

是教师，是他的精神丰富性、知识、多艺和宽阔的眼界。那种认为农村教师只要懂得田里的农活，不怕农业劳动的艰苦和困难就可以胜任的观念，已经陈腐过时了。事实上，农村教师对青年有没有吸引力，主要是看他本人有没有一种对知识的不可熄灭的渴求精神，是不是热烈地追求书籍、科学和文化。

农村学校里有着成千上万的优秀人才。我认识一位叫法尔图什尼亚克的农村教师，他在一所十年制学校里教历史。这是一个很了不起的人。村里所有的人，从白发苍苍的老人到小孩子，看到他都肃然起敬，仰慕他有非常渊博的知识。他研究过与本国和外国历史有关的数千种文献资料。虽然住在农村，他通过自学掌握了9种外语。他能阅读莎士比亚、塞万提斯、歌德的原文著作。对学生来说，听他的历史课就像过节日一样。凡是从法尔图什尼亚克所在的学校里毕业的学生，都能终身保持着对知识的渴求。像这样的农村教师，能够用认识的欢乐和一种充实的精神生活的幸福去感染别人。

如果我们说，教师是用知识来教育人的，那么，在我看来，这一复杂的、至今尚未研究清楚的过程的实质，就在于知识能够使一个人在自己的眼光里变得高尚起来，树立他的自豪感，发展他的不可熄灭的钻研精神，教会他为合理的思想的胜利而斗争。

农村现在迫切需要精神丰富的、在智力上多方面发展的、能够驾驭青年思想的教师。像上面所说的法尔图什尼亚克这样的教师，毕竟是不多的。令人痛心的是，我们还有许许多多学校，在那里还没有点燃起探索智慧的火把，为青年们照亮道路，使他们体验到认识的幸福，形成一种永远不知足的求知欲。我们还有许多农村学校，学生在那里的学习一步也没有跨出教科书的框框。农村学校需要千千万万个精神丰富的教师。

怎样才能吸引他们到农村来呢？这一点，是需要另外讨论的一个课题。

致未来的教师

我常常收到大学生其中主要是师范生的来信。几乎所有的信里都提出了一个共性的问题，我觉得，回答这个问题对于许多未来的教师是有一定意义的。这个问题的意思是：在教育工作中究竟什么是最重要、最主要的？

我对这个问题已经思考了32年，回答它并不那么容易，因为在我们的教育工作中，没有哪一项工作是次要的。不过，教育工作毕竟还是有个核心的。

未来的教师，我亲爱的朋友！在我们的工作中，最重要的是要把我们的学生看成活生生的人。学习——这并不是把知识从教师的头脑里移到学生的头脑里，而首先是在教师跟儿童之间建立活生生的人的相互关系。

儿童的脑力劳动、他在学习中的成功和失败会对他的精神生活和内心世界产生影响，无视这一点就会带来可悲的后果。请记住：促使儿童学习，激发他的学习兴趣，使他刻苦顽强地用功学习的最强大力量，是对自己的信心和自尊感。当儿童心里有这股力量的时候，你就是教育的能手，你就会受到儿童的敬重。而一旦这种不能以任何东西进行比拟的精神力量的火花熄灭，你就变得无能为力了。就是那些能影响儿童心灵的最英明、最精细的手段，此时也会变成死的东西而毫无用处。

不久前，在一所学校里发生过这么一件事。有一个学生，无论怎么也弄不懂：植物是怎样吸收营养、怎样呼吸的，怎样从幼芽里发育出叶子，怎样从花里结出果子的。生物教师经常提问他和刺激他："难道你连这么简单的东西都弄不明白吗？你究竟能干点什么呢？"这个男孩子渐渐地对自己失去了信心，最基本的知识对他来说也变得复杂了，因为缺乏自信心像一堵墙一样挡住了他通向认识的道路。有一次上课时，生物教师说："再过几天，幼芽就要长出来了，我们全班都到长着栗树的林荫道去观察。在那里，要是阿辽沙还说不出别人都明白的东西，那时候事情就毫无希望了。"

生物教师很喜欢自己栽种的栗树，他把种子培育成幼苗，再把这些小树苗整齐地栽在两旁，在中间形成一条林荫道。当全班学生来到栗树林荫道的时候，教师惊呆了：树上的幼芽全被剥掉了……学生们也垂头丧气地站在那里。而在阿辽沙的眼里，一刹那露出了幸灾乐祸的火花。

这个行为的背后隐藏着什么呢？是内心的深深的痛苦、屈辱，精神力量的突然燃烧和爆发。阿辽沙以此表示抗议。他感到教师的话里含有恶意，而孩子是会以怨报怨的，有时候甚至为此做出奇怪的、荒唐的、毫无意义的事来。

但比较常见的情况是：一个学生接连不断地吃"两分"，他就跟自己的命运妥协了，渐渐习惯了这样的看法，就是"自己什么都不行"。每当我看到这种态度冷淡、毫无怨言、准备好耐心地倾听教师的讥刺和训斥而无动于衷的学生时，我的心里就充满了不平和愤慨。我的年轻朋友，请你像怕火一样避免这样的事情吧！要为这种毫无怨言、默不作声、准备接受任何训斥的学生感到可怕。这对一个人来说是最可怕的事。当看到学生性格执拗、爱发脾气时，你应当感到高兴，应当容许学生对你的思想似乎抱着不信任的态度，而让他去检验、去研究吧。"执拗性格万岁！"我真想用最鲜明的字体写下这句话，并把它张贴在教员休息室里……

你是明天的教师，请记住：每一个儿童都是带着想好好学习的愿望来上学的。这种愿望像一颗耀眼的火星，照亮着儿童所向往的情感世界。他以无比信任的心情把这颗火星交给我们——做教师的人。这颗火星很容易被尖刻的、粗暴的、冷淡的、不信任的态度所熄灭。要是我们——做教师的人，在心里也像儿童对待我们那样，把无限的信任同样地给予他们就好了！那将是一种富有人情的相互尊重的美妙的和谐。

教师对学生力量的信心表现在哪里呢？教育工作的辩证法告诉我们，教师永远也不会遇到这样的时刻的到来，使他有权利说：我尽了自己的努力，使这个学生达到了极限，从他身上再也得不到更多的东西了。学校教育里的许多失误，其根源正是在于有些人抱有这种思想。请你记住：人的力量和潜力是不可穷尽的。一个学生可能在一整年里都没有把某种东西弄懂弄会，可是终于有那么一天，他懂了、会了。这种"恍然大悟"（我想把这种现象称为"思维的觉醒"）的内在的精神力量，是逐渐在儿童的意识里积累起来的，我们做教师的人用自己的信心帮助他积累。任何时候都不要轻言放弃。学生今天不会的，过三年才会，那么证明我在这三年里始终坚信人的力量是不可穷尽的看法是正确的。

结合这一点，我想向你，年轻的朋友，提出如下的建议：正像外科医生把一些非常锐利的手术工具放在清洁的金属盒子里备用一样，你最好把你拥有的那些最精细、最有灵性、最锐利而不十分安全的工具——评分收在盒子里放着，而不轻易使用。我认为，那种对学生说的话几乎每句都打分的习惯，是一种教育修养处于蒙昧状态的标志。以这种态度对待事情，那么那些最精细的工具就一会儿变成蜜糖，一会儿变成棍棒：它使这个人陶醉，使那个人受伤。我希望，学校里不要搞那种通过所谓的"积累分数"而追求评分数量的事。在一个学季里，一个学生该有几个分数，让教师去掌握就可以了。

请记住，即使是成年人，白费的、毫无结果的脑力劳动，也会使他感到羞愧难当和头脑糊涂的，何况我们接触的是些孩子。如果学生从他的学习里期待不到什么成绩，他就会失去对自己力量的信心，就会变得要么粗暴、要么灰心。

学生如何看待自己，在很大程度上决定着他的道德面貌。在学校里，目前还存在许多手工业方式的东西：学生认识周围世界，却不认识自己，更不了解自己。我坚定地相信，儿童在认识周围世界的同时，应当认识自己，应当充满一种深刻的自我肯定的情感。自我肯定是自我教育之母。自尊感是一个人的荣誉感、名誉感、健康的自爱心的最强大的源泉之一。当你走上教育工作这个创造性岗位时，请记住：你必须教会儿童进行脑力劳动，教会他们思考、观察、理解，从脑力劳动的成果中感觉出自己的精神力量。

当跨进校门的时候，你不仅成为本门学科的教师，而且首先是一个教育者。你应当善于培养学生的学习愿望。并不是所有的儿童都一样地思考、一样地感知、一样地识记。一个学生已经弄懂了你想教会他的东西，而另一个学生还没有弄懂，但这并不说明他不愿意学习。要让他有时间再想一想，不要把他那一点渴求知识的微弱的火花吹灭。只有在学生的脑力劳动取得成绩哪怕是微小的成绩时，再来给他做评定。你要善于从每一个学生身上，看到和感觉出他是一个独一无二的人。有一次，听到某位教师说："这个学生毫无希望，他的命运就是这样——永远当差生。"这时我想起了亨利·海涅说过的话："每一个人就是一个世界，这个世界是随他而生，随他而灭的。每一块墓

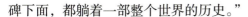

碑下面，都躺着一部整个世界的历史。"

阿尔玛阿塔师范学院的女大学生塔玛拉很关心教学方法的问题。她写道："我看到不断涌现出大量的教学方法就使我感到害怕。几乎每天在报刊上都能看到：这是一种新方法，那是一种新教学方式……怎么才能搞清楚这么多的教学方法和方式呢？其中哪一些才是真正有效的呢？"

塔玛拉和别的大学生都关心"有些教学方法产生了，而其生命又不长久"（伏尔加格勒的一个大学生也这么写道）。你们应当懂得：任何一种教学方法，当它还只是存在于我们的观念中，当我们还只是在字面上——在教科书上、在教案上分析它的优缺点时，这还不能算是真正的方法。譬如说，有一套很精致的钳工工具。它们都放在那里，各有各的位置、各有各的用途。可是，当人的手还没有接触它们的时候，所有这些工具是什么呢？一堆金属——如此而已。这其中的每一块金属，只有到了匠师的手里，才能变成工具。教学方法也是如此。有了匠师才会有方法。这个方法能对儿童起什么作用，这一点取决于你们，而且仅仅取决于你们。学校里真正的创造性劳动，首先是生动的、探究性的思考和研究。即使是最好的、最精密的教学法，只有在教师加入了自己的个性，对一般的东西加入了自己经过深思熟虑的东西以后，它才能是有效的。这里不由得想起波兰著名教育家亚努什·科尔恰克的话："指望别人给你拿出现成的思想，无异于让别的女人替你生产你怀胎的孩子。有些思想是要你自己在阵痛中去生产出来的，这样的思想才最宝贵。"如果你们想成为真正的能工巧匠，那就不要等待"别的女人替你生产你怀胎的孩子"。只有你在其中倾注了自己的智慧、自己的活的思想的教学方法，才是最好、最有效的方法。

谈谈教师的教育素养

教育素养是由什么构成的呢？这首先是指教师对自己所教的学科要有深刻的认识。我们认为很重要的一点是，教师在学校里教的是科学基础学科，他应当能够分辨清楚这门学科上最复杂的问题，能够分辨清楚那些处于科学思想前沿的问题。如果你教的是物理，那么你就应当对基本粒子有所了解，懂得一点场论，能够哪怕只是粗略地设想出将来能源发展的前景。教生物的教师则需要懂得遗传学发展的历史和现状，熟悉生命起源的各种理论，知道细胞内部发生的生化过程。教育素养就是由此开始并在此为基础建立起来的。可能会有人反驳说：为什么教师要懂得那些课堂上并不学习的东西以及那些跟中学所学的教材没有直接联系的东西呢？这是因为：学校教学大纲规定的知识对于教师来说，应当只是他知识视野中的起码知识。只有当教师的知识视野比学校教学大纲规定的范畴宽广得无可比拟的时候，教师才能成为掌握教学过程的真正的能手、艺术家和诗人。

我认识几十位这样的教育能手。他们的教育素养从备课中就能看得出来。他们是按照教学大纲而不是教科书来备课的。他们仔细地思索过教学大纲后，就把教科书里的有关章节读一遍。他们这样做是为了把自己置身于学生的地位，用学生的眼光来看教材。真正的教育能手知道的东西，要比学校里学习的东西多得多，因此他不需要在课时计划里把要讲的新教材都写出来。他的课时计划里并不写叙述（演讲、讲解）的内容，而只写一些简短的指导学生脑力劳动所必需的课堂教育过程细节的纪事。教育能手对课堂上所教的那门学科的基础知识了解得如此透彻，以至于在课堂上、在学习教材的过程中，处于他注意中心的不是所教东西的内容，而是学生，是学生的脑力劳动，是学生在脑力劳动中遇到的困难。

请你留意观察那些只知道必须教会学生的那点东西的教师的工作情形吧。他认真地按照教科书把要讲授的东西准备好，甚至把讲授的内容及其逻辑顺序都记住。你将会发现：那些在讲授新教材时必须使用的直观教具和说明性材料（如历史、地理、生物课上要用的文学形象），似乎是人为地附加在课的内容上，所有这些都从学生思想的表面上滑过去了（有时候教师甚至忘记了使用已准备好的东西）。为什么会得到这样的结果呢？这是因为，处于教师注意中心的只是教材内容，而不是教育过程的各种细节。教师使足力气去回想讲授的过程，他的全部注意力都集中在自己的思考和教材内容上。学生要领会这样的讲授是困难的，在这种课堂上没有不随意识记，因为在教师的讲授和语言里没有情感。如果教师不得不使足自己的全部力气去回想教材内容，他的讲授缺乏情感，那么儿童就会不感兴趣，而在没有兴趣的地方也就没有不随意识记。这是教师的教育素养的一个非常微妙而又非常重要的特征：教师越是能够自如地运用教材，那么他的讲授就越是情感鲜明，学生听课后需要花在抠教科书上的时间就越少。真正的教育能手必定有丰富的情感。那种对教材认识得很肤浅的教师，往往在课堂上虚张声势，夸夸其谈，企图借此加强对学生意识的影响，但是这样做的结果是可悲的：虚张声势会使人空话连篇、爱说漂亮话，所有这些都会腐化学生的灵魂，使他们内心空虚。

当人们谈论信念形成的问题时，常常会听到这样一些议论：掌握了教材的知识，这不是信念，有知识并不意味着有信念。把两者对立起来是毫无道理的。所谓真正的有知识，就是对知识有深刻的理解并且多次反复地思考过。而如果对知识有深刻的理解并且反复地思考过，如果知识变成了学生主观世界的一部分，变成了他自己的观点，那就意味着知识已经成为信念。那么，在什么条件下知识才能触动学生个人的精神世界，才能成为一个人所珍视的智力财富和道德财富呢？只有在这样的条件下——用形象的话来说，就是在知识的活的身体里有情感的血液在畅流。如果在教师的讲课里没有真正的、由衷的情感，如果他掌握教材的程度只能供学生体验他所知道的那一点东西，那么学生的心灵对于知识的感触就是迟钝的。而在心灵没有参与到精神生活里去的地方，也就没有信念。由此我们还是得出同样的结论：教师对教材有深刻的知识是教育素养的基本方面之一。

教育素养的这一重要特征的第一个标志，就是教师在讲课时能直接诉诸学生的理智和心灵。在真正拥有这一宝贵财富的教师那里，讲授教材就好比是向交谈的对方（学生）发表议论。教师不是宣讲道理，而是在跟少年和男女青年娓娓谈心：他提出问题，邀请大家一起进行思考。在分析这种课的时候，大家会感觉到：教师跟学生之间建立了一种密切的交往关系。作为校长，你也会被教师的思想潮流带走，会忘记自己是来检查教师工作的，会感到自己变成了学生，跟一群15岁的少年一起为发现真理而欢欣鼓舞，在心里回答着教师所提出的问题。我们州的一所学校里发生过一件有趣的事：年轻的校长在听一位有经验的教师上几何课，他完全被教师的讲解迷住了，以至于当教师向同学们问"你们谁能回答这个问题"时，这位校长竟举起手说："我！"这才是运用真正的教育技巧所产生的效果，达到我们所说的那种直接诉诸儿童的理智和心灵的境界。这种境界只能是教师具备深刻知识的结果。教师的知识是如此深刻，以至于处于他的注意中心的不是教材内容，而是学生的脑力劳动。

而在另外一种课堂上，当你看到教师跟学生之间并没有交往，教师一头钻进他的课时计划里，而孩子们在看着天花板或者天空中飘浮的云朵时，你会做何感想呢？你会在学生面前觉得不自在，你会替教师、替自己，也替教育学觉得难为情，你后悔不该来听课。在课后，你不想马上跟教师谈话，你会想：是不是把谈话推迟到明天，是不是应当再来听他一节课呢？

可见，教师在他所教的学科上如果没有深刻的知识，就谈不上有教育素养。怎样才能使每一位教师不仅懂得一些教学常识，而且深知本学科的渊源呢？

读书，读书，再读书，教师的教育素养正是取决于此。要把读书当作第一精神需要，当作饥饿者的食物。要有读书的兴趣，要喜欢博览群书，要能在书本面前坐下来，深入地进行思考。

怎样才能使读书成为每一位教师的需要呢？很难确切地说有些什么特殊的方法。读书的需要是靠教师集体的全部精神生活培养起来的。

但是，把读书变成教师的精神需要，毕竟还是有一些非常具体、容易捉摸、易于检查的条件和前提的。首先是时间——供教师自由支配的时间。教师的空闲时间越少，他被各种计划、总结之类的东西弄得越忙，那么他面对学生无物可教的那一天就来得越快。我们的教师集体遵循着一条原则：教师不写任何总结和汇报。除了教育工作计划和课时计划外，教师不写任何别的计划。课时计划是必不可少的文献，它能反映教师个人的创造性实验室的情况。对课时计划不做出要有固定格式的规定，但会对它提出一定的要求。首先是要对学生将要学习的理论性教材按照教学论的要求进行处理。教师能做的具有创造性的课时计划，就是对课堂上应当发生的和可能出现的情况做出最大限度的预见。

每一位教师都有自己的创造性实验室，这个实验室一年比一年丰富起来。这是教育素养的一个非常重要的方面。例如，数学教师们一年又一年地积累教学资料——几种不同难度（不同变式）的应用题、教师和学生制作的直观教具等。教师为每一节课积累的资料每年都在增加，因此他也就没有必要再写课时计划了。地理教师每年在充实他的各个专题的直观教具册，语文教师在逐年编辑用于语法教学的个别作业卡片集，编写和修订应当让学生牢记的最低限度正字法词汇表。

教师的教育素养的一个很重要的内容，就是要掌握各种研究儿童的方法。教育素养在很大程度上取决于教师是否善于在儿童的脑力劳动和体力劳动过程中，在游戏、参观、课外休息时间内观察儿童，以及怎样把观察的结果转变或体现为对儿童施加个别影响的方式和方法。对儿童的认识首先是由观察构成的。这里应当再说一遍：教师应当了解儿童的健康状况，了解他的智力发展和身体发育的特点，了解影响他的智力发展的解剖生理因素。关于解剖学和生理学、心理学和缺陷教育学的书籍，应当成为一个善于思考、创造性地工作的教师的必备书。教师到了学校以后才开始真正地研究心理学：他要时常去翻阅心理学书籍，以便更深入地思考和理解儿童的行为中、脑力劳动中、同学的相互关系中的这种或那种现象、这一或那一特点。

没有扎实的心理学基础，就谈不上有教育素养。有些教师觉得心理学是一门枯燥的科学，在学校得不到实际的应用。我们很关心让心理学成为教师实际工作中的真正指南。我们经常在校务会上介绍心理学家的研究成果，在教师休息室的"新书"陈列架上陈列心理学书籍，让教师去阅读、思考和研究。我们每一位教师（包括校长和教导主任）都在经常地、用心地写学生的"教育鉴定"，这种"教育鉴定"要求弄清楚学生复杂的精神世界，深入了解学生的欢乐和忧愁，而写这种"教育鉴定"理论依据就是对心理学的分析和研究。

听课和分析课时，我和教导主任把一些需要进行心理学和教育学分析的问题（例如积极的脑力劳动是怎样影响在记忆中保持旧教材的；采用哪些特殊的手段来激发学生对所学学科和具体教材的兴趣等）单独记在一页纸上。还有，校长、教导主任和负责课外活动的教师在教育工作也经常碰到一些心理学和教育学问题，学校生活中也会出现许多问题。如果缺乏心理学知识，就无法解决这些问题（例如：学生的哪些行为可以交给班集体讨论，而他的行为的哪些方面则不宜在集体中讨论；在课堂教学中要有怎样的教育机智等）。我们每星期聚会两次，先读自己写的心理学和教育学笔记，接着讨论用什么方法解决那些困难而复杂的问题。有些问题我们提到校务委员会上进行讨论，个别问题我们还到科学研究中心去请教。

教育素养还有一个方面，谈到它不能不使人焦急，这就是教师的语言修养问题。20 年前，我去听一位教师的课，观察孩子们怎样感知教师对新教材的讲解。我发现，孩子们听后很疲劳，下课时简直是精疲力竭了。我开始仔细听教师的讲解语言（他教生物），这使我大为吃惊。这位教师的讲解语言非常混乱，没有逻辑顺序，他的讲解是那么模糊不清，以至于第一次感知这个或那个概念的学生，即使用出全部力气，也只能听懂一点点。学生上课时感到疲劳的原因正在于此。

作为校长，我为什么没有立即发现这一点呢？因为我听的是自己很熟悉的教材。我有足够的暗示——我实质上是用自己的思想补上了教师讲课中的"漏洞"。我又听了几节课，逐字逐句地把教师的讲解记录下来，我在校务会上读了这些记录，对同事们说：请大家想一想，一个对所讲的事物毫无了解的人，能不能听得懂。请大家设想一下，如果你们对叶绿素、二氧化碳、光合作用本来一无所知，那么你们从我所读的记录里能听懂些什么呢？

回答这个问题是痛苦的、令人为难的，但是回答只有一个：什么也听不懂。如果说有学生课后掌握了一些教师讲解的知识，我们只能归功于学生的勤奋和努力，而获得这些知识要付出多大的代价呢？这是以学生的健康为代价换来的：因为他们实质上不是在教师的课堂上，而是在课外独立地抠教科书而获取这些知识的。

我们全体教师敢于正视现实，虽然这个现实是严峻的。我和教导主任又去听了几节课，又把在其他课（历史、物理、化学）上所做的记录逐字逐句地读了一遍。情况并不像生物课上那么严重，但是几乎在所有的课上，教师的讲解都不符合语言修养的基本要求。而使全体教师深为忧虑的是：对概念的解释不够明确。教师用语言讲解创造的那些表象模糊不清以至于有些混乱。然而没有清晰的表象，就不可能进行由简单到复杂、由近到远、由具体到一般的过渡。我们深感遗憾，痛心地承认：是的，我们还不会用语言来创造鲜明的形象。而鲜明的形象正是儿童思维的出发点。

从那时起，语言修养的问题跟其他同样重要的问题一起，成了我们全体教师特别关注的对象。我们研究这个问题已经 25 年了。全体教师向自己提出的第一项任务，就是分析应当向学生讲解的那些表象。我们分析各科教学大纲和教科书，一起思考：如何用言简意赅的语言来帮助儿童建立起关于一些事物和现象的表象，如天空、田野、草原、沙漠、火山、严寒、肥力、收成等。这些东西看起来似乎都很简单，但是当我们试图为每样东西创造鲜明、儿童能够理解的语言形象时，就发现这件事并不那么简单。

"怎样解释天空这个概念呢？"一位教师惊奇地问。"那里，那就是天空。"他用手指着说。但是难道可以一直让学生用可以看见的形象来思维吗？我们语言的缺点正在于此：由于我们不善于用语言来创造鲜明的形象，使学生的思维难以从形象思维过滤到抽象思维。须知抽象思维是以概念为基础的，而概念是以语言创造的表象为基础的。

我们开始学习用语言来描述可以看到和观察到的东西，然后逐渐转到解释那些与用感官不能直接感知的事物和现象有联系的概念。接着，我们转向深入地分析教科书的课文：确定逻辑顺序，找出因果关系、从属关系和时间关系。我们发现：备课和按照运用教学论对教材进行处理，关键在于使教师的抽象思维和语言修养相统一。

教师们开始仔细地思考自己的叙述方式，在他们的课堂上出现了创造性劳动的一个重要特征——自我监督。我们日益明白：教师的语言修养在极大的程度上决定着学生在课堂上的脑力劳动的效率。我们深信，高度的语言修养是合理地利用时间的重要条件。当我们感到很有必要在教师的语言里找出能说明事物、现象和概念的鲜明的、能够为儿童所理解的词语时，我们已经在无数次的复习上浪费了多少时间啊！

教师们的教育观念要保持一致

在开始五年级^①教学的前一年，我就开始对可能由分科教学带来教学性质急剧的变化做准备。除我外，这个班里还有八位教师任教。这要求班主任花费很多心思，对这些教师的教育观念是否一致给予优先的关注。

我承担了乌克兰语、俄语和历史的教学任务。出于遵循教学与教育相一致原则的考虑，班主任应当尽可能地担任那些从入学到毕业一直开设的学科的教学。

我认为我的使命（既作为班主任又作为校长）是，使教师们在教育和教养的一些重大问题上能够抱持一致的观念。观念的一致能够保证每一位教师的个人创造性得到充分的发挥。任何一个教师都不可能是一切优点的全面的（那就是抽象的）体现者。每一位教师都有他的优点，有其他人所不具备的长处，能够在精神生活的某一个领域里比其他人更突出、更完善地表现自己。这一点正是每一位教师对于教育学生的复杂过程所做的个人的贡献。但是与此同时，每一位教师都应当是一个统一整体（智力、道德、审美、身体、心理和情感等文明的源泉）的一部分。

▲ 通过学习、讨论达成共识

---

① 相当于初中一年级。——译注

我们的教育观念是在工作过程中形成的，包括以下几点：

（1）每一位教师不仅是教学者，而且是教育者。由于教师和学生集体在精神上的一致性，教学过程不是单单归结为传授知识，而是表现为多方面的关系。共同的智力、道德、审美、社会和政治等方面的倾向把我们教师中的每一个人都跟学生结合在一起。课是点燃学生求知欲和道德信念的火把的第一颗火星。

（2）我们每一位教师都应当对具体的学生实施个别的影响，用某一件事引起他的兴趣爱好，鼓励激发他，使他的独一无二的个性得到表现。我们每一位教师都不是教育思想抽象的体现者，而是活生生的人，不仅帮助学生认识世界，而且帮助学生认识自身。这里起决定作用的是，学生在我们身上看到的是什么样的人。对学生来说，教师应当成为精神生活极其丰富的榜样。只有在这样的条件下，教师在道德上才有权利来教育学生。一位聪明、智力丰富、诲人不倦的教师，能使学生发出赞叹并被深深地吸引，以非常强大的力量激发他们上进的愿望。这种影响是其他人所无法企及的。在我们的学生的身上，隐藏着成为杰出的数学家和物理学家、哲学家和历史学家、生物学家和工程师、大田里和机床旁的创造性劳动能手的素质。只有在每一个学生都得到教师这样的"活命水"浇灌的时候，这些杰出的素质才能蓬勃发展，否则就会干枯和衰败。智慧要靠智慧来培育，良心要靠良心来熏陶，对祖国的忠诚要靠真正地为祖国服务来培养。

我对这些把学生的命运托付给他们的教师的情况有过不止一年的了解。这是一些聪明、诚实，热爱儿童、科学和书籍的人。一种强大的力量——对知识和认知的渴望把我们大家结合成一个集体。我们每一个人都感到自己是小学生，每一个人在精神生活领域里至少有一种爱好。O. A. 比斯敏娜娅熟练地掌握了法语和德语，又自学了英语和拉丁语；M. A. 里萨克念念不忘的一个理想是必须从五年级起就教代数，他还自编了一本算术应用习题集；A. A. 费利波夫编了一份五年级物理入门课程的教学大纲，深信学习这门学科将为儿童的智育创造有利的条件，还编了一份物理课外活动大纲；O. Й. 斯杰潘诺娃在研究土壤里的生化过程，进行着有趣的试验，在她任教的每一个班里，都有两三个学生下决心把自己的一生贡献给农业劳动；Г. T. 扎依采夫迷恋于图画和思维训练相结合的思想；C. И. 叶甫列缅柯认为在自己的课上进行音乐修养的教育是很重要

的，他编了一份欣赏音乐作品的大纲。

（3）我们认为，只有教学是在集体和个人精神生活极其丰富的背景下进行，才可能有完满的智育。在我们看来，一个人少年时代在智育上的飞跃和新的质变，不仅在于在某种程度上由形象思维向抽象思维的过渡（过渡这个概念是相对的：儿童也有抽象思维成分，少年也还保留着形象思维的成分），而且在于少年在智力活动中的自我确立：在正确的教育下，少年在精神上会产生一种把自己的智力财富给予其他人并从其他人那里吸取智力财富的需要。在课堂上获得学科学的基础知识、在教学过程中获得脑力劳动的素养，这一切在智育中都具有重要的意义，但是这些只是多样化的智力活动的一个组成部分。在一个集体中，应当经常感到有一种勤学好问，向往科学，钻研有趣的、引人入胜的问题和书籍的志向像脉搏一样在跳动。

而集体的这种智力活动的源泉、指路明灯和第一推动者仍然是教师。学生的智力发展，就取决于教师的知识、思想、兴趣和博学的程度。在学龄初期，对儿童来说，教师是打开事物和现象世界的人，而在少年时期，教师就是打开思想世界的人。

青年的精神志向的纯洁、高尚和无私，在自我确立时期对知识的渴求，以及师生关系中的诚挚和相互关心，都取决于集体的智力活动是否丰富多彩。要预防少年时期和青年时期的一大祸害——精神空虚，预防他们虚度年华，预防他们对长辈形成漠不关心的态度，甚至预防他们发生犯罪行为，都首先要求一个人在少年时期能够认识到智力活动的丰富、美和完满。知识不仅以正确的内容使人的心灵丰富，而且会使一个人变得更加高尚。

（4）我们深信，只要是一个正常的人，他就能获得智力财富，就能享受完满的智力生活的幸福。无论课堂上采用的教学方法是多么完善，都不能保证给人以完备的教养。一个人对课堂上的学科基础知识接受得越困难，那么不让他的智力生活局限于这些基础知识上就越重要。只有当一个人认识的东西比要求他知道的东西多得无可比拟的时候，他才能享受到认知的乐趣。预防学业落后现象，预防对认知、科学、书籍和学校的冷漠态度，并不在于无休止地催赶和挽救那些学业落后的学生，而在于把每一个学生都引进集体丰富的智力生活。少年生活中出现无数挫折和不正常的现象的根源，就在于一个人怀着这样痛苦的想法：我什么都不行，我的学习毫无收获，其他人能做

到的我总做不到。如果在自我确立的年代里在一个人面前展开的是这样一种残酷的真相，那么悲剧就会在他身上发生。他失去了对善良的信心，会变得性情孤僻，疑心很重，待人刻薄；而如果再有人不断地讥刺他"你是个懒汉""你是个浪荡子"，那么他还会变得冷酷无情，甚至变成一个真正的懒汉、浪荡子和堕落的人。读书对他来说是一种痛苦，而不是欢乐的源泉。少年精神空虚是一大灾难。

（5）我们深信，少年期的智育和教学完全不同于童年期的。我们在少年学生面前不仅揭示自然界、社会及其规律，而且揭示他们自己本身的心理修养、课堂上所有脑力劳动的性质和倾向。少年在认识世界的同时也认识自己。少年在认识自然界和社会的规律的同时，应当确立一种信念：他前进了一步，不仅因为他学到了一些新东西，而且因为总体上说他变得更聪明了。

我想起了开学前夕跟五年级的教师们的一次谈话。我们设想我们的学生的未来。我们这些教师当中未必有谁能活到 2000 年，而我们的学生将在他们创造力最旺盛的时候迎接 21 世纪。他们将成为世界的主人——成为工程师、农艺师、医生、教师、建筑家。但是他们每一个人首先应当成为热爱祖国的人，成为一个真正的人——具有清醒的智慧、高尚而勇敢的心和一双灵巧的手的人。他们将要从事创造性劳动几十年。在这期间，科学将有很大的发展。如果把学生参加工作那一年的知识水平作为一个单位，那么他在从事劳动的过程中，还必须增加五六个单位的知识以充实自己的精神财富，否则他就会落后于生活，无法顺利地工作。生活要求知识不断更新。没有对知识的渴求，就不可能有完满的精神生活，从而也就不会有创造性劳动的生活。因此，我们必须培养学生发自内心的对自学的需要。

怎样听课和分析课

课是教学和教育过程的主要阵地。教师每天在课堂上实施着对学生的教养、教育，以使学生得到全面的发展。课的质量高低不仅决定知识的巩固程度和深度，而且决定能否使学生培养科学唯物主义世界观和共产主义信念、热爱知识与科学以及尊重人类所创造的精神财富的情感。在课堂上发展学生的认知能力，形成科学的思维能力，培养对书籍的热爱。课是学生智力生活的一个主要领域，在这个领域里，生活经验丰富的教师和生活中刚刚迈出第一步的学生进行着精神交往。教师的个人榜样在课堂上是非常重要的。

课不仅是以知识来教育学生。同样的知识，在一个教师手里能起到教育作用，而在另一个教师手里却起不到教育作用。知识的教育作用在很大程度上取决于，知识究竟能否跟教师个人的精神世界（他的信念、他的整个的道德倾向和智力倾向、他对自己教育的对象即年轻一代的未来的观点）紧密地融为一体。教师的个人榜样，首先是指他的信念力量、他对科学的热爱以及他的道德面貌。

对一个有经验的校长来说，他注意的中心就是课。经验证明，听课和分析课是校长的一项极为重要的工作。有许多东西——教师集体和学生集体智力生活的丰富程度、教师的教学技巧的适宜程度、学生的需要和兴趣的多样化，都取决于听课和分析课这一工作是否达到高度科学的水平。由于校长对课进行深入的分析而使课堂教学不断得到改进，学校整个的教育水平就会提高。从课中好像引出了几十条初看起来不易察觉的线索，这些线索通到课外活动，通到学生的自我教育，通到教师个人的创造性实验，通到经验的交流，通到全体教师对家长的工作。下面我想就听课和分析课的问题向年轻的校长提几点建议。

一、听谁的课，何时去听，听多少课

校长掌握足够的事实和进行足够的观察能使教学和教育工作达到高质量。校长只有经常听课和分析课，才能了解教师在做些什么。一所学校里可能有15名教师，也可能有50名教师。无论是前一种还是后一种情况，校长都必须了解每一位教师的工作情况。多年的经验使我深信，尽管校长要做各种各样的工作，而听课和分析课应当摆在首位。我给自己定出一条规则：如果我没有听过两节课，我就认为今天我在学校里什么事也没有做。如果今天碰上开校长会议，那么，今天本来要听的两节课，就得移到明天来补上。这样一来，我明天就得过一个很紧张的工作日：要听四五节课。要是预定将到外面出差四五天的话，我就提前在两星期内把每天听两节课改为听 3 节课。遗憾的是，有些校长，学校只有 15 个到 30 个班，而他在整整一年里只听七八十节课，甚至更少。这种领导好比是一个被蒙住眼睛去上班的人，他在黑暗里徘徊：能听到一点，但是什么也看不见，不了解、不理解。

从教育学上来说，校长分析教师工作的最适当的形式，就是定期地去听所有教师的课，既要听有二三十年教龄的教师的课，也要听一年以前刚进校的教师的课。有些校长错误地认为，对那些有多年教龄的教师，可以少听几节课。工龄长短并不能决定经验丰富与否。只有不断地进修从而提高教学水平的教师才是真正的教师。在我看来，教师的成长取决于他的教育学知识的质变和深化。进修提高首先意味着，教师今天对某一教育原理的看法已经不同于昨天。一个努力提高自己的教师，不断地处理着理论与实践的关系，好像是在用理论的光芒照亮自己前进的道路，这是他成长和经验积累的基础。

校长去听课和分析课，不只是为了向教师传授一些东西，给他们提些建议。学校这个教育实验室，是全体教师的创造性结合体，这里每天不断地进行着智力交往，教师的精神财富得到交流。对有经验的教师，应当听他足够数量的课，这是为了把他个人的创造性实验中一切有价值的东西，都吸取到学校这个集体的教育实验室里来。

听课和分析课，从开学的最初几天直到停课前的最后几天都应当进行。既不要在开学初"加快进行"而浪费时间，也不要像有时候所做的那样，在学年结束前的两三个星期就停止听课。有的校长认为学业就要结束，一切事情的性质已经确定，再对教学和教育过程的干预未必会有什么益处。其实，正是在教学结束的时候，在上课的最后几天，听课和分析课能够提供许多东西，不仅有助于对知识质量做出有价值的概括，而且能够看出教师是否善于找到进一步改进自己工作的途径。

在校长的工作中，除了经常听课以外，有时集中地听一系列的课（即一个课题、一个章节的好几节课）也占有重要的地位。采用这种听课方式是为了看出和理解各种教育现象的实质及其因果关系，揭示出教育过程主要的依存关系——掌握牢固而深刻的知识的条件和产生肤浅的知识的原因。总之，听课和分析课的目的，在于研究和发展教师的经验，把个别教师的经验变成集体的财富，用以丰富全校的创造性实验。

二、教师的课有没有明确的目标，目标是否达到

许多课（甚至有多年教龄的教师的课）的重大缺陷之一，就是教师不善于明确地提出课的目标，并且使课的一切方面、组成部分和阶段都服从于这一目标。问题的关键并不在于在课时计划里写上本节课的目标。对这种形式的规定教师可能照做了，但是并没有认识课的真正的目标。漫无目标的课是白白地浪费时间，徒然增加学生的疲劳，使他们养成一种松松垮垮的习惯，形成一种不良的道德品质——懒惰。

看起来，理解课的目标似乎是再简单不过的事。"课的目标吗？"一位一年级教师重复着我的问题说，"让学生读读、做做复述就是课的目标呀！"

我们走进课堂。一种令人担忧的感觉控制了我：这里是白白地浪费时间，学生上完这节课就跟没上一个样，他们的能力毫无长进。为什么会这样呢？因为教师没有提出应当在这里提出的主要目标，即：教会所有的儿童（不只是那几个被喊到的儿童）阅读，发展他们的阅读技巧。教师对孩子们说，当被喊到的同学在朗读时，大家应当仔细地听，记住他朗读中的错误，然后大家来纠正。一年级的阅读课文是很简单的，词也很容易记住，孩子们记住那些读错的地方并不难。发现同学朗读中的错误以后，孩子们就不再听了，也忘记了要仔细地看着课本的要求，因为他们害怕忘记了那些错误。接着孩子们纷纷举手，要求纠正同学的错误。气氛是很热闹，但是获益甚少：孩子们并没有学会阅读。

问题的关键并不在于让儿童看着课本去检查同学朗读得如何，而首先在于让儿童看着课本，按音节读词，进行默读（或者轻声地读）。这种课的教学目标，正在于让每一个儿童独立地阅读。要达到这个目标（这正是小学特别是一、二年级阅读课的最重要的目标）并不是很容易的。这里必须最大限度地注意每一个儿童的学习情况。有的孩子读得快些，有的孩子读得慢些，对这一切都应当估计到。不要害怕有的孩子落在后头，读的不是被教师喊到的同学所读的那个地方，也不要害怕孩子们读得嗡嗡响，好像一窝蜂。并不是所有的一年级孩子都会默读，在这一点上不必着急。孩子们朗读的声调情感

表现力较差也并不可怕——先让孩子们学会读词，以后就能表现出词的情感色彩来。

在听课后分析教师的工作和学生的学习情况时，我所注意的正是这些缺陷。现在教师对于在这种教学工作中，什么是课的目标有了一定的认知。多年的经验告诉我们：正是在那些工作好像非常单纯、确定目标没有任何困难的场合下，确定课的目标反而很困难。属于这一类课的，除了小学的阅读课以外，还有外语课，还有那些要解应用题的数学课、物理课、化学课。在外语课上，主要的学习形式是阅读课文。可是正是在这种课上，经常出现浪费时间的现象：没有让每一个学生去独立地、个别地钻研课文。而外语课的主要目标，就是要让学生训练发音器官，每一个人单独地读课文，最好是小声地读。还应当专门安排时间让学生进行默读，这时教师必须仔细地观察每一个学生是怎样学习的，应当教会学生独立工作。

在解答应用题的课上，应当怎样提出课的目标，并如何达到这一目标呢？你们大概遇到过这样的现象：教师把应用题读了一遍，几个最好的学生把应用题的条件弄懂了，于是造成一种印象，好像全体学生都懂了。就连教师和校长也常常被这种假象迷惑。如果你去问问学习较差的学生，他不能解释应用题的条件，他并没有弄懂。一个学习最好的学生在黑板上解应用题，在他解题的过程中，教师不断地喊一些学生——主要是学习最好的学生在原地回答问题，解释应用题。于是，教师认为，这节课上所提出的目标已经达到了：学生学会解应用题。然而在这种课上，实际的情况究竟如何呢？总而言之，差生和中等生没有学会独立工作。常有这样的情况：一个学生上了七八年学，他没有独立地解答过任何一道应用题（无论是在学校里还是在家里）。

遇到这种现象，就要向教师提出建议：不要过分迷恋于集体作业的形式，不要造成一种一切顺利的表面现象。要把学生独立的、个别的作业作为学习数学的基础。可以向全班布置好几种不同变式的作业，让每一个学生去独立地解题，让学生自己去分析应用题的条件，让他自己去思考各个数量之间的依存关系。在开始阶段，教师会发现学生在学习上有很大的差距：一个学生用 15 分钟就解出一道应用题，还需要再给他一道新题目，而另外一个学生直到下课还没有解完一道题。对这一点，你丝毫不要感到着急或失望。在下一节课上，你还是把那道没有解出的题让那个学生再做一遍，让他思考、再思考。一定要迫使学生独立工作。

正像肌肉离开劳动和锻炼就会萎缩无力一样，智力离开紧张的动脑、离开思考、离开独立的探索，就得不到发展。总有一天，就连最差的学生也会独立地解出应用题。

我想对年轻的校长和教导主任提一点建议：请你们去听和分析一些数学课（包括初、中、高各个年级的数学课），出于对学生的思维和脑力劳动独立性进行专门的分析的目的。在听和分析这些课的时候，特别重要的一点是，要注意每一个学生是怎样学习的，教师是否提出了这样的目标，即毫不例外地让每一个学生都从事独立的脑力劳动。

三、为了什么以及如何检查学生的知识

许多课的严重缺陷就是在课的第一阶段，即在检查家庭作业时浪费时间。检查家庭作业最容易忽略课的明确的目的。教师在 15～20 分钟内向三四个学生提问，给他们评分，而全班其余的学生在这个时间内却无事可做。这样日复一日，会使学生逐渐变得懒惰：在一节课的三分之一时间里，他们什么事也不做。这种惰性接着又会迁移到课的下几个阶段。检查和评定知识变成了目的本身，教师向学生提问就是为了给他打一个分数。在听课的时候，请你们注意观察：当被喊到的学生在回答问题时，班上其余的学生在做些什么。在检查知识的时候，应当让所有的学生都在从事积极的、独立的、个别的脑力劳动。在高年级（七至十年级）这种劳动应当具有自我检查的性质。

但在实际上如何才能做到这一点呢？一些优秀的教师有一种做法：每一个学生都有一个草稿本（各门学科合用一个本）。检查知识时，学生把草稿本打开，听着教师提出的问题，然后各自拿起铅笔，在自己的练习本里写出简短的、主要的答案。根据问题的题意，经常可以把答案写成图表、示意图、详图、简明的列举等形式。这样，教师就能逐渐教会学生独立工作，对自己的知识进行自我检查，学生就会养成独立学习的习惯。每一个学生好像都在把自己的知识跟被提问到的同学的知识进行比较。

在有一些课上，全班作业可能把学生引向机械地、单调地重复黑板上所写的东西。例如，在语法课上，被喊到黑板跟前的学生把自己造的句子抄在黑板上。许多教师就让全班学生把这个现成的句子照抄下来，这样做不能刺激学生进行独立的脑力劳动。在这样的课上，只有使学生的脑力劳动个体化，才能保证学生进行积极的智力活动。有经验的语文教师，在这种情况下都要求每一个学生自己造句。

这样，在分析课的时候，就要注意分辨：教学是怎样进行的，在检查和评定知识时，学生的知识是否得到了发展和深化。使学生的脑力劳动活跃化的途径很多，善于思考的教师有着发挥创造性的广阔天地。

在检查家庭作业时浪费时间，还往往表现在教师所提的问题完全是重复教科书里的小标题，这样一来就会促使学生去死记硬背，复述背熟了的东西。这种错误做法在一些学校里盛行。在文学、历史、社会常识课上，学生往往用 20~25 分钟的时间整段整段地复述教科书。这种经常的、一节课又一节课的背诵，会使学生的智力和才能变得迟钝。必须向教师提出具体的建议：怎样提问才能刺激学生的智力发展，防止把学生推上死记的道路，以及激发学生的思考，培养对学科的兴趣。提问要求学生对教科书里的教材进行思考性阅读，做到充分理解。

在小学各年级，检查知识的形式比较特殊。这里没有必要安排专门的时间去检查学生对语法规则和算术规则的掌握，这些都可以在完成实际作业的过程中去检查。如果能够得出结论，说明小学教师在让学生运用知识的同时也检查了知识，那么意味着你已分析某一课堂上极为复杂的教育现象。在课后跟教师谈话的时候，应当特别注意到这样一点：做练习运用了哪些知识，学生这样做在发展他的知识的道路上有了什么进步。

四、是否在教会儿童学习

那些目的在于教会儿童学习而采取的方法，应当引起校长特别的重视。儿童在课堂上获得的智力发展，包括下列两个方面或两个组成部分：（一）关于自然界、社会、人们的精神生活的知识；（二）在教师指导下或独立地去掌握这些知识的能力。学生的学习成绩、知识眼界、对书籍和科学的热爱，都取决于智力发展的这两个方面的统一与和谐。

在小学，掌握知识的能力具有特别重要的意义。校长要经常注意这样一个问题：学生看见和观察周围世界的能力、思考能力、阅读能力、书写能力处于一种怎样的相互联系之中？在小学里听课和分析课的时候，应当研究和计算一下：教师上课时有多少时间是用来教会儿童掌握知识的？在朗读上是否花了足够的时间？阅读是否被各种各样的谈话所取代？教师是否检查儿童在课外朗读了多少？多年的观察使我们得出这样的结论：为了学会迅速地、有理解地、有表情地朗读，学生在小学的 4 年时间内，朗读的总时数不得少于 200 小时（以一、二年级每天朗读 10 分钟，三、四年级每天朗读 15 分钟来计算）。教师当从时间上对这项工作进行统筹分配，而校长则要检查教师是怎样对每一个学生的个人阅读进行指导。

我和教导主任在小学里听课时曾提出一个专门的目标：听学生的朗读。同时提出一项任务：每年要对每一个学生的阅读能力做出评价，检查他的迅速阅读的能力达到何种程度，以及除了教科书以外还读些什么书。一个阅读能力不强的学生，就是一个潜在的差生。如果在小学里没有教会他迅速地阅读，那么他在日后的学习中他会遇到无法克服的困难。迅速地、有理解地、有表情地阅读，是预防智力惰性和学习落后的可靠手段之一。这也是一个人向智力文明的顶点攀登所必须走的一条崎岖小路。谁没有掌握阅读的技巧，他就是一个没有受到教育的人，一个道德上的无知者。

要学会足够迅速地、清晰地和正确地书写，学生应当在小学阶段完成一些培养书写速度的专门练习。在听课和分析课的时候，校长应当研究每一个学生学习的内容，还要研究他学习的分量。

思考能力（对比、比较、概括，解释因果关系、依存关系和其他关系的能力）具有特别重要的意义。在听课和分析课的时候，校长要注意研究：学生解决了哪些思维任务？这些任务是否有机地融入掌握知识的过程中？

在中、高年级，还有一项具有重要意义的能力，就是自我监督、自我检查的能力。经常听课并分析一系列的课，能为校长提供足够的材料，来判断学生的这种能力是否得到适当的和目标明确的训练。

周围现实是知识的第一个且最重要的源泉。学生的智力和才能的发展，取决于教师是否善于利用这一源泉。有经验的教师在进行教学的时候，对学生的训练首先借助自然界、劳动和社会生活的现象，使它们成为学生思维的主要对象。校长的任务就是要看教师是否善于把儿童带到知识的源泉那里去，使儿童通过观察周围世界和在劳动过程中与周围世界的相互作用中，学习分析和综合、抽象和概括的逻辑方法。在小学里听课和分析课的时候，必须特别注意教师是否带领学生到自然界里去，开展发展语言的工作。

如果教师没有开展这种工作，那么就会发出一个问题严重的信号，说明教学有脱离智力训练的危险。校长应当告诉教师，如何到自然界中去上课，如何教会儿童思考。

五、在学习新教材过程中学生的脑力劳动是否活跃

这里很重要的是，要对学生的脑力劳动的活跃程度做出正确的结论。要

做出这样的结论，无论对校长，还是对天天从事课堂教学工作的教师来说，都不是那么容易的事情。当教师采用叙述法来讲授新教材时，就特别难以做出这样的结论。

在叙述的时候，很难检查学生是怎样感知新教材的，很难检查他们脑力劳动的活跃程度如何。对于这一点，教师和校长都必须有明确的了解。这里涉及了学习新教材过程中学生进行积极的智力活动极为重要的条件之一，即保证反馈—联系的问题：在叙述还没有结束以前，教师就应当知道，学生对教材的感知如何，本节课上所学的新东西在学生的意识里是否跟他们已知的概念、规律联系起来了。

我听着教师的叙述，从他叙述的内容本身就能看出：教师是否在促使学生思维活跃，教师向学生提出的问题能否促使学生去回想已知的东西并运用它去解释未知的东西，教师采取了哪些特殊的逻辑形式来促使学生进行精神集中的脑力劳动。有经验的教师总是牢记着亚里士多德的那句名言：思维是从疑问和惊奇开始的。有经验的教师一般都是从学生已知的东西讲起，善于在学生面前从已知的东西中揭示出能够引起他们疑问的那个方面，而疑问鲜明的情感色彩则会产生一种惊奇感，引起学生探索奥秘的愿望。这种愿望是一种强大的推动力，是思维的情感——意志的源泉。在这里，极其重要的是，教师要善于这样来引导学生的思路，让他们一心一意地想看到不易看到的东西，想理解隐藏着的东西，以及从平常的、习惯的、随时随地可见的东西中看出不平常的东西来。

促使学生思维活跃的一个重要手段，就是让学生完成独立作业，把这种独立作业作为一个有机的组成部分融入学习新教材的过程中。有经验的教师能够把整个学习新教材的过程跟学生完成独立作业的情况结合起来。在讲解新教材的过程中，教师就能看出学生对教材的感知程度，他们遇到了哪些困难。所学的某一规律越复杂、越困难，让学生随堂完成家庭作业就越重要。

教学的技巧并不在于使学习、掌握知识变得很轻松、毫无困难。恰恰相反，在学生遇到困难并独立地克服这些困难的过程中，他的智力得到了发展。必须给学生挑选出这样的智力任务，使他使足力气，集中注意，运用已有的知识去认识未知的东西，使他取得成绩，同时认识到不付出劳动就体验不到克服困难的欢乐。

让学生在教师的指导下独立地研究事实和现象，是刺激积极的脑力活动的一种手段。在听课和分析课的时候，校长要特别注意：独立研究是否作为一个有机的组成部分包含在掌握新知识的过程之中。在课堂上所要阐明的概括、结论、规律，本来就是从周围世界的事物、事实和现象之间的相互联系中产生的。应当使这些事物、事实和现象成为学生独立研究的对象。这里需要特别注意直观性。在一个真正的教师手中，直观教具不仅是为了演示、为了形成关于事物的鲜明表象，而且是为了让学生进行独立研究。这里包含着一种特殊的教学论目的：在独立研究的过程中，学生头脑里会产生许多问题，在普通的、经常遇到的事情中有许多复杂的东西，这一点使他激动，促使他去思考现象的本质。所有这些就是一种情绪——意志刺激，没有它，思维活动的幼芽就会枯萎。

独立研究的对象，可以包括图画、草图、示意图、进度表、模型、活的语言现象（词、句）等。教师的教育技巧就在于，不要把这些东西以现成的形式提供给学生，而是当作一项脑力劳动任务让他们自己去解决。

有些教师在刚刚讲授完新教材以后，马上就转入所谓巩固阶段：喊到一些学生，让他们复述教师刚才讲过的东西。当然，这时候喊到的都是那些学习最好的学生。这样急于向学生提问是不必要的。讲完新教材以后，要给学生留出思考的时间：使教室里保持安静，让学生想想教师讲过的东西。根据不同的教材内容，这种思考可以采取不同的作业形式：看书、编提纲、制图，等等。一定要给学生留有思考的时间，让他们都独立地弄懂教师所讲的东西。有经验的教师们都认为，让学生思考和理解教材，是课的一个最重要的阶段。

六、知识是否得到发展和深化

在教学过程中使知识得到发展和深化是教学论和教育工作中最重要而又研究得最少的问题之一。学生当堂所知道和理解的那些原理、规律、规则、公式，还不能算是牢固的、扎实的知识。只有在以后的思维活动中得到运用的知识，作为掌握新知识的工具和手段而借用的知识，才能变成牢固的、扎实的知识。

在听课和分析课的过程中，校长应当特别予以注意的，就是要看以前获得的知识是否被用来去获取新的知识。这是在实际工作中通常被称为"知识的巩固"这一现象的最重要的组成部分。教育的技巧就在于，要使规律在长时间内得到运用。这样，就可以把复习跟学习新教材很好地结合起来，以至于不必再专门留出时间去复习了。有经验的教师完善地掌握了这种技巧，他

们能够不用布置学生在课外去复习教科书而达到复习教材的目的。

特别重要的是，教师要善于在语法课、数学课、物理课、化学课上，不必专门留出复习的时间而能让学生的知识得到发展和深化，这就是说，将学生所掌握的规则、公式、法则和其他概括知识，融于他们能够完成的实际作业中。在分析课的时候，应当注意教师如何挑选实际作业，使学生以前学过的规律、规则、法则、公式及其他概括知识得到发展和深化，以及完成这些作业跟学习新教材是否联系起来。做出这种结论，也像做出关于课的其他结论一样，当然不只是为了评价这一节课，而首先是为了把所有的课都上得更好。

要使知识得到发展和深化，教师必须特别重视课外阅读：学生在读些什么，他在书籍的海洋里找到了哪些杂志和科普性小册子与书籍。在课堂上所学的东西，以及有目的地要识记并保持在记忆里的东西，都应当在日后通过新的事实和现象加以反复的思考和理解。所谓知识的发展和深化，就是对事物和现象之间的依存关系和相互联系进行更深入的理解。

七、是否让全体学生都牢固地掌握了知识

课的效果、教师的工作成绩，并不在于教师喊到的个别学生做出最好的回答，而在于全体学生都对知识有较好的掌握。在课堂上经常出现这种由学习最好的学生做出最好的答案的情况，校长切莫被这种表面上的顺利迷惑。应当注意的是，教师是否考虑到给学生布置独立地、个别地去完成的作业，使全体学生都把这些作业彻底做完。让全体学生毫无例外地在独立作业上取得成绩，是促使学生从事紧张的脑力劳动的动力之一。有经验的数学、物理、化学、语文教师，在布置作业的时候，一定要求每一个学生都完全独立地完成作业（为了做到这一点，就需要选择有好几种变式的作业题）。教师留出时间让学生去思考和理解，估计到能让最差的学生也把作业做完。教师并不急于向学习最好的学生提问。既然教师把全体学生的独立作业的效果当作脑力劳动活跃程度的主要指标，那么一般来说这样做就毫无意义了。对那些能够很快地完成作业的学习最好的学生，教师应准备好一些补充题，这些题目的难度要大一些，使得即使是学习最好的学生也要认真地动一番脑筋。要使中等生特别是差生，从作业的开头直到完成，都不指望有人来帮忙。在数学、物理、化学、语法等许多课上，最好是对全体学生少讲解一些，而使每一个学生安静地、无声地、聚精会神地从事脑力劳动的时间多一些。

校长和教导主任要很好地了解学生（特别是小学生）的实际能力和技巧的情况。我和教导主任在整个一学年内在小学听课，着重检查学生的阅读和

书写能力，我们私下给每一个学生打分数，分析他的能力的总的状况，并且跟教师一起商量，需要做哪些工作来改善学生的能力。具体地分析学生的实际技能和技巧的情况，是领导教学和教育过程的一个十分重要的因素。

八、教师应当怎样布置家庭作业

校长要努力做到的一点，就是使教师不要把课外作业当成课内作业的量的追加。课外作业应当把发展和深化知识、提高学习能力作为着眼点，作为掌握课堂知识的准备。应当让学生在课外去观察自然界的事物和劳动现象，发展个人的爱好和需要，满足和发展个人的多方面的智力需要。

教师在布置学生阅读教材时，应当同时向学生提出一些问题，让学生边阅读边思考这些问题。实际作业（练习、应用题、制图等）应当是知识的运用和深化，因此，在布置这类作业时，教师要告诉学生，怎样把对理论规律的思考跟完成实际作业结合起来。很重要的一点是，在这样做以前，要使学生在课内做过类似的作业。

分析、研究、比较，这些积极的脑力劳动形式应当贯穿在家庭作业里，这样的家庭作业能把读书跟观察、劳动结合起来。

对家庭作业的个别化应当予以特别的重视。如果教师不给某些学生布置一些个别性的作业，那么就说明他没有研究过每一个学生的智力、潜力和能力。通过对学生脑力劳动的特点的研究，教师发现，有些儿童遗忘得很快。知识的遗忘特别是技能的遗忘，是有经验的教师特别注意的问题。每个班里总有那么两三个学生，需要经常地为他们布置一些不大的、专门为了防止遗忘的作业。在听课和分析课的时候，校长应当注意教师是否忽略了实际工作中的这一重要因素，应当经常和教这个班的所有教师商量，专门讨论这个问题：应当给同一个学生布置哪些防止遗忘的家庭作业，以及他的负担是否过重了。

九、在分析课的过程中进行概括

在分析课的过程中，一些教学和教育过程的重要规律展示在校长面前。对这些规律的认识，会从具体的教学和教育方法中反映出来，会从那种成为全体教师的教育信念的东西中反映出来，它还会在优秀教师的经验中得到发展，丰富年轻教师的教育技巧。多年的经验证明，在听课的过程中应当把实际材料加以概括，整理成有关教学和教育工作的某些问题的报告。就这些报告进行讨论、交换思想、进行辩论，有助于形成集体的教育信念，提高教育技巧，鼓励创造性的探索。

90

我怎样写教育日记

我想再一次提醒校长要有一个记事簿。如果你是认真地对待自己的工作的，那么你就要尊重这个记事簿，把它一年又一年地记录和保存下去。这实际上是一种教育日记，同时也是你对一个较长时期的教学和教育过程进行概括性分析的准备工作。凡是引起你的注意的，甚至引起你一些模糊的猜想的每一个事实，你都把它记入记事簿里。积累事实，善于从具体事物中看出共性的东西，是一种智力基础，有了这个基础，就必然会有那么一个时刻，你顿然醒悟，那长久躲闪着你的真理的实质，突然在你面前打开。

大约 20 年前，我在七年级的文学阅读课上，听了两个学生的朗读。他们的朗读很单调，毫无表情，而且据我的感受来说，还觉得他们读得很紧张、很费劲。我觉得，对朗读的人来说，那些词好像是一座复杂的迷宫，朗读者是在黑暗里穿过这座迷宫的，每时每刻都在碰到障碍。我在想："为什么他们会这样朗读呢？他们是怎样领会所读东西的意思的呢？"我把这个疑问写了几行记在记事簿里，它一直使我不得安宁。我又去听了几次文学阅读课，于是我发现了一些奇怪的现象。

原来，这两个学生不能用眼睛和思维感知一个以上的词。用思维一下子感知好几个词，特别是一个长句的逻辑意义完整的部分，对他们来说是不能胜任的。我跟文学教师花了整整一年的时间，想方设法来改善这些学生的阅读技巧，但是毫无收获。然而，最奇特的、令人难以置信的，并且可以毫不夸张地说，使人惊异的发现，就从这里开始了。通过对这些少年的语言的研究，我断定，这种不会阅读的情况是早在三、四年级的什么时候就扎了根并且固定化了，它对学生的思维留下了烙印。

我们把这种令人惋惜的现象称为"思维不清"。它表现为学生思想混乱，没有条理，好像患有幼稚病：你很难弄懂他想说些什么，他的思路从哪里开头和在哪里结束。他开始说一件什么事，很紧张、很费力地把几个词连接到一起，但是马上又好像忘记了自己在说什么，断了思路，尽力地回想教师的问题而又回想不出。我们在六、七年级又发现了几个这样的学生，他们读起来都是这样：一个词一个词地读，非常费劲。记事簿里那条短短的记载，引起了一场广泛而持久的研究，迫使我去深入思考儿童和少年的智力发展的许多复杂现象。这场研究引出了一个初看起来使人感到意外的结论：不会阅读并不是智力发展上的什么不正常情况的后果，不会阅读阻碍了抽象思维的发展。

我们曾经对三百多个少年和成年人的脑力劳动情况进行了观察，这些人在小学期间都没有训练出牢固的流畅阅读的技能。我们试图在正常条件下在他们身上培养出这种能力，但是没有任何一例取得成功。

这一系列的研究工作，是由观察到初看起来并不怎么重要的事实的结果而开始的。这使我们全体教师都看清了：智力发展，脑内发生的解剖生理过程，与对阅读、对日常所进行的智力训练，有着极其微妙的依存关系。我们感到自己对一个人的命运负有重大的责任：他会不会阅读，决定着他的智力发展。教育上的"半成品"会造成严重的后果。于是，全体教师在自己的日常工作中都开始特别注意阅读能力的培养。我们认为阅读不单纯是一种基本能力，而且是一个复杂的智力发展过程。我们开始努力做到，不让任何一个儿童的阅读能力停留在对单个词的感知上。那样是很危险的。凡是一个词一个词地阅读的人，他必然在学习上遇到不可克服的困难，实际上他是不可能正常地学习的。我国学校里的成千上万的落后生和留级生，一般地说都是没有学会阅读的少年。在许多情况下，教师认为这种儿童在智力发展上有些不正常的意见是对的，但是，在许多情况下，智力发展的不正常并不是原因，而是后果。

我们开始精雕细刻地培养阅读能力：教会学生由按音节阅读一步步地过渡到一眼就能领会一个句子成分和一个整句的意思。这种过渡是一个分水岭，我们要训练和引导儿童达到这个境界。关于这个问题，教育心理学里谈了很多。А. Н. 列昂节夫、Г. С. 科斯丘克、П. И. 任琴柯在这个问题上写了不少卓越的著作。我们依靠科学研究的成果，努力使学习促进学生的智力发展。我们全体教师深信，没有家长的帮助是不行的，智力训练不仅要在教室里进行，还应当在家里、在独立阅读的过程中进行。

这就提出了一个新的问题：家长的心理学素养问题。这是我们全体教师正在从事的一项工作，也是我们迫切需要解决的问题之一。我们逐渐地、一步一步地引导家长去认识人的心理世界。我校的心理学研究会召开了一次会议，邀请六年级学生的家长一起参加。我们向家长们讲述了阅读时头脑里发生着极其复杂的过程，给家长们提了一些建议，告诉他们怎样帮助少年完成家庭作业、怎样注意使阅读成为发展智力的手段。

教育概括的途径就是这样：从初步的观察和简短的记录，到全体教师进行广泛的研究，再到深入地钻研学生头脑和意识里发生的过程的实质。我在上面所举的例子，对于教育概括和整个教育领导的逻辑来说是有典型性的。从收集事实、分析事实、研究事实，到做出概括性的、抽象的结论，这是我们学校的校长每天应当走的一条路。

思考记事簿里所记的东西，是我对自己一天工作的总结。我的记事簿里另外分出一栏，我把那些一般性的结论、概括，专门记入这一栏里。这种记录不多，不是每天都有的。而到了一周的末尾，我把此期间所听过的课通盘思考一遍，从大量的事实中抽象出来，着重研究最主要的东西。

▲　回味并记下一天教育工作的点滴

下面是我在一个星期的末尾所思考的几条主要东西，并且在以后记入记事簿里的：

（1）教师的脑力劳动和学生的脑力劳动相一致。教育过程的技巧就在于，要使学生的作业形式反映出他们的思维过程，使教师有可能根据学生活动的外部表现来判断学生是怎样思考的，他们遇到了哪些困难等。如果教师要等到上课结束后才去了解学生哪里懂了、哪里不懂，那么他的工作就是盲目的。

（2）不应当过分追求直观性。不要在儿童早已知道的东西周围"摆满"

各种直观教具，这会阻碍抽象思维的发展。即使教师拿一只活猫到课堂上来，儿童对猫也不会有更多的理解。如果真的有必要讲到猫，那你就得想想，怎么给学生讲一点完全新的东西。

（3）注意力并不靠什么专门的教学方式来维持，而是首先取决于学生脑力劳动的性质。目标明确、思想专注才是注意力的主要源泉，应当尽量做到使思维的努力和意志的努力统一起来。

（4）在低年级，特别是在一年级，儿童很快会由于智力集中而疲劳。不要让儿童长时间地处于脑力紧张的状态中。这是一个很大的问题：要找出这样一些作业，使儿童通过做这些作业得到休息。

（5）记忆力过度疲劳是智力衰竭的原因之一。必须特别细心地对待记忆力这件娇嫩而精细的东西。有一些思想和词组是特别难记的。无论如何不应当使儿童的记忆力过度疲劳。当你刚刚发现疲劳的征兆时，你就要设法给儿童变换一种不需要随意识记的活动去做。

这些记载是进行概括性总结的素材。按照同样的原则，在周末，把日常工作中其他方面的概括性想法记入记事簿。如检查教师的课时计划，查看书面作业、教室日志，观察复杂的教育工作，特别是有关师生之间、各个班级和各个年龄的集体成员之间的精神交往等。下面是在周末所写的几条：

（1）真正精通教育工作的教师是不把教材的提纲写进课时计划的。他的知识就在自己的头脑里。课时计划只不过是对教材进行教学论的加工而已。这是一种有趣的现象：如果教师死死守住讲课提纲，如果教师很费劲地寻找他要讲的话，那么学生就很难听懂教师所讲的东西的意思，他们的头脑里就会一团乱麻。

（2）现在正在大力推广的课题计划（即按整个课题把几节课列为一个计划）是否有必要呢？对这一点应当好好思考一下。一个教师能不能预见到5节至10节课以后，在某节课的哪个阶段将进行谈话，在哪个阶段将进行独立作业呢？一个好的教师，好就好在他的课是按照其内在逻辑发展的，因为课首先面对的是活生生的儿童。一个适合于六年级甲班的计划，不一定适合于六年级乙班，因为那里是另外一批儿童。一个好的教师并不能确切地预知课发展的一切细节。但是，他善于在课的进程中，恰逢其时地发现只有这节课上才需要的那些细节。

下面我再举出在几周的末尾所写的关于教育工作的几个想法：

（1）集体对个人的教育作用应当是细致入微的。不要让学生（特别是少年）感到，人们专门的"整"他是为了拿他做靶子来教育别人。我认为，这种做法是在集体与个人的相互关系上可能出现的最不好的现象之一，它会使少年学生对自己的命运抱着无所谓的、满不在乎的态度。不要让学生感到他是供人做试验的兔子。

（2）担任少先队辅导员的女教师到区里的一所学校里参加一次讨论会。她回来说：那里举行了一个有关道德问题的示范性辩论会。一群七年级学生在那里辩论，20位辅导员在旁边深入思考、研究"教育过程"。为什么要这样做？难道可以把学生的心灵拿来展览吗？这种做法不会使少年养成虚伪的作风吗？

（3）在一所八年制学校里有四个延长学习日的小组①。小组里的学生给我讲了这样一些奇怪的事：所有的学生在课后都要毫无例外地留在小组里，谁也不许回家。下课后门口有一个教师值班，只有把书留在教室里的学生，才放他走出教室的门。学生们想出了巧妙的办法：先把书包从窗口丢出去，然后再空手走出教室。后来学校下了命令：在窗台下面也派一个教师值班。我原以为这是讲笑话，经过了解发现是事实。延长学习日的小组的问题以及对这种小组的教育工作方法问题，必须加以认真思考。

（4）我对米嘉——一个身材矮小、长着一双黑眼睛的五年级学生，已经进行了半年的观察。他在学习上感到非常困难。有一次，他的作文得了"四分"。当时我正好在听五年级语文教师的课，我跟米嘉坐在一起，帮他造了两个句子。那篇作文写得还好。女教师在办公室里改作业的时候夸奖了米嘉。我特地又去听下一节课，我想看看米嘉对自己的进步有些什么感受。为什么教师没有当着全班的面表扬米嘉呢？然而，即使没有表扬，米嘉也高兴得很。他写起来多么努力啊！听课又是多么用心啊！过了一天，我去参加少年植物栽培家课外小组的活动。可能是我觉得如此，但是头脑里出现了一种思想：在米嘉心里，俄语课上点燃起来的欢乐的火星，可能到现在还没有熄灭。是的，米嘉在尽量把自己的那一小块地弄得更好看些。我一边看着他在工作，一边在想：

① 这种小组是为父母是双职工或家中无人照料的学生而设的，学生下课后在学校里做作业，放学较晚。——译注

大概教育的实质就在于使一个人努力在某件事上表现自己，表现出自己的优点来。在某种好的东西中来认识自己，善于支持人的这种高尚的志向是多么重要啊！被教育者长久而痛苦地寻找的那种自我教育的强大推动力，不是就在这里吗？应当在心理学讨论会上提出这个问题：人的表现问题。康·季·乌申斯基就正好使用过人的表现这个术语。怎样才能做到，使人尽量努力在好的方面表现自己呢？我深信，一个人想在某个好的方面表现自己的愿望越深刻、越诚挚，他在内心对自律的要求就越高，他对自己身上不好的东西就越加不肯妥协。应当认真地思考：一个人不单单是在学习上、在分数上、在准备功课上表现自己，还应当有表现自己的其他领域。对米嘉来说，他要在学习上（更确切地说，单单在学习上）表现自己是多么困难啊，他还应当在别的什么事情上表现自己。而且，像米嘉这样的学生不止一个啊。

（5）一位女教师通知孩子们：如果周六遇到好天气，我们就到树林去参观。周六到了，天气晴朗，可是大家并没有到树林去。我看见孩子们眼睛里含着泪花。孩子们不只是想去游玩一次，而且为即将到来的欢乐而欢欣鼓舞。女教师忽视儿童的这种心情，漠视儿童的这种愿望。为什么要给孩子们造成痛苦呢？他们不仅失去了对教师的信任，而且失去了对真话的信任。必须像爱护珍贵的火花一样爱护儿童的这种兴致勃勃的心情。

（6）柯里亚的分数不好。班主任决定采取一次"强有力"的手段：在周六，他把柯里亚喊到黑板跟前，强迫他讲讲为什么不好好学习。这孩子性格孤僻，他脸色发白，站在黑板前一语不发。教师为发起这次谈话而很不高兴。后来了解到，柯里亚的家庭情况很不顺利：父亲和母亲不断地吵架，有时候弄得孩子整夜不得入睡。一个教育者需要多么有洞察力和富于同情心，才不致在不小心的时候触痛儿童痛苦的心，并且给它加上新的伤害啊！不公正会在儿童的心里引起怨恨。

91

我怎样领导教师集体的创造性劳动

在我看来，教学和教育的过程有三个发源地——科学、技巧和艺术。所谓对教学和教育的过程的好领导，意味着完善地掌握教学和教育的科学、技巧和艺术。教育，就其广义的理解来说，是一个受教育者和教育者在精神上不断地丰富和更新的多方面的过程。同时，这个过程的特点是，各种现象具有深刻的个体性：某一条教育原理，在第一种情况下是正确的，在第二种情况下是无用的，而在第三种情况下就是荒谬的了。我们的教育工作的性质就是如此：要领导它，就意味着我们自己首先要不断地丰富和革新，我们今天在精神上就要比昨天更充实。一个学校领导人，只有当他每天都在提高自己的教学和教育技巧，把学校工作的最本质的东西——教学和教育，了解儿童和研究儿童——摆在首位的时候，他才能成为一个好的、博学多识的、有威信的教师，并且成为教师的教师。

如果你想成为一个好的校长，你就要努力首先成为一个好的教育家：不仅对自己班上所教的那些儿童，而且对于社会、人民、家长所委托给你的全校学生，都是一个好的教师、教学论专家和教育者。如果你占着校长的职位，自认为只要有一些特殊的行政工作能力就可以取得成功，那么你还是放弃想当一个好校长的念头吧。

只有成为教师的教师，你才能成为真正的领导者，受到人们的信任和爱戴。而要成为教师的教师，你就要一天比一天深入地钻到教学和教育过程的细节和微妙之处去，那时候，人们称之为塑造人的灵魂的艺术的东西，才会在你面前一点一点地展开新的境界。我在记忆里回想着自己当校长的年代，我回想起来的最鲜明的东西是什么呢？首先是一个教师的平凡的、沉重的劳动中那些琐碎的小事，其中充满着令人激动不安的，有时是痛苦的探索和思考、发现和挫折。这种劳动有时候像闪光的宝石一样，燃起幸福的发现的火花，使你受到鼓舞，特别是使你的同事们、教师们受到鼓舞。毫无疑问，这些发现、这些创造性灵感的迸发，正是一种能够驱散和消除对工作消极冷淡、因循守旧的情绪的火花，从而激发起全体教师的创造热情。教育管理的秘密之一，就在于激发教师探索的兴趣和分析自身工作的兴趣。谁在努力分析自己的课的优点和缺点，分析自己跟学生的相互关系中的问题，那他就已经取得了一半的成功。

我回想起自己当校长的最初几年。我与其说是懂得（至少当时没有深思过这一点）不如说是感觉到：要激发教师们进行创造性劳动的志向，不能靠一般的号召，而要想点别的什么办法。我在听课和分析课的时候，思考着这么两个问题：为什么在许多情况下，学生们的回答是那么贫乏、苍白无力、毫无表情？为什么在这些回答里常常缺乏儿童自己的活生生的思想？我开始记录学生的回答，分析他们的词汇量，分析他们语言的逻辑因素和修辞因素。我发现，学生使用的许多词和词组，并没有在他们的意识里跟鲜明的表象、跟周围世界的事物和现象联系起来。在分析我在自己的课上观察到的情况时，我越来越多地思考着这样一些问题：词是怎样进入儿童的意识的？词是怎样成为思维的工具的？儿童是怎样学习借助词来思考的，而思维又是怎样反过来发展语言的？在对儿童思维的教育学指导（这是学校精神生活中最复杂、最细致的一件事）上究竟有哪些缺点？我开始分析自己的工作、自己的课和自己学生的回答。例如，儿童要讲一滴水旅行的故事，按道理他应当讲到春天初融的小溪、讲到春雨、讲到彩虹、讲到苏醒的湖水轻轻地拍岸的声音。总之，儿童讲述这些，应当把自己作为这个有生命的自然界的一部分，来描述他周围的世界。可是儿童说的是些什么呢？是一些硬挤出来的、笨拙的、死背下来的句子和词组，这些句子和词组的意思连儿童本人也理解得很模糊。为什么儿童的思想如此贫乏呢？我仔细地倾听和思考着儿童的语言，有一个信念逐渐地在我心中形成：这就是我们——教师们，没有教会儿童思考，我们从儿童入学的最初几天起，就在他的眼前把通往周围自然界的迷人世界的大门关上了，于是，儿童再也听不到小溪潺潺的流水声、听不到春天融雪的滴水声、听不到云雀的歌唱声了，他只能背诵描写这些美好事物的那些干枯乏味的、毫无色彩的句子。

我把自己的想法跟教师们交谈，把我的观察说给他们听，力求激发起大家对自己的劳动进行创造性思考的兴趣。让我们深入思考一下教育劳动这个概念的含义吧。给我们带来成就的，绝不是偶然的走运，绝不是幸运的意外发现，而是细心的探索和分析，我们的收获只能取决于我们所做的工作。让我们来一起思考一下这个问题：我们自己的语言是否丰富？它是怎样从我们学生的语言和词汇中反映出来的？

过了几周，我们召开一次教学法会议，每位教师都谈了自己的初步观察。没有你亲自进行的创造性活动作为发源地，这样的领导要起到作用是不可能的。

于是，我带领孩子们到果园去参观。选择了这样一个时刻：半边天空被暗灰色的雨层云覆盖着，太阳光穿透云层，形成一道彩虹。苹果树枝头开着乳白色的、粉色的、浅粉色的花，蜜蜂追逐花朵发出轻微的嗡嗡声……孩子们，你们看到了什么？把你们感到激动的、惊奇的、担心的事说出来吧！我看到，孩子们的眼睛放出高兴的光芒，但是他们很难表达出自己的思想，很难找到适当的词语。在这里，我心里替孩子们感到惋惜：他们在学校里学习的那些日子，都与这个令人惊奇的思维的源泉擦肩而过。词在进入儿童意识的时候缺乏鲜明的形象，好像一朵芬芳的鲜花变成干枯的花片被夹在书页当中一样，人们只能从外表来追想它曾经鲜活的模样。

不，不应当再这样继续下去了！我们忘记了知识的最重要的源泉——周围世界、自然界。我们强迫儿童死记硬背，使他们的思维变得迟钝了。夸美纽斯、裴斯泰洛齐、乌申斯基教导过教师的那些话，有时候被我们淡忘了。

我开始一课又一课地带领儿童出去，到知识的取之不竭、永远常新的源泉那里去，到自然界——花园、树林、河岸、田野去。我跟孩子们一起学习用词来表达事物和现象的最细微的差异。

你瞧，云雀在蔚蓝色的天空里歌唱，田里的麦浪被风卷起一望无际，直到地平线的尽头。在那很远很远的地方，一片蓝色的轻烟笼罩着神秘的古斯基福人的陵墓。在长着百年老橡树的密林里，潺潺地流着清澈见底的小溪，黄鹂唱着歌儿……关于这一切，我要求学生确切而优美地描绘出来。在春天的寂静的早晨，我经常一个人来到河边、树林里和花园里，仔细地察看周围世界，力求尽可能确切地描绘出它的各种形状、颜色、声音、运动。我写一些短文，写玫瑰丛，写云雀，写深红色的天空，写彩虹，等等。

我开始把这种到自然界上的课称为"到'思维的源泉'那儿去'旅行'"。这首先是一种"思维课"。譬如，在一次课上，让孩子们议论什么是现象、原因和结果。他们在周围世界里寻找各种因果关系，描述这些关系。我看到，我的孩子们的思维变得更加鲜明、丰富和有表现力了，词有了情感色彩，显得活泼而动人了。

初看起来可能觉得，这一切都跟领导学校没有什么关系。不，这一切跟校长的工作有着最直接的关系。这是实行领导的开端、源头和根源。在我的面前，展现出教育技巧的一个极其丰富、无限美妙的境界，就是善于教会儿童思考。这个发现鼓舞了我，我体验到一种创造性灵感迸发的异乎寻常的幸福。我逐步地把自己的发现向同事们介绍，他们也来参观我在自然界里上的课。我还把自己写的短文读给教师们听。

校长、副校长、课外活动负责人，都应当成为教育科学跟教育实践之间的中介者。他们不仅应当在实际工作中宣传和推广科学知识，而且要用自己的创造性思想把全体教师组织和联合起来。

我向教师们介绍了我研究词的教学和发展儿童语言的工作情况，我觉得这好像是把一颗灵感的火星传给了他们。同事们对于所谓"到'思维的源泉'那儿去'旅行'"的做法很感兴趣，他们也开始带领孩子们去旅行。在小学各年级，词的教学跟儿童的观察以及其他的积极活动融合起来了。

逐渐地，词和思维相统一的思想被全体教师接受了。我们大家经常聚在一起，谈论这件吸引人的事。我们的谈话一般是友好的、同志式的，有时也进行激烈的争论，争论中真理逐渐地被辩明。当然，这些真理在教育学上早就是已知的，但是对我们来说，却是真正的发现，是我们的发现。词是极其重要的教育手段，任何其他的东西都无法取代它。自然界是思维的取之不竭的源泉，是发展智力的学校。

这些真理逐步变成了全体教师的教育信念，这一点是很重要的。小学各年级的教师，都有了写短文的本子。我们开始分析儿童在各个季节到自然界去参观（譬如春、夏、秋、冬到果园里去参观）时，他们能够掌握哪些词汇。我们把在观察过程中从儿童那里引进的积极的词汇中的名词、形容词、副词、动词都写出来，然后教师们再向大家介绍自己进行有趣的试验的情况。这些介绍使大家激动，我们都受到同样的思想和同样的探索精神的鼓舞。

深入探索儿童思维的奥秘的活动，把我们大家团结在了一起。通过集体的工作把理论转化为实践，已经成为可能。到现在，我们进行这种有意义的集体劳动，已经有 15 年以上了。曾经一度在教师集体中存在的因循守旧的情况没有了，大家都对自己的工作发生了兴趣。

92

我的简单经历和我们办学的一些成绩

在学校工作，教育儿童成了我的天职。起初我在小学工作，当了两年小学教师和少先队辅导员。后来我考进师范学院，通过函授学习了 3 年，又在面授站学习了 1 年。这时候我已经有了坚定的信念：学校工作是最有意义、最令人向往的工作。

热爱儿童，这不是在任何学校里、从任何书本中能学到的。这种能力是在参加社会生活，与别人发生相互关系的过程中发展起来的。

我怀着亲切的心情怀念我毕业的波尔塔瓦师范学院，怀念给我们讲授教育学、文学、历史的教师们。在那里，教育学不是讲些枯燥的结论，而是生动活泼地谈论教育的艺术，探讨影响学生的意识和情感的方法。这里教会了我热爱语言。我永远不会忘记，当时是怎样写关于晚霞、关于正月的暴风雪的作文的……

我在语言文学系毕业后，怀着激动的心情踏进中学的校门。我教的是高年级学生，而同时我感到离开年幼的儿童就无法生活，于是我担任了一个少先队中队的辅导员，协助总辅导员工作，带领孩子们去远足旅行。

现在，通过对教师工作的思考，我得出一条结论：只有你自己依恋孩子们，感到离开他们就无法生活，在跟他们的接触中找到了幸福和欢乐，孩子们才会依恋你。当然，在刚从事教育工作的最初几年里，我并没有想过这条规律，我只是喜欢孩子而已。当学年结束后，我跟孩子们一起去远足旅行——到田野去、树林

▲ 波尔塔瓦师范学院一角

去、河岸去。对我来说，跟孩子们在南方的灿烂的星光下宿营，煮粥吃，讲述神话故事和一些书的内容，确实是一种幸福。

当我被任命为校长的时候，我非常高兴：我有机会能跟全体教师一起实现我的教育理想，学校的每一个学生都成了我的学生。这是伟大卫国战争爆发前夕的事，当时我有 5 年教师工作经验。而向前看，我一生都不曾跟儿童分离过。

当时的苏联学校所创造的精神财富，在为未来我们祖国的命运而进行的斗争中起了很大的作用。在战前年代，我们学校的每一个班级都有一块园地，学生们在那里培育果树的幼苗；少年技术员和设计师在教学工厂和操作室里劳动。到了暑假，高年级学生就顶替拖拉机手和联合收割机手的工作。战前有六届学生共 147 名男女青年从我的学校毕业，其中的 42 人为祖国的自由和独立而阵亡。

卫国战争一开始，我就到了前线，参加了斯摩棱斯克方面、莫斯科近郊和加里宁斯克前线的战斗。1942年，我在尔热夫附近身受重伤，在乌德穆尔齐亚的一个小村子乌瓦的野战医院里躺了几个月。出院时，我被作为残废军人复员了，于是我担任了乌瓦中学的校长。那是一个艰难的时期，但是那

▲ 坚毅的目光流露出卫国战争必胜的信念

一年半的学校工作还是给我留下了鲜明的印象。我成长的村子刚一解放，我就回到了家乡的学校①。德国侵略者占领这里长达 29 个月，他们的破坏行径不仅在经济上而且在精神生活上给人们留下了可怕的痕迹。在战前，我们曾经那么爱护的我们自己所创造的一切——实验室、图书馆、宝贵的果园，都被毁坏了，甚至连课桌都被烧光了。我和教师、高年级学生们一起，付出了巨大的劳动，修建教室和实验室准备上课，调查登记所有的学龄儿童。

在我们国家里，热爱科学、知识、学习和教育的风气，是由整个社会生活制度造成的。培养儿童的学习愿望有赖于教师。滋养儿童热爱知识的第一

---

① 指帕夫雷什中学。——译注

个源泉，就是教师，首先是校长的高度的智力素养。不具备教学计划里所列的各门学科的知识，就没有可能领导学校的教学和教育过程。从我担任校长的最初几天起，我就开始学习物理、数学、化学、地理、生物、历史。我用了3年的时间，自修完了学校所有学科的教科书和主要的教学法参考书。我在数学上下了特别大的功夫：我解答出学校教科书里的全部习题，还演算了补充习题集里的许多题目，还不断地把各种习题按章节和课题分别写在我的练习本上，直到现在，每年还将新做的习题补充到练习本里。

但是，这只是一个开端。我给自己制定了一条规则，就是要不断地关注跟学校教学大纲有关的那些学科的最新成就和进展，特别要了解数学、物理学、生物学、生物化学和电子学的新成就。在我的实验室里（我给自己的工作室起了这个名称），放着一堆笔记本（每一门学科或者一个科学课题分别使用一个笔记本），里面都有几千条从杂志里摘录的材料和从报纸上剪下来的资料。我的这些兴趣和爱好，直接地或者通过教师间接地传导给了我们的学生。

例如，我有一阵子被研究土壤里的生化过程迷住了。国内外在这方面进行的试验，为提高农作物的收成开辟了极其广阔的前景。我经常跟几位爱好植物栽培和园艺的教师谈论这个有趣的课题。渐渐地，生物教师和几位低年级教师也对这个课题产生了兴趣，他们便给孩子们讲述土壤生活的诱人情景，讲述在土壤里帮助制造养料的奇特的那些微生物的情况。这些吸引了孩子们，他们在生物室、绿色实验室、教学实验园地和温室里搞起了各种试验。对校长来说，这是跟学生进行精神交往的又一个领域，也是通往最难教育的学生的心灵的一条途径。

我带着强烈的兴趣阅读遗传学、自动化学、电子学、天文学方面的科学著作。物理教师都知道，没有任何一本新书能够逃脱我们的注视。在跟物理教师的每一次谈话中，我都会出点新的主意、订个新的计划。我喜欢到操作室、专业教室里去，那里是少年自动化和无线电爱好者小组、少年电工和无线电小组、少年天文学家小组活动的地方。我跟孩子们一样怀着浓厚的兴趣装配仪器和模型，安装我们的听音室。我跟学生们一起建造气象站和儿童天文台，怀着激动的心情跟他们一起观察行星和星系，幻想那遥远的世界。

我怀着激动的心情盼望着土壤在春天苏醒、树汁在春天流动，盼望着第一批绿叶长出，第一批花朵开放。在我们的学校果园里和教学实验园地上，学生们进行着许多试验，培育着几十个品种的谷类作物、经济作物和果树。

在春、夏、秋三季，我们有好几个少年植物考察队出发到野外去，收集土壤标本，寻找能够提高土壤肥力的新的（也许是科学上至今还未知的）有益的微生物。在冬季，我们的温室和柠檬苗圃里，芬芳的鲜花仍在开放，金黄色的柠檬正在成熟。这些鲜花盛开的角落，吸引着那些对劳动的美很感兴趣的学生。

我是语文教师，我热爱自己的学科。我的语文教学体系的基础，就是要学生学会阅读、理解文学原著。在我们学校里，我们认为语文教学取得成效的决定性条件，就是热爱语言，能感受语言的美。全体教师都不断努力地提高自己的语言修养。文理不通、语言含混不清和表达笨拙，在我们这里会被人看作是无知。"你要正确地遣词造句：每一个词都有它自己的意思，不会挑选需要的词就等于在图画课上用钉子代替削尖的铅笔。"在教员休息室里有一块小黑板，上面经常写着这类话，张贴着一些发展语言的材料（好的课堂记录、剪报等）。

我有一个书籍丰富的藏书室，我只选购那些有重大艺术价值的作品。我想让这个藏书室成为审美修养的标准。教师、学生、家长都到我这里来借书。跟读者的每一次见面都给我带来很大的快乐：彼此交谈起来，我从这些谈话中了解到许多有趣的生活故事，借以扩充我的教育学眼界。

▲ 坐拥书城，心游万仞

照料一棵结满果实的葡萄树、朗诵几首写人状物的抒情诗，也都给我以巨大的享受。我也写作，不过不是为了发表，而是为了教会我的学生使用语言。在从事教育工作的这些年中，我写了1000多篇短文，这些短文有的描写自然现象、有的抒发自己的情感和内心体验。

我把自己写的短文和短诗读给学生们听。我喜欢跟他们交流我关于周围世界（自然界、人）的观点和印象。我看到，当儿童从短文和短诗里发现了他们也曾体验过的东西时，这样的短文和短诗就使他们特别激动，他们就会情不自禁地拿起笔来，努力表达自己的情感。我觉得，对词的感觉、想用词来表达人的最细腻的内心活动的需要，正是一个人真正文明的重要源泉之一。

对于语言教学，我不能设想没有到家乡各处去旅行和参观、没有对自然景色进行观察、没有用词句来表达自己的情感就可以获得成功。在河边、在田野里、在夜间的篝火旁，以及在淅沥的秋雨声中坐在帐篷下的时候，我教会儿童怎样说出关于他们对周围的事物的观点。使我高兴的是，我对语言的热爱传导给了孩子们，占据了他们的思想和情感。他们感受到词的美丽、清香和细腻的色彩，他们也写起关于自然界的小故事，作起短诗来了。

当你看到，到处都有你的学生——有在你身旁的、有在学校工作的、有在医院工作的、有参加集体农庄生产的，你会感到很高兴。我们的 10 个学生，从高等学校毕业后，又回到母校来工作。当地医院里有 3 个医生是我校过去的学生。我们"共产国际集体农庄"的总农艺师、区农业管理处的总工程师、荣获"共产主义劳动集体"称号的生产队长，都是从我们学校毕业的。

我们高兴地看到，本村村民的文化水平有了提高。从 1949 年到 1965 年，这个村子有 611 人接受了中等教育，他们当中已经接受高等教育的有 242 人，正在高等学校里学习的有 143 人。我们村子约有居民 6000 人，其中出了 84 个工程师、41 个医生、38 个农艺师、49 个教师、30 个其他专家。在十月革命前，从 1867 年到 1917 年的 50 年间，这个村子只有 7 人接受过中等教育，1 人接受过高等教育。

我们高兴地看到，个别家庭里，一家就出了好几个接受过高等教育的专家。粮食收购站的一个工人家庭里，四个儿子都是从我们学校毕业的，后来又都上了大学，都当了工程师。一个普通的农庄庄员，大女儿是医生，二女儿和一个儿子都是工程师。这样的家庭我可以指出几十个。对我们这些人民教师来说，共产主义建设并不是一个抽象的概念，我们培育、教养活生生的人并把他们领进生活的工作就是其的具体体现。

关于和谐教育的一些想法

在某一所学校里，八年级学生米哈伊尔成了使全体教师担忧和感到头痛的人物。他是独生子，身材高大、匀称，一双蓝眼睛像水银一样不停地转动，眼光总是带着嘲笑的、开朗的意味。啊，就是这双好奇的、故作天真的、不信任别人的、顽皮的眼睛，常常把教师们惹得大发雷霆。早在五年级的时候，这个男孩子就像俗话说的那样"大名在外"了，被说成：没法矫正、无可救药而且狡猾、善于随机应变的一个懒汉和游手好闲者。他被"连拖带拉地"跟班升级，但仍不免留过一次级。这孩子长成了少年，又长成了青年……

离八年级结业还剩3个月，米哈伊尔跟母亲一起来找校长。米哈伊尔显得特别沮丧，一语不发。他的母亲央求说："请准许他不再继续上学，我想随便给他找个什么工作做做……"

米哈伊尔在学习上遇到的最大障碍是作文。小伙子跟语文老师尼娜·彼特罗芙娜发生了一场难以化解的冲突。在他看来，作文真是一座高不可攀的智慧的高峰。女教师在教室日志里一个接一个地给他打上"两分"。于是，米哈伊尔就不再交作文了。在尼娜·彼特罗芙娜的课堂上，他开始"搞出各种各样的花招"来，女教师气得面孔发白，课间休息回到教员休息室时，双手颤抖着。同事们都愤慨地说：这究竟要容忍到什么时候才算完结？当知道米哈伊尔要离校参加工作的消息后，同事们都向尼娜·彼特罗芙娜表示祝贺……

由于工作繁忙和操心的事很多，尼娜·彼特罗芙娜也就没有时间再想到米哈伊尔了。有一天，尼娜·彼特罗芙娜的电视机出了毛病。她打电话给新近在区中心开设的电视机修理部，请他们派一位手艺高超的师傅来修理，再三叮咛说："不要随便派一个马马虎虎的修理匠来应付，而要派真正顶用的老师傅来修理，电视机已经修过3次了，还是不好用。"修理部回答说："一定派一位真正顶用的师傅去，他是我们这儿有名的手艺高超的师傅。"

尼娜·彼特罗芙娜刚从学校回到家里，就听见敲门声。打开门站在她面前的却是米哈伊尔。他穿着一身朴素但是非常好看的工作服，手里提着一只小箱子。尼娜·彼特罗芙娜霎时间惊慌失措。

"你找我吗？"

"是的，找您。"米哈伊尔发窘地说，"是为电视机的事儿，您不是给修理部打电话了吗……"

"是的，请进来。"她邀请米哈伊尔走进室内，把摆在电视机上的花瓶拿下来，不由自主地掸了掸灰尘，虽然上面并没有什么灰尘……

我不再详细叙述米哈伊尔在修理电视机时，尼娜·彼特罗芙娜所经历的非常难受的那两个小时的情形了。米哈伊尔调好了电视机，显示出极好的清晰度和音响效果，说："保用3年。"当他开好发票，说出应付费的数目后，尼娜·彼特罗芙娜羞愧得脸上发烧，另外多给他3个卢布。米哈伊尔把钱退还给老师，低声地却带着一种激动的心情说："您这是为了什么呢？难道您是这样教育我的吗？我的作文写得不好，可是我毕竟学会了正确地生活。当时我也喜欢您的课……是的，比任何其他的课都喜欢。您的课会一辈子留在我的心里。"

米哈伊尔匆忙地收起工具走了。

"而我手里捏着那张3卢布的钞票，久久地坐着、哭着。"过后尼娜·彼特罗芙娜对教师们说，"他修理电视机的时候，我惊奇地看着他，心里想：这完全不是当时在我的课堂上学习的那个人啊。他那眼睛，他对我的态度，都和那时候不一样了。一个思想折磨着我：我们做教师的人，怎么会没有发觉，在我们认为无可救药的懒汉和毫无希望的'两分生'身上，在他们的心灵和双手里，还蕴藏着天才呢……不，这不仅是蕴藏着一个巧匠的天才，而是蕴藏着一个我们没有看到的大写的'人'。是的，亲爱的同事们，我们没有在学生身上看到这个大写的'人'，我们的主要过失就在这里……"

这件细小但是含义极深的事情，好像一股强烈的亮光，一下子把我多年来百思不得其解的想法给照亮了。（我想，这不单是我一个人的想法。现在，在苏联教育事业正迈向人类历史上空前的一步——向普及中等教育过渡的起点的时刻，这些想法同样激励着许多教育工作者。）

为什么常常看到，一个儿童跨进学校大门以后，只过了两三年，他就不想学习了？为什么对许多少年来说，就像一位母亲在信里所说的"学习简直是'活受罪'"？为什么不愿意学习这种情况，不但严重影响少年在校内的全部精神生活，而且使他遭受挫折，和别人发生冲突，逼迫他跟马路上的坏人结交，使得教师简直无从开展工作？为什么在我国正开始向普及中等教育过渡的时候，每年却有成千上万的少年中途退学？所有这些现象的根子究竟藏在什么秘密的地方？

使我最感不安的，是一部分青少年男女对自己的学习成绩所抱的那种漠不关心、毫不在乎的态度。"伊凡诺夫，你得的是'两分'。"老师说。"得两个'两分'也行啊。"愤慨的伊凡诺夫回答说，还得意扬扬地朝老师一笑。这真像一根尖利的东西直刺老师的心。老师因对此无能为力而气得声音颤抖。可是这些 17 岁的人（要不是普及中等教育，他们早已应当站在机床旁边工作，跟着犁头或播种机在田间耕地、播种和侍弄庄稼了），由他们组成的学生集体竟然常常对教师表示愤慨或满不在乎。这是怎么一回事呢？为什么会发生这样的事呢？该怎么来解释这一切呢？不仅是要解释，而且要采取措施消除这些不正常的现象，预防教师心里产生这种真正的痛苦。

我觉得，在以共产主义教育思想为指针的学校里，一个人竟然在集体面前表现得满不在乎，吊儿郎当，自己贬低自己的人格——无所事事，敷衍塞责，不愿意掌握知识这种人类最伟大的精神财富，是骇人听闻的，完全不可思议的。

研究教育学的理论家们，当谈到集体对人的个性的巨大影响时，经常是这么来解释某些青少年缺乏教育的原因的：既然如此，那就是说，集体没有起到好的作用，对学生教育得不够。而教师呢，据说是不善于通过集体来影响个人。这是一种多么幼稚可笑而又软弱无力的辩解啊！它给教师指错了方向，实质上是在妨碍愿意思考的教师进行工作。如果一个人在集体面前对自己随随便便，如果他自己贬低自己，那么他就是在败坏集体。只有健康的、生机蓬勃的小溪、泉水和水滴才能汇成集体的大河。如果这些小溪被污染了，大河就会成为一潭臭水。

我坚信，只有当教育者时刻关心这条大河，使它的流域内没有一支溪流干枯、腐败和发臭时，集体才能成为滋养人的精神、个性的一汪活水。集体成为教育者的能力，需要明智地加以培养。俄语里有一个不大常用的词——

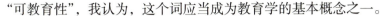

"可教育性"，我认为，这个词应当成为教育学的基本概念之一。

应当使人成为"可教育的"人，也就是说，使他能够接受教师特别是集体的教育影响。如果一个 13 岁或 16 岁的人（是的，让我们不使用"学生"，而使用"人"这个字眼吧）说"得两个'两分'也行啊"，那么这就意味着他丧失了"成为可教育的人"这种能力。而这种能力经生活证实，毫无疑问是在每一个跨进学校大门的人身上原来就有的。他成了不可教育的人，于是，从此时起，集体对他已经不再起到教育的作用。

这种不可教育性（即不能接受教育）的根子，究竟埋藏在什么深远而秘密的地方呢？现在对这个问题加以深思是特别重要的。使人惊奇的是：在普及中等教育即将得以实施的时刻，教育理论家和教学法专家们谈论最多的是教学大纲、教学方法，把学校将来的一切成败都跟教学大纲编得如何、各门学科教得如何联系在一起了。

每一次，当我读着现代学术著作，看到里面那些关于如何迫使人们（是的，我们不说"学生"，而说"人们"）在课堂上进行思考、记忆和理解，如何不要浪费每一分钟时间，以及要使所有的人都掌握、掌握、再掌握的那些议论时，我就不由得回想起一个世代相传的关于我的同乡——一个不走运的农民奥麦尔柯爷爷的故事。奥麦尔柯爷爷有一俄亩土地，他决定把自己手选的春小麦种子播种在地里。整整一个冬天，奥麦尔柯爷爷和他的老伴玛丽雅奶奶坐在炕头上，用手一粒一粒地选种子，并且选够了。播种的时刻到了，可是奥麦尔柯爷爷只是关心种子却忘记了耕地。想去播种，而地没有耕……

对许多教育学家和教学法专家的那些善意的、明智的忠告和建议，我总觉得很像奥麦尔柯爷爷做的那件倒霉的事，只关心种子而忘记了耕地，等于撒下种子去喂麻雀。现在，我们教育工作者不仅应当考虑我们将要做些什么，而首先应当考虑的是：我们要去做的那一切将如何在我们所教育的人们的心灵里折射出来。而我认为，教育就是使人形成"可教育的能力"，使一个人对自己的成就和挫折非常关心。这一点，在我看来，乃是教育的核心，是教育的最宝贵之处：使一个人想成为好人，想竭尽自己整个心灵的力量，在集体里把自己树立起来，显示出自己是一个优秀的、完全合格的公民，诚实的劳动者，勤奋好学的思想家，不断探索的研究者，为自己的人格尊严而感到自豪的人。这就是我们必须精心耕耘的土地。如果我们只把希望寄托在教学大纲、教科书和教学方法，那么最聪明的教学大纲和教科书、最完善的教学方法都将化为乌有。我们现在必须认真考虑从根本上改革学校的全部教育工作。

所谓和谐教育，就是把人的活动的两种职能配合起来，使两者得到平衡：一种职能就是认识和理解客观世界，另一种职能就是人的自我表现，自己的内在本质——世界观、信念、意志力、性格，在积极的劳动和创造中以及在集体成员的相互关系中表现出来。对人的表现的问题应当加以深刻的思考，并且朝着这个方向对学校教育工作进行改革。

现在我们的许多弊病的根源就在于用片面、畸形的方式来衡量人的表现。如果说在许多学校里（也许可以说在绝大多数学校里），对人的表现加以评价的唯一形式就是对知识的评分，就是衡量他能达到学校所规定的那个最高点的程度，那么这样说恐怕并未远离事实。人们习惯性地形成了一种牢不可破的观念：一个人得了好的评分，那他就是好人；得了坏的评分，那他就是毫无出息。

我的想法并不是赞扬考两分的学生或者对他们表示怜悯，并不是轻视良好的学业成绩。良好的学业成绩是巨大劳动的结果，而对劳动是必须加以尊重和爱惜的。我也绝不为像米哈伊尔那样的人的命运感到庆幸。我的理想是：毫无例外地使所有的学生（所有的儿童，特别是所有的少年和男女青年）都能热烈地爱科学、爱学习和爱学校，使书籍、科学等智力财富成为学生主要的爱好和兴趣，使少年和青年把追求智力充实、丰富而完满的精神生活当作自己最重要的理想，使每一个学生从学校毕业时都能带走渴求知识的火花，并使它终生不熄地燃烧下去。

对我这个教育者来说，一件必须做的、复杂的、极其困难的工作，就是使年轻人深信：知识对你来说之所以必不可少，并不单单是为了你将来有好的职业，并不单单是为了你毕业以后考上大学，而首先是为了使你作为一个劳动者能享受丰富的精神生活。不管你是当教师还是当拖拉机手，你必须是一个文明的人，是明智且拥有丰富的精神财富的子女教育者。

只有用这样的态度，极其细心地准备好土壤，把知识的种子播种下去，我们才能得到良好的幼芽，使它们具有旺盛的生长力。然而要这样细心地准备土壤，就意味着要注意：不要让上课、评分成为人的精神生活唯一的、吞没一切的活动领域。如果一个人只是在分数上表现自己，那么可以毫不夸张地说，他等于根本没有表现自己。而我们教育者，面对人的表现相当片面这种情形，就根本算不得是教育者，因为我们只看到一片花瓣，而没有看到整个花朵。一个人表现自己的领域越狭窄，全体教师的关注越是局限在知识上，反而对知识越有害，人对自己在学习上的成就就越冷淡，他的学习愿望就越低落。

如果教师和学校舆论只是以分数为唯一的依据来给一个人做出好的或坏的结论，那这个人就不会努力去当一个好人。因为上课、掌握知识、分数只是人的精神生活的一个局部，只是许多领域中的一个领域。而偏偏在这个领域中，许多人会遇到巨大的困难和挫折。

如果人的精神生活（而且是什么样的人啊，幼小，非常娇嫩，在兴趣、愿望和需要上都还极其脆弱的人）仅仅被局限在这个领域里，也就是说，他只能在掌握知识上、分数上表现自己，那么就一定有失败和困难在等待他，使他的生活变成一种痛苦。是的，事情确实如此。当儿童的心还没有穿上冷漠的冰冻的铠甲以前，每一个不及格的分数都会使儿童感到痛苦，对他来说都是一场莫大的灾难（一位母亲写信说："我的女儿流着眼泪打开写满了两分的记分册，恳求说：'妈妈，咱们搬到没有学校的地方去住吧……'"说这话的是一个10岁的孩子）。

我们，尊敬的教育者们，时刻都不要忘记：有一样东西是任何教学大纲和教科书、任何教学方法和教学方式都无法做出规定的，这就是儿童的幸福和充实的精神生活。而我这里所指的，并不是天生的幸福，譬如说是心爱的父母遗传给他的某种天赋，而是指劳动的幸福——我们应当引导儿童去获得这种幸福，而这种引导又是谈何容易啊。但是如果你不能引导年轻人去获得这种幸福，那你就等于什么也不会做，于是每一个教育者都幻想得到的那只仙鸟——想成为一个好人的愿望——就会逃遁得无影无踪了。没有儿童劳动的幸福，就没有教育。

我认为教育的理想就在于使所有的儿童都成为幸福的人，使他们的心灵由于劳动的幸福而充满快乐。然而，如果在学习的领域里有着无法克服的（初看起来觉得是这样的）困难和障碍，那该怎么办呢？在这种情况下，就需要人在精神生活的其他领域里得到表现。一个人的认知活动（学习、掌握知识）越多，认识世界就在越大的程度上成为一种专门的活动（遗憾的是，往往成了唯一的活动），那么我们就应当越多地关心使他也在其他活动领域中表现自己，以树立自己的道德尊严感，体验到一种无可比拟的人的自豪感：我从我所创造的东西中看到了自己，我在某一件事上表现了自己的智力、体力、意志、创造性、道德等方面的力量，我能够克服困难，我能够在最艰苦的斗争（为维护自己的尊严、维护自己的道德美、高尚和完美的精神的斗争）中成为胜利者等。

一个成为学生的人，应当在哪些领域里表现自己，才能使学习成为他所喜爱的活动呢？

一个人在学校里应当首先表现出他是一个劳动者，一个能工巧匠，一个独一无二的创造者，他能在某一件事上达到完美的程度，在某一项劳动中能主宰一切，远远地超过了自己的同学。我这里指的不是这样的劳动教育，仅仅是定期地给每一个学生布置一定的劳动负担、劳动定额，而学生在完成这种定额以后很快就忘记了自己的劳动，并且还常出现这样的事：学生很出力地劳动，只是为了尽快摆脱它。这种劳动教育在实践中往往令人遗憾。我这里要说的是人在劳动中的精神生活，是劳动与精神世界的统一。要使学生热烈地爱上一种劳动，使他的心由于激动和自豪而快乐地战栗，使他在劳动中自己尊敬自己，使他由于珍爱自身的劳动而珍爱自己。

我坚信，只有那种在亲身劳动中发现、显示和看到了自己的人，才能真正成为可教育的人，才能敏锐地感受到长辈（父亲、母亲、教师）的道德力量的影响，特别是敏锐地感受到集体的影响。应当通过劳动教育来发掘一个人的心灵，发掘每一个人身上所蕴藏的那个唯一的源泉，而这种源泉经常是被表面上的冷漠、无所谓和消极的态度掩盖着。

几十年在学校里对儿童、少年和青年进行教育的工作，使我得到一条深刻的信念：人的天赋、潜力、能力和爱好确实是无可限量的，而每一个人在这些方面的表现又都是独一无二的。自然界里没有一个这样的人，我们有权利说他是"无论干什么都不行"的人。共产主义教育的英明和真正的人道精神就在于：要在每一个人（毫无例外的每一个人）的身上发现他那独一无二的创造性劳动的源泉，帮助每一个人打开眼界看到自己，使他看见、理解和感觉到自己身上的人类自豪感的火花，从而成为一个精神上坚强的人，成为维护自己尊严的不可战胜的战士。

教育的明智、复杂，令人痛苦的艰难而同时又是令人欢乐的地方就在于：要使我们的每一个学生，早在童年时期、童年和少年交界的时期以及少年时期，就在一项心爱的劳动中发现自己，忘我地迷恋于心爱的劳动，并且取得优异的成绩。这并不是什么幻想，而是活生生的教育中的现实情形。在实际工作中，我们竭力使每一个学生在童年时期就着迷于做一件什么事情：培养出一棵麦穗里有一百颗麦粒的小麦良种啦，把一块死寂的不毛之地改造成高肥力的良田啦，在一小块地上取得一年两熟的收成啦，饲养一种长出前所未见的细毛的羊羔啦，会开小型的拖拉机啦，制作复杂的活动机器模型啦，造出各种工具啦……

如果说在 300 个学生身上发现了 300 种各不相同的天赋，那么在人力财富如此丰富多样的情况下，在我们的周围生活中可以找到同样丰富多样的劳动，使无比丰富的劳动爱好在这块土地上开花结果，只要我们能够感觉到每一个人都有这种表现自己的不可泯灭的意向。为了做到这一点，教师就应当学会这样来指引自己学生的创造力和才能，使每一个年幼的人、每一个少年都首先成为自己教育自己的人。我愿意一千遍地重复这一点：只有在这样的条件下，他才是你的学生。如果你想要每一个人在童年时期以及在少年时期就表现出自己来，那么就请你在学校里创造、保持并不断地弘扬这种自我教育的气氛。只要哪一个人在某一件事上得到了优异的成绩，他就应当鼓舞起另一个人，唤醒另一个人身上的那种独一无二的个性的源泉。这是集体生活的最主要的规律之一。

十年级学生能够非常熟练地操纵真正的、"大人"的拖拉机，因为他从一年级起就生活在机器的世界里。他，这个十年级学生，又是一个六年级学生的教育者，不仅把自己的技能传授给他，教他开小型拖拉机，而且好像成了他掌握技艺的榜样。而这个六年级学生又有一个年龄更小的朋友——二年级学生，教给他操纵一种半玩具式的、装有真的内燃机的小汽车。一个学生，只有当他表现出自己，以自己的钻研精神的亮光给别人照亮道路的时候，他才能真正地接受教育。这种钻研精神越深，这条道路就越鲜明，它鼓舞别人的力量就越强烈。

在这个自我教育的复杂的乐队里，教师起着作曲家、指挥者和第一小提琴手的重要作用，他是别人的技巧的主要评定者，促使人们表现自己，并且在表现自己的同时鼓舞别人。这第一个推动力就应当来自教师。

假如每一个学生没有在劳动中表现出自己，没有体验到自身的尊严感，那么我们就会成为无所作为的教育者，我们的话、我们的教导和劝告都不会被年轻人的心接受。只有借助每一个学生心灵的这些极其细微的活动，只有依靠每一个学生在劳动中表现出自己，我们才有可能维持和保护住持久的学习愿望。

儿童在掌握知识上越感困难，他在通往良好学习的道路上遇到的障碍越多，那么尽快设法让他在别的劳动创造的领域里突出自己就越重要。年轻的人需要这一点，但这并不是说，既然他在人类活动的一个领域里遭遇了不幸，那么就让他在其他领域中取得成功补偿他的幸福。不，如果事情果真如此，那么教育就成了一件很容易的工作：既然你接受不了学习这件最费脑筋的事，那么你就别学了，当一个好的木匠或牧羊人也蛮好。不，绝不是这样。我们谈的是和谐教育，对一个人来说，如果智力财富在他的面前封闭着（而达到这些财富的道路只有一条：接受中等教育），那么他永远不会成为一个幸福的人。但是，如果一个人能在一种劳动中显示自己，他就不会变成对什么都不关心的人，他也就会在其他的活动领域（包括学习的领域）中找到克服困难的力量和志向。

在学校工作了 25 年以后，我可以指名道姓地说出 178 名中学毕业生。他们如果不是在童年时期和少年时期在劳动中表现了自己，发现了自己，如果不是经常地体验到一种深刻的、无可比拟的道德满足感、自豪感和尊严感，那么他们就根本谈不上接受过中等教育（对这一点，不仅教师们，而且包括他们自己，都是深信不疑的）。对这些学生来说，以上这些情感就是一种刺激，它促使他们去从事紧张的脑力劳动，保护了他们对自己和自己力量的自信心。在劳动中表现自己，这一点儿千真万确地把他们从灰心绝望中、从人类真正的痛苦中解救出来了。

我们过去的一个学生尼柯拉，大学毕业后当农学家已经 13 年了，工作很出色。可他小时候的学习是多么艰难啊！而使他精神振作起来的，竟是他在劳动中取得了一点很不显眼的、有些奇怪的成绩：五年级的时候，他学会了把一棵果树的幼芽嫁接在野生砧木上，结果培育出匀称而漂亮的一棵果树苗。我们的生物教师发愁地说："学生走到老师前面去了。孩子们，这叫我以后怎么再教得了你们呢？"然而在我看来，真正的教育的逻辑就在于：让学生超过自己的教师是好教师，让学生追不上自己的教师不是好教师。

劳动，使人在劳动中表现自己，理解生活的意义，认识自己的力量和才能，为自己的人的尊严而自豪，珍惜自己的荣誉。只有这样的劳动才是道德的开端。道德的自我教育，即激发起学生要当一个好人的愿望，实质上是从自豪感、自尊心、劳动的尊严感开始的，而缺少了这一点，学校、学生集体能对人产生影响是不可思议的事。每一个人想在集体的注视下成为好人的愿望越深刻，他对集体的教育影响就越敏感；而只有当一个人有某一点可以自豪，在为人服务的劳动中取得某些成绩的时候，他内心才有可能产生有深刻道德意义的愿望。

当学校里由于劳动、由于人在劳动中表现自己而使思想占统治地位的时候，教育者才能实现真正的和谐教育。只有学校里有一个"思想的王国"的时候，学校才能成其为学校。而如果学校里充斥着一种思想贫乏、死抠书本的气氛（我想把它叫作思想幼稚病），如果知识像浪潮般接连涌来，像货物一样被赶紧包装、压紧，保藏在堆栈里，连翻个身的机会都没有，那么，这种知识很少能进入个人和集体的精神生活，于是就很难谈得上有什么和谐教育了。

当一个人边工作边思考，又边思考边工作的时候，思想才能作为一种钻研精神、求知欲、想要知道和认知的精神需要而进入个人的精神生活。几十年的学校工作使我坚信：只有借助于这种有生命力的思想，人的脑力劳动才能跟他的意志、自觉的体力和脑力的努力结合起来。而这也就是想成为一个好人（一个聪明的、有教养的、知识丰富的、善于思考的、热爱劳动的人）的愿望。

我们的和谐教育的规则是：要使一个人在思考和运用体力的时候，不是单纯地相信什么就完了，而且他要去维护真理，采取自己的立场。例如，一个人很清楚，黏质土和砂石土的荒地上不会长出任何东西，但是可以把它改造成高度肥沃的土壤。他之所以知道这一点，并不单是因为听信了教师的话，而且因为他亲眼看到了别人在从事这项劳动。但是如果这种思想和知识还没有同自己的紧张的体力劳动结合起来，那么，这种知识就还是一种死的负担，这种思想就还是沉睡的巨人。当一个人挖着黏土，拣去石块，使土壤里的微生物恢复生命，从而把这块土地改造成肥沃的黑土时，他才会珍惜真理，思想才会变成他的道德财富。只有在这样的条件下，知识才能变成一种魔术棒，用它来唤醒人类心灵的真正巨人——道德信念。

人在劳动中的表现，正是去获得和理解这些无价的宝藏——道德信念的途径。如果人没有使出全部的体力和精神力量，手上没有老茧，没有流过汗水、感到疲劳去克服困难，他是不可能取得和理解信念的。

和谐教育就是发现深藏在每一个人内心的财富。共产主义教育的明智，就在于使每一个人在他天赋所及的一切领域中最充分地表现自己。人得到了充分的表现，既是社会的幸福，也是个人的幸福。

劳动教育和人的全面发展

列宁关于教学与生产劳动相结合的思想，决定着劳动教育的原则。我们是紧密联系德育、智育、美育来看待劳动教育的。我们认为学校教育的使命就在于，要使劳动进入人的精神生活、进入集体的生活，要使热爱劳动早在少年时期和青年早期就成为一个人最重要的品质之一。我们在劳动教育方面的工作遵循下列原则和要求：

一、劳动素养要和一般发展（即道德、智力、审美和身体等的发展）相结合

在"劳动素养"这个概念里，不仅包括高超的实际技能和技巧，还包括对劳动在人的精神生活中重要的作用和地位的认识，包括对劳动中智力充实和完满程度、道德丰富程度和公民目的的认识。劳动素养还指一个人达到了这样的精神发展阶段：他感到如果缺少为公共谋福利的劳动就无法生活。劳动作为一种高尚的道德鼓舞力量充实着他的生活，并且从精神上丰富着集体的生活。

二、要在劳动中展示、发现和发展个性

我们开展劳动教育的理想是，使每一个人早在少年时期和青年早期就找到这样一种劳动，在这种劳动中，他的天赋才能可以最充分、最鲜明地展示出来，并给他带来创造精神财富的幸福。我们在分析一个人对劳动生活的准备程度时，总会考虑到：他能给社会贡献些什么，以及劳动能为他的精神生活提供些什么。

三、劳动要具有高度的道德意义及公益性倾向

我们的目标是培养人们为社会谋福利而劳动的愿望。因此，首先吸引儿童参加为全民创造财富的劳动（种植防护林，开辟果园等）。一个人在童年、少年和青年早期在为社会的无偿劳动中贡献的力量越多，他在内心就会更加深切地珍惜那些好像与他个人没有什么直接联系的事物。劳动高度的道德意义还在于：一个人把自己的智慧、技艺和对事业无私的热爱变成物质成果，他会感受到光荣感、自尊感，为自己的成就而自豪。

四、要在童年期和少年早期就参加生产劳动，体验劳动生活

要让儿童通过亲身体验来理解：没有劳动就不可能生活，从劳动开始认识世界。只有在这样的条件下，人才能理解和期望劳动的欢乐。为了尽早地吸引儿童参加生产劳动，很重要的一点就是要在周围的生产环境中，找到一些儿童能胜任并且有社会意义的劳动项目。

五、劳动种类要多样化

儿童天性喜欢各种类型的劳动活动相互交替地进行，不同的劳动类型都有其各自的特点，所要求的技能和操作也各不相同。学生就是到了学龄中期和学龄后期，仍然保持着对多样化劳动的兴趣。高年级学生的劳动多样化，还是培养他们自觉地选择职业的重要条件。

六、劳动要经常地、不断地进行

只有在由一种创造性意图贯穿、意在达到社会目的的经常性劳动中，才能为人的劳动生活和精神生活的统一创造条件。

七、儿童的劳动要有成年人生产劳动的性质

儿童的劳动，无论在社会意义方面还是在劳动过程中运用技术和工艺方面，都应当尽可能多地具有与成年人的生产劳动相同的成分。不应当限制儿童的发展，应当让他们尽可能地使用跟成年人一样的劳动工具。当然，供儿童使用的机器和工具，应当符合儿童的年龄特点、学校卫生和安全生产的要求。为儿童制造的专用机器和工具，也应当尽可能地体现出真正的技术水准，并且能利用它们来进行真正的劳动。

八、儿童劳动必须量力而行

在任何劳动中，正常的疲劳是允许的，但是绝不允许过度地耗费体力和神经系统。所谓儿童劳动必须量力而行，不仅指使体力负担与儿童身体的力量相适应，而且要求正确地安排体力劳动和脑力劳动的交替，及时变换劳动活动的类型。由于把农业劳动（植物栽培、动物饲养）和技术创作活动（设计、制作模型、金属加工）交替进行，使得儿童能够胜任以前在单一的劳动中所无法胜任的劳动。经验还使我们深信，对儿童来说，当劳动不是只进行一些零散的操作，而是基于一个有意义的设想长期进行的活动时，儿童的能力和潜力就会大大增长。

九、劳动内容、技能和技巧要相互衔接

我们力求把儿童在学龄初期和中期所做的一切，能在他们以后的岁月里

继续得到发展和深化，并在更加广泛的基础上得到运用。十分重要的是，要使少年时期的劳动成为他们以后在青年时期掌握新的技能和技巧的阶梯。例如，我们不能让青年在十六七岁时才开始学习在金属上钻孔、为播种小麦整地、做果树的芽接。这些技能和技巧他们在 5 年之前就应当掌握；他们对这些东西掌握得越好，他们在进入青年期就越能扎实地得到全面的发展。我们全体教师都很关心，使学生掌握多样化的技能和技巧，使之符合综合技术训练的目的，但这并不是职业化，也不是过早专业化，而是所有学生都必须具备的劳动基础能力。

十、劳动要有创造性，使脑力和体力相结合

劳动的意图越有意义，学生的活动兴趣就越高，即使最简单的劳动也是这样（而人的劳动生活中是无法避免这种最简单的劳动的）。掌握技艺、不断地改善技能和技巧、进行实验、把科学知识运用于劳动，应当使学生把这一切理解为一种道德高尚的行为。

十一、要在学校普及生产劳动

无论一个人对哪种活动表现出天赋和爱好，他在学校期间都必须参加生产劳动。所有学生都必须参加体力劳动（特别是那些不吸引人、操作起来不愉快的体力劳动），这是保证集体有一个健康的思想基础极重要的条件。

十二、劳动要与多方面的精神生活相结合

人的生活中不是只有劳动，只有当他同时享受到其他的欢乐——获得文化宝藏和精神财富（文艺、音乐、绘画、运动、旅行）的时候，劳动的欢乐才能在他面前展开。这些精神财富能够培养、发展他崇高的精神品质，从而使他更深刻地理解和体验创造的欢乐。在青年时期，人类文明的源泉在人的理智和心灵面前打开得越多，劳动就越能在更大的程度上使人变得高尚。

十三、劳动是获得生活福利和文化财富的重要途径

使学生理解和体会到一个人获得的生活福利和文化财富与他参加共同的劳动存在依赖关系。生活应当使人深信：对懒惰和不负责任的人，通往热爱劳动和勤奋工作的人所能享受的东西的大门是紧闭的。我们学校和家庭共同努力，尽量使每一个学生认识到：使劳动者的生活充满欢乐的那些文化宝藏和精神财富，一个游手好闲的人是无法享受到的。

建立物质基础是一个严肃的教育学问题，因为有了物质基础才能保证尽早吸引儿童参加劳动，保证劳动活动的多样化及其与工农业生产的联系。在

我们学校的工作室、教学工厂、实验室、专业教室、暖房里，除了简单的手工工具外，还有比较复杂的机器和设备（例如，加工金属和木材的车床、刨床、铣床、钻床等），还有高年级学生、教师和家长制作的专供 8～10 岁儿童使用的小型播种机、割草机、脱粒机、谷粒清理机。由于创造和利用了适当的物质基础进行劳动教育，我校所有的上完八年级的学生都会操纵内燃机、驾驶微型汽车和摩托车，约有 75％ 的八年级毕业生能驾驶汽车和拖拉机，九、十年级的所有学生能开拖拉机。但这并不是专业化，而是劳动和综合技术训练的基础，掌握这个基础是学生劳动定向和专业定向的必不可少的条件。

为了正确地组织劳动教育和充分发挥劳动在人的全面发展中的教育力量，我们按照下列特征把劳动进行了教育学的分类。

按社会意义来分。使学生认识到，为全区的集体农庄培育麦种跟每天在教室里、在家里擦洗地板同样重要，要做好这种道德上的训练。那些对创造社会物质技术财富和增加全民福利有明显作用的劳动类型，则具有特别重要的教育意义。

按教学目的和教育目的的相互关系来分。某些类型的劳动的目的首先是为了掌握知识、能力和技巧，而另一些类型的劳动则主要追求教育的目的——形成道德概念、信念和习惯，丰富道德经验，锻炼精神力量。人的全面发展就取决于，在学生的生活中，既要有前一种劳动，也要有后一种劳动。

按劳动在实现智育、德育、体育、美育、综合技术教育中的作用和地位来分。为了达到人的全面发展，非常重要的一点就是要使共产主义教育的所有最重要的组成部分都能在劳动中得到体现。

按智力和体力的相互关系来分。体力劳动越简单和单调，那么使它不是"为劳动而劳动"，而成为达到一个最终目标——一种创造性意图的手段这一点就越加重要。我们力求使学生把动手和动脑结合起来，使体力劳动作为一种精神成长和完善的领域而吸引男女青年。

按劳动工具的性质来分。劳动的技术手段和工艺过程越复杂，人的天赋和才能得到开发的可能性就越大。但是，要运用复杂的技术手段，则要求学生预先掌握手工劳动的素养，掌握手工操作的能力和技巧（设计、制作模型、装配零件和部件，整顿和调节）。

按劳动的成果来分。在一种情况下，劳动能创造出看得见的物质成果，在另一种情况下它只是为创造物质成果做准备，而在第三种情况下，则根本没有物质成果，劳动只能使人精神丰富崇高（例如帮助老人或病人）。在前一种情况下，劳动成果可以在人们之间分配，而在后两种情况下，劳动成果对社会是有价值的，但并不是消费品。为了达到人的全面发展，必须把以上各种劳动结合起来。

按报酬来分。学生应当理解和珍视他们从社会免费地得到福利的劳动来源。为此，必须首先吸引青年一代参加为社会谋福利的无报酬的劳动。但是，付给个人的报酬、列入家庭预算的个人工资，也具有重大的教育意义。

劳动教育从学生坐在课桌后面读书时就开始了[①]，课桌是一种最复杂的"机床"，掌握它并不那么简单。在学校里，最主要也是教育技巧上最细腻、最难做到的事，就是如何使儿童、少年和青年感到无所事事是可耻的，懒惰和游手好闲是可悲的。无所事事可耻，热爱劳动光荣，是对人进行分类的第一条标准。我们力求在学生的意识中确立这种认识。在这里，劳动者的尊严感是一种原动力，这就是说：要使坐在书桌后面的人深信他是一个认识的劳动者。为了教育学生鄙视无所事事的现象，把懒惰和游手好闲看成可耻的事，有经验的教师总是从青年劳动者的尊严感方面加以教育：一个人不做出一点事情来是可耻的，不动脑筋思考是可耻的，无所事事虚度光阴是可耻的。教育者要善于激发学生的荣誉感，教育他们要端庄正派，自己尊重自己。

上课是所有学生都必须从事的脑力劳动。但是在培养劳动者的工作中，还有极其重要的一点，就是要使每一个学生都有上课以外的个人的智力兴趣和爱好。我们认为，只有在这样的情况下教育者才算完成了自己的崇高使命，就是真真正正地使每一个少年、青年都在书籍和思想的世界里过着丰富多彩的充满激情和欢乐的个人生活，使每一个学生都能全神贯注于一种艰巨而激动人心的脑力劳动，而劳动教育的最深的根源也正在于此。如果一个人到了十四五岁的年龄还没有积累下自己的精神财富——带着激动的战栗的心情、像发现神秘的启示一样，争分夺秒地读过一两百本书（有时候也可以让青年人度过一些不眠之夜），那么他就算不上一个有着英勇顽强精神的好汉和劳动者、未来的好丈夫和好父亲，对未来的女劳动者和母亲也是一样。智慧的迸发、丰富的智力生活是一股强大的力量，它能使年轻的心灵不知餍足地去追

---

① 苏联教育学中把学习也列入劳动这一概念中，作者在这里是从广义上使用"劳动教育"这一术语。——译注

求最伟大的人类财富——劳动。如果一个少年没有在适时的年纪通过亲身体验，认识到只有知识、思考才能使人变成劳动的强有力的主宰者这样一条真理，那么你就是用锁链也无法把他捆在书桌上，用任何计谋也无法强迫他真心实意地学习。

为自觉地选择职业、发展才能和爱好而掌握必需的知识、能力和技巧的工作，是在下列两条途径相结合的基础上进行的：

教学大纲规定了全体学生的必修劳动课①（一至四年级是手工劳动课，五至七年级是在教学工厂和教学实验园地操作的劳动课，八至十年级是掌握工农业生产基础技能的课业）。儿童直接用手或借助工具加工各种材料，进行设计，制作模型（同时改进使用工具的技巧），掌握整地、照料果树的各种方法。劳动的教学元素越来越多地与生产元素相结合：制作各种直观教具、仪器、模型、工具；种植各种粮食作物和经济作物。能力和技巧使学生产生在技术高度发达的条件下从事劳动的倾向。同时，为女生准备一些体力消耗小而精度和技巧要求高的劳动作业。知识、能力和技巧带有技术综合性，也就是说，它们能运用于各种基本的生产部门：学生们学习操纵拖拉机、汽车，学习电工和无线电的初步课程，进行植物栽培和动物饲养的实习，学习操作金属加工机床，学习保护自然的课程。

培养学生从事劳动和促进其全面发展的第二条途径，就是根据学生的素质、兴趣爱好而志愿地选择劳动类型。例如，我们学校有许多课外小组，或按年龄或按兴趣结合在一起。儿童一跨进校门，就进入了一种各式各样的创造性劳动普遍开展的气氛中。每一个学生都无一例外地在志愿选择的课外小组里劳动，同时，儿童和少年、少年和青年在一起劳动。课外小组一般都是独自活动，由年长同学领导年幼同学。各种技术小组和农业小组广泛地把儿童引进创造性世界。由于在课外小组里从事过各种劳动，所以每个学生到了八年级毕业时，就能在不太复杂的机床上加工金属和木料，用现成的部件装配机器模型和收音机，还学会了整地、播种、照料幼苗，以及饲养牲畜、驾驶汽车和拖拉机、栽培葡萄和果树等。

在高年级，学生的劳动和智力兴趣加速分化，对某一门学科的特殊兴趣

---

① 这里指的是乌克兰苏维埃社会主义共和国普通中学于 1970 年以前采用的劳动教学大纲。——原编者注

同掌握高度的劳动文明结合起来。高年级学生组成各种分学科的课外小组：技术小组、物理小组、化学小组、生物小组，等等。在这里，创造性劳动同研究理论问题相结合。例如，小组成员们制作了三台程序控制车床，设计了颗粒物的自动化计量器以及几台电子计算设备。在生物小组里，研究土壤微生物的生活状况，进行试验，这些试验的目的是创造一种有利于有益细菌繁殖和加强种子的生长力的环境。

劳动和对多种技能的掌握，要以科学技术进步为目标。在教师的指导下，学生们探索怎样在农业劳动中运用机器和技术。这既是一种提高人的尊严感的创造性劳动，也是一种对劳动生活的心理准备。要使教学实验园地——暖房、果园、养蜂场、生物实验室等变成技术文明的学校，这一点是很重要的。

要给任何从事劳动的人以幸福。这就意味着，要帮助他在无数的生活道路中找到那一条最能鲜明地发挥他个人的创造力和才能的生活道路。共产主义教育的实质，其中就包括要在每一个人的身上找出能使他在为社会谋福利的劳动中给他带来创造的欢乐的那一条"含金的矿脉"。每一个学生是否能够成功地、正确地决定自己在集体中的地位并且完成自己对人民的义务，将影响到他的生活在道德上、智力上、审美上的完满与否。在把人摆在首位的社会里，任何劳动都可以提高到创造性的高度。对每一个儿童来说，他在其中表现为一个真正的创造者、诗人和艺术家的那项劳动，都可以成为一种精神的创造活动。我们的任务就在于，在学校里不要使任何一个学生成为毫无个性的、没有任何兴趣的人。每一个学生都应当做一件他自己感兴趣的事，每一个学生都应当有一个进行心爱的劳动的角落，都应当以一个年长的进行着劳动的同学作为自己的榜样。每一个人不仅应当自己学一样东西，而且要把自己的知识和技能教给同学，这正是集体得以建立在上面的内部联系之一。人只有当他进入与别人的道德关系之中时，他才会开始感到自己的创造力和才能——事业感正是这样产生的，自我教育正是这样进行的。在劳动过程中，当一个人开始看到自身的优点在其他人身上表现出来，以及其他人似乎成为他衡量自己的一面镜子时，集体成员之间的道德关系才能最鲜明地表现出来。每一个儿童身上都蕴藏着某些尚未萌芽的素质，这些素质就像火药：要点燃它，就需要火星。灵感、对年长或同龄同学的技艺的热烈爱慕，就是这样的火星。在集体中劳动不仅是人对自然界、周围世界起作用，也是所有人的心灵、思想、信念、情感、感受、兴趣爱好在相互起作用。我们认为，教育的最重要的任务之一就是：不要让任何一颗心灵里的火药未被点燃，而要使一切天赋和才能都最充分地发挥出来。

劳动越复杂、越有趣，其中智力的成分越鲜明，那么年长同学和年幼同学之间进行精神财富交流和互助就具有越重要的意义。在每一个最有能力、最有天赋的学生身边，总是聚集着几个也喜爱这项活动的小同学，也许他们只是对年长同学所做的事感到好奇而已。而这种最有能力、最有天赋的学生往往并没有想到自己要做指导者，他埋头于自己的事，不去察觉旁边的人在干什么。有意识地对年幼同学进行指导，是后来才出现的。从入学的最初几天起，周围的各种各样的劳动就包围着儿童，就像是磁石吸引罗盘上敏感的指针一样，为儿童指示道路。磁石越有力即儿童对参加的劳动越有兴趣，就越能鲜明地展示儿童的才能、爱好和志趣。经验证明，在教师或年长同学的劳动热情的感召下，儿童对什么都不感兴趣的冷漠态度是维持不住的。如果发现哪一个儿童或少年对一切都很冷漠，我们就要设法找一个人从精神上去接近他，个别对待就是从这里做起的。

人的表现的重要规律，就是要使每一个学生在他心爱的活动中取得优异的成就——掌握劳动的技巧，达到完美的境地。通往成功的道路一般要经过长期探索，一个人在各种不同的活动中尝试着自己的力量。但是如果学校里有一种普遍热爱劳动的气氛，学生就能找到一项比也参与其中的同年龄学生更突出地表现自己的活动，从而为自己的技艺而感到自豪。我们特别注意那些天赋还没有凸显出来的学生，着重培养他们的才能和爱好。我们深信每一个人都可能在某项活动中成为诗人、艺术家，因此我们千方百计使这些学生把精力集中在一个领域里，挑选一项活动去深入细致地钻研它。

在培养学生的个人爱好、才能和志趣的时候，我们同时会考虑到未来社会劳动分工的特点。马克思写道："这种按一定比例分配社会劳动的必要性，决不可能被社会生产的一定形式所取消，而可能改变的只是它的表现形式……"[1]社会生产建立在高度科学技术基础上的劳动分工，将保证每一个人自由地选择能够最充分地发挥他的才能的那种活动。不管是园艺工或者建筑工，冶炼工或者地质学家，育种学家或者土壤学家，医生或者教师，在任何专业中的每一个人都将是物质财富的创造者和思想家结合体。

---

[1]　马克思，恩格斯.马克思恩格斯选集：第四卷 [M]. 北京：人民出版社，1995：580.

提倡教师在日常工作中进行一些科学研究

　　教师不仅是儿童知识的传授者，而且也是儿童精神世界的研究者，要对儿童复杂的脑力劳动过程和个性形成过程进行研究。只有善于分析自己工作的教师，才能成为能力强的、有经验的教师。在自己的工作中分析各种教育现象，正是向教育智慧高峰攀登迈出的第一步。

　　研究工作对教师来说，并不是什么神秘莫测和高不可攀的东西。不要一提研究就感到害怕。其实，教师的劳动就是一种真正的创造性劳动，很接近于科学研究。这种接近和类似之处，首先在于它们都需要分析事实和具有预见性。一个教师只要善于深入思考事实的本质，思考事实之间的因果关系，就能预防许多困难和挫折，避免出现在教育过程中有代表性而又有非常严重的缺陷——令人苦恼的意外情况。学校里有很多这样的意外情况发生，破坏教学和教育工作的正常进行。一个学生，大家都认为他表现很不错，忽然间做出了流氓行为。一个孩子四年级前学习挺好，突然开始向成绩不及格者的行列滑落。如果一个教师根据对事实的分析，能够预见到学生明天、一年以后、三年以后将是怎样的，那么这种意外情况就会大大减少。在无法预见的情况下开展教育工作，对教师来说是一种痛苦的差事。

　　向教师指出在日常工作中进行一些创造性研究的可能性，是学校领导的任务之一。每一位善于思考和分析事实的校长都能胜任这项任务。我建议，要让教师学会从事创造性研究，无论就其本身的逻辑还是就其创造性来说，教师的劳动都不可能不带有研究的成分。这首先是因为，我们教育的每一个人，在一定程度上就是一个充满思想、情感和兴趣的独一无二的世界。如果校长想让教育工作能够带给教师一些乐趣，使他不致把天天上课当成一种单调乏味的义务，那么校长就应当引导每一位教师走上从事一些研究的幸福的道路。这里有校长对每一位教师进行个别工作的无限宽阔的天地，这里有收获和发现，也有欢乐和痛苦。凡是感到自己是一个研究者的教师，最有可能变成教育工作的能手。

　　不过要补充说明一点：这里谈的并不是严格意义上的科学研究。一个教师可能在创造性地工作，但并不是进行从事实中引出科学结论的那种研究。教师研究这样的问题：虽然在教育科学上已获得解决，但是当教师作为理论和实践的中介创造性地进行工作时，这些问题就会以新的形式出现。

这里说的是我们的工作中由于其性质而必须进行的创造性研究。这种研究能丰富教师集体的精神生活。在我们学校，十多年来，每一位教师都在研究教学和教育过程的某一问题，例如，男女青年道德理想的形成、美育和智育、随意注意和不随意注意、一年级学生善恶观念的形成，等等。

读者可能要问：是否每一个教师集体都有能力做到这一点呢？是否可以向教师们提出这样的目标，即通过分析事实的本质发现教学和教育间的相互联系。

教育现象是上述三种元素合乎逻辑地形成的统一体。教师的劳动只有在这样的条件下才能成为创造性工作，而教师本人也只有在这样的条件下才能成为积极作用于学生个性的力量，就是他不仅确认一切正在发生的事，而且自身积极去影响教育现象，去创造教育现象。教师在观察、分析和研究事实的基础上去创造教育现象，正是创造性研究的最重要的元素——预见性之所在。不研究事实就没有预见，就没有创造，就没有丰富而完满的精神生活，就不会使教师对教育工作产生兴趣。不去积累、分析和研究事实，就会产生一种严重的缺陷——缺乏热情和因循守旧。只有分析和研究事实，才能使教师从极其平凡的事物中看出新东西。能够从极其平凡的、司空见惯的事物中看出新的内涵、新的特征、新的细节。这是创造性劳动态度形成的一个重要条件，同时，也是兴趣、灵感的源泉。如果教师没有学会分析事实和创造教育现象，那么那些年复一年重复发生的事情在他看来就是枯燥的、单调乏味的，他就会对自己的工作失去兴趣。而如果教师对工作失去兴趣，那么学习对儿童来说就是枯燥的。教育经验的实质，就在于教师每一年都要有些新的发现，而在这种发现新事物的志向中，他才会发挥教师的创造力。

低年级女教师 M. H. 维尔霍汶尼娜从事创造性研究工作十多年了。她在校务会上、在区和州的讲习班上做过几个报告，这些报告后来发表在学术刊物上（但发表从来不是主要目的）。刚开始从事研究工作时，与其他教师相比，她并未显出有什么特殊的根底。实际工作中的一个重要问题——儿童的学前训练和家庭智育、德育问题引起她的关注。有些孩子入学时眼界非常狭窄，语言极其贫乏，给教师带来了不少苦恼。形成这些事实的原因何在？回答起来并不那么容易。我建议这位女教师：研究一些事实，分析儿童在入学时具备的表象的范围，研究儿童的思维特点，同时，仔细地观察家庭的精神生活情况，了解儿童在生活中自主做出最初选择时所处的智力、道德和审美等环境。

初步的观察、研究和比较事实进行了好几个月。女教师把每一个儿童的智力发展状况跟其父母的兴趣、文化修养和知识眼界做对比。到第一学年末，女教师已经得出儿童的智力发展依赖于家庭的文化修养的结论。这些结论说明，必须及早地关心儿童入学前的训练。女教师找那些有孩子在下一年将要入学的家长谈话，内容涉及如何丰富家庭的精神生活，扩大儿童的表象、兴趣的范围。家长们接受了女教师关于建立家庭藏书、让孩子阅读儿童读物的建议。在新生入学前的好几个月里，女教师把自己未来的学生召集到学校活动，并且带领他们到田野、到河边去。这是一项有趣的、创造性劳动，它的意义就在于扩大了儿童的眼界，丰富了他们的实词，发展了他们的思维。女教师维尔霍汶尼娜把自己的科学研究成果概括成一篇文章，发表在乌克兰苏维埃社会主义共和国的一份杂志上。

现在，这位女教师正在研究思维发展迟缓儿童。她学会了观察，学会了分析和研究事实，学会了把本质的东西跟次要的东西区分开。她从学生的学习中看到一种教育现象，其根源不仅在于生活给予学校什么，而且在于教育者付出了多少的积极劳动。分析和研究过的事实，为女教师进行思考、做出结论提供了丰富的材料。这是一项真正的创造性研究，每一个愿意思考的教师都能做到。

创造性研究的意义，不仅在于使教师看到了、研究了以前没有被人注意到的教育过程的某一方面，还能从根本上改变教师对自己工作的看法。教师再也不会把教育工作看成每天重复着同样的事情，是把完全一样的讲解、复习等做枯燥乏味的表演。因循守旧、消极应付、缺乏热情，所有学校生活中的不良现象之所以在一些地方滋长，是因为那里的教师没有看出教育现象的生机勃勃的生命力，没有感到自己是教育现象的创造者。

96

我怎样研究和教育学习"最差"的学生

从我最初参加教育工作时起，就有一个解不开的谜始终折磨着我：那些智力发展落后于正常情况的儿童究竟是怎么一回事？这种不幸究竟在多大程度上是由遗传决定的，又在多大程度上是由儿童最幼小时所处的环境决定的？当我，教师，在教室里用尽全力想唤起他们的独立思考的那些时刻里，这些儿童的思维器官里究竟在发生着什么变化？

每一年都有几个这样的孩子进入我们学校。你拿10个词让他识记，即使经过多次重复，他记住的也不超过三四个。在普通教育学校里教这些孩子可真是一件苦事：通常他们很费劲地学习一点阅读和写字，但是再也无法进步，他们对自己遇到的挫折深感痛苦，而到最后还是被淘汰了。

可以说，这些儿童是处于智力落后的边缘上。心理学家们把他们称作"发展暂时受阻的儿童"，并且建议送他们进特殊学校学习。但我坚决认为：应当在普通教育学校里对这些儿童进行教学和教育，因为普通教育学校有一个完满的、在智力方面不断地丰富着的环境，这是拯救这些孩子的最重要的条件之一。

我在课堂上研究过落后儿童的脑力劳动情况，同时还对天赋好的儿童进行观察。毫无疑问，儿童脑力劳动的效率在很大程度上取决于记忆。但是，能不能做出结论说首先训练记忆，然后发展智力呢？能不能说记忆是条件，而脑的完善的机能性活动是结果呢？换句话说，能不能先用某种激进的手段来改善记忆，并以此来对智力的发展施以影响呢？

我密切关注着苏联和国外学者的研究成果，并且力求在教育儿童的实际工作中审慎地检验他们的结论和设想。顺便提一下，美国心理学家戴维德·格列奇跟苏联科学院院士阿诺辛在《文学报》上进行的争论，也是我写这篇文章的一个动因。

格列奇教授说，现在已经有一些化学手段，能够大大改善动物的记忆和提高它们解"迷宫题"的能力。对人来说，这就意味着，在今后10年内，借助化学疗法，使智力落后的人恢复正常生活将成为可能。据这位教授的意见，把这一发现用于实践，可能会产生一些不太好的社会后果，但是对这些手段本身的效果，他却是深信不疑的。而阿诺辛院士则认为，最好不要去寻找激进的方法来改善人的记忆，而是用自然的方式去使它得到发展。

我作为一个跟教育实践关系密切的人，对这场争论特别关心。

生活随时随地告诉我们，能力差的学生并不单纯就是记忆力低下的儿童。这些儿童的思维处于一种受抑制的、静止不动的、"僵化的"状态之中。也有过这样的时候：我尝试用直接对记忆施加影响的办法来改善他们的思维能力，但是这些尝试都完全归于失败了。强迫儿童背诵，然后要他把背过的东西再现出来，用这种办法"锻炼"记忆力是不行的，这对儿童是有害的：他的神经系统和整个机体极度疲劳，而记忆只会变得更坏，因为这样做破坏了记忆跟"脑内发生的许多过程的一个很大系统"的其他因素之间的和谐。现在，我引用阿诺辛的这句话，才比较确切地把多年来我苦苦求解的那个思想表达出来。

用心理学的手段来影响记忆的尝试归于失败之后，我又想用其他方法来刺激记忆。曾经有一个时期，用药物来影响记忆的想法使我一刻都不得安宁。乌克兰民间医学是几百年间形成，并由一代又一代的人悉心保留下来的，它拥有一些能治病的方法：有些方法能使人的记忆更敏锐，有些方法能把人的回忆给"擦掉"或"平息"下去。我在老鼠、海豚、麻雀和我自己身上检验这些方法。结果总是令人惊异：在动物身上，常常能成倍地加快对反射的掌握速度。用这些刺激性手段在我身上试验的结果表明：它们可以使识记过程大大加速，但是在这种轻松的脑力劳动（毕竟这是很奇特的、异乎寻常的现象）几小时后又会出现那种受抑制、头脑麻木的状态。譬如，你正当 30 ~ 35 岁的年龄，你会突然忘记原来记得很清楚的东西，与老年人记忆模糊的现象相类似。这种现象是暂时的。但我认为，对此要保持高度的警惕：以化学手段来干预思维这个人体的最精细的领域是危险的，在道义上也是不可取的。

但主要之点尚不在此。我直到后来才弄明白：以人为的手段来促使记忆活跃，并不能保证脑发生完善的机能性活动。离开对人的整个心理的、精神生活的和谐影响，智力的发展就是不可能的。这才是主要的结论。

在 35 年的时间内，我直接教育过的孩子共 107 个，我可以有把握地称他们为能力差的甚至智力差的孩子（"智力较差"这个说法，是对问题的实质的最确切的表述了）。从 5 岁到 15 ~ 16 岁（占上述人数的一半），而后又到 17 ~ 19 岁（占上述人数的另一半），我们对这些儿童进行了专门的教育。为了查明学生智力不正常的原因，我调查了两千多个家庭，了解儿童的遗传、日常生活、营养和精神生活等情况。我终于看到：这些孩子智力不正常的原因，在个别情况下来说，好像是一层一层地累积起来的：最初是一个因素在起作用，后来又加上第二个因素。最初的原因往往是儿童在婴幼儿时期患过一些病：风湿病、软骨病、脑膜炎等。但是，如果没有第二种的不良影响——儿童早期受到了不正确的教育——来加重这种状况的话，在许多情况下还不至于造成严重的后果。在某些情况下，后一种状况成了使儿童在智力发展方面落后的主要原因。说到儿童早期的不正确的教育，我是指各种各样条件的综合；虽然不一定确切，我认为还是可以把一些主要的原因找出来的。

造成儿童智力发展出现偏差的最有害的因素之一，就是不健康的、经常发生冲突的家庭关系，特别是家长的酒精中毒症。在这种家庭里，儿童智力落后的征兆起初并不显著，但是很快就会变得十分突出了。其次，我想指出的是，家庭智力生活的局限和惊人的贫乏，是儿童智力落后的原因之一。我调查过几个不幸的儿童，他们的母亲在跟孩子交往中所使用的语言里总共只有两三百个词汇。我很痛心地发现，这些儿童对于人们平常从童话、民歌里引用的那些词的情感色彩竟然茫然无知。

家庭情感生活的贫乏总是跟智力生活的局促交织在一起。有一些五六岁的儿童，对任何事情从来都没有表现过惊奇、赞叹和欢乐。他们也没有幽默感，不理解喜剧性的场面和情境，很少放声地欢笑，而对别人开的玩笑则报以病态的反应。这一点是容易理解的：笑是认知的渠道之一，是一种观点，世界随着这种观点而在人的面前展开它的多样性。如果这条渠道被堵塞了，思维就得不到完善的发展。

最后，还有一个情况，就是儿童在出生后的最初两三年里没有受到完满的母亲教育。我是在几千个家庭里研究了儿童的智力发展对母亲教育的依赖关系，又对发展的其他条件做了仔细分析之后，才得出这条结论的。如果儿童在出生后的最初两三年里，没有通过最亲近的人——母亲来发现世界，如果他没有感受过母亲的爱抚的、慈祥的、忧虑的目光，如果他没有听到过本族语言的细腻而充满情感的音调，那么这个儿童的智力生活就会跟有正确的母亲教育的儿童走上完全不同的发展道路。这个领域——母亲教育学，现在还是一般教育学里的一块未曾开垦的处女地。

总而言之，这些孩子进到学校里。然而，他们很快就会感到：自己跟别的孩子不一样。我明白：如果用教所有的孩子那样的办法来教这些孩子，那么他们不可避免地会学得很差，成为可怜而不幸的人，一辈子受着"我干什么都不行"这个思想的痛苦折磨。应当时时刻刻保护这些孩子，因为他们最容易受到伤害：儿童时期的智力生活的领域是跟道德生活的领域紧密相连的，儿童会把学习上的每一次失败当成一种痛苦的屈辱。

由此可见，最主要的任务是：不要对学习落后的儿童进行不适当的教学。而不适当的教学是指什么呢？这里我不准备谈教学法，而想谈一些主要的原则，因为离开原则，即使是最完美的教学法也会失效。

在课堂上的学习要求同时使用记忆和思考。但是这些学习落后的儿童记不住跟其余儿童同样多的东西。在学校里给予脑力劳动的评分，是根据学生记住了多少和按照教师的要求再现了多少来决定的。我们尽一切努力发展能力差的儿童的认知可能性，增强他的记忆，但同时我们始终不让他想：是根据他记住了多少功课来对他的成绩做出评定的。他回答了问题，只有在他取得了进步的时候，才给他打分数。这样做的时候，不要让儿童感到他在班上跟别人是有区别的。

我给一个学习落后的儿童布置一道应用题，把应用题的条件重复讲解好几次，让他记住其中的已知数。他记住了，但是当他刚刚动手运算的时候，又把已知数忘记了。他不会同时记忆和思考。

我编了一本专门的习题集，是供智力有障碍的儿童使用的。解答这些应用题，要求记住一些鲜明的形象、画面和情境。为此还制定了一套教学法，这在一篇文章里是无法介绍清楚的。我正在写一本叫作《把智力较差的儿童挽救过来》的书，读者可以从该书中对此做详细的了解。

对于学习落后的儿童，一定要让他坚持达到对他提出的目标，独立地解答习题。有时候，可以花两三节课的时间让他思考，教师细心地指引他的思路，而习题被他解答出来的那个幸福的时刻终究会到来。这会给他带来无可比拟的欢乐、自豪感和自信心。他在这个时候所体验到的情感，比任何药物的作用都更强烈。儿童会要求教师："请再给我出一道题，更难一点的。"他会生气地拒绝同学的帮助，因为他想靠自己的努力完成作业。

如果儿童懂得认知的欢乐和取得成绩的欢乐，那么求知欲就将永远伴随着他的学习。

当儿童有了求知欲时，另外一个强有力的心理学手段——丰富的智力生活和情感生活——就能发生作用。在小学各年级，我们上专门的"思维课"。

我们带领孩子们到自然界去——到花园、树林、湖岸、田野去。在他们面前展示出初看起来难以察觉的各种现象之间的几十种因果关系。孩子们深入地思考着生命的奥秘。

在这些课上，我们从来不提出要儿童记住什么东西的任务。相反地，我们把记忆的目的尽量地暂时放开，放在首要地位的是让儿童在新的发现面前感到惊奇和赞赏。儿童认识的简单的依存关系和联系越多，他的记忆力就变得越好。

这项工作离开丰富的语言是不可思议的。我记了几十本笔记，说明怎样借助有表现力的、鲜明的、富于情感色彩的词来减轻儿童的思维活动的负担。在我看来，这些记载对于医疗教育学是有些参考价值的。

在对学习落后的儿童进行教育的所有年代里，我们让儿童阅读了许多东西（我还编了一本专供他们阅读的文选）。还在小学的时候，孩子们每逢傍晚就到我这里来听故事和编故事。诗歌创作也是一种细致而微妙的陶冶情感生活的训练。这里有响亮的笑声，有忧愁和欢乐，有对人的痛苦的同情和对恶的憎恨。在这些宁静的傍晚时刻，我们大家好像都变成了诗人。我们编了几千个故事。这个做法可贵的地方，就在于编故事的时候，儿童的头脑不仅接受和存储信息，而且也"输出"信息。

创造性手工劳动也是我们的"教学大纲"的重要组成部分。这是促进这些孩子智力发展的重要手段之一。

107 名原来在智力发展上有重大障碍的儿童，后来都成了充分够格的有教养的人。他们当中有 55 人在十年级毕业，25 人在读完七八年级后升入中专并受到中等职业教育，17 人毕业于职业学校和中等夜校，8 人经过培训班而掌握了一门专业。2 人由于严重患病，未能按时上完八年级，但在数年后还是完成了八年制教育。107 人中，有 13 人受到了高等教育。

人的头脑是自然界的一大奇迹。但是这种奇迹只有在教育的影响下才会出现。这是一种长期的、单调的、非常复杂和折磨人的艰难的播种，撒下的种子要过好几年才能长成幼苗。这件工作还要求特别尊重学生的人格。不应当让一个不幸的、处于被大自然或不良环境造成的艰难境遇中的孩子知道他是一个能力低、智力差的人。教育这样的儿童，应当比教育正常儿童要拿出百倍的细致、耐心和同情心。

怎样教育学生热爱劳动

在我们学校果园的中央，长着一片高高的、葱绿的葡萄丛，壮实的葡萄藤足有两米高。少先队员们把枝条固定在铁丝上，一行行地排得很整齐。你顺行看过去，几千串黄色的葡萄确实惹人喜爱。这个葡萄园是我们学校的骄傲。不但本村的庄员，还有邻村的都到这儿来学习。在葡萄园里劳动被看成一种很大的乐趣和很高的荣誉，只有那些最勤恳、最爱劳动的学生才配享受它。

15年前，这里是一片荒地。到学校担任校长后，我建议把这块地改造成肥沃的土地，使它变成一片花果繁多的果园。

我费了很大的劲才说服高年级学生给这里运来了大约30吨含腐殖质的农肥。我看到，学生们只是出于对我这个新上任的校长的尊重，而不是出于对劳动的热爱，才完成我的要求的。在施肥以后，还必须挖一些一米半深的坑，再把腐殖质跟黑土掺起来，填进每一个坑里。

当时在我们村子里还没有人种葡萄，虽然在我们这个地区供葡萄发育的条件是再好不过的。我给学生们讲述葡萄是一种多么美妙的植物，可是我感到我的话并没有打动他们的心。我记得，当我谈到热爱劳动，并且还引用了高尔基的话时，十年级的一个叫奥丽娅·特卡琴柯的女生，滑稽地向她的女友们眨眨眼睛，问道："刚才您说，劳动会使生活变得美好。可是请您说说，难道像挖这些土坑的劳动也是可爱的吗？难道这种事能给人带来欢乐吗？至于高尔基的话，那大概是为了把诗写得美一些；而在生活里，像拾粪这样的劳动，难道也能让人热爱它吗？"

从那时起已经许多年过去了，可是这个姑娘提的问题我始终没有忘记。最近七八年来，当党和人民向学校提出要培养热爱劳动的人的任务时，我又不止一次地听到有人提出这个问题。要回答这个问题并不那么简单，但是必须回答。我们不仅要证明热爱劳动是人的自尊和文明的最高程度，而且必须说明究竟怎样才能培养起对劳动的热爱。生活本身做出了回答。

让我们再回到葡萄园的故事上来。我清楚地知道，那些为第一批葡萄丛挖坑的学生，到中学毕业后就能看见他们的劳动果实。也可能，到那时他们还会带领自己的孩子到学校来。这当然是很好的。不过，还应当更多地想到那些低年级的孩子，他们在校期间，还能种植三熟葡萄，三次看到自己的劳动果实。我们举行了一个"劳动节"（我们给栽种葡萄那一天取了这个名称）活动，来参加的不仅有那些运肥挖坑的人，还有小学生——一、二、三年级的孩子，他们不是来旁观而是来劳动的。开辟葡萄园这件隆重的、"大人的"事让小孩子来参加，单单这一点就使他们把劳动当作一种不平常的、庄严的因而也是快乐的事来对待了。

到了这一天，小学生们给每个坑里捧一把肥土，给葡萄根涂上有营养的溶浆，然后埋土、浇水。孩子们的劳动量并不大，但是比起那些运肥和挖坑的高年级学生来说，他们却怀着更加浓厚的兴趣，盼望着葡萄藤长出第一批嫩芽来。这使我产生了一个明确的想法：应该从幼小时起就吸引儿童参加劳动，而且要使劳动进入儿童的日常生活，变成他感

▲ 在果实累累的葡萄园席地而谈

兴趣的事，通过劳动来激发他的幻想，使他像幻想到遥远的国度去旅行和去发现新大陆一样。在带领小学生去参加劳动节以前，我就给他们讲故事，说一棵葡萄可以结出一百串又大又甜的果实，说可以把葡萄藤培植到像学校楼房那么高。这番话激发了孩子们的想象，就像你对他们谈那稀奇的海洋动物，谈我们这一带草原里的斯基福人①的古墓里的奇珍异宝一样。于是，他们入迷似的做起事情来了。

葡萄藤上的第一批叶子发绿了，新长出来的嫩枝向着太阳伸展。在暖房里，我们用花盆装上含腐殖质的肥土，栽一些插条，它们到冬季就生根，到了春天把它们移栽到普通的土壤里，再过一年就结出果实来了。

这个目标是非常诱人的。我还带来了一篮子成熟的葡萄，让孩子们生平

① 斯基福人是纪元前黑海北岸的草原游牧民族。——译注

第一次品尝了这种果实。大概这一点也加强了目标的吸引力。试想，这样一来，谁还会拒绝用桶去提肥料，用鸟粪去制作追肥用的溶液，拒绝干这种又脏又累的活儿呢？

春季到了，孩子们把培育的小树苗移栽在暖房里。对 10 岁、11 岁的孩子们来说，挖坑，把黑土和腐殖质拌和成有营养的肥料，然后再撒进坑里，确实是件不轻松的事。但是，他们真心实意地、入迷地劳动着，这可能是理想在鼓舞着他们的缘故。这些孩子种的葡萄园（大约有 30 棵），成了学校果园里最漂亮、管理得最完善的一角。当一年前高年级学生种的那些葡萄开始结果的时候，低年级的孩子们高兴极了。因为他们感到自己也是这项劳动的参加者，他们还记得劳动节那一天的情景。好容易等到果实成熟了，我就把一串串的葡萄分给孩子们。他们兴高采烈地把果实拿回家，奉献给妈妈和爸爸。

劳动获得了初步的成果。孩子们从暖房里移栽出来的插条长出了绿色的嫩枝。他们现在已经知道怎样照料和培育这种植物了。我感到高兴：这一下，孩子们都将学会栽培葡萄，每一个人都将成为少年园艺家，热爱劳动了。但是，我的愿望并没有实现。

又过了一年，原先从温室里移栽出来的那些枝条也都开始结果了。我们又重新在花盆里育秧，把它们移栽到露天下，又重新施肥和追肥。许多学生还在自己家里栽种葡萄树。可是，我惊奇地发现：劳动越是变成习以为常的事，学生对它的兴趣就越加减退。三年前那些 9～10 岁的孩子，为了多给他们栽培的葡萄树施肥，简直是手不离桶地干活；可是现在，无论什么东西也不能吸引他们到暖房和葡萄园去了。怎么办呢？再找一批年龄小的学生从头做起吗？但是再过两三年，种植葡萄这件事，就会使所有的学生都习以为常，就像他们早已熟悉的种植土豆和别的作物一样平淡无奇。怎样才能始终使学生保持对劳动的浓厚兴趣和热烈追求呢？怎样去鼓舞他们，使他们不是单纯地提着小桶去运送肥料，而是在他们面前揭示出某种新的、未知的东西，向他们打开自然界这部奇妙的书籍的新的一页呢？怎样才能使劳动变得有吸引力、诱惑力呢？

看来，不应当使劳动变成同样事情的周而复始，以致令人生厌。为什么孩子们在三年前第一次拿起小铁锹、栽种葡萄枝、给长满嫩芽的小树追肥的时候，他们的眼睛放射出那么热烈的光彩呢？为什么他们当时那么兴高采烈地去寻找最好的肥料，把这件事当成真正心爱的事呢？这是因为，劳动在当时对儿童来说就是去发现世界，儿童在认识世界时体验到一种激动人心的快乐。也是因为，当时收集肥料并不是劳动的最终目标，而只是通往一个诱人的、有趣的、美好的目标的小路。这条小路当然不是完全令人愉快的，但是无论如何都要通过它，否则就无法实现目标，就结不出碧绿的葡萄，就看不到果实间耀眼的阳光。

而当新鲜的、诱人的东西变得习以为常的时候，学生对它的兴趣就减退了。我们把曾经让年幼儿童做过的事情，原封不动地叫少年去做。他们几乎全都对劳动失去兴趣，其原因可能就在这里吧。这样的估计大概是符合事实的。我们让年幼儿童去做的事，对他来说是发现世界；可是对少年来说，却是早已念熟的一页旧书了。世界绝不是少年念过和熟悉的这一页书所能穷尽的。你只要再翻开一页，在他面前就会出现新的、未知的事物。我们必须在儿童面前打开大自然这部奇异的书，使儿童把习以为常的劳动看成不平常、引人入胜、富有浪漫精神的事。

于是，我开始关心的主要的事，就是使简单的、日复一日地重复的日常劳动不要变成最终目标，而是成为一种手段，借它去一页一页地翻开大自然这部巨著的令人神往的篇章。

对一些学生来说，劳动已经像读有趣的书、欣赏音乐、跟朋友聚会一样成为需要。他们热爱劳动，因为劳动从童年起就进入了他们的精神生活，成了他们的理想，唤起了他们的最深刻的欢乐感——发现世界、进行创造的欢乐感。

我们在培养新人。我们的目标是给每一个人以幸福。在共产主义制度下，最高的社会福利就在于：那时候将没有一个不幸的、无才能的人。

而真正的幸福的根源何在呢？就在于创造，在于创造性劳动。我们正在一年一年地接近这样的境界：使每一个人的物质需要和文化需要都得到满足。人就其本性来说，不单单是一个消费者，所以，满足其生活资料的需要固然是重要的、决定性的条件，但它毕竟只是幸福的先决条件。而生活的真正幸福则是在劳动中，在人类活动的其他领域中享受心爱的创造性劳动。

我们光荣、艰难而又扣人心弦的目标，就是在每一个人面前揭示劳动的伟大，努力把每一个人培养成劳动的创造者、诗人和艺术家。共产主义的学校将是人的幸福的锻造场，我们今天正在为这种学校打基础。我们对每一个儿童的命运负有责任。

98

课堂教学与课外阅读

我校全体教师一起编制了一份《童年、少年和青年时期阅读的好书目录》，其中罗列的是专门供学生在中小学时代阅读的最宝贵的书籍。起初，这个书目包括 600 种书，后来逐渐增加，到现在已有 900 种书。这份《好书目录》是对学生进行智育、德育、情感教育、审美教育和公民教育的大纲。

书目里列举的每一类书都有几本。在我们的这套丛书里，有几架书是讲述伟大人物的生活和斗争的。少年期和青年早期是人的理想形成的时期。因此，对于我们的教学和教育工作十分重要的是，要使那些以自己的生活榜样鼓舞过多少代人的杰出人物的形象进入每一个少年和青年的理智和心灵。在这套丛书里，关于伟大卫国战争时期的英雄人物的书籍占着显著的地位。

我们付出了很大的努力为《好书目录》挑选关于自然界、人和艺术的书籍。我们还单辟一个书架，放置供学生集体朗读的书籍。

学校工作的经验使我深信：学校教育的缺陷之一，就是没有进行那种占据学生全部理智和心灵的真正的阅读。没有这样的阅读，学生就没有学习的愿望，他们的精神世界就会变得狭窄和贫乏。但是学校应当引导学生去读书。我已经写过，我们学校里有一个"思考之室"，也就是阅览室，这是学生集体看书的地方，高年级学生到这里来阅读推荐的书籍并且做摘要。

我们力求使每一个少年、每一个青年都找到一本适合他"自己"的书，这本书应当在他的心灵里留下终生不可磨灭的痕迹。帮助学生遇到他"自己"的那本书，这是需要教育艺术的。阅读这样的书是一种自我总结，是自我教育的开端，是面对自己良心的自白。

下面是一个学生谈到书籍对他的影响时说的话："我内心感到惭愧，……起初使我震惊的只是主人公的功绩，后来突然产生了一个念头：我自己是怎样的人呢？老师要求我们两星期内写一篇作文，可我总是拖拉，直到交作文的限期到了才动手写。……我愤恨自己。难道我是一个意志薄弱的人吗？……在人们面前，我感到好像大家都看穿了我。我下决心不再做懦夫懒汉，而要成为真正的人。老师又布置作文了。我一回到家里，就发愤地要当天写完它。第二天一早起床，把作文誊清。我想让人们在我身上看到一个比过去表现得好的人……"

对所读的东西的领会程度取决于人们在阅读中保持的情绪状态：如果一个人渴望读书，阅读时给他带来欢乐，那么所读的东西就会深印在他的意识里。精神高涨的状态、研读书籍时的喜悦是一个强大的杠杆（用形象的话来说），用它能够把大块的知识高举起来。在这样的情绪状态中，不随意识记特别积极。一个人在中小学时代里读过哪些书，书籍在他的心灵里留下过什么痕迹，这一点决定着人的情感的培养，决定着年轻人对待同年龄的人、对待长者以及对待生活的态度……。所谓"生活在书籍的世界里"，跟认真地、用功地学好功课并不是一回事儿。一个人很可能以优异的成绩从中学毕业，但是却完全不懂得什么是智力活动，完全没有体验过阅读和思考这种人类的巨大喜悦。所谓"生活在书籍的世界里"，就是追求思想的美，享受文化的财富，从而使自己变得更加高尚。

在学校里工作了 32 年之后，我得出这样的结论：因为学生在上学的年代里智力兴趣很贫乏，造成他们在中学毕业后精神生活的局促和内心的空虚，正是青少年当中发生许多不健康现象的最主要的原因。如果学校不善于培养年轻人的理智和情感，不能激发学生去进行自学，那么任何跟年轻人的酗酒、流氓行为做斗争的措施都是无济于事的。要做到教会学生自学，一个重要的条件就是使一个人在上小学和中学的时候就酷爱读书，并且学会在阅读过程中认识自己。如果一个人在中学毕业后要么完全不懂得阅读，要么阅读的范围只局限于一些低劣的侦探小说，那么他的内心世界就会变得粗鲁，他就会去寻求"感官刺激"，而能找到这种东西的地方，是会把一切人性的东西糟蹋殆尽的。

你不必害怕把学校教学的整块时间用在让学生读书上面去，不必害怕让学生花一整天时间到"书籍的海洋"里去遨游。让书籍以欢乐的激情去充实年轻的心灵吧！让书籍去占据青年时代吧！如果你的学生感到书籍永远是一种新奇之物，如果年轻人总想单独地躲起来去享用这种瑰宝，如果在青年当中有许多这样有读书癖的"怪人"，那么，我们的社会目前还不能对付的许多棘手问题就会迎刃而解。

我想，自学有一个必备的条件，就是个人要积累一些藏书。我们学校的每一个学生，到小学毕业时至少拥有 200—250 本个人藏书，个别学生甚至有 400—500 本书。我们特别关心的一件事，就是使那些在家庭生活中只要没有书籍就会感到精神生活很贫乏的儿童，以及学习困难的儿童，能拥有丰富的个人藏书。在小学时代，逢到学生生日、"图书节"、少先队组织周年纪念日、学生入队和入团的日子，学校、少先队组织、家长委员会、校长都向学生赠送书籍。

▲ 满室书香——苏霍姆林斯基的书房一角

我们学校有一个由学生和成年人联合组成的"读者协会"，每周为成人和儿童举行一次读书活动。高年级学生建立了一个"书籍合作社"，在居民中开展普及图书的活动。

我们认为很重要的一点，就是要让每一个学生的个人藏书中有几本是他经常反复阅读的心爱书籍。我们在"文艺朗读晚会"或晨会上，朗读优秀的文艺作品，这有助于培养学生对反复阅读的需要。

我们教师还特别关心让每一个中年级和高年级学生的个人藏书里有丰富的科学书籍。一个人在少年期和青年早期就应当开始深入钻研人类知识的某一个领域。只有通过独立阅读来满足学生多方面的智力兴趣，才能在此基础上进行深入的钻研。要让一个人在少年期和青年早期多读、多想、多探求，他似乎才能偶然地发现自己最感兴趣的某一个专门领域。

我们的学生的课后的脑力劳动，大部分用于个人选择的独立阅读，小部分用于准备功课。在我们这里，阅读非必修的图书和准备功课是两个权利相等、意义相同的因素。

家庭作业主要在早晨上学前的时间里完成。这样就为自学留下了空余时间，学生可以利用下半天读书和参加小组活动。我们的学生在午饭和午休以后，就在阅览室或家里读书，写作文，写提要，或者从事各人喜爱的活动。这种脑力劳动对于培养自学的愿望具有极其重要的意义。

我们力求做到使每一个学生都有他自己最喜爱的一门学科，要求所有的学生身上都同时出现这种爱好，每一个学生都通过自己的具体途径抵达迷恋某一门学科的境界。但是尽管经过的途径不同，学生一般都是从课堂教学中得到启发而课外去阅读科学书籍，都是由教室走向阅览室，由某一个问题激发了兴趣而读第一本课外书到积累起个人藏书。

一个少年一旦发现了他最喜爱的学科，教师就必须注意使学生的求知欲和探索精神得到满足和发掘。我们的每一个教师都利用暑假旅游的时间，不仅为学校阅览室而且为个别学生的私人藏书室选购一些有趣的图书。每一个教师都力求做到，使他的学生在最喜爱的学科方面知道的东西比教学大纲所要求的多好几倍。这一点要靠使课堂教学与整套的课外活动（以阅读和小组活动为中心）之间建立紧密的联系而达到。每一个学生在个人藏书中都有一大沓最喜爱学科的书籍。学生就自己喜爱的学科所做的摘录和练习，反映出他的阅读情况。

可以说，个别青少年之所以肯学习，就是因为他们有一门最喜爱的学科并且在这门学科上取得了优异的成绩。这对他们来说是一种强大的精神支柱：在心爱的学科上取得优异的分数使学生永远不会对自己的力量丧失信心。

我们的座右铭是：不要让任何一个学生感到他在智力发展上是不行的，在学习上是注定要落后的。我深信，在少年和青年当中发生的许多悲剧的根源正在于：一个人如果感到自己无能为力，他是不可能幸福的；而在缺乏幸福感的地方，就会产生性情孤僻、不相信别人和冷酷无情的现象。每当我想到，在许多学校里，在教室的最后一排，还坐着一些好像被遗弃的落后生和留级生，他们心情郁闷，性格暴躁，或者对知识毫不动心的情况时，我就不能不感到一种由衷的痛心。我们不能让这些学生怀着冷酷的心，对知识毫无兴趣地走出校门！如果一个正常的人没有在任何一门学科上取得成绩，如果他没有一门自己喜爱的学科，那就说明这个学校的工作是很差劲的。

怎样使学校教育和家庭教育协调一致

教育的效果取决于学校教育和家庭教育对学生施加影响的一致性。如果没有这种一致性，那么学校的教学和教育过程就会像纸做的房子一样倒塌下来。这种一致性表现在哪里，以及如何去达到这种一致性呢？

在帕夫雷什中学，20年来形成了一套全体教师跟学生家长共同开展工作的实际方法。下面我就来介绍这套工作方法的基本特征。

我们的基本认识是：父母、亲属是儿童最早的教育者，他们在学龄前几年就在儿童身上埋下了人的一些基本特征的根。儿童从两岁到六七岁，从周围环境中和经常接触的人那里获得大量知识，这些知识好像砖石被砌进他的心理发展的地基。儿童个性中精神财富的含量，还有教育家们称为求知欲、好奇心、探究精神、思维敏感度之类的东西的占比，在很大的程度上取决于儿童从两岁到六七岁时所处的环境如何。

我们力求让家长们懂得这些道理，我们学校办的"家长学校"已经活动了15年多，它的任务是不断地提高父母们的教育修养水平。我们坚信，教育学的知识像法制知识一样，是所有的社会成员都必须知晓的。我们的家长学校分设几个组：在第一组（我们认为这是最重要的一个组）里参加学习的是2～5岁儿童的父母，学制为两年，教学形式是由有经验的教师讲课，课程内容是讲这一年龄期的儿童的身体发育和心理发展的规律。我们给父母们提出一些实际的建议，说明怎样在家庭里为儿童创造一个适宜的环境。

我为学前儿童的家长们编写了一些建议材料，说明怎样逐月地、逐年地在儿童面前揭示由自然界、劳动、艺术、人相互联系构成的多彩的世界，逐步地激发儿童认识的愿望。我在两年时间里向学前儿童的家长们讲述，怎样通过让儿童认识各种现象来培养敏锐的观察力、注意力和求知欲。同时，要特别注意在其相互联系中发展思维和语言。有几讲是专门谈"怎样教会儿童发现世界"这个课题。我谈到，在使儿童了解自然界的时候，怎样教会儿童发现那些乍一看来并看不见的东西即隐蔽的东西，怎样向儿童指出事物的因果关系。我们强调指出，儿童智力发展的一个重要标志，就是他们不断提出关于周围世界、关于他们不懂的东西的问题。儿童关于不懂的东西提出的问题越多，他认知愿望的发展就越有力。

我为家长们编辑了一本《人的世界》文选，其中关于童话、儿童读物的材料占有很大的篇幅。我向家长们说明，应当给学前儿童讲哪些童话故事，家里应当有哪些儿童读物，怎样给儿童读和怎样解释。总之，为了教育儿童，书籍在家庭的精神生活中应当占有重要的地位。而对家长学校的学前组的家长来说，这个问题具有特殊的重要意义：父亲和母亲应当多读书、多思考，以便满足和发展儿童的求知欲。在家长学校活动时，我们让父母们参观陈列教育书籍和科普读物的展览台。瞧，这儿是一本关于自然现象的书，它不仅值得一读，而且家里应当买一本，那儿，是一些关于花卉、动物、果树、观赏树木的书，还有关于大气层中奇异现象的书，关于地层深处秘密的书，关于遥远国度的书，等等；这儿还有一本关于祖国的书，这是六七岁儿童一定应当知道的……

我们做到了让每个家庭里都过"书籍节"。到这一天，家长们给儿童买一批书籍。在别的节日里，也给孩子们买书。我们认为家长的教育修养的一个重要标志，就是书籍在他们的生活里占有重要的地位。如果家长热爱和尊重书籍，儿童也就会热爱它们。在家长学校每一次活动中，除了听讲课以外，父母们还听对文艺作品的艺术性朗读。

▲ 家长在家中多捧书，小孩子自然爱读书

在家长学校学前组的活动中，让家长思考如何培养儿童将来顺利学习所必需的技能和技巧是十分重要的。在我们学校已经成了传统：7岁的儿童进入一年级学习时，已经会读、写一些字母，会画画。在阅读、书写、图画的教学中，家庭起着很大作用。让6～7岁（有些是5岁）的学前儿童，每天到我们学校的预备班里学习两小时。我们把这种预备班叫作"蓝天下的学校"，它的主要任务是教会儿童思考。在预备班里，教师还帮助孩子们学习阅读和书写。如果没有家庭的教育，我们是很难教会儿童阅读的。在绝大多数家庭里，都有一种尊重书籍的气氛，学前儿童有他们小小的藏书室，儿童在家长的引导下养成了天天阅读的习惯。

学龄前几年是儿童打下道德基础的时期。在家长学校学前组，我每年都要讲到下列题目："怎样培养关心别人的品质？""怎样打下尊敬长辈的根子？""怎样培养孩子爱善憎恶的态度？"在讲课中，我用实例来说明，应该怎样限制孩子的不合理愿望，同时又要发展善良的、有益的意向。由于我很熟悉每个家庭的特点，我能提出具体的建议：每一个儿童应当对长辈（祖母、祖父、母亲、父亲）尽一些什么义务。我们跟家长一起商量，决定应当让孩子做些什么，以及给予孩子一些什么。

我们每年两次把6～7岁的儿童——我们未来的学生召集到学校来，给他们做健康检查，向家长提出有关饮食制度、体育锻炼等方面的建议。这样，我们每年就有了两个"健康日"，在这些天里给孩子们进行医学检查，对他们的视力、心血管系统和呼吸器官的状况予以特别的关注。开展家长学校学前组活动要达到的最重要的目标之一，就是要家长们保障儿童入学时身体健壮，开始学习以后不致生病。在对6岁的儿童进行体检时，要向家长说明夏季时应把哪些儿童送到专门为体弱者而设的疗养地去疗养。

我这么详尽地记述家长学校学前组的工作情况，是基于这样一个原因：儿童在接受学校教育以前的准备，在很大程度上决定着他们在少年期和青年早期在道德、智力和审美等方面的发展。

我们尽学校现有的一切可能来充实和丰富儿童在学龄前期的精神生活。如果我们发现由于一定的原因个别儿童的家庭里缺乏能够培养理智和人性的那种环境，我们就来创造这种环境：设法让儿童进幼儿园。如果进不了幼儿园，我们就让儿童每天到预备班来。在收6～7岁儿童的预备班里，每年都有两三个3～5岁的小朋友。对这些儿童进行教育，用不着任何教学大纲，我们凭借的只是年长者的影响和一种关心人的环境。

除了学前组以外，家长学校里还有三个组：学龄初期组（相当于小学组）、少年期组（相当于初中组）、青年期组（相当于高中组）。各个组每月进行两次活动。我们做到了使95%～98%的家长都参加家长学校的学习。学生的母亲和父亲双双来家长学校学习的家庭占比为25%。结果形成了这样的情况：学生家长在学前组学习两三年，在学龄初期组学习4年，在少年期组学习3年，在青年期组再学3年。如果没有形成这样一套对家长进行教育知识的启蒙并提高他们的教育修养的体系，那么，我们学校顺利进行教学和教育工作简直是不可能的。

家长学校的教学大纲里，既包括共同性的教育学问题，也有学前期、学龄初期、少年期和青年期教育上的一些特殊问题。被我们摆在中心位置的一个问题，就是教育目标问题："我们要培养什么样的人？"家长学校每一个组里的学习都是从这一讲开始的。我们力求使家长们（也像我们教师一样）有一个明确的观念，现在刚刚入学或者在学乘法表的孩子，再过几年就要踏入劳动和社会生活，这些孩子应该具有什么样的精神面貌。

我们认为极其重要的一点，就是使"设计人"①的工作不仅成为教师的事业，也要成为家长的事业。我们在分析教育过程时，用一些实际事例来说明，学生从家长那里得到些什么，从教师那里得到些什么，以及从他度过闲暇时间的那个环境里得到些什么。家长们认识到，儿子或女儿首先是向他们学习的，包括学习好的品质和坏的品质。

在家长学校的各个组里，我都会专门安排一次讲课来谈这个问题：儿童是怎样潜移默化地从长辈那里学习的？我们谈到，家长或长辈的某一个特点好像是不知不觉地、在新的条件下"膨胀"开来，变成了儿童的一定的性格特征。正是这种细致的分析（品质是从哪里来的，是怎样传递的，孩子的道德特征是怎样发展的），成了我们对家长进行日常工作（集体听课、个别谈话）的内容。这对于使学校教育和家庭教育对儿童施加影响达到一致是十分重要的。也就是说，要使家长从孩子身上看到自己，懂得儿童发展的辩证法。

不言而喻，对家长进行工作要求有高度的机智。我们自然不能把家庭生活"抖底翻出来"，而要始终尊重家庭关系的含蓄性。如果有必要给家长以帮

---

① 马卡连柯语。——译注

助或提具体的建议，我们就采取个别谈话的方式；对于谈话涉及的内容，我们是严格保密的。如果不这样做，我们就会使家长疏远学校，就无法了解家庭里儿童成长的情况。

讲清楚儿童是怎样受到家长影响的，可以促进家长的自我教育。家长知道了儿童的模仿能力很强，就会经常检点自己，以批判的态度对待自己的行为。他们不再把对儿童的教育看成采取一连串"非常措施"的事，而看成不断、非常细心的劳动，看成首先要使自身的行为完美起来的行动。我们力求使家长通过教育儿童使而自己振作向上，使他们加强对家庭、对儿童的责任感。

在家长学校的每一个组里，我们向学生的父母说明，学校在这个时期怎样对学生实施智育、德育、美育和体育，以及我们希望家庭给予哪些协助。而家庭给予的主要协助，就是在家庭条件下实现学校教育工作中所贯穿的那些思想。我们给家长讲解道德修养，在家长学校的各个组里都对这个问题予以极大的重视。我们说明什么是热爱劳动、做事有条理、待人诚恳；并且指出，如果儿童只顾享受别人创造的福利，那么他长大了就会蛮横地对待别人——首先是对待父母，而他自己也会沦落为不幸的人。

我们力求让儿童从小就量力而行地为家庭年长的成员创造物质的和精神的福利，并且在这种创造中找到欢乐。几年以前，我们跟家长们商量好：每一个家庭都让儿童在指定的隆重的一天栽一棵果树，献给母亲、祖母、祖父、父亲，然后由儿童照料这些树。当果树结果的时候，儿童把第一批水果奉献给长辈。这已经成为一个传统。它能帮助树立对劳动的崇拜，对儿童的德育、美育和体育的发展都有重大的意义。

在家长学校的各个组里，我们都告诉家长，怎样给子女灌输这样的信念：劳动不仅是一种神圣的义务，而且也是一种欢乐。我们对家长们说：如果你们想让子女成长为关心体贴别人的人，让他们把父母当成世界上最亲爱的人，那就必须引导他们把全部生活建立在劳动的基础上，最重要的是，用高尚的思想和动机去激励他们从事这种劳动。

在家长学校的各个组里，我们都要专门讲到学校和家庭在教育影响上保持一致的问题。这种教育影响的目标就是培养关心人、体贴人、待人诚恳、对一切有生命的东西抱以善良的态度等品质。如果儿童不在家庭里从事实际劳动来发展这些道德品质，我们学校是很难在这些方面取得什么显著成效的。

我们跟每一位父母亲都商量好，规定他们的孩子在家里要做哪些事（照料动物、种树、养花）。

我们认为，学生在少年早期就应当参加为家庭创造物质财富的生产劳动。十二三岁的学生在暑假里跟父母一起在田间和畜牧场里劳动，高年级的男女青年已经能以劳动所得给家庭增加相当可观的收入——他们实际上已经能挣出自己全年的口粮。

我在给家长学校青年期组的讲课里总结道德教育和劳动教育的经验。我们全体教师跟家长们一起决定，暑假里把中年级和高年级学生分配到哪些成人集体里去劳动比较合适，以及学生的劳动锻炼应当怎样进行。

我们建议家长们，对孩子们提出的跟他们对家庭收入和社会生产的劳动贡献"不相称"的要求应当加以限制。如果儿童单纯消费，如果他的一切要求都与劳动无关而得到满足，那么他就会逐渐地变成好吃懒做的人。我们指出，由于家长不懂教育和教育无力，造成这种后果是必然的现象，并且进一步使家长们认识到，他们的子女的命运就掌握在他们手里。

在学校里，在大家都从事各种创造性劳动的环境中，每一个学生在少年早期就都有了自己喜爱的劳动项目。在家里，家长们也创造一些物质条件（设置一个从事心爱劳动的角落，购买必要的工具和材料），使每一个儿童、少年和青年发展他们的才能。学生在少年期和青年早期的劳动爱好是常常变换的。我们跟家长一起研究这些变化，尽量引导每一个学生能按他的禀赋最好的方向发展。

对学龄中期和学龄后期学生的家长，我们每月进行一两次小组咨询和个别谈话，内容是谈怎样发展的禀赋、爱好和才能，怎样为青年人选择今后的生活道路。我们向家长们介绍中、高年级学生最喜欢哪些创造性劳动项目。在"创造节"的日子里，家长们到学校来，观看他们的子女在教学工厂、实验室、工作室和教学实验园地里做出的东西。

学校教育和家庭教育协调一致，对培养学生的自我意识和自尊感起到很重大的作用。

让我们再来谈谈阅读和书籍的问题。根据多年的经验，我们全体教师确定了一个家庭应拥有最低限度的藏书的目录，以便供家长，学前儿童，学龄初期、学龄中期和学龄后期的学生阅读。我们全体教师深信，这不仅是进行智育，而且是进行德育、美育和情感教育的最重要问题之一。没有一些藏书的家庭，往好里说，对学校教育不会有任何的帮助；而往坏里说，这样的家庭环境会使儿童变得头脑迟钝，会限制儿童的智力发展。为此，学校不得不付出巨大的努力去修补这种家庭智力倾向方面的缺陷。

我们认为，家庭里要有一些藏书并且不断地充实它，不仅是为了让学生有书可读，而且是为了让家长也读读这些书。因为在我们看来，家长的智力倾向跟孩子的自主阅读是同样重要的。很重要的一点是，要使家长了解一些关于人的基本知识：人的身体发育、智力发展、心理发展等方面的规律。在每一个家庭里都应当有这些方面的书籍（可惜，现在这类书出版得还太少）。我们还很关心，让每一个家庭里都有但丁、莎士比亚、塞万提斯、歌德、海涅、雨果、罗曼·罗兰、狄更斯、福楼拜、拜伦、普希金、舍甫琴柯、果戈理、屠格涅夫、列夫·托尔斯泰等人的著作。我们希望父母在把这些著作反复阅读之后，再转交到儿子和女儿的手里。

20 年里，我做了 1200 张卡片，主要记录了学生在少年期和青年早期（直到中学毕业）精神发展的情况。在分析这些材料以后，我得出了一个结论：凡是道德修养好的、有自觉精神的劳动者，都是在对书籍抱着严肃尊重态度的家庭里长大的。

为了使学校和家庭在美育方面保持一致，我们首先设法使每一个家庭都具有基本的审美素养。在家长学校的学前组里，我们通过有关的讲座，使审美素养的各种元素（特别是音乐和造型艺术）在家庭里先"习惯起来"，再得到发展。我们向家长们提了一些具体的建议：应当让学前儿童，学龄初期、学龄中期和学龄后期的学生听哪些音乐作品，怎样发展儿童的音乐趣味。

在家长学校里，我们经常单独地跟母亲们或者父亲们举行一些活动，这样做是为了讨论与青少年青春期有关的性教育问题。例如，在单独跟父亲们进行的活动中，我们说明父亲应当怎样把自己的生活智慧传授给儿子，应当怎样以坚定的意志和贯彻始终的精神对儿子进行教育。

为了保持教师集体跟家长集体的经常联系，我们把那些最积极的、有较高教育修养和丰富生活经验的家长（每个年级找一位家长）吸收进校务委员会，让他们参与决定学校的一切教育问题。

100

提高课堂教学质量的几个问题

　　学生在课堂上的脑力劳动修养乃是教师劳动修养的一面镜子。上课时，教师不仅要注意自己本门学科的教学思路，而且要注意到学生。如果教师到了面对学生的时候才来挑选正确表达思想的词句，甚至有时候还说得词不达意，那么学生就要费很大的劲儿来领会教师所讲的东西，做不到透彻地理解。教师知道的东西应当比他要讲给学生的东西多 10 倍、20 倍。那样一来，在上课时他就能自如地运用语言，学生感知这些信息就不太费力；这时，处于教师注意的中心的就不是他自己的讲述，而是学生的思维状况。这时，教师从学生的眼光里就能看出他们懂了还是没懂。如果有必要，他会迅速地变换讲法。驾驭学生思维的艺术，绝不在于事先把自己教学的每一条思路都规定好，只讲事先准备了的东西，而在于根据具体情况来讲当时需要讲的东西。一个好的教师，好就好在他能察觉课的发展情况，能正确从本节课发展的逻辑出发，遵循此时此刻是唯一正确的道路走下去。在对少年①的智育中，这种办法和技巧尤其重要。要教会少年展开复杂的思维过程，教师就得有高度的洞察力和灵活性，能随时变换教学方式。

　　为了满足少年们喜欢进行抽象思维和对事实进行深入思考的这种精神需要，教师在讲课过程中要慷慨地提供事实而吝啬地给予概括。对少年和青年们来说，最有兴味的讲课，是教师把某些东西故意保留而不讲完的那种讲法。我们在讲述事实的时候，给学生保留一些余地，让他们在头脑中分析和比较这些事实。据我们观察，由事实过渡到概括性结论是一个激动人心的充满情感的时刻，就好比学生攀上了一个高峰，为取得胜利而满怀喜悦。有经验的教师在备课的时候，总是绞尽脑汁，怎样才能引导学生实现这种提高，怎样帮助学生"攀上高峰"，使他们成为"思想家"和"发现者"。教师竭力在教材中寻找供学生进行思考和概括的线索。

　　例如，我上历史课，当讲到一些具体的国家时，我就引导学生进行"什

---

① 相当于初中学生。——译注

么是国家"的概括。少年学生很喜欢思考，对具体的历史事件进行抽象概括，兴致勃勃地议论：在奴役劳动统治的条件下，国家不能稳定的一般原因是什么，等等。

青年学生有一种喜欢用"思维的眼光"把握大量事实的需要，教师应当满足这种需要。对学生来说，他如果不能体验到自己思考的自豪感，那么就不喜欢进行脑力劳动。为了满足青年的这些智力需要，我们要经常采用一些专门方法进行"思考练习"。在自然学科的课上，这类练习能引起学生特别浓厚的兴趣。例如，生物学教师在讲到植物或动物的某一个新纲的代表者时，要求学生思考这样的问题：是什么东西把这些代表者联合成一个统一的整体？在本课所学的新纲跟以前学过的某一纲之间有哪些共性的东西？教师还要求学生研究某些纲之间的本质的和非本质的差异，等等。

我从经验中得到一条信念：学生要识记并保持在记忆里的东西越多（而中、高年级要识记的东西是很多的），就越有必要进行概括，越有必要对具体材料进行抽象概括，越有必要进行思考和推论。这样似乎也能消除疲劳，激发学生对知识和事实的新的兴趣。我们还碰到一种情况：学科越是容易（例如，植物学在思维过程的复杂性上就比数学容易得多），少年学生们对积累事实进行"储备"的态度就越冷淡。我一次又一次地证实这一点：在少年期，特别重要的一点是要使学生感到自己是一个研究者、思考者，而不是消极的知识"掌握者"。许多学生在童年期[①]学习得很顺利，而到了少年期，据一些教师鉴定说，却变得愚笨、没有才能、对知识漠不关心了。产生这种情况的原因就在于：在这个时期，学生应当开动脑筋进行思考、推论和研究，却被"解除"了思考的任务。教师想出的各种巧妙办法，都是为了尽可能地减轻学生在掌握教材方面的困难。结果是看到一种很荒诞的情况：按教师的本意应该是减轻学生的脑力劳动的办法，却实质上把学生教得不会从事脑力劳动了。

怎样算是掌握了知识呢？就是使周围世界的事物、事实、现象和事件在一定意义上成为学生自己的东西。真正的掌握是在这种情况下发生的，即学生感到了知识是他进行脑力劳动的结果，他自己去获取知识，同时找到运用知识的领域，从抽象原理再过渡到接触新的具体事实。当学生把问题的实质弄明白以后，他就顿然醒悟，似乎一片黑暗一下子被鲜明的火光照亮了。

---

① 指小学阶段。——译注

对那些"难教"的、理解力差的少年要特别耐心地对待，任何时候都不要责备他们头脑迟钝，也不要让他们拼命记忆，这些都没有用处。如果没有探究和思考，记忆就会"有漏洞"，最终什么也记不住。记忆力下降正是在少年期发生的。应当引导理解力差和思维不敏捷的学生去独立地发现真理。发现带来的喜悦，对通过自己的努力而发现真理的惊异感，是智力发展的动力。这是走向自我确立的一个阶梯：学生体验到自豪感，体验到自己对自己的尊重。

我们深信：如果学生在少年期没有遇到一位能正确地引导他进行脑力劳动的教师，那么他就永远学不会正确地思维。我们力求做到：每一节课上，在学生特别是少年的脑力劳动中，一定要使对概念的理解占有重要的地位。真正的教育能手总是竭力使抽象概念真正地为学生所掌握，使之真正成为学生自己的东西，成为他们积极地认识事物和获取新知识的工具和手段。

对少年的脑力劳动进行的观察使我们得出一条结论：如果滥用那些有趣的、形象的、鲜明的、花花绿绿的东西，就会导致学生过于兴奋，教室里总有人小声讲话和做小动作。教师为了"压倒"学生的嗡嗡声，就提高嗓门讲课，而这样又引起了学生更大的兴奋。这种兴奋可能使学生一连几节课都静不下心来，就根本谈不上正常地进行脑力劳动了。毫无疑问，使用愚蠢的手段去激发学生的兴趣，在这样精细的事情上表现出教育的无知，正是使少年变成"难教的群氓"的原因之一。

我们学校中年级的教师，每月听一次关于课堂教学心理学的专门报告，一起讨论对学生的心理——教育学鉴定、交流观察的结果。在如何培养学生对知识的兴趣的许多问题中，关于已知和未知的相互关系问题特别吸引我们的注意。实践使我们深信：要使学生对学科的核心内容形成牢固的兴趣，就应当使课堂上学习的教材里既包含一定"份额"的未知的东西，又包含一定"份额"的已知的东西。我们认为，揭示未知跟已知之间的深刻联系，是培养对知识的兴趣的教育诀窍之一。

有些人认为，所谓运用知识，就是让学生经常完成一些实际作业——测量、称重量、计算等，但是还应当把运用知识变成学生从事脑力劳动的一种"学风"。

我们努力采用问题探索式的讲课方法。这就好比教师把一些代表新知识的"砖瓦"递给学生，让他去掂量，怎样把这些"砖瓦"用到正在建筑的代表完整知识体系的"楼房"上去。例如，我在讲述古代、中世纪和文艺复兴时期的事件时，对有些东西我有意地留着不讲完：这些东西是学生借助以前学过的知识能够独立地进行解释的。从学生对我留着没有讲完的那些问题是否愿意去自己寻找答案，可以看出学生有没有积极思维的热情。

我们在课堂上指导学生进行脑力劳动时，总要设法使一些知识成为掌握另一些知识的工具。在自然学科和人文学科的课堂上，我们都专门留出时间，让学生去独立地深入思考各种事实、现象和事件之间的相互关系。巩固知识不应当仅仅归结为教师一讲完课就立刻叫学生回答问题。我们认为，给学生布置独立的作业，让他们去深入思考教材，就是巩固知识。

为了防止死记硬背，应当帮助学生掌握合理的识记方法。我们引导学生对听讲或读书得来的东西进行逻辑分析。我们开始讲课前一般向学生（从五、六年级开始）提出要求："你们在听讲的时候，要注意思考材料的逻辑组成部分，不要花力气试图把一切都从头到尾地记住，而只要记主要的东西。"学生们以浓厚的兴趣来对待这一要求，因为它是符合他们喜欢思考的这一愿望的。学生们又逐渐地过渡到完成更复杂的要求：在听讲过程中做简要的笔记，把主要的逻辑点及其顺序记录下来。

早在小学的时候，教师就能发现：他的学生在智力训练程度上已经分化成好几个层次。在一个班上分化成三个层次的人，在第二个班上分化成四个层次的人，在第三个班上分化成五个层次的人。学生的这种分化并不是凝固不变的：一个学生今天只能及格地掌握大纲里的东西，明天他却表现出在某一知识领域里很有才能；一个学生在这一门学科上可以列入这一档，而在另一门学科上却只能列入另一档。一般来说，每一个学生在一定的发展阶段上，都会表现出某种才能，这种才能使他能够在某一门学科上取得突出的成绩。就实质上说，我们给予学生的道德刺激，诱发他去从事脑力劳动，就是以此为基础的。

关于学生分化成各个层次的情况，我们永远不让学生知道内情。他们看到的只是教师在布置个别作业：给一些人的作业比较容易些（只限于大纲范围），给另一些人的作业比较难一些（超出大纲范围）。教师布置这些不同的作业，目的在于使学生的才能不断地得到发展。

按照各尽所能的原则而进行教学和教育工作，能为提高学生集体的智力水平创造有利的条件。由于实施这一原则，可以使"差生"不失去自信，使他们逐步地发展起一些智力技能，而到了一定的阶段上，他们就能在学科上取得好成绩哪怕只是一门。

我们不允许实行向"中等生"拉平的做法。那样会阻碍发展水平高的学生的成长，而且会使"中等生"本身也失掉前进的动力。如果有一个七年级学生对学习植物学有兴趣，那么他就不限于读中学课本，可以去研究生物化学，研究土壤中微生物的活动。这件事也会对"差生"的发展产生巨大的影响，因为集体的智力活动是一个统一的过程。如果在一个班里有几个学生在钻研大纲以外的材料，在研究科学前沿的问题，在研究半导体、量子力学发生器和电子仪器，那么通常在这个班里就不会有物理成绩不及格的学生。班上几个水平最高的学生在专攻 B. Г. 别林斯基的文艺评论文章（大纲里没有指定的），在写这方面的学术报告并且在班上宣读，那么就连"最差的"学生在掌握大纲里《别林斯基的创作》这个很难的一节时也会感到容易些。

当教师深信必要的条件已经成熟时，他可以让能力最强的学生撰写报告和学术论著综述，让科技课外小组出墙报，让学生写书评；可以举行科技晚会或晨会；可以举行演讲会，演讲者就是学生。把有些问题放到课外小组的活动中研究。在这样的条件下，"差生"可以了解许多知识，有许多东西从他们的头脑中通过，激发他们去从事精神专注的脑力劳动。这些"差生"由于不必去识记一些知识，他们理解和学会必修教材也感到容易些了。在物理课上听教师讲解原子结构以前，学生应当先从科学和科普杂志里读一些关于基本粒子的引人入胜的文章。即便他们读过的文章里还有许多不懂的内容，也可以加深他们对正课上将要学习的教材的兴趣。我们努力做到从课外的非必修阅读开始，让学生了解数学、物理、化学各科中那些最难懂的问题。

在我们看来，学科的必修大纲对一个学生来说是最高限度的要求，而对另一个学生来说却只是最低限度的要求。

近来有人认为，为了克服学校搞唯智主义的偏向，有必要让学生参加一些体力劳动。这种观点是令人困惑费解的。照这么说来，双手不活动就会有"智力肥大症"的危险，似乎一个人用手工作得越少，他的智力就越发展，而在这种发展中似乎隐藏着什么危险。

缺乏动脑的劳动，也和随便让人去搞一点什么体力劳动（以免他无所事事）一样，对学生的智力发展是很有害的。我 10 年里对 140 名学生（7～17岁）的智力发展和智力活动进行了观察，这些学生由于家庭的原因而不得不每年花几个月的时间去从事不需要任何技能的、单调而沉重的体力劳动。这种缺乏动脑的劳动在青年人的整个智力面貌上留下了痕迹：16～18岁的男女青年在接触简单的机器和技术设施时总是显得那么胆怯和茫然无措；而且，这些人当中没有一个人能通过高校的入学考试。这使成年人感到惊奇。

我想，有些思维品质是只有在双手从事精巧劳动的条件下才能发展的。在我们学校，从一年级起，就开始让学生从事细心的、精巧的劳动，这种劳动的目的是要发展准确地、定向地做出动作的能力。在手工劳动课上和课外小组里，孩子们学习使用刻刀这种虽然简单却十分精巧的工具。手在精细的工作中好像能使头脑听从指挥，能培养人对于准确性和精密性的敏感。此外，这种工作还大大有助于培养自我检查能力，培养学生对马虎从事、漫无条理的不可容忍的态度。手能够引导头脑准确地、清晰地思考。

在少年的劳动中，我们尽力使用一些要求用复杂动作操作的工具。学生们用手工工具加工木料、塑料和轻金属。甚至在头脑迟钝的学生身上，当双手"觉醒"过来的时候，思维也随之觉醒。

我们还要求少年学生在劳动过程中研究某些物质的属性，思考它们为什么在不同条件下（与别的物质掺在一起时，加热或冷却时）会发生变化。你们可以随时翻阅身旁的各种参考书、工具书，去解决自己感兴趣的问题。

在这里，将知识系统化在教学中占有十分重要的地位。我们全体教师都赞成这样的提法：系统化是思维之母。为此，自然常识、化学、历史、文学等科教师都选择了一些专门的作业：让少年学生把事物和现象按其特点归入一定的组、纲、时期、风格中。例如，在一个大纸夹里杂乱地放着各种植物的叶子，要求学生系统地整理这些叶子，并进行说明。我们高兴地看到，少年们是多么专注而耐心地研究每一片叶子。我们还收集了各种土壤、肥料的样品和各种木料，让学生进行分类和系统整理。在历史学科方面，我们给学生一幅图片，上面画着各种各样的劳动工具、生活用品和武器，要求他们分辨这些东西各属于什么时代。文学教师让学生读一些不注明作者的文艺作品的片段，让他们根据作品的风格判断这是谁的作品，或者指出这是原著还是译文。我们也给学生提出一些比较复杂的、有创造性的作业：给他们一张示意图，让他们去设计活动模型、仪器或设备；或者给他们一张模型活动原理的一般说明，让他们画出设计草图。

我们已经说过，每一位教师都要把学生必须长期保持在记忆里的基本知识确定下来。学生可以通过专门的记诵方法来识记这些东西，但是主要的还是在运用中记住它们。教师们努力为学生对教材产生无意识记创造一系列条件。无意识记是智力发展的重要条件，它能使头脑解放出来去解决新的任务。我们努力做到使学生通过理解、通过深入思考教材的实质而进行识记。这样的识记才是最牢固的识记。

为了防止学生死背没有理解的东西，我们在检查知识时，从来不出那种要求学生原样复述教材和教师讲述的原话的题目。学生在回答问题时，要独立进行思考、对比、比较和解说。我们出复习题让学生进行复习，是让他们学会运用知识。学生要进行研究和概括，不是把教材从头到尾地念，而是在里面去寻找重点知识。在进行了这样的复习以后再来回答问题，就不是单调乏味地复述了；学生可以手拿书本，引经据典地来论证自己的思想。在这种学习中，手拿书本来回答问题比起闭卷考试来，那可是困难得多了。

在小学，我们的教师力求让学生牢固地记住各种规则、定义和结论而无须采用专门的方法去背诵。如果学生还没有弄懂、没有记住（不是指死背）某一条规则，那么就要求他一次又一次地做练习。我们不允许让学生先把规则背熟再做练习，这一点跟让学生深刻理解教材是同样重要的。有时候，甚至有必要让学生把未经理解而记住的东西"忘掉"，"从头脑里甩出去"，然后"从头做起"——深入思考材料的实质。

对学生的脑力劳动要做好计划，使他们每隔一段时间就回过头去重新分析事实和现象，以求达到更深刻的理解的目的。例如，有经验的数学教师，为了使学生记住乘法公式，就让学生在课上做练习，每次练习只占几分钟，这样的课要安排 30 节。学生每做一次新的练习，他对以前在课堂上学到的知识就更好地独立运用。教师仔细地研究学生的学习情况，给学生布置个别作业。任何教学大纲都不可能做出规定：在什么时候做练习，做多少练习，做哪些练习。只有了解每一个学生的脑力劳动特点的教师，才能清楚这一切。

我们学校的课堂教学、教学过程有什么特点呢？是使学生完成实际作业、最初感知知识及巩固知识这三者相结合。之所以不把巩固知识当作课堂教学的一个环节，是因为巩固知识需要经历一个长期的过程，其中的具体内容包括完成专门的练习、实验室作业、其他的独立作业形式，还包含掌握新的知识。通过各种形式来运用知识，是了解、检查、考核知识最重要的途径。

我们对学生就个别问题做出的回答一般不打分数。经验证明，这种分数是偶然的，它们对学生来说是一种"抽查"。在中、高年级，只有在对学生的全部学习情况（课堂作业、家庭作业、创造性作业）进行一段时期的观察之后，才给予评分。给甲生每周打一个分数，给乙生每两周打一个分数，根据许多个人特点而定。

在学生的学习中，实际运用知识的能力表现得越突出，教师专门检查学生的知识掌握情况的必要性就越小。那些必须永远牢记的东西，不能脱离具体的实际作业来复习，而应通过有目的地做一件什么事（解算术应用题、写作文、实地测量等）来复习。

在小学各年级，知识跟技能是有机地结合在一起的：孩子们首先学习读、写、观察和表达自己思想的技能。课堂教学的各个环节里都包含着积极的活动：孩子们写字、阅读、自编和解答应用题、测量、观察自然界的现象、编故事，等等。

在小学的课堂教学里，占有重要地位的作业形式，是那些体现出教师的语言、直观形象和实际活动相统一的作业形式。教师尽最大的努力把抽象概念的含义讲清楚。每一位小学教师通过逐渐积累而编成一本"抽象概念词典"。对于这些抽象概念（如自然界、有机体、物质、原因、结果等概念），教师不断地利用新的事实来加以解释。

资料来源

（1）苏霍姆林斯基.我把心给了孩子们：瓦·亚·苏霍姆林斯基教育文选：第一卷 [M].基辅：苏维埃学校出版社，1979.

（2）苏霍姆林斯基.公民的诞生：瓦·亚·苏霍姆林斯基教育文选：第一卷 [M].基辅：苏维埃学校出版社，1979.

（3）苏霍姆林斯基.全面发展的人的培养问题：瓦·亚·苏霍姆林斯基教育文选：第一卷 [M].基辅：苏维埃学校出版社，1979.

（4）苏霍姆林斯基.学生的精神世界：瓦·亚·苏霍姆林斯基教育文选：第一卷 [M].基辅：苏维埃学校出版社，1979.

（5）苏霍姆林斯基.培育集体的方法：瓦·亚·苏霍姆林斯基教育文选：第一卷 [M].基辅：苏维埃学校出版社，1979.

（6）苏霍姆林斯基.年轻一代共产主义信念的形成：瓦·亚·苏霍姆林斯基教育文选：第二卷 [M].基辅：苏维埃学校出版社，1979.

（7）苏霍姆林斯基.怎样培养真正的人：瓦·亚·苏霍姆林斯基教育文选：第二卷 [M].基辅：苏维埃学校出版社，1979.

（8）苏霍姆林斯基.给教师的一百条建议：瓦·亚·苏霍姆林斯基教育文选：第二卷 [M].基辅：苏维埃学校出版社，1979.

（9）苏霍姆林斯基.帕夫雷什中学：瓦·亚·苏霍姆林斯基教育文选：第三卷 [M].基辅：苏维埃学校出版社，1979.

（10）斯·索洛维伊奇克.瓦·亚·苏霍姆林斯基论教育 [M].莫斯科：政治书籍出版社，1979.

（11）阿·杰维耶林.卓越的苏维埃教育家：瓦·亚·苏霍姆林斯基教育文选：第一卷 [M].基辅：苏维埃学校出版社，1979.

（12）苏霍姆林斯基.和青年校长的谈话 [J].国民教育，1965-1966.

（13）苏霍姆林斯基.关于和谐教育的几点想法 [J].国民教育，1978（9）：89-93.

出 版 人 郑豪杰
策 划 祖 晶
责任编辑 宋崇义
版式设计 郝晓红
责任校对 贾静芳
责任印制 叶小峰

图书在版编目（CIP）数据

给教师的建议 ／（苏）B.A.苏霍姆林斯基著；杜殿坤
编译 . — 北京：教育科学出版社，2022.6
（苏霍姆林斯基教育经典丛书）
ISBN 978-7-5191-3145-6

I. ①给… Ⅱ. ① B… ②杜… Ⅲ. ①苏霍姆林斯基
（Suhomlinskii, Vasilii Aleksanlrovich 1918–1970）—教
育思想 Ⅳ. ① G40–095.12

中国版本图书馆 CIP 数据核字（2022）第 094652 号

苏霍姆林斯基教育经典丛书
给教师的建议
GEI JIAOSHI DE JIANYI

出 版 发 行	教育科学出版社				
社 址	北京·朝阳区安慧北里安园甲 9 号		邮 编	100101	
总编室电话	010-64981290		编辑部电话	010-64989436	
出版部电话	010-64989487		市场部电话	010-64989009	
传 真	010-64891796		网 址	http://www.esph.com.cn	
经 销	各地新华书店				
印 刷	保定市中画美凯印刷有限公司				
制 作	北京浪波湾图文工作室				
开 本	720 毫米 × 1020 毫米　1/16		版 次	2022 年 6 月第 1 版	
印 张	23.75		印 次	2022 年 6 月第 1 次印刷	
字 数	381 千		定 价	56.00 元	

图书出现印装质量问题，本社负责调换。